中华人民共和国海船船员适任考试培训教材

# 船舶管理

（未满 750 kW 船舶）

中国海事服务中心组织编写
中华人民共和国海事局审定

大连海事大学出版社
Dalian Maritime University Press
人民交通出版社
China Communications Press

图书在版编目(CIP)数据

船舶管理:未满 750 kW 船舶 / 金跃波,张育华主编 . —大连 : 大连海事大学出版社;北京:人民交通出版社, 2013.4
中华人民共和国海船船员适任考试培训教材
ISBN 978-7-5632-2857-7

Ⅰ.①船… Ⅱ.①金… ②张… Ⅲ.①船舶管理—职业培训—教材 Ⅳ.①U692

中国版本图书馆 CIP 数据核字(2013)第 086074 号

大连海事大学出版社出版

地址:大连市凌海路1号 邮编:116026 电话:0411-84728394 传真:0411-84727996

http://www.dmupress.com E-mail:cbs@dmupress.com

大连美跃彩色印刷有限公司印装 大连海事大学出版社发行

2013 年 4 月第 1 版 2013 年 4 月第 1 次印刷

幅面尺寸:185 mm×260 mm 印张:20.5

字数:471 千 印数:1~3000 册

出版人:徐华东

责任编辑:沈荣欣 杨冠尧 版式设计:海 大

封面设计:王 艳 责任校对:孙雅荻

ISBN 978-7-5632-2857-7 定价:62.00 元

# 编委会成员

# 前言

《中华人民共和国海船船员适任考试和发证规则》(简称11规则)已于2012年3月1日起生效,新的《中华人民共和国海船船员适任考试大纲》也于2012年7月1日开始实施。为了更好地指导帮助船员进行适任考试前的培训,进一步提高船员适任水平,在交通运输部海事局领导下,中国海事服务中心组织全国有丰富教学、培训经验和航海实际经验的专家共同编写了与《中华人民共和国海船船员适任考试大纲》相适应的培训教材。本教材编写依据STCW公约马尼拉修正案,采用图文并茂的形式,改变了长期以来以文字为主的教材编写方式。本教材的创新模式对今后的船员适任培训具有重要的指导意义。

本套教材知识点紧扣考试大纲,具有权威、准确、系统、实用的特点,重点突出船员适任考前培训和航海实践需掌握的知识,旨在培养船员具备在实践中应用知识的能力,并可作为工具书帮助船员上船工作使用。

本套教材由航海英语、船舶操纵与避碰、航海学、船舶结构与货运、船舶管理(驾驶)、(高级)值班水手业务、高级值班水手英语,轮机英语、船舶动力装置、主推进动力装置、船舶辅机、船舶电气与自动化、船舶管理(轮机)、(高级)值班机工业务、高级值班机工英语,电子电气员英语、船舶电气、船舶机舱自动化、信息技术与通信导航系统、船舶管理(电子电气)、电子技工业务、电子技工英语组成。

本套教材在编写、出版工作中,得到了各直属海事局、航海院校、海员培训机构、航运企业以及人民交通出版社、大连海事大学出版社等单位的关心和大力支持,特致谢意。

中国海事服务中心

2012年3月

# 编者的话

《船舶管理》(未满750 kW船舶)是我国船员考试的培训系列教材之一,根据中华人民共和国海事局制定的《中华人民共和国海船船员适任考试大纲》编写的,适用于未满750 kW船舶的轮机长、大管轮和二/三管轮适任证书考试培训使用,也可供海事管理机构和船员培训机构人员学习参考。

为确保海船未满750 kW船舶船员培训的质量,满足航海实践、海上安全的需要,在编写教材前,对未满750 kW海船管理现状进行了调研,在准确把握海船船员应具备的业务素质的前提下,紧密结合现代船舶应用技术和最新法律、法规和规章,强调理论与实际相结合,突出指导生产实践的作用,注意培养船员的法律意识、安全意识和环保意识。

本书由宁波大学金跃波,广州航海高等专科学校张育华共同主编(主编排名不分先后),金跃波统稿,山东海事局常得上、中国海事服务中心黄党和主审。本书共有九章。第一、二、三、五、六、九章由金跃波编写,第四、七、八由张育华编写。

在教材编写过程中得到了交通运输部海事局领导和专家的关心和指导,相关海事部门和船公司对教材编写也提供了大力的帮助和支持,在此一并表示衷心感谢!

由于编写水平有限,书中难免存在错误和疏漏,希望广大读者和专家批评指正。

编　者

2013年3月

# 目 录

# 第一章
# 船舶结构与适航性控制

## 第一节　船舶的发展与分类

### 一、船舶发展概况

船舶作为一种水上交通工具，发展至今大约有五千多年历史。

以造船材料的发展划分，船舶经历了木船时代、铁船时代、钢船时代。

船舶的推进动力由19世纪的依靠人力、畜力和风力（即撑篙、划桨、摇橹、拉纤和风帆）发展到使用机器驱动。以推进装置的发展划分，船舶发展经历了舟筏时代、帆船时代、蒸汽机船时代、柴油机船时代。

在造船技术方面，在20世纪50年代以前，船体加工主要应用"铆接技术"。到了20世纪60年代，"焊接技术"普遍替代了铆接技术。从20世纪70年代起，随着船舶大型化的发展趋势，引进了"成组技术"。20世纪80年代以来，计算机技术在船舶CAD（计算机辅助设计Computer Aided Design）和CAM（计算机辅助制造Computer Aided Manufacturing）的应用不断深化，实现了船舶制造的"集成制造"模式，即现代化造船模式的高级状态。

近50年来，船舶发展的突出特点是专业化、大型化、自动化。

船舶专业化。最早的专业化运输船舶，主要是运输散装石油的油船。其他海上货运船舶专业化，大体是从20世纪50年代才发展起来的。首先是干散货船舶与杂货船的分离，出现了矿砂船、散货船（运载谷物、煤等）、散货与石油兼用船。50年代末期，又出现了设有制冷设备的液化气船，以及液体化学品船。将杂货件集装箱化运输，产生了集装箱船、滚装船、载驳船，还有专门运输汽车的汽车运输船。

船舶大型化。规模经济促使了船舶向大型化发展。在20世纪60年代，1万载重吨的船就可称为"万吨巨轮"，2000年末世界上拥有10万载重吨的大型油船数百艘，还有50万载重吨的超大型油船。大型豪华客船达到14万总吨级。近年来集装箱船也越来越大，中国最大集装箱船"中海之星"（14 100 TEU）是目前世界上现代化、快速化、信息化程度较高的超大型集装箱船。

船舶自动化。由于卫星、计算机、雷达技术在船舶上的应用,现代航海船舶自动化程度相当高。在驾驶、轮机方面,现已出现无人值班机舱和驾驶台对主机遥控遥测的船舶;在船舶避碰设备方面,20 世纪末开发应用了船舶自动识别系统(AIS);在通信方面,使用了全球海上遇险与安全系统(GMDSS);航行记录形式方面,航行数据记录仪(VDR)实现了航行记录自动化;船舶导航定位实现了电子化,最先进的全球定位系统(GPS)可在全球范围内全天候为海上、陆上、空中和空间用户提供连续的、高精度的三维定位、速度和时间信息。海图实现电子化,电子海图显示与信息系统(ECDIS)综合了 GPS、ARPA、AIS 等各种现代化的导航设备所获得的信息,成为一种集成式的航海信息系统。随着计算机技术和互联网技术的发展,航海资料实现了数字化,航海通告、潮汐表、灯标表等出现了电子版和网络版。

## 二、船舶的分类

常用的船舶分类方法有以下几种。

### (一)按船舶用途分类

1. 军用船

用于从事作战或辅助作战的各种舰艇。

2. 民用船

包括运输船、工程作业船、渔业船、工作船舶等。

(1)运输船

运输船又称商船,是指从事水上客货运输的船舶,大致可分为八个类型:

①客船、客货船、渡船;

②普通货船(即杂货船);

③集装箱船、滚装船、载驳船;

④散粮船、运煤船、矿砂船;

⑤油船、液化气船、液体化学品船;

⑥多用途散货船,包括矿砂/油两用船、矿砂/散货/油三用船;

⑦特种货船,指运木船、冷藏船、汽车运输船等;

⑧驳船,有拖船拖带和顶推船顶推两种运输方式。

(2)工程作业船

是指在港口、航道等水域从事各种工程作业的船舶。主要有挖泥船、打捞船、测量船、起重船、打桩船、钻探船等。

(3)渔业船

是指从事捕鱼和渔业加工的船舶。主要有拖网渔船、围网渔船、刺网渔船、延绳钓渔船、捕鲸船、捕海兽船、捕虾船和捕蟹船,以及渔业加工船、渔业调查船等。

(4)工作船舶

工作船舶又称为特殊用途船,是指为航行进行服务工作或其他专业工作的船舶,诸如破冰船、引航船、供应船、消防船、航标船、科学调查船、航道测量船等。

**(二)按推进动力的形式分类**

(1)蒸汽机船:以往复式蒸汽机作为主机的船舶。

(2)汽轮机船:以回转式蒸汽轮机作为主机的船舶。

(3)柴油机船:以柴油机作为主机的船舶。

(4)燃气轮机船:以燃气轮机作为主机的船舶。

(5)电力推进船:由主机带动主发电机发电,再通过推进电动机驱动螺旋桨的船舶。

(6)核动力船。

**(三)按推进器形式分类**

(1)螺旋桨船:以螺旋桨为推进器的船舶,常见的有定距桨船和调距桨船两种。

(2)平旋推进器船:以平旋轮为推进器(又称为直翼推进器)的船舶。

(3)明轮船:以安装在船舶两舷或船尾的明轮为推进器的船舶。

(4)喷水推进船:利用船内水泵自船底吸水,将水流从喷管向后喷出所获得的反作用力作为推进动力的船舶。

(5)喷气推进船:将航空用的喷气式发动机装在船上以供推进用的船舶。

**(四)按机舱位置分类**

(1)中机型船:机舱位于船舶中部的船舶。

(2)艉机型船:机舱位于船舶尾部的船舶。

(3)中艉机型船:机舱位于船舶中部偏后的船舶,又称为中后机型船。例如有四个货舱的船舶。机舱的前部布置三个货舱,机舱的后部布置一个货舱,通常称为“前三后一”。

**(五)按造船材料分类**

(1)钢船:以钢板及各种型钢为主要材料的船舶。

(2)木船:以木材为主要材料,仅在板材连接处采用金属材料的船舶。

(3)钢木结构船:船体骨架用钢材,船壳用木材建造的船舶。

(4)铝合金船:以铝合金为主要材料的船舶。

(5)水泥船:以钢筋为骨架,涂以抗压水泥而成的船舶。

(6)玻璃钢船:以玻璃钢为主要材料的船舶。

还有其他分类形式,不作一一介绍。

## 三、专用运输船舶的特点

**(一)客船、客货船**

一般称专门运送旅客、行李、邮件及少量需要快速运送的货物的船舶为客船。除了载运旅客之外,还装有部分货物的船舶,称为客货船。根据《国际海上人命安全公约》(1974年)(简称 SOLAS 1974)的规定,凡载客超过 12 人的船舶,定义为客船。

客船的主要特点是:外形美观,采用飞剪式船首。上层建筑层数多,船的重心高,水线以上的干舷高,侧向受风面积大,稳性要求高。客船要求保证在破舱浸水后,有足够的浮力和稳性,因此水密横舱壁的间距较小。客船的防火要求较严格。客船要按照《国际海上人命安全公约》的要求,配备足够的救生设施。水下线型较瘦削,方形系数小,适用于中机型。客船的航速高,主机功率大,大部分客船都装设有两部主机、双螺旋桨。国内沿海客船的航速为 14 ~ 17 kn。

**(二)普通货船、集装箱船、滚装船**

1. 普通货船

杂货,也称统货,是指包括成捆、包、箱后装船运输的机器设备、建材、日用百货等各种物品。专门运输杂货的船,称为杂货船或普通货船(见图 1-1)。传统的杂货船正在消失,现在大多建造多用途船(见图 1-2)。

图 1-1　杂货船

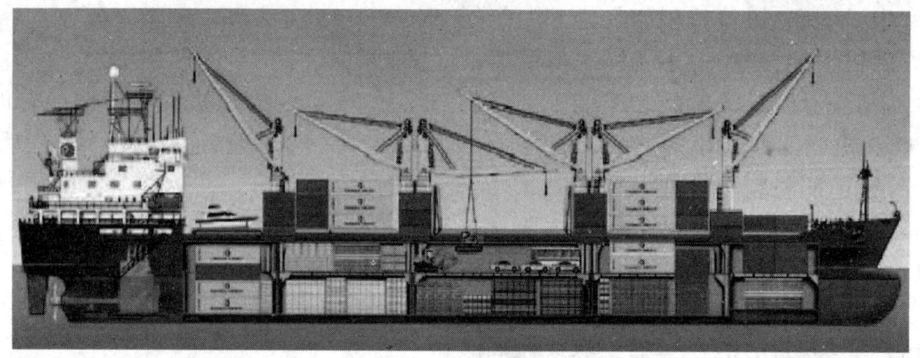

图 1-2　多用途船

杂货船的主要特点:

吨位小,吃水小,机动灵活。由于货种多,货源不足,装卸速度慢,停港时间长,杂货船的载重量过大会不经济,沿海的一般总载重量(DW)为 3 000 t 以下。一般都装设起货设备,多数以吊杆为主,也有的装设液压旋转吊。

2. 集装箱船

集装箱船是装载集装箱的专用船舶,是用于集装箱运输的货运船舶(见图 1-3)。它具有装卸效率高、货损少的优点。

集装箱主要有两种型号:40 ft 集装箱(长 × 高 × 宽为 40 ft × 8 ft × 8 ft)和 20 ft 集装箱(长 × 高 × 宽为 20 ft × 8 ft × 8 ft)。集装箱船舶通常用载运集装箱的数目表示其载重能力,标准箱 TEU (Twenty-foot Equivalent Unit)为 20 ft 集装箱,即装载一个 40 ft 集装箱等于装载两个标准箱。

3. 滚装船

滚装船的货物装卸不是从甲板上的货舱口垂直吊进吊出,而是通过船舶首、尾或两舷

图 1-3　集装箱船

的开口以及搭到码头上的跳板，用拖车或叉式装卸车把集装箱或货物连同带轮子的底盘，从船舱至码头拖进拖出的一种船舶。滚装船的主要优点是：不需要起货设备，货物在港口不需要转载就可以直接拖运至收货地点，缩短货物周转时间，减少货损。

滚装船的主要特征：甲板面积大，层数多。滚装船的型深较大，水线以上的受风面积也大。

**（三）散货船、矿砂船**

*1. 散货船*

散装运输谷物、煤、矿砂、盐、水泥等大宗干散货物的船舶，都可以称为干散货船，或简称散货船（见图 1-4）。

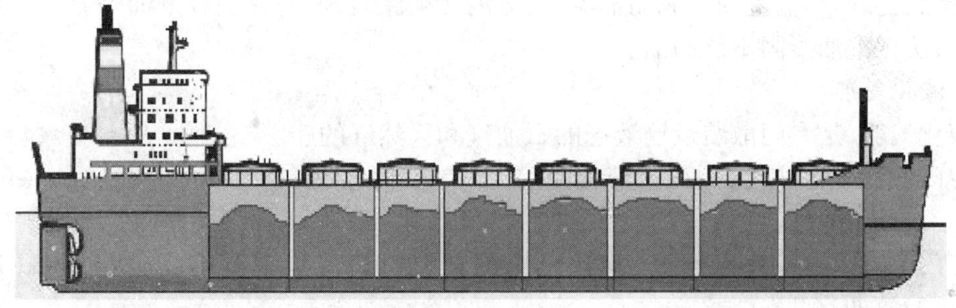

图 1-4　干散货船

散货船的主要特征为：载重量较大；单甲板船；艉机型船，船型肥大，机舱布置在尾部无困难。

*2. 矿砂船*

一般习惯上仅把装载粮食、煤等货物积载因数相近的船舶称为散货船，而把装载积载因数较小的矿砂等货物的船舶称为矿砂船。

矿砂船的主要特征：载重量较大；设置大容量的压载边舱；都是艉机型、单甲板、低速船，船速一般在 14 ~ 15 kn；不设置起货设备，因为铁矿石会与氧气反应变成氧化铁，航行中舱口盖在关闭的状态下，舱内会缺氧，进入舱内必须注意安全。

### (四)油船、液化气船

1. 油船

通常所称的油船,多数是指运输原油的船舶。而装运成品油的船称为成品油船(见图 1-5),装运液态的天然气和石油气的船称为液化气船。

图 1-5 成品油船

油船都是艉机型船,机舱、锅炉舱布置在船尾部,使货油舱连接成一个整体,无须布置轴隧,减少艉轴长度,增加货舱容积,对于防火、防爆、油密等都十分有利。油船都是单甲板船。为了防止油类的渗漏和防火、防爆,在货油舱的前后端设有隔离舱,与机炉舱、居住舱室等隔开。也有用泵舱、压载舱和燃油舱兼作隔离舱的。设有干货舱、压载舱、污油舱、货油泵舱。油船都是单部主机、单螺旋桨和单舵的低速船。

运输轻油的成品油船,为了防止舱内结构腐蚀和保证油的质量,在货舱内表面需要进行特殊涂装。而运输重油的成品油船,货舱内无须涂装,但是在装载重油的舱中必须装设加热管,防止重油凝固不能卸油。

2. 液化气船

液化气船,是专门散装运输液态的石油气和天然气的船。

专门散装运输液化石油气(液化丙烷、丁烷等)的船舶,简称为 LPG 船(Liquefied Petroleum Gas Carrier)。

专门散装运输液化天然气(液化甲烷等)的船舶,简称为 LNG 船(Liquefied Natural Gas Carrier)(见图 1-6)。

图 1-6 液化气船

液化气船是20世纪70年代开始发展起来的一种新型船舶。液化气船按其运输时液化气体的温度和压力分为6种类型:全压式、半冷/半压式、半压/全冷式、全冷式LPG船,乙烯船和LNG船。

# 第二节　船舶强度与构造

## 一、船体受力与强度

船体强度是指船体结构抵抗各种外力和内力作用的能力。检验船体结构抵抗外力作用能力的方法是计算出船体结构中产生的应力和形变,与结构材料的许用应力和允许的形变进行比较加以衡准。

根据作用于船体上力的性质和为了计算上的方便,将船体强度分为总纵弯曲强度(亦称为纵向强度)、横向强度、局部强度和扭转强度。

### (一)总纵弯曲强度

1. 船体发生总纵弯曲的原因

船体的几何形状可以看成是一个空心的变断面梁,简称船体梁。

船舶在营运过程中,作用在船体上的外力很多,有重力、浮力、船舶做各种运动时产生的惯性力、波浪冲击力、螺旋桨和机器等引起的振动力、碰撞力、搁浅和进坞时礁石与墩木的反作用力等。

在这些外力的作用下,船体结构可能会发生各种变形和破坏,有的属于整体性的,有的是在局部位置上。而对船体最构成危害的是由于重力和浮力引起的,沿着整个船长方向上发生的总纵弯曲变形和破坏。而其他的力,如惯性力、冲击力、振动力等,对船体总纵弯曲的影响可以忽略不计。

船舶重量是由船体自身、机器设备、货物、旅客、燃料、备品等重量组成的,这些重量的合力称为船舶重力 $W$,方向垂直向下,作用于船舶重心 $G$ 上。而舷外水对船体的压力在垂直方向上的分力的合力,称为船舶浮力 $D$,方向垂直向上,作用于船舶浮心 $B$ 上。当船舶静浮于水上时,重力 $W$ 和浮力 $D$ 大小相等方向相反,作用于同一条直线上[见图1-7(a)]。

实际上,船体是一个弹性的整体结构,相当于一个弹性梁,不允许各个分段有上下相对的移动,而只能沿着船长方向发生纵向的弯曲变形。因此,引起船体发生总纵弯曲的原因,主要是由沿着船长方向每一点的重力和浮力分布不均匀造成的[见图1-7(b)]。

若船体中部所受的浮力小而首尾端所受的浮力大,重力在中部大而在首尾端小,此时船体将发生中部下垂而首尾两端上翘的总纵弯曲变形,这种船体的弯曲变形称为中垂[见图1-7(c)]。相反,若船体的中部所受的浮力大而首尾端所受的浮力小,重力在中部小而在首尾两端大,船体将发生中部上拱,首尾两端向下垂的总纵弯曲变形,这种弯曲变形称为中拱[见图1-7(d)]。船体是发生中拱还是中垂,取决于船舶重力和浮力沿着船长方向的分布。

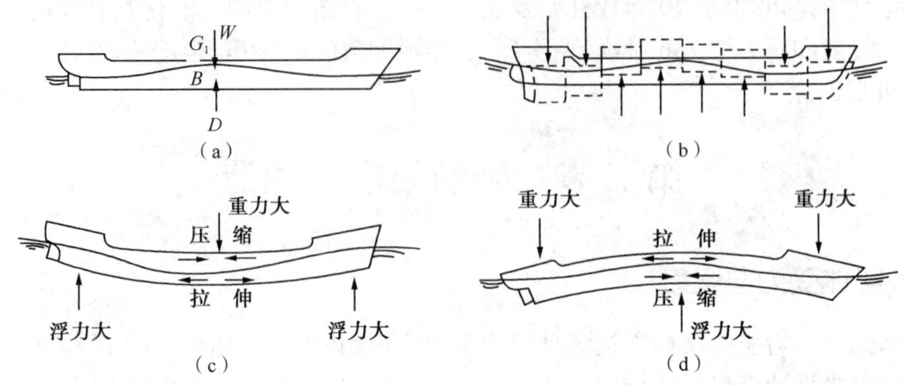


图 1-7 船体总纵弯曲变形

2. 总纵弯曲力矩与剪力的分布特点

船体结构抵抗总纵弯曲力矩和剪力作用的能力,称为船体总纵弯曲强度,简称为纵向强度。总纵弯曲力矩和剪力沿着船长方向的分布特点为:

(1)由于船舶浮于水上,首尾两端是自由无支持的,所以在船的首尾两端的弯曲力矩和剪力总是等于零。

(2)总纵弯曲力矩值,从首尾两端向船中逐渐增大,最大的弯曲力矩一般位于船中 0.4$L$ 范围内。

(3)最大的剪力位于距首尾两端大约 1/4 船长附近。

(4)依据梁的弯曲理论可知,最大弯曲力矩处其剪力值等于零。

3. 最不利的浮力和重力

船舶重力大小和沿船长方向的分布,主要取决于船舶的装载状态。研究表明,在载重分布合理的情况下,船舶满载出港、满载到港、压载出港和压载到港的装载状态,船舶重力的分布对船体总纵弯曲力矩和剪力矩是最不利的。

例如,一条油船满载出港,当遇到了标准波,波谷位于船中时,可能会发生最大的中垂弯曲变形,作用在船体上的弯曲力矩和剪力可能达到最大值。这是因为,油船机舱位于船尾,满载时机舱较中部货油舱轻,油船的首部又设有干货舱,是一个空舱,所以油船满载时首尾两端的重量轻,中部重量大,当波谷位于船中,中部所受浮力小,首尾两端受到的浮力大,所以这种重力和浮力的分布会使船体发生很大的中垂弯曲变形。

4. 船体总纵强度与纵向构件

船体总纵强度靠船体的纵向构件来保证。纵向构件是指参与总纵弯曲,即承担着总纵弯曲强度的构件。在结构上这些构件必须符合下列条件:

①布置在船长中部 0.4$L$ 区域内;

②在纵向上是连续的;

③构件的横向接缝是牢固的。

属于纵向构件的有甲板、甲板纵桁、甲板纵骨、船底纵桁、船底纵骨、内底板、纵向舱壁、船肋外板等。在船中 0.4$L$ 区域内的纵向构件,特别是位于甲板舷边和舱口角隅等部位不允许存在任何裂纹。

### （二）横向强度

船舶横向强度是指船体结构抵抗横向作用力的能力。承担船体横向强度的主要构件和结构有梁、肋骨、肋板及由它们所组成的肋骨框架和横舱壁等。当船体受到的舷外水压力作用与舱内货物、机器设备等的压力作用不均衡时，甲板、船底和舷侧结构会在船体横向断面内发生凹变形［见图 1-8（a）］。另外，当船在水上受到横向波浪的作用时，会使船的一舷水压力大于另一舷的水压力，或者船舶在横摇时由于惯性力的作用等，往往也会使肋骨框架发生如图 1-8（b）所示的歪斜。不过，一般海船的船体横向强度是足够的，不需要像总纵弯曲强度那样进行详细的计算。

横向强度是由船体的横向构件来承担的，属于这类构件的有横舱壁、强横梁、横梁、肋板、肘板、舭肘板等。

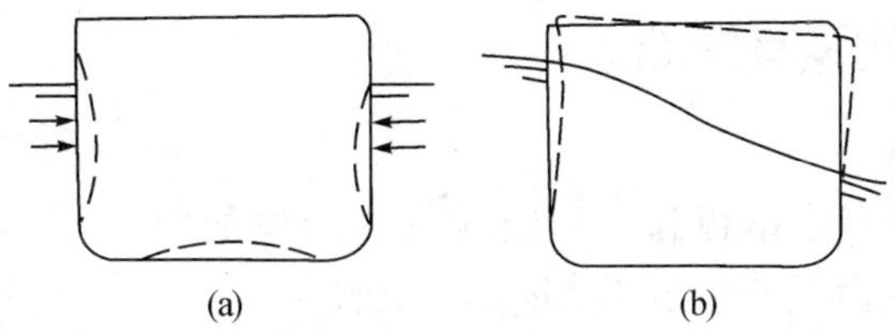


图 1-8　横向变形

### （三）局部强度

局部强度是船体结构抵抗局部外力作用的能力。如图 1-9 所示，在船首底部较平坦的部位，当船舶压载航行在波浪上发生纵摇时，由于船首吃水浅会使首部底受到猛烈的冲击作用，使船底板产生凹陷变形。又如舷侧板受到码头的碰撞和挤压作用、尾部受到螺旋桨的激振力作用、桅以及机器设备等对船体结构的局部作用力等，都是船体受到的外力作用。当然，在船体结构上几乎每一个构件都可能有局部作用力作用的问题，不过有的作用力较小可以忽略不计。对于较大的局部作用力，一般也是不去进行计算的，主要是根据经验采取局部加强的办法。

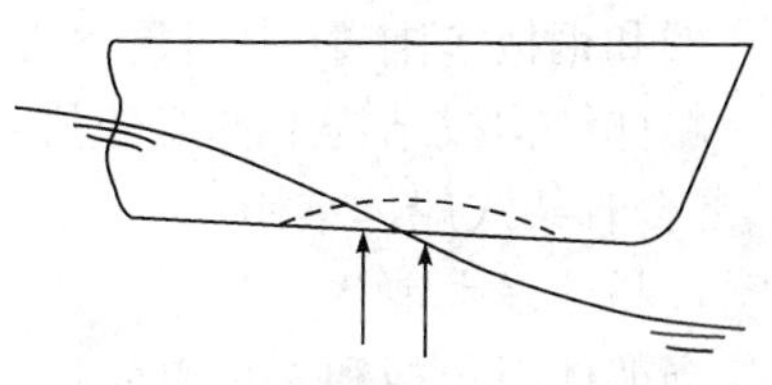

图 1-9　船首底部的冲击载荷作用

船体局部强度一般都是通过加强局部构件来解决，如采取增大尺寸、增加数量等办法。

### （四）扭转强度

扭转强度，是指整个船体抵抗扭转变形和破坏的能力。当船舶如图 1-10 所示那样斜置在波浪上时，或船的首尾部的装载对于船中心线左右不对称时，以及其他原因产生的首尾、左右不对称的作用力，都会产生作用在船体上的扭转力矩，使船体发生扭曲变形。但是，一般船舶由于舱口较小，均有足够的抗扭强度，都不进行扭转强度计算。对于集装箱船等，因甲板上货舱口较大，需要考虑船体结构的扭转强度问题。

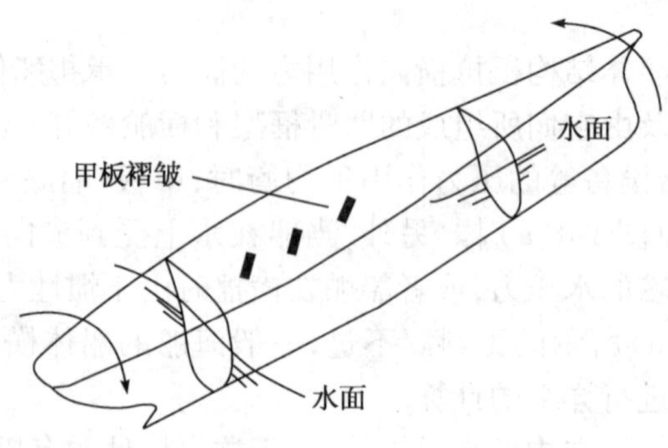


图 1-10　扭转变形

## 二、船体主要结构及其特点

### （一）船体结构形式

钢质的船体结构都是由钢板和骨架组成的。船体的甲板板和外板（包括舷侧外板、舭部外板、船底外板）是由钢板制成的，形成一个水密的外壳。在甲板板和船体外板的里面，布置着许多骨架以支撑钢板。这些骨架是由型钢沿着船舶纵向、横向和竖向纵横交错地排列着，并且相互连接在一起构成的，也称为船体板架或框架。这样船体形成一个外部由骨架和钢板包围着，中间是空心的结构。

船体结构按结构中骨架的排列方式划分，分为横骨架式船体结构、纵骨架式船体结构、混合骨架式船体结构。

1. 横骨架式船体结构

当船体甲板板和外板里面的支撑骨材横向布置较密，而纵向布置较稀时，这种形式的船体结构称为横骨架式船体结构（见图 1-11）。

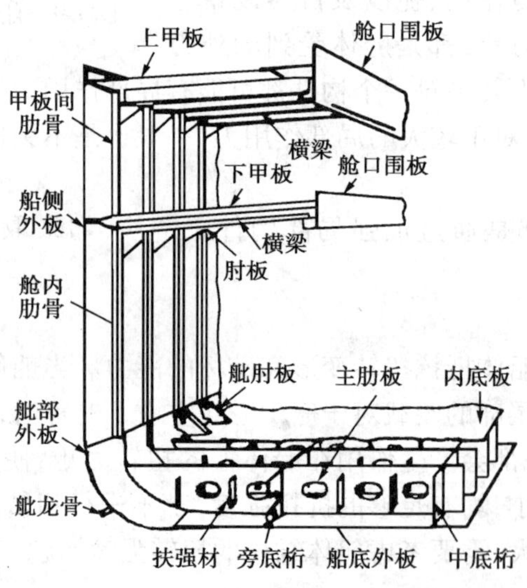


图 1-11　横骨架式船体结构图

横骨架式船体结构，实质上是由一系列间距很小的横向环绕着船的肋骨框架组成的。这些肋骨框架包括船底肋板、舷侧肋骨和甲板下横梁，以及把它们之间相互连接起来的肘板。肋骨框架的作用是加强船体外板和甲板，并共同承担着船体的横向强度。横骨架式船体结构船的纵强度主要由船体外板和甲板板以及少量的大型纵向构件来承担。

横骨架式船体结构形式的优点是船体结构强度可靠，结构简单，建造容易。另外，舱内肋骨和甲板下横梁尺寸较小，结构整齐，不影响装卸货物。缺点是船体的纵向强度主要是由甲板板和船体外板来承担，为了承担较大的纵向强度，必须把甲板板和外板做得较厚，增加了船体重量。故横骨架式船体结构适用于要求纵向强度不大的中小型船舶。

2. 纵骨架式船体结构

纵骨架式船体结构，是在甲板和外板里面的支撑骨材纵向布置较密、横向布置较稀的一种骨架形式。在横向布置少量的强肋骨、强横梁和肋板组成大型肋骨框架（见图1-12），船体外板和甲板板与纵向连续构件一起承担着纵强度。船体的横向强度主要是由大型肋骨框架及其附连的甲板和外板来承担，不过船的首尾端采用横骨架式结构。

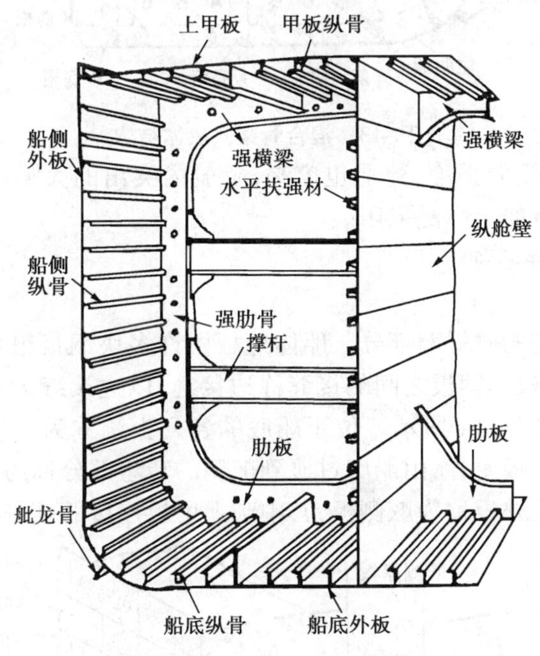


图 1-12　纵骨架式船体结构

纵骨架式船体结构的优点是船体的纵向强度大，甲板板和船体外板可以做得薄些，船体重量轻。但是，由于货舱内布置着大型肋骨框架，有碍货物装卸。不过它不妨碍像油船那样的液体货物装卸。所以纵骨架式船体结构主要用在纵向强度要求较高的大型油船上。

3. 混合骨架式船体结构

混合骨架式船体结构在主船体中段的强力甲板和船底采用纵骨架式结构，而在舷侧和下甲板上采用横骨架式结构（见图 1-13），首尾端采用横骨架式结构。

混合骨架式船体结构吸取了横骨架式船体结构与纵骨架式船体结构的优点，船体纵

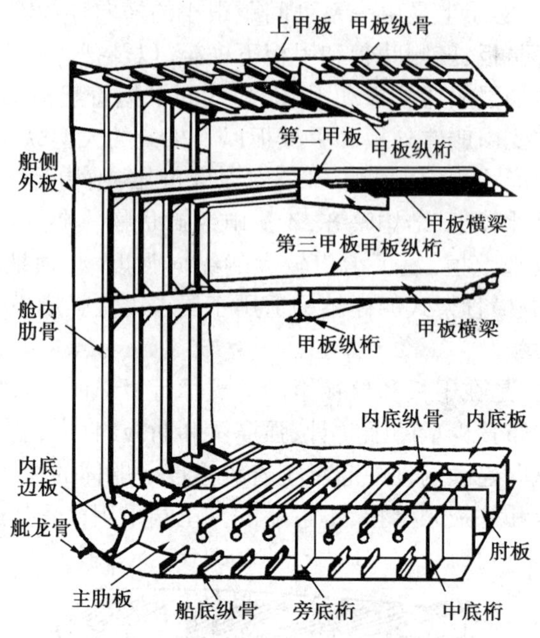


图 1-13　混合骨架式船体结构

向强度大,并有足够的横向强度,建造也容易,货舱内突出的大型构件少,不妨碍货物装卸,目前在大、中型干货船上广泛采用。

**(二)船体主要构件名称**

1. 外板的名称

外板包括船底板与船侧板两部分。船体外板由许多块钢板组合焊接而成,钢板的长边沿船长方向布置,钢板与钢板之间的接缝称边接缝,以边接缝为分界,把每条钢板称为列板,各列板的名称如图 1-14 所示。位于船底的各列板统称为船底板,其中位于船体中线的一列船底板称为平板龙骨,由船底过渡到舷侧的转弯部分称为舭部,该处的列板称为舭列板。舭列板以上的外板称为舷侧板,其中与上甲板连接的舷侧板称为舷顶列板。

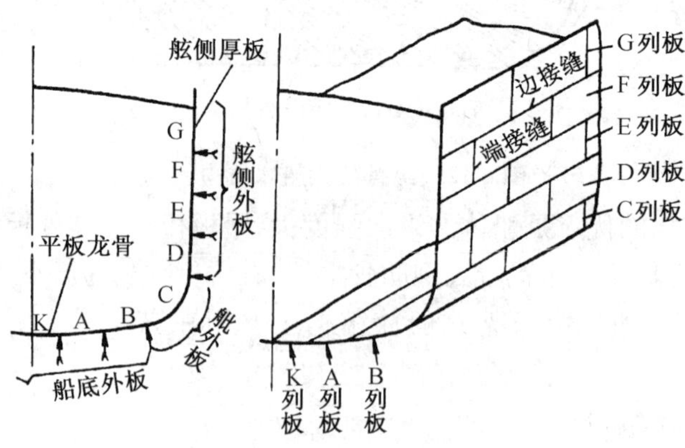


图 1-14　外板名称

2. 甲板的名称

船舶主体部分设有一层或几层全通甲板,其中最上层连续甲板称为上甲板,上甲板以下的甲板称下甲板。若下甲板有几层,则按自上而下的顺序从上甲板以下分别称为第二甲板、第三甲板等。有些舱室设有不连续的局部的甲板为平台甲板。上甲板以上的结构为上层建筑结构,它们的甲板名称按其特殊用途命名,如驾驶甲板、救生艇甲板等。一般船舶自上甲板向上,分别命名为:起居甲板、救生艇甲板、驾驶甲板、罗经平台等。

3. 骨架及主要构件名称

船舶骨架按排列方式分为横向骨架和纵向骨架两种。主要构件有以下几种名称,如图 1-15 所示。

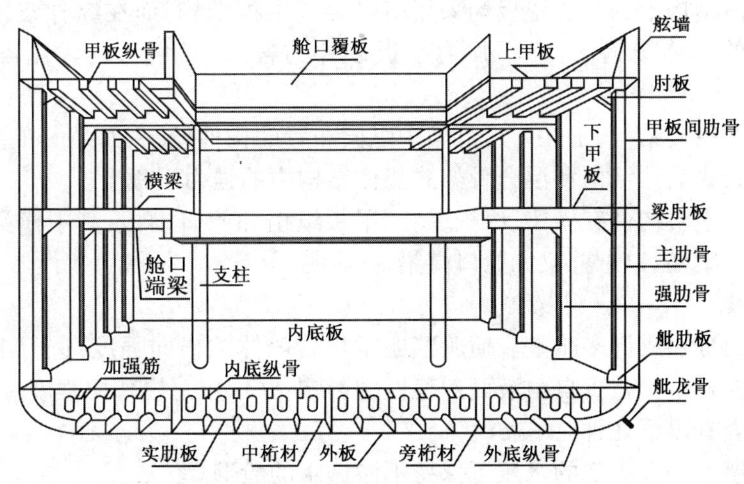


图 1-15　船体主要构件名称

甲板纵桁:支持甲板的大纵向骨架。

甲板纵骨:支持甲板的小纵向骨架。

横梁:支持甲板的横向骨架。

肋骨:支持船侧的横向骨架。

船侧纵桁:支持船侧的大纵向骨架。

船侧纵骨:支持船侧的小纵向骨架。

肋板:支持船底的横向骨架。

桁材:支持双层底的大纵向骨架。

内龙骨:支持单底的大纵向骨架。

纵骨:支持船底的小纵向骨架。

肋板:连接骨架的构件。

## (三)船体结构

船舶的船体结构是由船底、舷侧、甲板、舱壁、首尾及上层建筑等几部分组成的。

1. 船底结构

船底结构,分单层底和双层底。

单层底,是由船底板和船底骨架组成的单层船底结构。

双层底,是由船底板、内底板以及两者之间的船底骨架和空间所组成的双层船底结构。

2. 舷侧结构

舷侧结构分横骨架式舷侧结构和纵骨架式舷侧结构。因为纵骨架式舷侧结构只用在油船上,所以这里只介绍横骨架式舷侧结构。横骨架式舷侧结构,在一般货舱内只设置主肋骨,在机舱中或舷侧需要特别加强的地方设有主肋骨、强肋骨和舷侧纵桁。

3. 甲板结构

甲板结构分为横骨架式和纵骨架式两种。

横骨架式甲板结构,是在甲板骨架中横向布置的构件较密,而纵向布置的构件较稀。在横骨架式船体结构中的各层甲板均采用横骨架式甲板结构,而在纵骨架式的船体结构和混合骨架式的船体结构中,除了强力甲板以外的各层下甲板,均采用横骨架式甲板结构。

纵骨架式的甲板结构,是在甲板骨架中纵向布置的构件较密,而横向布置得较稀。主要布置在纵骨架式船体结构和混合骨架式船体结构中的强力甲板上。

甲板结构的主要构件有横梁、甲板纵骨、甲板纵桁和舱口围板,其中横梁又分为普通横梁、强横梁、半梁、舱口悬臂梁和舱口端梁。

4. 舱壁结构

舱壁将船内分隔成许多舱室。横舱壁还承担着船体的横向强度,进行水密分舱和分隔防火区。纵向舱壁可减少自由液面对稳性的影响,并承担总纵弯曲强度。

舱壁的分类有以下几种:

①水密舱壁。是在规定的水压下保持不渗透水的舱壁。

②油密舱壁。是在规定的压力下不渗油的舱壁。

③防火舱壁。是分隔和限制火灾蔓延的舱壁。

④制荡舱壁。在舱板上开有流水孔,减轻舱内液体摇荡所产生的冲击力。

水密舱壁的设置:

①防撞舱壁。又称艏尖舱舱壁,是位于船首最前面的一道水密横舱壁。

②艉尖舱舱壁。是位于船尾最后一道水密的横舱壁。

③机舱两端的水密横舱壁。在机舱的前后端必须设置横舱壁与其他舱室隔开。对于艉机型船,机舱后端的舱壁即艉尖舱舱壁。

舱壁的结构形式一般分平面舱型和槽型两种。

5. 首尾结构

船舶首尾两端的结构与船中部的船体结构有显著的区别,这是由首尾两端所受的外力决定的。首尾所受的总纵弯曲力矩较小,但受的局部作用力大,如船在波浪上纵摇时首底部受到的冲击作用,波浪对船首部两侧的冲击力,在冰区航行时冰的挤压力以及碰撞力等,所以结构形式也要满足横向强度和局部强度的需要。在艏尖舱区域内,多数采用横骨架式结构,肋骨间距小,构件尺寸大,设有许多空间骨架构件。船尾所受的总纵弯曲力矩较小,但承受螺旋桨运转时的水动压力、艉机船由于主机引起的振动力、舵及螺旋桨的重力等局部外力作用。一般多是采用横骨架式结构,并采取一定的加强措施。

### (四)船舶机械设备基座结构

1. 机座的用途

主机、副机、锅炉及其他船舶机械设备都带有钢架或托掌,以便借此装置将其固定在称为基座的专门结构上。

船体上设置底座结构的目的是:

(1)将机械固定在底座上,当船舶横摇和纵摇时保证机械有稳定的位置。

(2)机械的巨大重量通过底座而分散在船体构件的较大面积上,以减小船体中的局部应力和弹性变形。

(3)缓冲机械工作时产生的振动。

作用在底座上的力包括静力和动力,属于静力的有机械设备、锅炉等设备的自身重量,主机工作时推进轴的反力等;属于动力的有机器不平衡运动部分的惯性力,船舶横摇时的惯性力,船体横倾时的倾覆力等。某些底座在一定程度上受到所有上述诸力的作用。对于柴油机来说,它的运动部分重量大,转速也较大,因此往复运动的质量惯性力也很大。对于锅炉底座,则只有重力和船舶横摇时的惯性力与横倾时的倾覆力作用。

2. 底座构成的基本要求

作用在底座上的力,可以分成垂直力和纵横方向水平力,而且横方向的力较大,所以底座若能很好地承受这些力,则必须由纵横垂直的和水平的构件组成。

通常底座做成独立的结构,用带面板的垂直板做成纵向和横向梁,并用大肘板加强。纵向梁材的布置地位则视机械的结构决定。在纵梁面板的上面还要有几块支撑垫板,机械设备即用螺栓与此垫板连接固定,如图 1-16 所示。

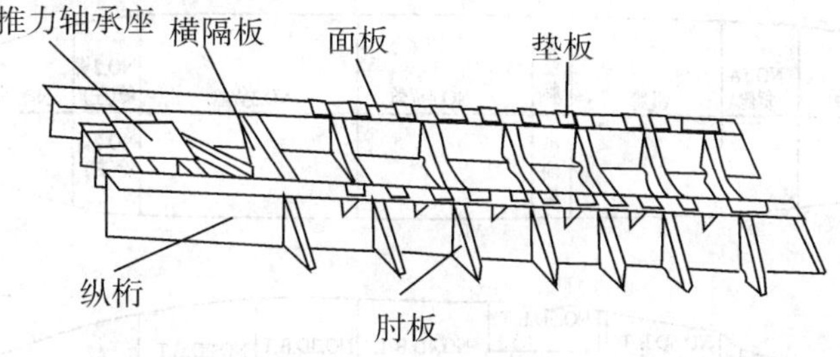


**图 1-16 主机基座**

现代船舶底座的各构件之间的连接均为焊接。

底座必须有足够的强度和刚度,才能保证本身变形小,不破坏机械的正常工作。因此,底座的纵横梁布置要和船舶板架上的纵横骨材一致。有时为此也添设补加骨材来支撑底座。

底座垂直梁的高度,由管理机械与锅炉的方便与否和内部布置要求来决定。对于主机底座则由推进轴轴线和高度决定。推力轴承基座的纵向刚性较大,在轴承的两端装设牢固的加强肋板,使其纵向摆动最小。

## 三、船舶主要部位和舱室布置

### （一）船舶主要部位

图 1-17 为船舶主要部位和舱室布置示意图。

1. 甲板与平台

船舶同一层首尾方向连续的、从一舷伸至另一舷的平板称为甲板。其中，船体最上面一层纵向连续的、自船首至船尾的全通甲板称为上甲板，上甲板一般为露天甲板。上甲板之下的甲板称为下甲板，由上而下分别称为第二甲板、第三甲板等。

沿船长方向不连续的一段甲板称为平台甲板，简称平台。平台是考虑局部的需要而设置的，例如设置辅助锅炉为主的锅炉平台，设置发电机组为主的发电机平台，设置起货机的起货机平台等。

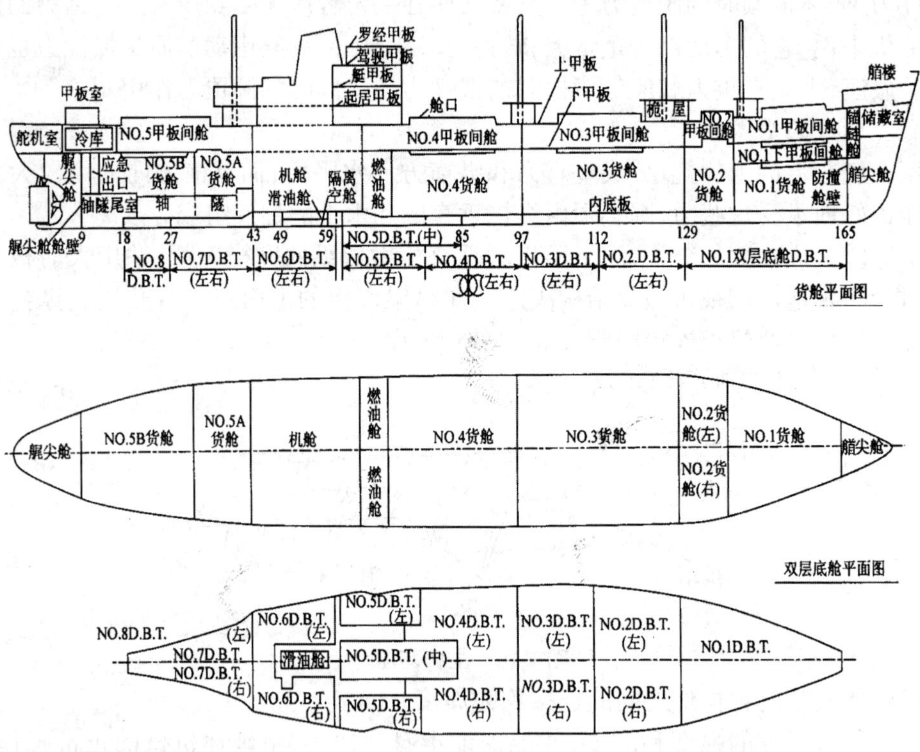


图 1-17　船舶主要部位和舱室布置示意图

2. 主船体与上层建筑

船舶上甲板以下的部分称为主船体，或称为船舶主体。而在上甲板上以及上甲板以上的所有围蔽建筑物统称为上层建筑。上层建筑包括船楼和甲板室。

如图 1-18 所示，宽度与上甲板宽度一样，或其侧壁板距舷边的距离小于 4% 船宽的上层建筑称为船楼。船楼分为艏楼、桥楼、艉楼。

（1）艏楼

位于船首部的船楼，称为艏楼。艏楼的长度一般为船长的 10% 左右，超过 25% 船长

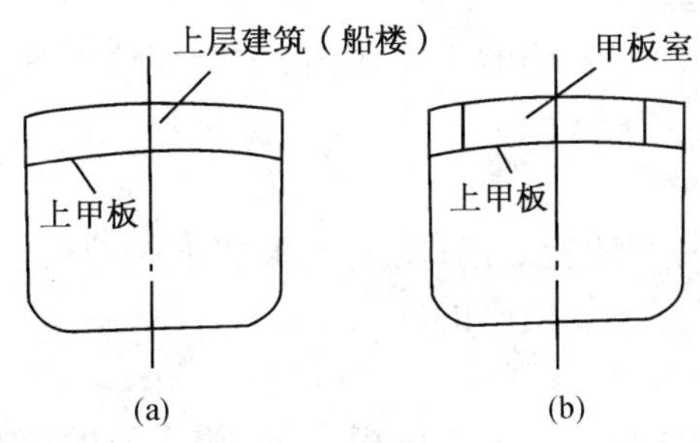


图 1-18 船楼与甲板室

的艏楼称为长艏楼。艏楼一般只设一层，艏楼的作用是减少船舶首部甲板上浪；并可减少纵摇，改善船舶航行条件；艏楼内的舱室可作为储藏室，长艏楼内的舱室可用来装货。

(2)桥楼

位于船中部的船楼，称为桥楼。当桥楼的长度大于 15% 船长，且不小于本身高度 6 倍时，称为长桥楼。桥楼主要用来布置驾驶室和船员居住处所并保护机舱。

(3)艉楼

位于船尾部的船楼，称为艉楼。当艉楼的长度超过 25% 船长时，称为长艉楼。艉楼的作用是减少船尾甲板上浪和保护机舱；并可布置甲板室、船员居住处所和其他用途的舱室。

在上甲板及以上的围蔽建筑的两侧壁，离船壳外板向内的距离大于 4% 船宽的，这种围蔽建筑物称为甲板室。

上层建筑的布置位置、层数、长短和数目是由船舶的大小、类型、用途、机舱位置、航海性能和船舶外形美观要求等因素决定的，一般在机舱的上方总是布置有上层建筑。

3. 上层建筑中的各层甲板

(1)罗经甲板：设有罗经的甲板，又称为顶甲板，是船舶最高一层甲板。在罗经甲板上除设有标准罗经外，一般还设有桅、雷达天线、探照灯等。

(2)驾驶甲板：设置驾驶室的甲板。该层甲板上的舱室处于船舶最高位置，布置有驾驶室、海图室、报务室和引航员房间等。

(3)艇甲板：放置救生艇或工作艇的甲板。从救生角度出发，要求救生艇置于船舶较高位置，且周围要有一定的空间，以便在紧急情况下人员集合并迅速登艇。艇放置在舷两侧，便于快速放艇。该层甲板还布置有船长、大副等驾驶员及舵工和一些公共活动场所的房间。此外，船舶的应急发电机室、蓄电池室和空调器室一般也布置在该层甲板。

(4)起居甲板：主要用于布置船员的居住舱室，如轮机员、电子电气员、电工等房间，以及生活服务舱室如盥洗室、厕浴室等。

(5)上层建筑内的上甲板：一般用来布置厨房、餐厅、水手和厨工等船员房间，以及伙食冷库、粮食库等。

(6)游步甲板：游步甲板是客船或客货船上供旅客散步或活动的甲板，常设有宽敞的通道或活动场所。

## （二）船舶主船体的舱室布置

按船舶首尾方向布置，一般货船的主船体内，主要部位有艏尖舱、货舱、深舱、机舱和艉尖舱等。

### 1. 艏尖舱

艏尖舱是位于船首部防撞舱壁之前、舱壁甲板之下的船舱。在其纵中剖面位置上设有开流水孔的制荡舱壁，以减少舱内水的摇荡。

### 2. 货舱

一般货船，在双层底内底板之上和上甲板之下、艏尖舱舱壁与艉尖舱舱壁之间，除了布置机舱和深舱之外，基本上都用于布置货舱。货舱的名称按首尾方向排号，货舱之间由水密横舱壁隔开。

两层甲板之间的货舱称为甲板间舱，最下层甲板下面的货舱称为底舱，有时也称底舱为货舱。

货舱内的布置，要求结构整齐，各种管系、通风管道和其他设施都应安置在船舱结构范围之外，不得妨碍货物的装卸。

### 3. 深舱

深舱是指双层底舱以外的压载舱、船用水舱、货油舱（例如植物油舱）、闪点不低于 60 ℃的燃油舱等，并非所有船舶都必须设有深舱。

### 4. 机舱

一般货船设一个机舱，个别大型客船设有主、副机舱。

机舱的位置直接关系到船舶上层建筑的形式、货舱布置、纵倾调整、船体结构与强度以及驾驶视线等问题。

目前常见的机舱位置有设于船舶中部、尾部和中部偏后三种，相应的建筑形式即称之为“中机型”、“艉机型”和“中艉机型”。

### 5. 艉尖舱

艉尖舱是位于船舶尾部最后一道水密横舱壁之后、舱壁甲板或平台甲板之下的船舱。有的艉尖舱内也设有制荡舱壁。艉尖舱主要作为压载水舱或淡水舱，以调整船舶浮态，如图 1-19 所示。

## （三）船舶工作舱室的布置

船舶工作舱室可分为驾驶、轮机、甲板三个部门的工作舱室。

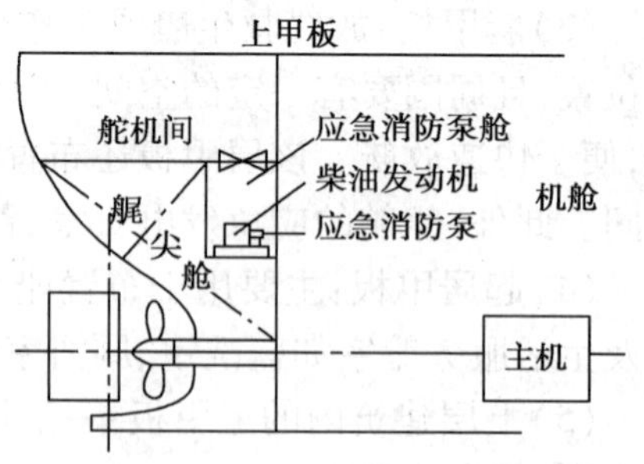


图 1-19　某散货船尾部布置

### 1. 驾驶部工作舱室

①驾驶室：要求有良好的视线，通常布置在船舶最高一层舱室。

②海图室：海图作业与驾驶联系密切，一般布置在驾驶室的后右侧，有门相通。

③报务室：报务室内设置各种通信设备。为了与船长、驾驶员联系方便，报务室一般布置在驾驶室的后左侧，或海图室的后面。

④电罗经室：布置在船舶摇摆中心附近。内设有主罗经、分罗经、电压调节器等。

2. 轮机部主要工作舱室

①机舱:机舱是集中放置船舶动力装置中绝大部分机电设备的船舱。运输船舶的机舱大部分设在驾驶船楼的下方。机舱所占的容积虽不直接参与船舶生产,却影响全船货舱容积的大小,关系到船舶的生产能力。机舱必须与货舱分开,因此机舱前后端都设有水密横舱壁。为了使主机轴线与螺旋桨轴线配合不使主机底座太高,以避免引起振动,机舱双层底比货舱双层底要高。另外,双层底高还可以增加燃油舱和淡水舱的容积。

②应急发电机室:该室是放置应急发电机组及其配电板的舱室。应急发电机是在机舱内发电机组发生故障或船舶发生海损时为船舶提供应急电源而设置的。因此,按《SOLAS 公约》要求,应急发电机室应置于最高一层连续甲板以上,易于从露天甲板到达之处,一般位于艇甲板,不能与机炉舱相通,门开向露天甲板。

③蓄电池室:按《SOLAS 公约》规定,蓄电池组不应与应急配电板装设在同一处所,所以蓄电池室应是独立的舱室,一般也位于艇甲板。因蓄电池常有易爆性气体和电解液逸出,所以蓄电池室应有适当的构造和有效的通风,室内要铺设防腐蚀垫层。室内不应安装电气设备,照明要用防爆灯。

④舵机间:舵机间是用于布置舵机的舱室,位于舵的上方艉尖舱顶部水密平台甲板上。

⑤应急消防泵:根据《SOLAS 公约》的要求,当船舶任何一舱室失火会使所有的消防泵失去作用时,应设有固定独立驱动的应急消防泵。应急消防泵应布置在机舱之外的水密舱室内。

⑥空调器室:空调器室是放置空调器的舱室。在货船上,空调器室一般位于艇甲板后部。

⑦制冷机室:该室是放置制冷压缩机及有关设备的舱室,一般靠近冷藏舱室附近。氟利昂制冷机室可设在机舱内。

⑧轴隧:中机型船和中艉机型船,推进轴系要通过机舱后面的货舱,因此从机舱后舱壁至艉尖舱舱壁之间必须设置一个水密结构的轴隧,将轴系围在里面,并由此通至螺旋桨。

3. 甲板主要工作舱室

①理货室:理货室是远洋运输船舶专为陆上理货人员及海关人员等来船接洽工作所设的场所,一般布置在靠近舷梯的船楼入口处。

②锚链室:锚链室是收存锚链的舱室,位于锚机下方的艏尖舱内,是用钢板围起来的两个左右对称的圆形或长方形的水密小舱室,舱底部设有排水孔,用于排除锚链带进来的泥水。

③木匠工作间、灯具间、油漆间、缆绳和索具间等:木匠间、灯具间、油漆间内有容易着火的器材,要求远离生活区;缆绳和索具间应靠近锚泊机械和起货机械,所以这些舱室通常位于艏楼内、起货机平台下面的桅屋内。

**(四)船舶的液舱**

1. 液舱布置的特点

①与一般货物(除矿砂外)相比较,由于液体的密度较大,为有利于船舶稳性,液舱一

般都设在船舶的低处。

②液舱一般都对称于船舶纵向中心线布置，以有利于船舶破舱稳性。

③液舱都是水密或油密舱，除了开有人孔供清洗和维修用外，不准开其他孔。

④液舱的横向尺寸都较小，以减小舱内液体的自由液面对稳性的影响。

⑤所有燃油和淡水都不应集中布置在一个舱内，以保证船舶在一部分油、水舱破损后不致完全丧失船舶生命力。

⑥液舱内设有输入输出管、空气管、溢流管、测深管等。

2. 液舱的种类

(1)燃油舱

船舶主机目前都燃用燃料油（俗称重油），因燃料油黏度较大，需要加热后方可输送，目前多采用蒸汽加热。为了减少加热管系的布置，燃料油舱一般布置在机舱的前壁处（即深油舱）、机舱的两舷侧处（即舷边油舱），以及机舱下面的双层底内。

副机目前多燃用重柴油，柴油舱一般布置在机舱下面的双层底内。

(2)燃油溢油舱

装油时，当燃油装满了燃油舱，可通过溢油管流入溢油舱。为了能使溢出的燃油能自行流入溢油舱，溢油舱一般都布置在船舶的最低处。溢油舱中的燃油仍可通过管系再泵入燃油沉淀柜内使用。

(3)滑油舱

滑油舱的四周要设置隔离空舱，与燃油舱、淡水舱、压载水舱及舷外水等隔开，以免污染滑油。但由于船舶滑油的贮存量不是很大，所以很多船舶都以油柜的结构形式设在船舶双层底以上的独立舱室中，俗称滑油贮存柜。

(4)滑油循环舱

滑油循环舱位于主机下面的双层底中，习惯称它为滑油循环柜，用于主机曲柄箱油强制循环系统中，汇集滑油以便不断循环。其四周也需设置隔离空舱，与周围的燃油舱、淡水舱和船底外的舷外水隔开，以免污染滑油。

(5)污油舱

污油舱用于贮存污油，舱的位置较低，以利于外溢和泄漏的污油自行流入舱内。污油舱开有人孔，供清理油渣人员进出，并设有油管通向油水分离器，以便处理污油。

(6)淡水舱

淡水舱分为饮用水舱、清水舱和锅炉水舱等几种。这些水舱一般都布置在靠近居住舱室和机舱下面的双层底内，也有布置在艉尖舱内。锅炉水舱的位置靠近锅炉舱附近。

饮用水舱舱内的结构和涂料，要求能保持水质清洁，一般在舱的内壁涂有水泥。

(7)污水舱

污水舱的位置较低，以利于船上各处的污水通过泄水管流入污水舱中。也可将机舱舱底污水贮存于污水舱内，视情况开启油水分离器处理污水，符合排放标准的污水可排出舷外。

(8)压载水舱

压载水舱对调整船舶浮态、吃水和稳性有很大的影响。运输船舶可作为压载水舱的

有：艏尖舱、艉尖舱、双层底舱、压载深舱、散货船的上下边舱、集装箱船和矿砂船的边舱等。

(9)其他液舱

如前面已介绍过的艏尖舱、艉尖舱、双层底舱、深舱、液货舱等。

**(五)船舶的液舱的空气管、溢流管、测深管**

1. 空气管(透气管)

为保证液体舱柜和隧道等处所，在注入或排出液体时，舱内空气能自由地从管中排出或进入舱中，从而保证舱柜等结构安全，并不使它内部产生正压或负压而影响注排工作的顺利进行。对空气管的布置有以下要求：

贮存水、燃油、滑油的舱柜以及隔离空舱和管隧均应装设空气管，必要时，轴隧也应装设空气管。空气管应从舱柜的高处引出，其下端一般在液舱的前部顶板上，并远离注入管。顶板的长度或宽度不小于7 m的舱柜，应设两根或多根空气管。具有阴极保护的舱柜，应在它的前、后端设置空气管。

空气管一般应通至开敞甲板。燃油舱柜、货油舱、加热的滑油舱和液压油舱、位于机器处所之外且未设溢流管并能用泵灌装的舱柜、与燃油舱或货油舱相邻的隔离舱的空气管应引至干舷甲板以上的露天地点。船舶双层底的燃油船、水舱、延伸至外板的深舱，艏尖舱、艉尖舱，以及机舱内的燃油舱，所设的空气管应从两舷延伸到舱壁甲板以上。

空气管在甲板上的高度规定：干舷甲板上，不小于760 mm；上层建筑甲板上，不小于450 mm。

机舱内滑油贮存柜的空气管，如当其溢油时不至于与电气设备或热表面接触，则允许空气管终止在机舱内。但大容量的滑油柜应引向机舱外安全场所。

燃油舱柜和货油舱柜空气管的管端，应装设耐腐蚀和便于更换的金属防火网。延伸至露天甲板以上的所有空气管管口应装设有效而合适的关闭装置，以防海水、雨水和杂物侵入。各舱柜空气管的总截面积，应比各自注入管的有效截面积至少大25%，但其内径应不小于50 mm。如舱柜装有溢流管时，则空气管的截面积至少应为该舱柜注入管截面积的20%。如装有溢油管的几个舱柜共用一根空气管时，则该空气管的截面积至少应为独立舱柜中两根最大注入管截面积之和的20%。冰区航行船舶的空气管，其截面积应适当增大。轴隧和管隧上的空气管，其内径不得小于75 mm。

2. 溢流管

当因某种原因注入过多的油、水时，会从空气管上端溢出，或因空气管高度超过该舱所能承受的压力水头高度而会压坏液舱。所有用泵灌注的液舱，舱柜顶部设有一根管子，将溢出燃油、滑油等引入到溢流柜内或有剩余空间的贮存柜内。对于装水等液体的液舱则引到开敞处所或其他溢流柜内。这种将溢出的油、水引入到溢流柜或其他处所的管子称为溢流管。灌满液舱柜后外溢的液体可通过溢流管引入到位置较低的溢流柜，或直接溢流到舱底，以避免液舱柜受压变形损坏。对溢流管有以下几点要求。

①液舱柜在下列情况下应装设溢流管：液舱柜空气管的高度超过该舱柜所能承受的压力水头高度时，会压坏液舱柜；空气管截面积小于规范要求；所有用泵灌注的液舱。

②燃油和滑油舱柜的溢流管，应引到足够低的位置且有足够容积的溢流柜。燃油日

用油柜和沉淀油柜的溢油舱柜的容积，应保证在泵油溢油时达到10 min的泵油溢油容量。

③溢油管上应装有良好照明的观察器或报警器。

④溢油管上不得装设截止阀或旋塞。

溢流管的尺寸和高度的要求是：每一舱柜溢流管的截面积应不小于该舱柜注入管截面积的125%。溢流管的高度不能超过该舱柜结构所能承受的压头高度。

3. 测量管

测量管的作用有：测量燃油舱柜、滑油舱柜、压载水舱、淡水舱、深舱中液体的积存量。检查舱底污水井（沟）中污水的积存量。检查隔离空舱内有无因破损漏泄而浸入液体。

在测量管的上端的一般要求：

①除短测量管外，测量管一般应引至舱壁甲板以上随时可以接近的地点。

②燃油舱柜和滑油舱柜的测量管应引至开敞甲板上的安全地点，防止油气泄漏于舱内，并有适当的关闭装置。

③布置在机舱和轴隧下面的双层底舱的测量管可采用短测量管，其上端口可只引到花钢板以上1 m左右，在上端口应安装有自动关闭装置（带有手柄的旋塞，手柄上有重锤，手放开后能自动关闭）。

④饮用水舱的测量管的上端管口应高出甲板面400 mm以上，以防污物落入管内。

在测量管的下端的一般要求：

在管口下方的舱底板上应安装适当厚度和尺寸的防击板，或采用管底部封闭的缝隙式测量管。

对测量管的尺寸和位置的要求：

①测量管的内径应不小于32 mm，重燃油舱柜测量管的内径应不小于50 mm。当测量管通过温度为0 ℃或0 ℃以下的舱室时，其内径应不小于65 mm。

②一般每一液舱、隔离舱、污水井只布置一根测深管，测深管应尽可能靠近抽吸口，通常布置在液体舱柜的最深处。对于平底舱，可在舱的前后端各布置一根。

4. 船底塞

船底塞俗称放水塞，位于各水舱的底部。在每个水舱船底板的最低处，开设一个孔径50 mm左右的螺纹孔，并用一个螺栓拧紧，在船底板的外面涂上水泥和油漆。其用途是在船舶进坞对水舱进行修理或涂刷以及做水密试验后需要放干舱内积水时，将船底塞旋开，放净舱底积水。为了不使船舶航行时海水从船底塞进入船舱内，船底塞必须保证严格水密。

5. 海底阀门

一般位于机舱的舭部，在外板上开设有舷外水的进水口，并在进水口上装设一个截止阀，截止阀与压载水管相连，该套设施称为海底阀门（海底阀箱）。由于海底阀门进水口一定是位于空船吃水线以下，所以当打开海底阀门时，舷外水会自动地流入压载舱内。在进水口处，沿着船壳板表面装设有海底阀门格栅，防止海水中杂物流入舱内。在进水口里面设有锌板，防止腐蚀，并且装设有清洗装置，用来清洗进水口处的污泥等沉淀物和结冰。

# 第三节　船舶适航性控制

## 一、适航性的基本知识

### (一)船舶尺度

1. 主尺度

表示船体外形大小的主要尺度,包括船长、船宽、船深、吃水和干舷。

按用途可分为型尺度、实际尺度、最大尺度和登记尺度等几类。

型尺度是量到船体型表面的尺度,钢船的型表面是外壳的内表面,不计船壳板和甲板的厚度(见图 1-20)。

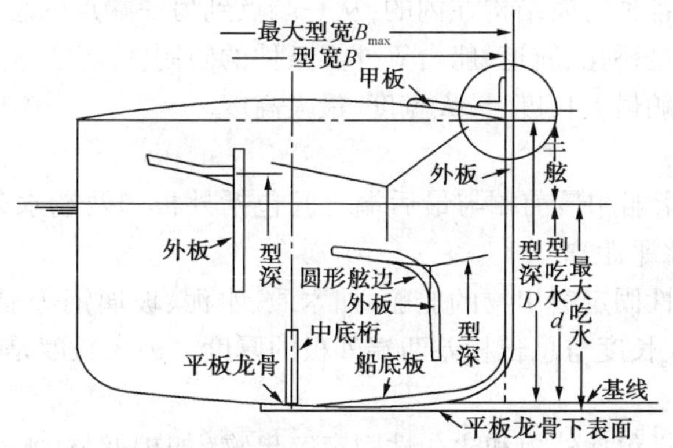


图 1-20　型宽、型深和吃水船长

船长用垂线间长 $L_{BP}$ 代表。船长用符号"$L$"表示,并以米(m)为单位(见图 1-21)。

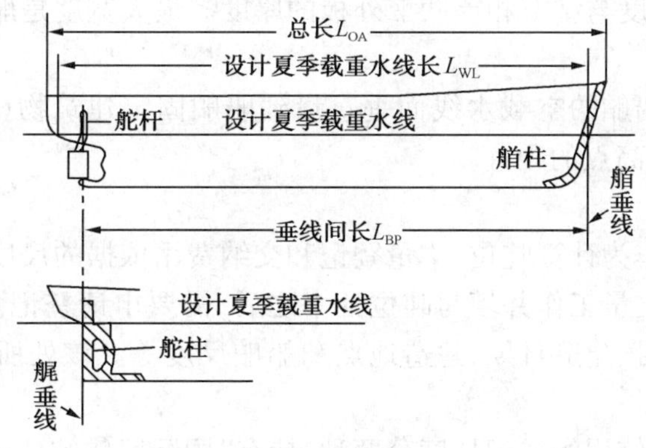


图 1-21　船长

型宽是在船体的最宽处,由一舷的肋骨外缘量至另一舷的肋骨外缘之间的水平距离,以符号"$B$"表示,并以米(m)为单位。

型深是在船长中点处,沿船舷由平板龙骨上缘量至上层连续甲板横梁上缘的垂直距离;对甲板转角为圆弧形的船舶,则由平板龙骨上缘量至横梁上缘延伸线与肋骨外缘延伸线的交点,型深用符号“$D$”表示,单位为米(m)。

总长 $L_{OA}$ 包括两端上层建筑在内的船体型表面最前端与最后端之间的水平距离。总长以符号“$L_{OA}$”表示。

设计水线长 $L_{WL}$ 为设计夏季载重水线面与船体型表面首尾端交点之间的水平距离,通常满载水线的长度即为设计水线长。设计水线长以符号“$L_{WL}$”表示。

型吃水 $d$ 是指在船长中点处,沿着船舷由平板龙骨上缘量至夏季载重水线的垂直距离,型吃水以符号“$d$”表示,以米(m)为单位。型吃水是根据船体型表面量度的,它不计入水下突出物和船底板的厚度,而且量至设计水线(或满载水线、夏季载重水线)。从型表面量度时则为型吃水。

*2. 船舶的实际尺度与最大尺度*

实际尺度是船舶建造和运行时用的,量到船体外壳板的外表面。

最大尺度为包括各种附属结构在内的,从一端点到另一端点的总尺度,主要用于检查船舶在营运中能否满足桥孔、航道、船台等外界条件的限制。

最大尺度包括船舶最大长度、最大宽度、最大高度。

(1)最大长度 $L_{max}$

最大长度 $L_{max}$ 是指船舶最前端与最后端之间包括外板和两端永久性固定突出物(如顶推装置等)在内的水平距离。

对于两端无永久性固定突出物的船舶,如木质、水泥、玻璃钢等船舶的最大长度等于总长,钢质船舶的最大长度与总长相差两端外板的厚度。最大长度是船舶的实际长度。

(2)最大宽度 $B_{max}$

最大宽度 $B_{max}$ 是指包括外板和永久性固定突出物(如护舷材、水翼等)在内的垂直于中线面的船舶最大水平距离。

对于两舷无永久性固定突出物的船舶,如木质、水泥、玻璃钢等船舶,最大宽度等于型宽,钢质船舶的最大宽度与型宽相差两舷外板的厚度。最大宽度是船舶的实际宽度。

(3)最大高度

最大高度是指从船舶的空载水线面垂直量到船舶固定建筑物(包括固定的桅、烟囱等在内的任何构件)最高点的距离。

*3. 登记尺度*

登记尺度是专门作为计算吨位、丈量登记和交纳费用依据的尺度。

船舶在完成吨位丈量工作并填写吨位证书之后,需要申请登记。登记的内容包括船名、船籍港、螺旋桨数目、建造日期、建造地点和船舶尺度等。该处所使用的船舶尺度,也称为船舶登记尺度。

目前,我国船舶所使用的登记尺度分两种:持有“国际船舶吨位证书(1969)”的船舶,用“国际航行船舶”的登记尺度,即按《1969 年国际船舶吨位丈量公约》中所规定的定义(与《1966 年国际载重线公约》中规定的船舶尺度定义相同);持有“船舶吨位证书”的船舶,用“国内航行船舶”的登记尺度。

**(二)船型系数**

船型系数是表示水线下船体肥瘦程度的各种无因次系数的统称。它能表征水线下船

体的体积和面积沿着各个方向分布的情况。

1. 水线面系数 $C_W$

$C_W$ 是平行于基平面的任一水线面面积 $A_W$ 与对应的水线长 $L$ 和水线面最大宽 $B$ 的乘积之比(见图 1-22)。

$$C_W = \frac{A_W}{L \times B} \tag{1-1}$$

水线面系数表征船体水平剖面的肥瘦程度。其值的大小对船舶的快速性、稳性和甲板面积等都有影响。

2. 中横剖面系数 $C_M$

$C_M$ 是中横剖面的浸水面积 $A_M$ 与对应的水线宽 $B$ 和型吃水 $d$ 的乘积之比(见图 1-23)。

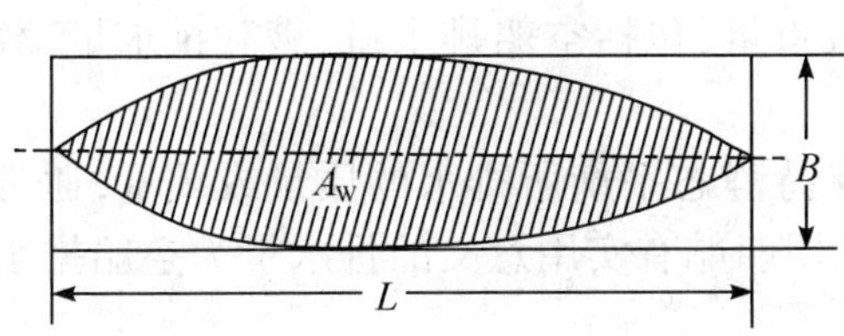


图 1-22 水线面系数

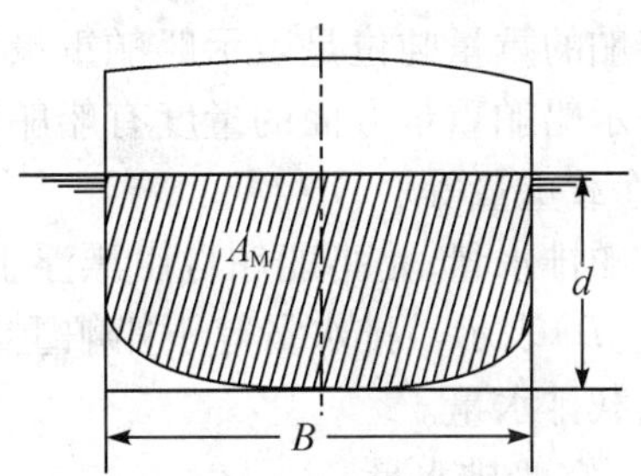


图 1-23 中横剖面系数

$$C_M = \frac{A_M}{B \times d} \tag{1-2}$$

中横剖面系数表征船舶中横剖面的肥瘦程度。其值的大小对船舶的快速性和耐波性等有影响。

3. 方形系数 $C_B$

$C_B$ 是在与基线平行的任一水线下型排水体积 $V$ 与对应的水线长 $L$、中横剖面处的水线面宽 $B$ 和型吃水 $d$ 三者乘积之比(见图 1-24)。

$$C_B = \frac{V}{L \times B \times d} \tag{1-3}$$

方形系数表征船体的肥瘦程度,是表示船体形状的重要系数,方形系数的大小对船舶的排水量、舱室容积、快速性、耐波性等均有影响。

4. 棱形系数 $C_P$

$C_P$ 是在与基线平行的任一水线下,型排水体积 $V$ 与对应的水线长 $L$、中横剖面的浸水面积 $A_M$ 两者乘积之比(见图 1-25)。

$$C_P = \frac{V}{A_M \times L} \tag{1-4}$$

棱形系数表征排水体积沿船长的分布,其值的大小对船舶的快速性、耐波性等有影响。

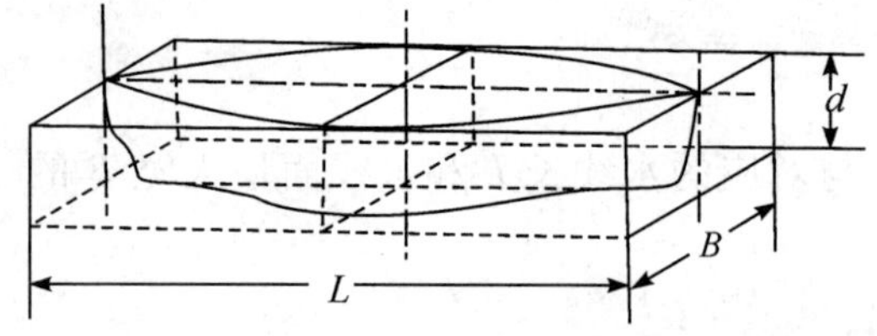


图 1-24　方形系数

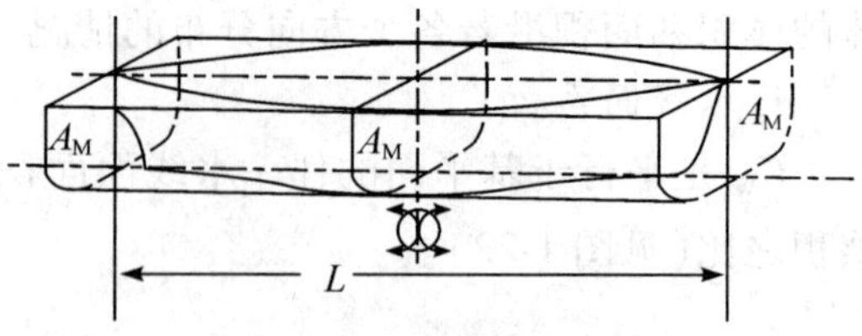


图 1-25　棱形系数

利用船舶的主尺度比和船型系数,可以计算在某一吃水时船舶的排水体积及其他的尺度和参数。

**(三)船舶排水量、载重量、吨位**

船舶吨位是船舶大小的计量单位,可分为重量吨位和容积吨位两种。

1. 船舶的重量吨位

船舶的重量吨位是表示船舶重量的一种计量单位,以 1 000 kg 为 1 t。

表示船舶重量方面的量度有船舶排水量和载重量,包括空船排水量、满载排水量、载重量、净载重量等。

船舶排水量,是指船舶自由漂浮于静水中,保持静态平衡所排水的质量或重量,通常以符号“$D$”表示。排水量等于船舶重量。对于民用船舶有实用意义的排水量为空船排水量和满载排水量。

(1)空船排水量

空船排水量等于空船重量。是指民用船舶装备齐全,但无载重时的船舶排水量。除了船体和机器设备等的重量外,空船重量还包括固定压载、备件、管系中的液体、液舱中不能吸出的液体、给水以及锅炉和冷凝器中的水,但不包括船员、粮食、淡水、供应品、燃料、滑油、货物和旅客。

在船舶营运中,计算船舶重量或排水量时,空船重量是作为一个固定值使用的。因此,新造的船舶,或经大修出厂的船舶,船厂要提供准确的空船重量。

(2)总载重量

船舶总载重量,通常简称为载重量,是船舶允许装载的可变载荷的最大值,通常以符号“$DW$”表示。总载重量包括船员、粮食、供应品、淡水、燃料、滑油、货物和旅客等的重量。它表示船舶运输中总的载重能力。

(3)净载重量

船舶净载重量,是载重量中允许装载的货物与旅客,包括行李及随身携带的物品在内的最大重量。它反映船舶的运输能力,其值的大小影响船舶的运输成本。

(4)满载排水量

满载排水量等于空船排水量加上总载重量。满载排水量是反映船舶大小的一个重要量度,是船舶的许多性能、结构、载重能力等计算的主要依据。

船舶排水量和载重量所用的单位是吨(t)。

船舶排水量、尺度和船型系数之间有如下关系:

$$D = LBdC_B\rho \tag{1-5}$$

式中,$D$ ——吃水为 $d$ 时的排水量(t);

$L$ ——吃水为 $d$ 时的水线长度(m)；

$B$ ——吃水为 $d$ 时的水线面宽度(m)；

$d$ ——船舶吃水(m)；

$C_B$ ——吃水为 $d$ 时的方形系数；

$\rho$ ——舷外水的密度($t/m^3$)。

在这里需要特别注意的是，通常用重量来表示船舶大小的时候，所指的都是载重量而不是船舶的排水量。例如称某船是万吨级的船，意思是说该船的总载重量为 1 万吨左右，而不是说它的排水量为万吨级的。因为用排水量表示船舶的大小，无经济上的意义，但在计算船舶性能和强度时要用到它。

2. 船舶容积吨位

船舶的容积吨位是表示船舶容积的单位，又称注册吨，是各海运国家为船舶注册而规定的一种以吨为计算和丈量的单位，以 100 $in^3$ 或 2.83 $m^3$ 为一注册吨。容积吨又可分为容积总吨和容积净吨两种。

(1)容积总吨(缩写为 GT)

又称注册总吨，是指船舱内及甲板上所有关闭的场所的内部空间(或体积)的总和，是以 100 $in^3$ 或 2.83 $m^3$ 为一吨折合所得的商数。

容积总吨的用途很广，它可以用于国家对商船队的统计；表明船舶的大小；用于船舶登记；用于政府确定对航运业的补贴；用于计算保险费用、造船费用以及船舶的赔偿等。

(2)容积净吨(缩写为 NT)

又称注册净吨，是指从容积总吨中扣除那些不供营业用的空间处所剩余的吨位，也就是船舶可以用来装载货物的容积折合成的吨数。

容积净吨主要用于船舶的报关、结关；作为船舶向港口交纳的各种税收和费用的依据；作为船舶通过运河时交纳运河费的依据。

**(四)载重线标志**

载重线标志是根据船舶在不同区域和不同季节航行时，应该有不同位置的满载水线的原则提出来的，由船舶检验机构根据载重线公约或法规规定的标准位置和形式，勘划在船长中部的两舷，并对船舶签发载重线证书。

由于各类船舶航行区域、季节及装载货种的不同，载重线标志的形式也各不相同。

国内航行船舶载重线标志如图 1-26 和图 1-27 所示。

各载重线上的字母代表意义如下：

RQ——热带淡水载重线；

Q——夏季淡水载重线；

R——热带载重线；

X——夏季载重线；

M——木材；

CS——中国船级社。

上述所涉及的“夏季”、“冬季”等季节并不是通常按气温划分成春、夏、秋、冬四季中的夏季和冬季，而是根据该海区的风浪大小、频率来划分的；至于哪些区域属于“热带”、

"夏季"或"冬季"区域，在载重线公约中都有详细的规定。

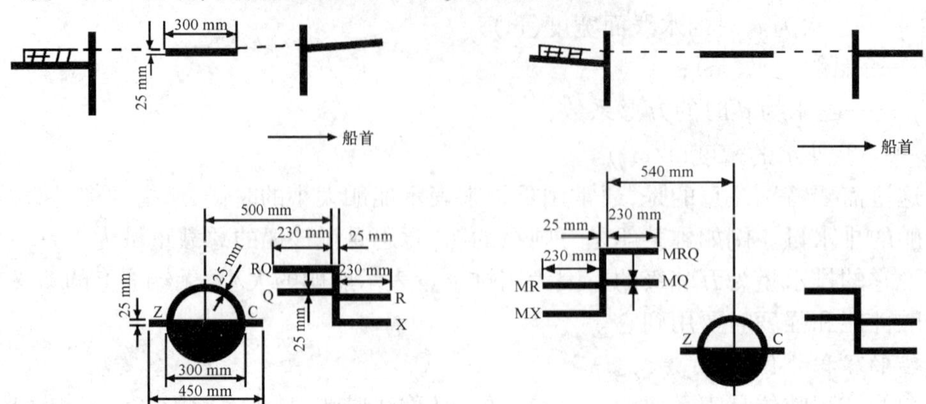


图 1-26　国内航行船舶载重线标志（右舷）　　图 1-27　国内船舶木材载重线标志（右舷）

按照我国沿海的区域季节情况，我国的国际航行和国内航行的船舶，载重线圈上的水平线段都对准夏季载重线。

**（五）干舷和储备浮力**

1. 干舷

干舷即干的船舷。而通常所说的干舷指的是船舶夏季最小干舷，它是在船中处，沿舷侧从夏季载重水线量至干舷甲板上表面的垂直距离。干舷甲板是根据载重线公约或载重线法规要求的用于量计最小干舷的基准甲板，通常就是指船体最高一层露天全通甲板。该层甲板上所有的露天开口及其下面的所有舷侧开口都必须设有永久性的水密封闭装置。

干舷是用于衡量船舶储备浮力大小的一个尺度。干舷越大，载重水线以上的水密空间就越大，即储备浮力越大，船舶也就越不易沉没，但干舷过大，在相同型深情况下，使允许装载的重量减小，所以每艘船都规定了合理的最小干舷值，船舶在任何情况下，装载的重量都不得使其干舷小于所规定的最小干舷。这样，既能保障船舶安全航行，又能使船舶具有尽可能大的装载能力。

2. 储备浮力

从理论上讲，船舶装载后只要吃水不超过上甲板边线就能使船舶具有一定的浮力而不沉没。但在实际营运中，为了保障船舶安全航行，在任何情况下都不允许船体的全部水密空间都浸入水中。也就是说，船舶装载后，水线以上必须要有一定的水密空间作为备用，以使船舶受海浪侵袭或发生海损，船体内部进水、甲板上浪积水或结冰使船舶重量增加时，仍能使船舶保持一定的漂浮能力或不致立即沉没。满载水线（即设计水线）以上的船体水密空间容积所具有的浮力称为储备浮力。海船的储备浮力约为满载排水量的25% ~40%。

**（六）吃水和水尺**

1. 吃水

吃水，是指船舶在水面以下的深度。根据量度位置的不同，吃水主要分为型吃水、实际吃水（或外形吃水）、设计吃水（或满载吃水）、压载吃水、空船吃水、艏吃水、艉吃水、平

均吃水等。

外形吃水或称实际吃水，是从船舶外形的最低点（包括附体或水下突出物在内）量至某一水线面的吃水。对于平直型龙骨线且船底无突出物的船型，在夏季载重水线时的实际吃水与型吃水仅差龙骨板的厚度。船舶营运中，对于吃水受限制的水域，要特别注意船舶实际吃水的大小。

设计吃水，通常均指夏季满载吃水，是船舶处于满载排水量状态时的吃水，亦是船舶在正常航行状态下的最大吃水。当计入水面下的突出物和船底板厚度时，即为实际吃水。若从型表面量度时则为型吃水。

空船吃水，是船舶处于空船排水量状态的吃水。空船吃水主要用于设计计算，实际营运中很少出现，因为营运中的船总是留有一定量的油和水等。

压载吃水，是船舶处于压载排水量状态时的吃水。

艏吃水，是艏垂线处的吃水，通常用符号“$d_F$”表示，可以是型吃水或实际吃水。

艉吃水，是艉垂线处的吃水，通常以符号“$d_A$”表示，可以是型吃水或实际吃水。

艏吃水和艉吃水的大小对船舶的操纵性、快速性等有很大影响。船舶在压载状态航行时，艉吃水总是要大于艏吃水，不使螺旋桨和舵露出水面。

平均吃水，是艏吃水与艉吃水的平均值，当船舶既有横倾又有纵倾时，平均吃水是由左右舷相应的艏艉位置测得的吃水平均值。当船舶的纵倾角不大时，通常可用平均吃水来进行船舶的各种性能计算。当纵向倾斜角很大时，不能用平均吃水代表船舶的吃水状况来进行有关的计算。

2. 水尺标志

水尺标志是表示船舶吃水的标记，也称为吃水标志。它是用线段和数字勘划在船首、船中和船尾两舷的船壳板上，共有六处，分别标明相当于艏垂线、船中和艉垂线处的实际吃水值。所用单位有国际单位制和英制两种：我国采用国际单位制，用阿拉伯数字标绘，单位为米（m）或厘米（cm）。每个数字高 10 cm，字与字的间隔也为 10 cm，每个数字的下缘与水尺线段下缘为同一水平面，是表示该数字所指的吃水值，如图 1-28 所示。

读取吃水时，看水线与数字的相对位置。例如水线面刚好与数字“8.4”下缘相切，表示此时吃水为 8.4 m；当水面淹没数字“8.4”的一半，则表示吃水为 8.45 m；当水面刚好淹没数字“8.4”的上边缘，表示吃水为 8.5 m。

40 20 9.2 9M 8.8 8.6 8.4 20 8.2 100 80 60 30 60

图 1-28　水尺标志

## 二、船舶浮性

### （一）浮性概念

船舶在各种载重情况下，能保持一定浮态的性能称为船舶浮性。船舶浮性是船舶最基本的航海性能之一，也是任何船舶都必须具备的性能。

船舶静止漂浮于水中，只受到两个力的作用，一个是船舶本身重量以及所载重量之和引起的重力，另一个是船体浸于水中的部分受到静水压力的作用，静水压力的合力即为浮力。

船舶重力的大小,等于船舶重量(严格地说应为船舶质量 $W$)与重力加速度 $g$ 的乘积,即 $W \cdot g$。重力的方向总是垂直于静水面向下。

重力的作用中心(或作用点)称为重心,通常用符号"$G$"表示。

船舶浮力的大小,等于船舶排水量 $D$ 与重力加速度 $g$ 的乘积,即 $D \cdot g$。浮力的方向总是垂直于静水面向上。浮力的作用中心(或作用点)称为浮心,它是水线下船体的几何中心,通常用符号"$B$"表示。

一般船装载后能否漂浮于水面上,主要取决于所载重量(或重力)和船舶所具有的排水体积(或排水量,或浮力)的大小。船舶所具有的排水体积较大而装载的重量较小,则船舶浮性一定能满足。因此,在船舶实际营运中,只要船舶装载后的水线不超过所对应的区域季节载重线的位置,船舶就有足够的浮性。所以,要使船舶具有浮性,必须严格控制它的载重量,使船舶总的重量不超过满载排水量。

根据静力学的物体平衡条件,船舶静止地浮于水中的平衡条件是:作用于船上的重力 $Wg$ 和浮力 $Dg$ ,必须大小相等方向相反,且作用在垂直于静水面的同一条垂线上。

**(二)浮态**

船舶在水中的漂浮状态称为浮态。由于船舶载重的大小和漂浮状态的不同,船舶会以各种浮态浮于水中,如正浮、横倾、纵倾、横倾加纵倾。浮态主要是用船舶的吃水 $d$ 、横倾角 $\theta$ 、纵倾角 $\varphi$ 或吃水差 $t$ 表示。

1. 正浮

船舶既无横倾又无纵倾的漂浮状态称为正浮。正浮时船舶的中纵剖面与横剖面都垂直于静水面,正浮只需用吃水 $d$ 表示其浮态即可。

2. 横倾

船舶只具有横向倾斜(无纵向倾斜)的漂浮状态,称为横倾。横倾用正浮与横倾时两水线的夹角 $\theta$(横倾角)表示。

当船舶横倾一个 $\theta$ 角后达到平衡时,其重力和浮力的大小必须相等($W = D$),方向相反,位于同一条垂直于静水面的直线上。

3. 纵倾

船舶相对于设计水线具有纵向倾斜(无横倾)的漂浮状态,称为纵倾。纵倾是用吃水差 $t$ 或设计水线与静水平面的夹角 $\varphi$(纵倾角)表示的。

纵倾平衡与横倾相似,当船舶纵向倾斜一个 $\varphi$ 角达到静平衡时,其重力和浮力必须大小相等方向相反,作用在垂直于静水平面的同一条直线上。

4. 纵倾加横倾

纵倾加横倾是船舶既有纵倾又有横倾的一种漂浮状态。此时船舶的平衡条件,虽然重力和浮力的大小相等($W = D$)、方向相反,并作用在垂直于静水面的同一条直线上。但是,重心和浮心位置既不同时位于中纵剖面上,也不可能位于同一横剖面上。

由上述的分析可见,船舶在水中的漂浮状态,即船在水中的吃水大小、正浮、横倾、纵倾等浮态和船舶的重量与重心位置、排水量与浮心位置有关。

**(三)舷外水密度改变时船舶浮态的变化**

当船舶从一个密度的水域驶入另一个密度的水域时,船舶的重量 $W$ 或排水量 $D$ 不变时,船舶吃水和浮心的位置都将发生变化。

1.吃水变化

船舶由海水驶入淡水,吃水增加。船舶由淡水驶入海水时,吃水减少。

2.浮心位置变化

严格地说,舷外水密度改变时,除了吃水变化外,还会因浮心位置沿船长方向前后移动而引起纵向倾斜。

船舶吃水的变化,使船舶浮心与重心不再处于同一垂线上,重力和浮力构成一个力偶矩,使船舶倾斜。船舶由海水驶入淡水时,因吃水增加,大多数船由于艉部比艏部肥大,浮心后移,故船舶产生艏倾。而船舶由淡水驶入海水时,因吃水减少,使浮心前移,船舶产生艉倾。为此,在海水区装货时,为避免进入淡水区后产生艏倾现象,有时事先让船舶略带有艉倾,这样,当船舶进入淡水区后就可处于正浮状态。

**(四)船舶抗横倾系统**

船舶抗横倾系统主要应用于集装箱船、滚装船、驳船以及军船等。在港口装卸货物时,抗横倾系统能够及时地调整船舶的浮态,保证持续地装卸货物,因此大大提高了装载的效率;船舶在航行中,由于装载及其分布的变化或某些舱室破损时,会引起浮态的变化影响到正常的航行及安全性,利用压载水舱可以及时地将船舶调至正浮,保证船舶的正常航行,因此抗横倾系统的建立对于船舶航行安全性有着重要的意义。

船舶抗横倾系统主要有泵控制和风机控制两种形式。

1.船舶自动抗横倾平衡系统的功能

船舶自动抗横倾平衡系统是指校正船舶横倾的自动控制装置,其功能是在控制系统检测到船舶的横倾角超过设定值时,自动控制阀门的操作,启动平衡水泵,调驳左、右舷平衡水舱,快速校正船舶的横倾。

2.船舶自动抗横倾系统原理

任何一个机电控制系统都应包括信息流(信号采集、处理及指令)和能量流(执行的机械机构),其基本构成为:传感器族,信号处理器(计算机),执行机构(电动、液压、气动),信道(信号传递)和控制对象。自动抗横倾系统框图如图 1-29 所示。

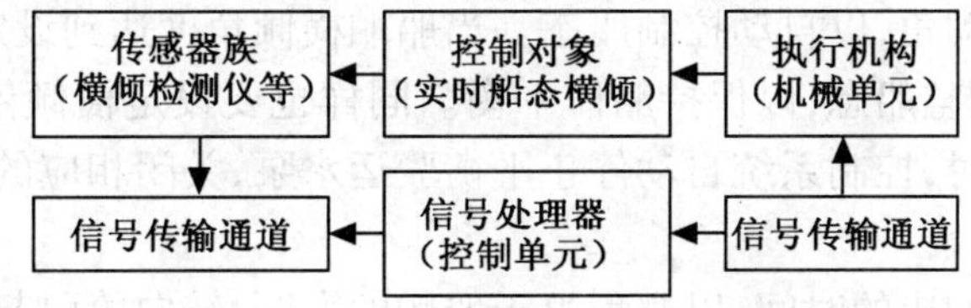


**图 1-29 船舶自动抗横倾系统图**

3.自动抗横倾系统组成

(1)横倾检测仪

检测船舶的横倾角度,并将之转换成电信号,传输到变换器。

(2)变换器及倾斜角显示器

将横倾检测仪的输出电压信号 V12 放大，转换成（0 ~ ±5）V 标准输出电压信号，以测量横倾角，同时标准输出电压还输入横倾角显示器，以便直接读出横倾角度。

（3）抗横倾系统控制单元

由稳压电源、低通滤波器、极性识别器、绝对值电路、稳压器、延时及比较电路等组成。当横倾角大于启动设定角时，控制单元自动开启平衡水舱的相应遥控阀，启动平衡水泵迅速校正船态的横倾，直至船态平衡。

（4）机械单元及液位控制指示（见图 1-30）

抗横倾系统的机械单元包括：左、右舷平衡水舱，驳运平衡水泵，四通平衡阀，操纵气路。

液位指示由压力式液位变送器、液位显示单元和平衡水舱的高低液位保护开关组成。

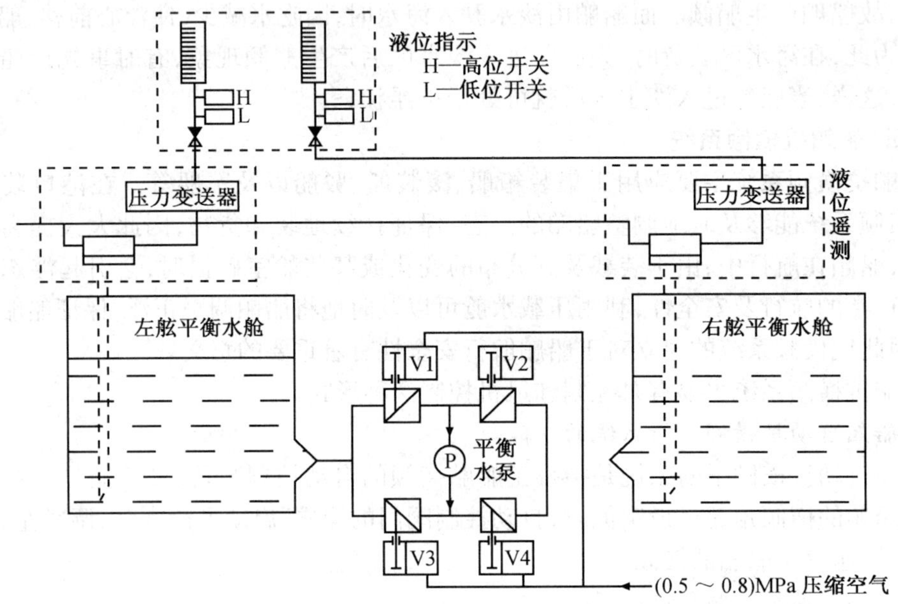


图 1-30　机械单元及液位控制

4. 自动抗横倾系统的设定和船态校正

（1）横倾启动角和停止角设定

预先设定横倾启动角，以自动控制船态。当船舶横倾角度达到设定值时，自动抗横倾系统立即投入工作，调整船态，以保持船体平衡。同样也要设定横倾停止角，当经调整的船态达到横倾停止角时，控制系统自动停止平衡驳运水泵，关闭相应的遥控阀。

（2）控制设定

延时控制是延缓响应的时间，以避免由于船舶的变距、转向等引起的瞬间横倾角增大到启动横倾角时，自动抗横倾系统产生不必要的动作。

（3）过大横倾角报警设定

系统可以预先设定报警角度，当船舶的横倾角超过报警设定值，且经延时后仍超过报警设定值时，报警系统进行过大横倾角报警。

(4)船态的校正

假设一个系统的横倾启动角设定为2°,横倾停止角设定为0.5°。如果船舶发生横倾,左(或右)倾达到了2°,且在延时数秒后仍为此船态,则控制系统动作,开始驳水,校正船态,直至船舶横倾角减小至0.5°。

## 三、船舶稳性

### (一)稳性分类

船舶稳性,是指船舶受外力作用离开平衡位置而倾斜,当外力消除之后能够自行恢复到原平衡位置的性能。这是一切船舶必须具备的性能。

(1)按倾斜方向的不同,分为横稳性和纵稳性。

横稳性:船舶横向倾斜时的稳性。

纵稳性:船舶纵向倾斜时的稳性。

(2)按倾斜角度大小的不同,分为初稳性和大倾角稳性。

初稳性:船舶从正浮状态向左或右倾斜的角度不大于10°~15°时的稳性。

大倾角稳性:船舶从正浮状态向左或右倾斜的角度大于10°~15°时的稳性。

(3)按倾斜时有无角加速度和惯性量或按外力矩的性质不同,分为静稳性和动稳性。

静稳性:船舶在静态的外力矩作用下,倾斜过程中无角加速度和惯性量。

动稳性:船舶在动态的外力矩作用下,倾斜过程中带有角加速度和惯性量。

(4)按船舱破损与否,分为完整稳性和破舱稳性。

完整稳性:船舱完整无破损浸水时的船舶稳性。

破舱稳性:船舱破损浸水后的船舶稳性。

船舶一般不会因为纵稳性不足而倾覆,因此船舶稳性主要是研究横稳性问题。

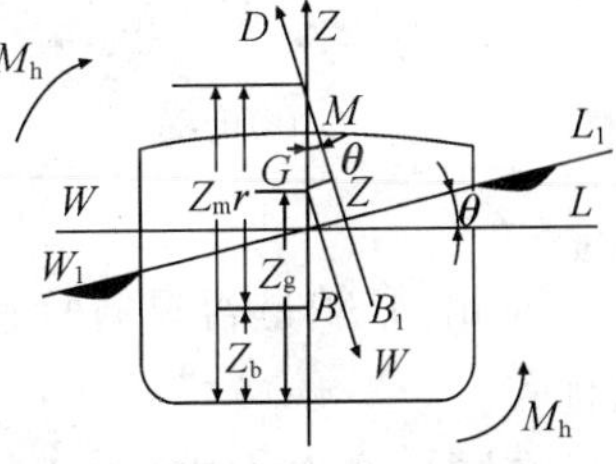

图1-31　船舶初稳性高度

### (二)初稳性

船舶在一横倾力矩 $M_h$ 作用下,从正浮位置倾斜一个小角度 $\theta$(10°~15°)时的船舶稳性,即初稳性问题。图1-31所示的船舶,吃水为 $d$,浮心 $B$ 的竖坐标为 $Z_b$,重心 $G$ 的竖坐标为 $Z_g$。重力 $W$ 和浮力 $D$ 的大小相等、方向相反,并作用在垂直于水线 $WL$ 的同一条直线上。

分析船舶小角度的倾斜过程,可以得出船舶初稳性的几个重要概念。

1. 稳心 $M$

当船舶从正浮位置微倾一个 $\theta$(10°~15°)角时,由于倾斜前后两水线面积变化不大,浮心曲线 $BB_1$ 可以近似地看做是一段圆弧线,而它的曲率中心(即稳心)$M$ 是圆弧线 $B_1B$ 的圆心,故船舶从正浮位置倾斜一个小角度时,其稳心 $M$ 可以认为是一个固定点,并位于船舶中线面上。该稳心称为船舶初稳心,通常简称为船舶稳心 $M$。稳心 $M$ 点距基线的高度以坐标"$Z_m$"表示。

2. 稳心半径 $r(\overline{BM})$

稳心 $M$ 在浮心 $B$ 之上的高度 $\overline{BM}$,称为稳心半径,以符号"$r$"表示。

3. 初稳性高度$\overline{GM}$

稳心 $M$ 在船舶重心 $G$ 之上的高度,称为船舶初稳性高度,并以符号"$\overline{GM}$"表示。

$$\overline{GM} = Z_m - Z_g \tag{1-8}$$

当稳心 $M$ 在重心 $G$ 之上,规定$\overline{GM}>0$,初稳性高度为正值;

当稳心 $M$ 在重心 $G$ 之下,$\overline{GM}<0$,初稳性高度为负值;

当稳心 $M$ 与重心 $G$ 重合,$\overline{GM}=0$,初稳性高度为零。

4. 判断船舶是否具有稳性

图 1-32(a)所示的船舶,其初始的平衡状态为正浮于水线 $WL$ 处,重力 $W$ 和浮力 $D$ 大小相等、方向相反,并作用在垂直于 $WL$ 的同一条直线上。

利用初稳性高度$\overline{GM}$值可判断船舶是否具有稳性:

若船舶重心 $G$ 在稳心 $M$ 之下时,$\overline{GM}>0$,船舶处于稳定平衡状态,船舶具有稳性,如图 1-32(b)所示;

若船舶重心 $G$ 在稳心 $M$ 之上时,$\overline{GM}<0$,船舶处于不稳定平衡状态,船舶不具有稳性,如图 1-32(c)所示;

若船舶重心 $G$ 与稳心 $M$ 重合时,$\overline{GM}=0$,船舶处于随遇平衡(或称中性平衡)状态,船舶也不具有稳性 1-32(d)所示。

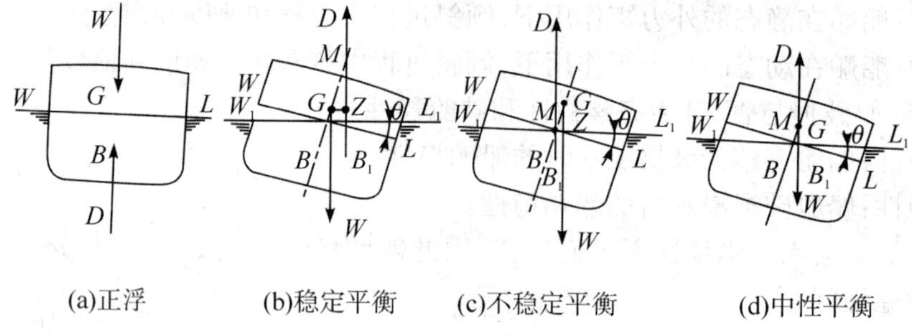


图 1-32　船舶三种平衡状态

因此,船舶是否具有稳性,与船舶所处的初始平衡状态的重心 $G$ 与稳心 $M$ 的相对位置有关。

在同一个航次中,由于航行中燃料、淡水等消耗,在出港、航行中途和到港时,船舶的重心高度都不会完全相同,因此初稳性高度 $\overline{GM}$ 不会完全相同,船舶的稳性也不会相同。

**(三)稳性的基本衡准**

在海船稳性规范中所规定的船舶稳性应满足的基本要求,即衡量船舶稳性的基本衡准。由于动态横倾力矩 $M_h$ 主要是由海上突风引起的横倾力矩,故在稳性规范中就称为风压倾侧力矩,并以符号"$M_f$"表示。而最小倾覆力矩 $M_q$ 在稳性规范中还考虑了浪的影响。

对于不同航区的船,可能受到的最大风压倾侧力矩是不同的。对于同一条船,当吃水不同时,所受的风压倾侧力矩也不同,因而要求船舶的稳性也不同。

在稳性规范中,还考虑了浪对最小倾覆力矩的影响。这里需要特别指出的是,由于航行中燃料、淡水的消耗,船舶吃水和重心位置是在不断变化的。因此,在同一个航次中,船舶在出港、航行途中和到港的最小倾覆力矩是不同的,因而船舶稳性在航行过程中也是不

同的。也就是说船舶在出港时能满足稳性要求,而到港时不一定也能满足稳性要求。

总结上面所述,当船体的几何形状一定时,衡量一条船稳性的标准是稳性衡准数 $K \geqslant 1$,而影响稳性衡准数 $K$ 大小的 $M_q$ 和 $M_f$ 与船舶的装载状态(吃水 $d$ 和重心距基线高度 $Z_g$)及船舶的航区有关。

我国船检局 1992 年颁布,经 1995 年通报修改的《海船法定检验技术规则》(以下简称《法定规则》)第七篇完整稳性的规定是:经自由液面修正后,船舶稳性在所核算装载状况下必须同时满足下列五项基本衡准要求。

(1)初稳性高度 $GM$ 应不小于 0.15 m。

(2)横倾角等于 30°处的复原力臂 $\overline{GZ}_{\theta=30°}$ 应不小于 0.20 m。

(3)最大复原力臂对应的横倾角 $\theta_{smax}$ 应不小于 30°。如复原力臂曲线因计及上层建筑及甲板室而有两个峰值时,则第一个峰值对应的横倾角 $\theta_{smax}$ 应不小于 25°。

(4)稳性消失角 $\theta_v$ 应不小于 55°。

(5)稳性衡准数 $K$ 应不小于 1.00。

**(四)影响船舶稳性的因素**

从船舶稳性的基本概念中我们知道,船舶是否具有稳性和稳性的大小,是与船舶静稳性曲线的形状和大小有着重要关系的。而影响静稳性曲线形状和大小的有两方面因素:一方面是船体本身的形状和大小;另一方面是船舶的吃水和重心位置,即船舶装载状态和船内重物的移动。

1. 船宽 $B$

船宽大,稳心距基线高度 $Z_m$ 大,在同样重心距基线高度 $Z_g$ 的情况下,初稳性高度就大,但大倾角稳性并不一定好。

2. 干舷高度 $F$

干舷高度大的船舶大倾角稳性好。

船宽和干舷的大小,是由船舶设计时决定的,当船舶造好后,船体几何形状和大小是一定的,即船宽 $B$ 和干舷 $F$ 就是一个定值(在满载的条件下)。

3. 船舶装载状态对稳性的影响

船体几何形状一定,船舶静稳性曲线的形状和大小主要是由船舶的吃水和重心距基线高度决定的,即与船舶的装载状态有关。而在同样的装载重量时,即吃水相同,也就是稳心距基线高度相同时,船舶的稳性主要是由船舶重心距基线高度 $Z_g$ 决定。所以,船舶装载状态的重心高度是影响营运船舶稳性的主要因素。

4. 船内重物移动对稳性的影响

(1)平行力移动原理(重心移动原理)

由理论力学可知,当一物体的重量为 $W$,重心为 $G$,将其中的一部分重量 $P$ 由其重心位置 $g$ 移至 $g_1$ 时(见图 1-33),整个物体的重心 $G$ 平行于 $\overline{gg_1}$ 同方向移至 $G_1$,移动距离的大小等于

$$\overline{GG_1} = P \cdot \overline{gg_1}/W \tag{1-12}$$

该原理同样适用于面积和体积的移动。

下面我们利用平行力移动原理来说明船内重物移动对稳性的影响。

(2)船内重物垂移对稳性的影响

如图 1-34 所示,船舶排水量为 $D$,重心位于 $G$,重物垂移时可调整初稳性高度值,其调整值的大小$\overline{GG_1}$与垂向移动重物 $P$ 和移动的距离 $l_z$ 之积成正比,与排水量 $D$ 成反比。当重物向下移动时,$\overline{GG_1}$ 为正值,初稳性高度增加,稳性提高;当重物向上垂移时,$\overline{GG_1}$ 为负值,初稳性高度减小,稳性降低。

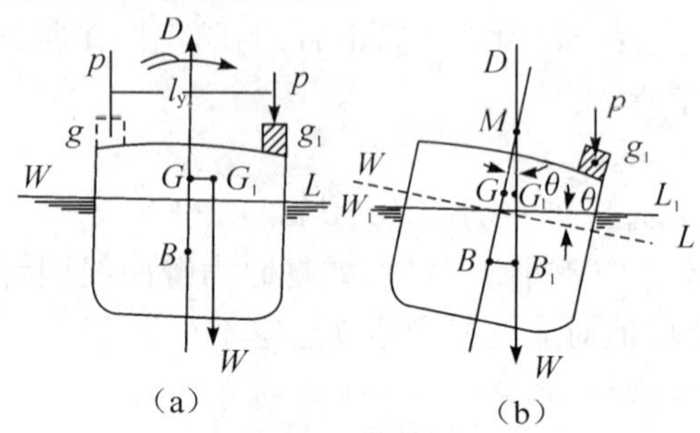


图 1-33　重物横移

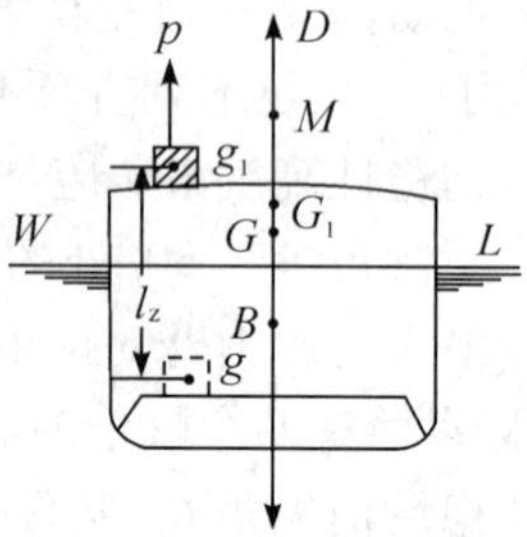

图 1-34　重物垂直移动

(3)重物水平横移船舶产生的横幅角及对稳性的影响

当船内的重物水平横移时,会使船舶产生横倾,倾斜角度在初稳性范围内,可采用下述方法计算横倾角 $\theta$。

如图 1-35(a)所示,船舶的初始状态为正浮状态,平衡水线为 $WL$。重力 $W$ 的重心位于 $G$,浮力 $D$ 的浮心位于 $B$,两力大小相等方向相反,位于垂直于 WL 同一直线上。现将一重物 $P$ 由 $g$ 水平横移一段距离 $l_y$ 至 $g_1$,则船舶的重心 $G$ 也同方向水平横移至 $G_1$,此时,重力和浮力不在同一垂线上,两力形成一力偶矩,使船向重物移动方向倾斜,则船体水线下的形状发生了变化,使浮心随之向倾斜一侧移动。当浮心移至 $B_1$ 时,重力和浮力位于同一条直线上,并垂直于新的水线 $W_1L_1$,船舶达到新的平衡——横倾平衡,横倾角为 $\theta$。当船内重物水平横移时,船舶重心 $G$ 横移至 $G_1$,若船舶在此位置上再受横倾力矩作用,船舶横倾至 $\theta_1$ 角,此时船舶的稳性力矩为 $M_{S1}=D\cdot\overline{G_1Z_1}$。而船内重物未横移时受一横倾力矩作用使船横倾至 $\theta$ 角时,船舶的稳性力矩为材 $M_S=D\cdot\overline{GZ}$。显然 $M_S>M_{S1}$,所以船内重物横移使船舶的稳性力矩减小。

图 1-35(b)是某船内重物横移前和横移后的静稳性曲线图,由于船内重物的横移船舶稳性发生了如下变化:

①船向重物移动方向产生一个固定横倾角;

②减小了稳性范围;

③静稳性力臂$\overline{GZ}$的最大值变小;

④动稳性变差。

5. 自由液面对船舶稳性的影响

船上装载油、水等液体的舱柜,若液体未装满舱柜,当船舶横倾时,舱柜内液面会随着船舶的倾斜而移动,且保持与舷外水面平行。该种随船一起倾斜的液面称为自由液面。舱柜内液体的重心亦将向倾斜的一侧移动,相当于船内有一重物移动。这种液体的自由移动,会对船舶的稳性产生不利的影响,这种由于液体的自由移动对稳性的影响,称为自

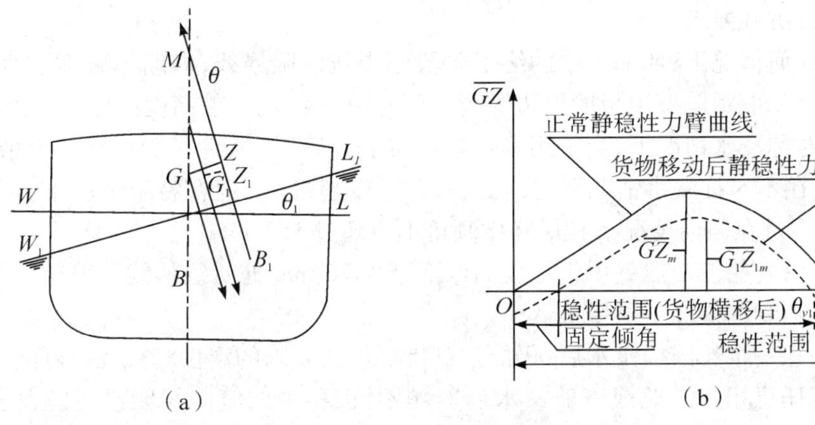


图 1-35　重物横移对稳性的影响

由液面影响，或称自由液面修正。

自由液面对稳性的影响，经过推导可得以下结论：

①自由液面对船舶稳性的影响，总是使船的稳性变差。

②自由液面影响的大小，与舱内液体的密度 $\rho_1$、自由液面的面积惯性矩 $i$ 成正比，即与自由液面的形状和大小有关，横倾时与液舱宽度的三次方成正比，而与舱内液体的体积或重量无关；与排水量 $D$ 成反比。

③减小自由液面影响的有效方法，是减小液体舱柜的宽度。

船舶在营运过程中，当液体舱柜内的装载量达到整个舱容的 95% 以上时，可以不进行自由液面的修正。

6. 悬挂重物对稳性的影响

悬挂重物使船舶的初稳性高度降低。

**(五) 提高稳性的措施**

从上面所述的影响船舶稳性的因素中可以看出，提高船舶稳性的措施有：

(1) 降低船舶的重心高度 $Z_g$，这无论是对提高初稳性还是大倾角稳性均是最有效的办法；

(2) 增加船宽，可以提高船舶初稳性；

(3) 加大型深，可以提高船舶大倾角稳性；

(4) 在液舱内设置纵向舱壁，可减小自由液面的影响；

(5) 要防止船内货物的移动；

(6) 减小受风面，可使作用在船上的横倾力矩减小。

## 四、船舶抗沉性

1. 船舶抗沉性的基本概念

船舶抗沉性，是指船舱破损浸水后船舶仍能保持一定的浮性和稳性的性能。

(1) 船舱浸水后船舶不沉的浮性和稳性标准

《国际海上人命安全公约》(1974) 和我国《海船分舱和破舱稳性规范》(1987) 中规定：船舱破损浸水后，船舶最终平衡状态的浮性和稳性，满足如下条件就认为船舶是不沉

的，或船舶达到抗沉性要求。

①浮态：在任何情况下，船舶浸水的终了阶段不得淹没限界线，即船体破损浸水后的最终平衡水线，沿船舷距舱壁甲板的上边缘至少要有 76 mm 的干舷高度。

②稳性：在对称浸水情况下，当采用固定排水量法计算时，最终平衡状态的剩余稳性高度$\overline{GM}$ 50 mm；在不对称浸水情况下，其总横倾角不得超过 7°，但在特殊情况下，可允许横倾角大于 7°，不过在任何情况下其最终横倾角不应超过 15°。

限界线是指沿着船舷由舱壁甲板上表面以下至少 76 mm 处所绘的线。舱壁甲板，是横向水密舱壁所达到的最高一层甲板。

若船舶在任意一个舱破损浸水后，仍能达到抗沉性所要求的浮性和稳性，该船称为一舱制船舶。若有任意相邻二舱或三舱浸水后船舶不沉，称为二舱制船舶或三舱制船舶。对于不同业务性质、航行条件和大小的船舶，抗沉性的要求是不同的。客船一般要求达到一舱制，个别的可达到二舱制或三舱制。货船因装货的要求，船舱不能过短，而往往达不到一舱制。军舰因作战需要，抗沉性要求比民用船高。

（2）船舶分舱

对于船舶抗沉性的要求，主要是通过船舶分舱来达到的，即沿着船长方向设置一定数量的水密横舱壁，将船体分隔成许多水密舱室，舱室的长度越短，则船舱破损浸水后，浸水量越小，越容易达到公约或规范对破舱浸水后的浮态和稳性的要求。

2. 船体破损浸水可分三种情况

（1）浸水量为定值时的浸水

舱室顶部是水密的，且位于水线以下，船体破损后整个舱室内充满水，由于舱顶未破损，所以浸水量不随浸水后的舷外水线位置而变化，浸水量为一个定值，没有自由液面的影响，浸水的计算可作为装载固体重量来处理。此类浸水对船舶的浮态和稳性影响较小，如双层底[见图 1-36（a）]等的浸水属于这一类。

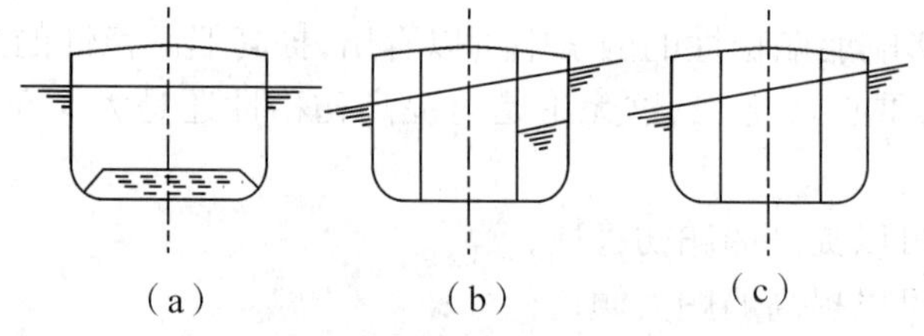


图 1-36　几种浸水情况

（2）浸水量为变值，但与舷外水不通

舱室的顶部在水线以上，舱内水与舷外水不相通，水未充满整个舱室，浸水量根据具体情况而定，存在自由液面的影响，浸水的计算可作为装载液体重量计算。此类浸水对船舶的稳性影响较大。如船体破损已被堵住，而舱内的浸水未被抽干，或因甲板开口漏水引起的舱内浸水等[见图 1-36（b）]属于这一类。

（3）浸水量为变值，但与弦外水相通

舱室的顶部在水线以上，舱内水与舷外水相通，其浸水量随着船舶的下沉及倾斜而变化，舱内水面与舷外水面一致，且存在自由液面影响。这种浸水计算比较麻烦，需要进行逐次近似计算。通常水线以下的舷侧破损浸水属于这一类[见图 1-36（c）]。它是船体破

损最常见的情况，对船的危害最大，在抗沉性中研究的主要是这种破舱浸水情况。

3. 船舶分舱

对于船舶抗沉性的要求，主要是通过船舶分舱来达到的，即沿着船长方向设置一定数量的水密横舱壁，将船体分隔成许多水密舱室。舱室的长度越短，则船舶破损浸水后浸水量越小，越容易达到公约或规范对破舱浸水后的浮态和稳性的要求。

(1)分舱载重线

船舱破损浸水后，船舶不沉所允许的最大浸水量是与破舱前船舶的初始水线位置有关的。初始载重水线位置较低，船舶储备浮力大，破舱浸水量可以大些，或者说船舱水密舱壁间距可以长些。决定船舶分舱长度的初始载重水线，称为分舱载重线。通常都是用满载水线作为分舱载重线。

(2)渗透率 $\mu$

船舱破损浸水后船舶不沉所允许的最大浸水量，还与船舱内各种设备所占据的体积和装载货物种类有关。如果装载的货物密度大、体积小，在同样载重情况下占的舱容小，破舱后浸水量就大。要保证船舱浸水后船舶不沉，船舶分舱的间距就必须短些。

某一舱室或处所在安全限界线以下的理论体积能被水浸占的百分比，称为该舱室或处所的渗透率 $\mu$。

船舶各种处所的渗透率是不同的，空舱 $\mu = 98\%$，起居处所 $\mu = 95\%$，机舱 $\mu = 85\%$，装载一般货物、煤或物料储藏专用处所 $\mu = 60\%$，装载钢铁等重货的货舱 $\mu = 80\%$。

对于满足抗沉性要求(如一舱制或二舱制等)的船舶，并非在任何装载情况下都满足一舱(或二舱等)浸水不沉的要求。因为设计计算采用的渗透率 $\mu$ 是在规定的渗透率下进行的，当实际装载的渗透率 $\mu$ 的值大于规定值时，则破舱后将很难满足对船舶的浮态和稳性的要求。

另外，若船舶破舱浸水前的载重水线低于规定的分舱载重线时，则船舶破舱浸水后所允许的浸水量比规定的更大些。

4. 船舶密封

为了保证船体结构的水密性，对船壳外板、干舷甲板、水密舱壁、各种液舱的钢板接缝和开口关闭装置，根据它们的位置和用途的不同，要求保持不同程度的密性。

所谓密性，是指船体结构构件接缝、开口的关闭装置等，在规定的条件下，不渗漏气体、油、水等的性能。

(1)水密

是在规定的水压下，船体结构构件接缝和开口关闭装置不渗漏水的性能。在干舷甲板以下的船壳外板、水密舱壁、各种液舱、双层舱、隔离空舱、海底阀箱、货舱舷门等构件的接缝和开口的关闭装置，都要求水密。

(2)风雨密

是指在任何风浪情况下水都不得渗入船内。风雨密的密性要求比水密的低些。

在干舷甲板上及封闭的上层建筑和围蔽室等处各种开口的关闭装置，要求保证风雨密。

船体结构在制造的各个阶段和修船过程中，应检验焊缝和各种水密性开口的关闭装置的密性。在试验之前,要求被检查的区域的船体结构打扫清洁,密性焊缝区域不得涂刷水泥和油漆或敷设隔热材料,开口关闭装置的橡胶垫料均装设完毕。

船用门种类很多,若按门的密性划分,有水密门、风雨密门、钢制轻便门、防火门。

船舶主管机关认可的船上使用的水密门有如下三级:

一级,铰链门;二级,手动滑动门;三级,动力兼手动滑动门。

任何水密门的操纵装置,无论是否靠动力操纵,均须在船舶向左或向右倾斜 15°时也能将门关闭。

5. 船舶堵漏

(1)船舱进水后对船舶抗沉能力的分析

首先应通过船上的资料了解船舶在设计时是否满足抗沉性的要求。对于有抗沉性要求的船舶,都是在规定的分舱载重线和渗透率的情况下,满足一舱、二舱或三舱浸水船舶不沉的。若破舱浸水时的载重水线低于分舱载重线,渗透率也小于规定的渗透率值时,则船舱浸水最终平衡之后还会有一定的储备浮力。若渗透率大于分舱时规定的渗透率值,而载重水线达到分舱载重线处,则船舱浸水之后若不及时堵漏、排水,船有可能沉没。

对于设计上达不到抗沉性要求的船舶,也要从船舱浸水时船舶载重线的高低、渗透率的大小、进水量的多少、排水设备的能力等方面分析船舶的抗沉能力,采取应急措施。

①舱底水泵排水量的估算

根据《国际海上人命安全公约》中的规定,一般船舶要有 2 台舱底泵,客船要求至少装设 3 台动力舱底泵与总管相连接。每一台动力舱底泵应能使流经排水总管的水流速度不小于 122 m/min。若按此流速计算,则每一台动力舱底泵的排水量便可计算出。

②船舱破损的进水量估算

水线以下破洞的浸水量,与破洞位置距水线的垂直距离以及破洞面积的大小有关。一般可按经验公式估算出。

依据舱底水总管内径,估算出舱底水泵单位时间排水量 $Q_{排}$;根据破洞位置,估算出单位时间里的进水量 $Q_{进}$。比较 $Q_{排}$ 与 $Q_{进}$,判断是否需要采取其他措施。

舱底泵一般只能排除小型破洞的进水,或机械设备、管系等的泄漏水。对于大量的破舱进水,必须使用压载水泵和主机海水冷却泵将海水排出舷外。另外,还必须迅速采取堵漏措施以减小进水量。

(2)船舶堵漏器材及其使用方法

根据船舶的大小、类型和航区等的不同,在船上要配备不同规格和数量的堵漏器材。主要有堵漏毯、堵漏板、堵漏箱、堵漏螺杆、堵漏柱、堵漏木塞、垫料、黄沙和水泥等。

①堵漏毯

堵漏毯也称为堵漏席,是一种大型的堵漏设备,主要用来堵住船壳水线下部位的破洞进水。其规格有 2.0 m×2.0 m、2.5 m×2.5 m、3.0 m×3.0 m 等。分为重型堵漏毯和轻型堵漏毯两种。

重型堵漏毯是用双层防水帆布中间铺一层镀锌的钢丝网制成的。轻型堵漏毯也是用双层防水帆布制成的,但在两层防水帆布中间铺设一层粗羊毛毯。由于轻型堵漏毯比较软,为了防止堵漏时被海水压入洞内,在毯的一面缝有几道管套,用时插入几根镀锌钢管

作为支撑。

在堵漏毯的四个角和每边的中部都装有套环，堵漏时将绳索系在套环上，用一根或两根绳索从船首端兜过船底，沿船舷拉到破洞处，根据破洞深度，固定好顶索的长度，并将堵漏毯从甲板上推下水，收紧其他绳索，直至堵漏毯贴紧破洞为止（见图1-37）。

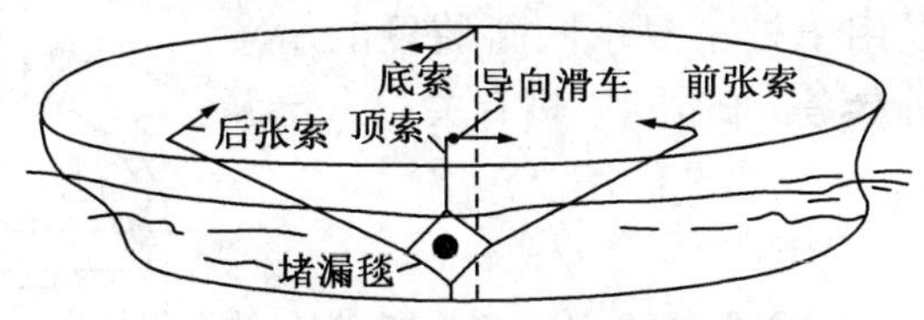


图1-37　堵漏毯的使用方法

②堵漏板

堵漏板是用铁板或木板制成的。在铁板或木板上装有橡皮垫和固定堵漏板用的绳索或螺杆，使堵漏板能紧贴在破洞处。堵漏板主要用来堵漏舷窗大小的中型破洞。堵漏板有的是用整块板做成的，有的是用两块板或三块板中间铰接起来折叠而成的。使用整块板式的堵漏板时，是在船内从破洞处将一根系有小木块的拉索推出船外，待木块上浮出水面后，从甲板上将木块捞起，并将拉索系在中央眼环上。用吊索将堵漏板放于水中，收紧拉索使堵漏板紧贴在破洞处的船壳板上（见图1-38）。折叠式堵漏板在使用时是将板先折叠起来，从破洞伸出舷外后再张开堵漏板，收紧拉索或旋紧螺杆，使堵漏板紧贴在破洞外的船壳板上（见图1-39）。

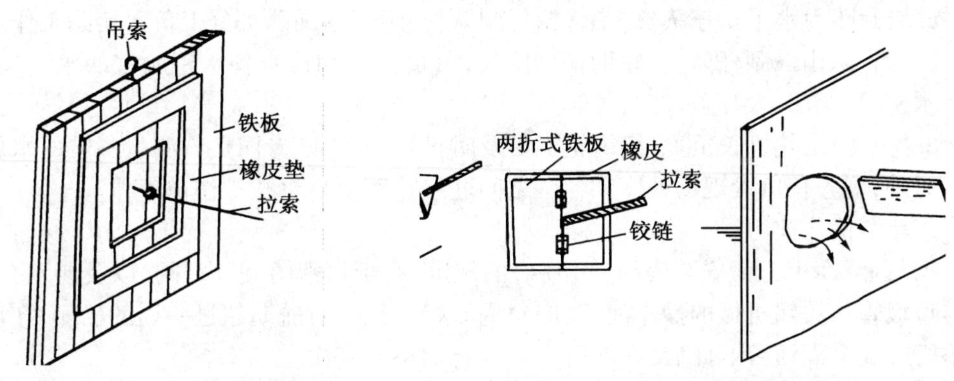


图1-38　整块堵漏板的使用方法　　图1-39　折叠式堵漏板的使用方法

③堵漏箱

堵漏箱是用铁板制成的方箱，在箱开口一面的四周镶有橡皮条，堵漏时在舷内用箱口压在破洞口的周围，再用支柱和木楔撑住方箱（见图1-40）。

对于堵漏小型破洞，常用的器材有：堵漏木塞、堵漏螺杆、堵漏水泥箱、堵漏柱、堵漏木楔、堵漏垫料和填料等。

④舱壁支撑

船体的水密横舱壁的强度不能满足舱内进水后的水压力作用，舱内水位越高压力越大，因此，需要在邻近的舱内用支柱、垫木和木楔等对舱壁进行支撑。支撑点的高度为舱内水位高度的2/3左右。

(3)防水与堵漏的组织措施

①破舱控制示意图

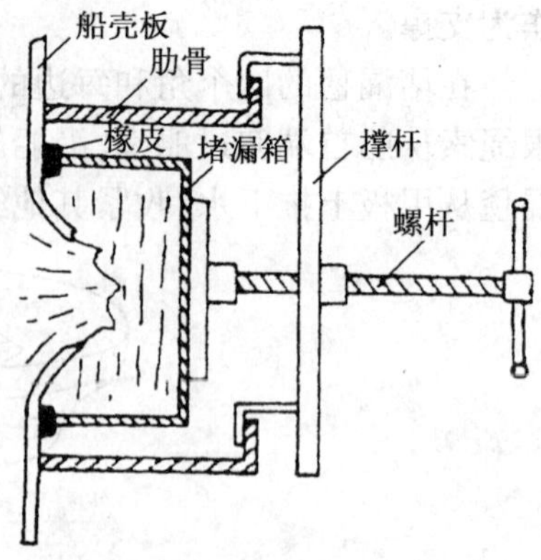

图 1-40 堵漏箱的使用方法

船上要布置有固定的破舱控制示意图,清楚地标明各层甲板及货舱的水密舱室界限、界限上的开口及其关闭方法与控制位置,以及用于校正浸水倾斜装置的示意图,以供负责的高级船员参考。此外,应将有关防水堵漏资料的小册子提供给船上高级船员使用。

②防水检查

轮机人员要经常地检查机舱内的水密性(如轴隧的漏水情况)及排水管系的技术状况是否正常(如污水井盖要完整,清除井内污泥,防止堵塞过滤器等)。

在航行中,木匠每天上、下午各探测一次水舱和污水井的水位,其结果由大副记入航海日志中。发现异常要及时找出原因,并采取相应措施。

水密舱壁上的水密门,不论是动力操纵的还是手动的,凡在航行中使用的,应每天进行操作。其他的水密门及为了使舱室水密必须关闭的一切阀等,在航行中都要定期检查,每周至少一次。

③堵漏排水部署

当船舱破损进水时,根据进水量的大小、位置等情况要组织几个临时抢救队,由大副负责堵漏现场的指挥。

a. 堵漏队由水手长任队长,三管轮任副队长,组织堵漏队员分工负责堵漏工作。

b. 检查队由三副任队长,轮助任副队长,负责监视和检查各水密舱室的水密情况,并关闭水密门、阀门、人孔盖、舷窗等。

c. 排水队由轮机长负责,组织轮机员及时排水,而木匠专门负责测量各舱的水位。

另外,事务长负责现场秩序和各队之间联络。医生负责救护伤员工作。

④堵漏操作演习

据《国际海上人命安全公约》(1974)的规定,对于水密门、舷窗、阀,以及泄水孔、出灰管与垃圾管的关闭机械的操作演习,应每周举行一次。对航期超过一周的船舶,在离港前应举行一次全面演习。此后,在航行中至少每周举行一次。

堵漏的警报信号是两长声一短声,连放 1 min。听到警报信号后,除固定值班人员外,所有船员应在 2 min 内携带有关的堵漏器材在指定地点集合,由现场指挥布置抢救方案和操作演习。演习中每一个船员要明确职责,熟悉堵漏器材的使用方法。演习完毕后,要检查、保养器材,并放回原固定位置。

## 五、船舶摇荡性

*1. 船舶摇荡运动的形式*

船舶因某种外力的作用,使其围绕原平衡位置所作的往复性(或周期性)的运动,称为船舶摇荡运动。它有六种形式(见图 1-41)。

①横摇:船舶绕纵向轴($X$ 轴)做周期性的角位移运动。

②纵摇:船舶绕横向轴(Y轴)做周期性的角位移运动。

③艏摇:船舶绕垂向轴(Z轴)做周期性的角位移运动。

④纵荡:船舶沿纵向轴(X轴)做周期性的前后平移运动。

⑤横荡:船舶沿横向轴(Y轴)做周期性的左右平移运动。

⑥垂荡:船舶沿垂向轴(Z轴)做周期性的上下平移运动。

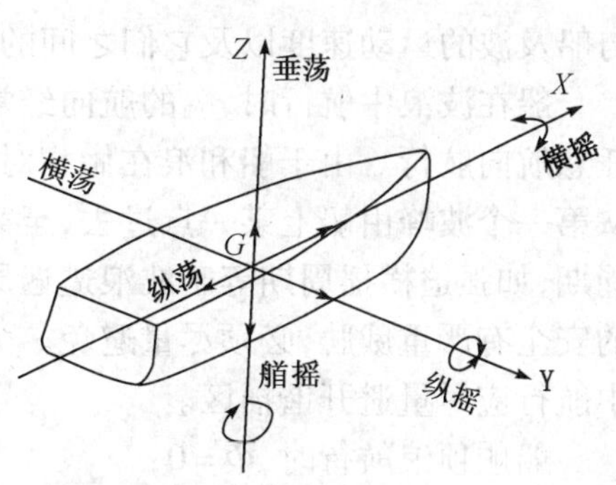


图1-41　船舶摇荡形式

船舶摇荡运动是一种有害的运动,剧烈的摇荡会引起严重的后果:

①可能使船舶失去稳性而倾覆。

②使船体结构和设备受到损坏。

③引起货物移动从而使船舶重心移动危及船舶安全。

④使机器和仪表的运转失常。

⑤会使螺旋桨的效率降低,船舶阻力增加,船速下降。

⑥工作和生活条件恶化,甲板上浪等。

2. 横摇与谐摇

(1)横摇

船舶横摇时,其瞬时位置与初始平衡位置的夹角称为横摇角。

船从初始平衡位置摇至一侧的最大横倾角,称为横摇幅值,也称为最大摆幅。

船舶从初始平衡位置经左右两舷的最大倾斜位置后再摇回原初始平衡位置时,为完成一个横摇循环。每一个横摇循环所需要的时间,称为横摇周期。

船在静水中做无阻尼自由横摇时的横摇周期称为横摇固有周期,或称自由横摇周期。

船舶做无阻自由横摇时,单位时间内的横摇循环次数,称为横摇固有频率。

固有频率与横摇固有周期之间的关系是互为倒数的关系。

船舶做无阻尼自由横摇用圆周运动表达时的角速度,称为横摇固有圆频率。

横摇幅值和横摇固有周期,是表征横摇运动的重要参数,并和船舶在波浪上的摇摆运动密切相关。横摇固有周期越大,船舶在波浪上的摇摆越缓和。万吨级货船的横摇固有周期一般在8~13 s,有些情况下在13 s以上;千吨至万吨级的客船一般在10~16 s;渔船等小型船舶往往在4~8 s。

(2)谐摇

船舶在海上,当受到像规则波那样的周期性外力作用时,一方面会产生自由横摇,另一方面会按外力的周期进行横摇。由于阻尼作用,自由横摇会很快衰减消失,而只剩下按外力的作用周期进行的横摇,称强迫横摇,船在海上的横摇,都是有阻尼的强迫横摇。

在海上,强迫船舶产生横摇的外力主要是波浪的作用。因此,强迫横摇运动的周期横摇角等参数主要与波浪的要素有关。

当强迫横摇是由波浪引起时,但强迫横摇周期并不一定完全都等于波的周期,这主要与船及波的运动速度以及它们之间的相对运动方向有关。

船在波浪中航行时，船的航向经常与波浪传来的方向有一个波舷角。船以波舷角 $\Phi$ 任意航向航行。由于船和浪在做相对运动，船体周围波形的变化周期已经不是波浪周期。从第一个波峰由船上某一点过去，至第二个波峰又到达这一点的时间间隔，称为波浪遭遇周期，如强迫横摇周期等于波浪遭遇周期，此时将发生强烈的横摇，称为谐摇。谐摇对船的安全有严重威胁，必须尽量避免。为安全起见通常取一个范围称为谐摇区，船舶在波浪中航行应尽量避开谐摇区。

船舶顶浪航行时，$\Phi = 0$；

船舶偏顶浪航行时，$\Phi < 90°$；

船舶横浪航行时，$\Phi = 90°$；

船舶偏顺浪航行时，$\Phi > 90°$；

船舶顺浪航行时，$\Phi = 180°$。

防止发生谐摇的措施，可采用改变航向或改变航速等办法，以改变船与波的遭遇周期。

3. 减摇装置

为了减小船舶的摇荡，除了在装载和操纵方面采取措施以外，在船舶设计与建造中，都装设必要的减摇装置。目前采用的减摇装置有下列几种。

(1)舭龙骨

舭龙骨是装设在舭部外侧，沿着水流方向的一块长条板（见图 1-42）。舭龙骨的作用是减小船舶横摇。由于减摇效果较好，制造简单，几乎所有的船舶均装设舭龙骨。

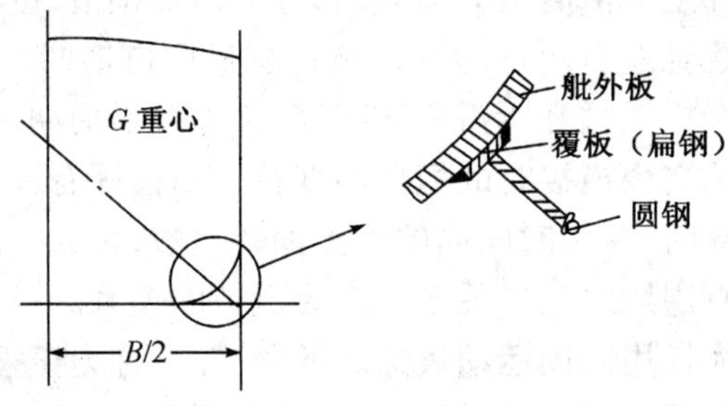


图 1-42 舭龙骨及减摇效果

舭龙骨板的长度为 1/4 ~ 1/3 船长，宽度为 200 ~ 600 mm（大型船更大些），近似垂直于舭部列板。其外缘不超出船的半宽线与船底基线所围的范围，以免触到码头和海底而碰损。在结构形式上，舭龙骨有连续式和间断式的两种结构。连续式结构简单，适用于航速不是很高的船。间断式结构适用于高速船，其优点是对船舶的航行阻力较小，而对横摇阻力较大。为了防止舭龙骨损坏时使船体外板受损，舭龙骨一般不直接焊接在舭部外板上，而是用一块覆板将两者连接起来。

舭龙骨虽然装设在船中部很长的一段范围内，但在结构上它不参与船舶的总纵弯曲，仅承受船舶横摇时的水动压力。

(2)减摇鳍

减摇鳍,一般是一个长为3.0 m、宽为1.5 m左右的长方体,剖面为机翼形,安装在船中附近两舷的舭部。在船内设置操纵机构,根据需要可将减摇鳍收进船内或伸出舷外,并且可调整机翼剖面相对于水流的攻角,使两舷的减摇鳍所产生的升力形成一个阻碍船舶横摇的力偶矩(见图1-43),并使力偶矩方向的改变与船舶横摇同步,这样可有效地减小船舶横摇。

因减摇鳍需要有自动操纵系统,造价高,目前只有在大型豪华客船上或军舰上才设置。

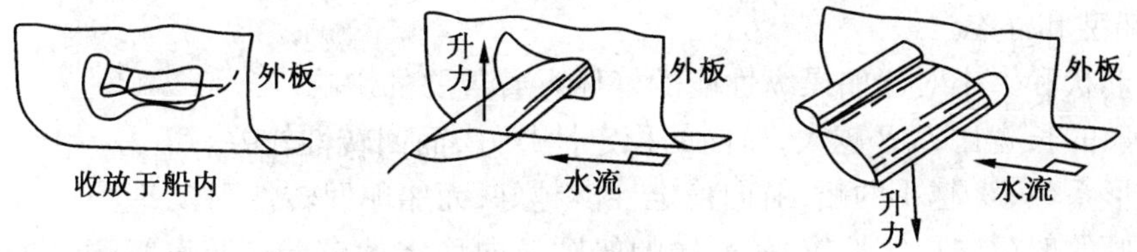


图1-43　减摇鳍

(3)减摇水舱

如图1-44所示,在船内横向设置"U"字形水舱,当船在横摇时,使水舱内的水位移动与船的横摇之间有一个相位差。这样水重力所形成的力矩可减小船舶的横摇。

上述"U"形减摇水舱内的水与舷外水不连通时,称闭式减摇水舱。若减摇水舱内的水与舷外水相通时,称开式减摇水舱。若水舱内水的左右舷流动是可以控制的,则称主动式减摇水舱;而不能控制水的流动的,则称被动式减摇水舱。

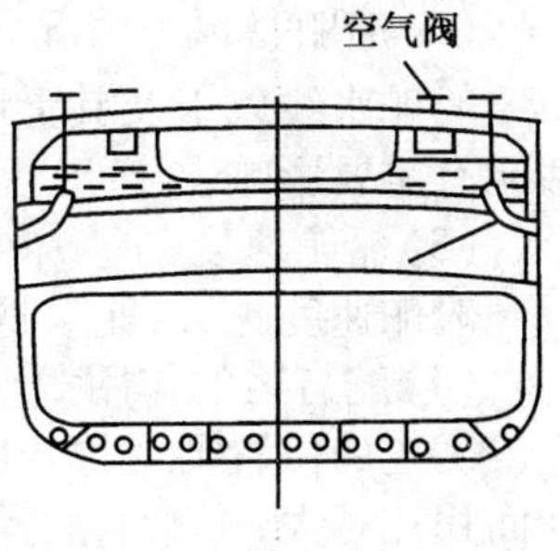


图1-44　减摇水舱

## 六、船舶操纵性

1. 操纵性的基本概念

船舶能保持或改变航向、航速和位置的性能,称为船舶操纵性。

船舶在航行过程中,是通过操舵来实现保持或改变航行方向的。

船舶操纵性,主要包括航向稳定性、回转性和改向性。

航向稳定性是指船舶保持直线航行的性能。如船舶在外力干扰下不易改变原直线航向,或在外力干扰下偏离原直线航向,但通过不断地操舵就能很快地回到原来航向的性能。一般操舵频率每分钟不大于4~6次,平均转舵角不超过3°~5°,就认为船舶的航向稳定性是符合要求的。

回转性是指船舶经操舵后船舶改变原航向做圆弧运动的性能。通常是用旋回直径的大小表示回转性能的好坏。旋回直径越小,回转性能越好。

改向性是指船舶回转初期对舵的反应能力。转舵后船能很快地进入新的航向,或船偏离航向经操舵后船能很快地回到原来航向,则认为改向性好。

改向性好的船舶,不一定旋回直径小。所以,改向性和回转性两者是有区别的。从船舶操纵性的观点,要求船舶既要改向快,又要旋回直径小。

航向稳定性好的船舶,它的回转性和改向性能较差;而回转性和改向性好的船舶,航向稳定性较差。对于同一条船难于同时满足航向稳定性、回转性和改向性都很好的要求。

对于远洋运输船,由于长时间远洋航行,进出港的时间较短,要求有较好的航向稳定性,这样船舶可较少的操舵,保持航向,航线直,从而节约燃料。经常进出港以及在狭水道航行的船舶,要求有良好的回转性和改向性,这样可以减小与来往船舶碰撞的机会,增加安全性。

2. 影响船舶操纵性能的因素

(1)船型和浮态

船体形状和大小对船舶操纵性能的好坏有着重要的影响。

①船舶的长宽比 $L/B$ 越大,航向的稳定性越好,而回转性较差。

②方形系数 $C_B$ 越小的船,航向稳定性能越好,而船舶回转性则较差。

③艉倾的船航向稳定性较好,艏倾的船则航向稳定性较差。装设艉鳍可提高航向稳定性。

(2)船舶受风力情况

船舶水线以上及其上层建筑侧面形状、大小和分布,风力作用中心位置等对船舶操纵性能有重要影响。

(3)船舶速度

船舶速度越大,舵效越高,航向稳定性越好。

(4)舵与桨的作用

①舵的位置要对称于船体中纵剖面或在中纵剖面内,才能保持良好的航向稳定性,舵叶面积比越大,则船舶的操纵性越好。

②螺旋桨的推力作用线要在船体中纵剖面内,推力的大小及桨的数目等对操纵性都有很大影响。

# 第二章

# 船舶防污染管理

## 第一节　船舶防污及立法

### 一、船舶对海洋环境的污染

船舶对海洋环境的污染，是指船舶在海上航行、停泊港口、装卸货物以及拆解过程中，对周围水域环境和大气环境产生的污染。

船舶的主要污染有油类污染、散装非油类有毒液体污染、海运包装有害物质污染、船舶生活污水污染、船舶垃圾污染、船舶对大气的污染、船舶压载水污染、船舶噪声污染、船舶有害防污底系统污染以及船舶在拆解过程中对环境造成的污染。

船舶造成的油污染一般分为两类：第一类是船舶正常营运造成的操作性油污染，主要包括船舶机舱舱底污水、油船污压载水以及货舱洗舱水等含油污水的排放；第二类是船舶事故性溢油，如各种海损事故（船舶碰撞、搁浅以及火灾和爆炸等），装卸货作业过程中的管路破裂，误操作等造成的事故性溢油等。

油污染危害程度最大的污染源是油船。油船在装卸货作业中的误操作和发生的各类海损事故是船舶造成海洋油污染的主要原因。

船舶防止污染包括对污染事故的预防和控制，其主要的措施就是通过海运行政立法对船舶及其活动进行监督和控制，以防止海上污染事故的发生。

### 二、船舶防污染公约及法规

国际海事组织（IMO）先后通过了《73/78 防污公约》（MARPOL 73/78 公约）及其六个附则，对船舶油类、有毒液体物质、包装有害物质、生活污水、船舶垃圾与大气污染的预控作出了系统而详细的规定，包括船舶防污证书文书的配备、防污染结构、防污染设备配备、污染物排放控制等各方面要求。该公约对加强海洋环境保护起到了极为重要的作用，已成为加入国家最多、实施最为广泛的公约之一，我国也已加入《73/78 防污公约》及其全部六个附则。作为《73/78 防污公约》缔约国，我国必须全面履行公约及其附则的各项要求，包括制定相应的国内法规,确保公约各项要求得以严格执行。

我国现行的《海洋环境保护法》已于 2000 年 4 月 1 日起施行。目前关于船舶防污染方面的法规主要有:《防治船舶污染海洋环境管理条例》(2010 年 3 月 1 日起施行),《中华人民共和国船舶及其有关作业活动污染海洋环境防治管理规定》(2011 年 2 月 1 日起施行)。

## 三、对船舶有关的防污规定

### (一)一般规定

(1)船舶的结构、设备、器材应符合船舶检验规范,并取得相应的合格证书。

(2)船舶应取得并随船携带由国家海事管理机构或者其认可的机构签发的相应的防治船舶污染海洋环境的证书、文书。

(3)船员应当具有相应的防治船舶污染海洋环境的专业知识和技能,并按规定参加相应的培训、考试,持有有效的适任证书或者相应的培训合格证明。从事有关作业活动的作业人员进行操作技能、设备使用、作业程序、安全防护和应急反应等专业培训。

(4)船舶从事下列作业活动,应取得海事管理机构的许可,并遵守相关操作规程,落实安全和防治污染措施:

①在沿海港口进行舷外拷铲、油漆作业或者使用焚烧炉的;

②在港区水域内洗舱、清舱、驱气以及排放压载水的;

③冲洗沾有污染物、有毒有害物质的甲板的;

④进行船舶水上拆解、打捞、修造和其他水上、水下船舶施工作业的。

(5)任何单位和个人发现船舶及其有关作业活动造成或者可能造成海洋环境污染的,应当立即就近向海事管理机构报告。

### (二)对船舶污染物排放与接收的规定

(1)在我国管辖海域航行、停泊、作业的船舶排放船舶垃圾、生活污水、含油污水、含有毒有害物质污水、废气等污染物以及压载水,应当符合法律、行政法规、有关标准以及我国缔结或者加入的国际条约的规定。

(2)船舶不得向依法划定的海洋自然保护区、海洋特别保护区、海滨风景名胜区、重要渔业水域以及其他需要特别保护的海域排放污染物。需要特别保护的海域应当在适当的区域配套设置船舶污染物接收设施和应急设备器材。

(3)船舶污染物接收单位应当在污染物接收作业完毕后,向船舶出具污染物接收单证,如实填写所接收的污染物种类和数量,并由船长签字确认。船舶污染物接收单证上应当注明作业单位名称,作业双方船名,作业开始和结束的时间、地点,以及污染物种类、数量等内容。

船舶应当携带相应的记录簿和船舶污染物接收单证到海事管理机构办理船舶污染物接收证明,并将船舶污染物接收证明保存在相应的记录簿中。

(4)船舶进行涉及污染物处置的作业,应当在相应的记录簿内规范填写、如实记录,真实反映船舶运行过程中产生的污染物数量、处置过程和去向。不需要配备记录簿的,应当将有关情况在作业当日的航海日志或者轮机日志中如实记载。

船舶应当将使用完毕的船舶垃圾记录簿在船舶上保留2年;将使用完毕的含油污水、含有毒有害物质污水记录簿在船舶上保留3年。

(5)船舶应当配备有盖、不渗漏、不外溢的垃圾储存容器,或者对垃圾实行袋装。

船舶应当对垃圾进行分类收集和存放,对含有有毒有害物质或者其他危险成分的垃圾应当单独存放。船舶将含有有毒有害物质或者其他危险成分的垃圾排入港口接收设施或者委托船舶污染物接收单位接收的,应当向对方说明此类垃圾所含物质的名称、性质和数量等情况。

(6)船舶应按规定设置与生活污水产生量相适应的处理装置或者储存容器。

**(三)对船舶油料供受作业的有关规定**

(1)进行船舶油料供受作业的,作业双方应当采取满足安全和防治污染要求的供、受油作业管理措施,同时应当遵守下列规定。

①作业前,应当做到:

a. 做好供、受油计划, 并放置现场;

b. 准备相应的消防、防污染器材并放置现场;

c. 检查管路、阀门,做好准备工作,堵好甲板排水孔,关好有关通海阀;

d. 检查油类作业的有关设备,使其处于良好状态;

e. 可能发生溢漏的地方,设置集油容器;

f. 供、受油双方以受方为主商定联系信号,双方均应切实执行。

②作业中,要有足够人员值班,当班人员要坚守岗位,严格执行操作规程,掌握作业进度,防止跑油、漏油。

③停止作业时,必须有效关闭有关阀门。

(2)收解输油软管时,必须事先用盲板将软管有效封闭,或者采取其他有效措施,防止软管存油倒流入海。

海事管理机构应当对船舶油料供受作业进行监督检查,发现不符合安全和防治污染要求的,应当予以制止。

(3)船舶燃油供给单位应当如实填写燃油供受单证,并向船舶提供燃油供受单证和燃油样品。燃油供受单证应当包括受油船船名,船舶识别号或国际海事组织编号,作业时间、地点,燃油供应商的名称、地址和联系方式以及燃油种类、数量、密度和含硫量等内容。船舶和燃油供给单位应当将燃油供受单证保存3年,将燃油样品妥善保存1年。

燃油供给单位应当确保所供燃油的质量符合相关标准要求,并将所供燃油送交取得国家规定资质的燃油检测单位检测。燃油质量的检测报告应当留存在作业船舶上备查。

(4)船舶从事300 t及以上的油类或者密度小于1 $t/m^3$ 且不溶或微溶于水的散装有毒液体物质的装卸、过驳作业,应当布设围油栏。

布设围油栏方案应当在作业前报海事管理机构备案。因受自然条件或者其他原因限制,不适合布设围油栏的,可以采用其他防治污染替代措施,但应当将拟采取的替代措施和理由在作业前报海事管理机构同意。

**(四)法律责任**

(1)海事管理机构发现船舶、有关作业单位存在违反有关规定行为的,应当责令改正;拒不改正的,海事管理机构可以责令停止作业、强制卸载,禁止船舶进出港口、靠泊、过境停留,或者责令停航、改航、离境、驶向指定地点。

(2)船舶的结构不符合防治船舶污染的船舶检验规范,由海事管理机构处 10 万元以上 30 万元以下的罚款。

(3)船舶未按规定配备防治污染设施、设备、器材,有下列情形之一的,由海事管理机构予以警告,或者处 2 万元以上 10 万元以下的罚款:

①配备的防治污染设施、设备、器材数量不能满足要求的;

②配备的防治污染设施、设备、器材技术性能不能满足要求的。

(4)船舶未按规定持有防治船舶污染海洋环境的证书、文书的,由海事管理机构予以警告,或者处 2 万元以下的罚款。

(5)船舶违反规定向海域排放本规定禁止排放的污染物的,由海事管理机构处 3 万元以上 20 万元以下的罚款。

(6)船舶违反规定排放或者处置污染物,有下列情形之一的,由海事管理机构处 2 万元以上 10 万元以下的罚款:

①超过标准向海域排放污染物的;

②未按照规定在船上留存船舶污染物排放或者处置记录的;

③船舶污染物处置记录与船舶运行过程中产生的污染物数量不符合的。

(7)船舶未如实记录污染物处置情况的予以警告或者处 2 万元以下的罚款。船舶未按照规定办理污染物接收证明的处 2 万元以下的罚款。

(8)违反本规定,有下列情形之一的,由海事管理机构处 2 000 元以上 1 万元以下的罚款:

①船舶未按照规定保存污染物接收证明的;

②船舶油料供受单位未如实填写燃油供受单证的;

③船舶油料供受单位未按照规定向船舶提供燃油供受单证和燃油样品的;

④船舶和船舶油料供受单位未按照规定保存燃油供受单证和燃油样品的。

(9)违反本规定,进行船舶水上拆解、旧船改装、打捞和其他水上水下船舶施工作业,造成海洋环境污染损害的,由海事管理机构予以警告,或者处 5 万元以上 20 万元以下的罚款。

(10)对船舶污染事故等级的有关规定:

①特别重大船舶污染事故,是指船舶溢油 1 000 t 以上,或者造成直接经济损失 2 亿元以上的船舶污染事故;

②重大船舶污染事故,是指船舶溢油 500 t 以上不足 1 000 t,或者造成直接经济损失 1 亿元以上不足 2 亿元的船舶污染事故;

③较大船舶污染事故,是指船舶溢油 100 t 以上不足 500 t,或者造成直接经济损失 5 000 万元以上不足 1 亿元的船舶污染事故;

④一般船舶污染事故,是指船舶溢油不足 100 t,或者造成直接经济损失不足 5 000 万元的船舶污染事故。

# 第二节　船舶防污染技术与设备

## 一、船舶油污染的防治

### （一）船舶含油污水的来源

船舶含油污水包括油船的压载水、洗舱水和船舶机舱的舱底水。

（1）对于没有专用压载舱的油船，空载航行时，需将一部分未经清洗的货舱装压载水，由于残留油与水混合，产生含油的脏压载水，油船再装货时需将脏压载水排出，成为船舶含油污水的来源之一。压载水含油量一般在 1 000～3 000 mg/L，但基本上是浮上油和分散油，处理较容易。

（2）油船清洗货舱产生含油污水。洗舱水含油量一般在 30 000 mg/L 左右，油水混合、乳化程度高。

（3）船舶机舱内的设备漏出的水和润滑油、燃料油、加油时的溢油等混合在一起的含油污水。机舱舱底水需经油水分离器达到排放标准以后才能排放入海，或排到岸上污水处理接收站和污水接收船。

### （二）船舶含油污水的排放要求

1. 排放标准

我国 1983 年 10 月 1 日起实施的《船舶污染物排放标准》（GB 3552—83）对船舶含油污水排放标准（油船污压载水、洗舱水及船舶舱底水）规定见表 2-1。

表 2-1　含油污水排放标准

| 内河 | | 不大于 15 mg/L |
|---|---|---|
| 沿海 | 距最近陆地 12 n mile 以内 | 不大于 15 mg/L |
| | 距最近陆地 12 n mile 以外 | 不大于 100 mg/L |

根据 1992 年 MARPOL 73/78 公约修正案，自 1998 年 7 月 6 日起，均应为 15ppm。

2. 设备要求

①凡 400～10 000 总吨的任何船舶均应装设油分浓度不超过 15ppm 的舱底水分离器。

②凡 10 000 总吨及以上的任何船舶，除应装油分浓度不超过 15ppm 的舱底水分离器外，还应装有 15ppm 舱底水报警装置，以便在超标时报警和自动停止排放。

③150 总吨及以上的油船应装有一个经主管机关认可的排油监控系统。

④对专门从事在特殊区域内航行的船舶，当船舶设有能够容纳留存在船上的全部含油舱底水的贮存柜，而且港口有接收设备时，应保证含油舱底水留存在船上，到港后排入接收设备，这样的船舶可不设滤油设备和警报装置。

⑤小于 400 总吨的船舶，主管机关应保证尽可能设有将油类或含油类混合物留存在船上的设备。

### （三）含油污水分离器

1. 结构形式及工作原理

为达到排放标准（油分浓度小于 15 mg/L）的要求，油水分离器大多为重力式分离配以过滤、吸附等组合方式，即由粗分离和细分离（或精分离）两部分组成。

粗分离部分都是用于第一级，主要采用重力分离法，处理容易上浮的分散油滴。机械重力分离法结构形式有多层斜板式、多层隔板式、细管式及多层波纹板式等。

细分离部分用于第二级和第三级，多采用聚结法、过滤法、吸附法等，用以除去油污水中的微细分散油滴和乳化油滴。细分离部分结构形式有圆筒式和填充式，采用最多的是以纤维材料构成的圆筒式分离元件，其特点是结构紧凑，元件容易更换。填充式是在油水分离器中充填油性纤维等过滤吸附材料，截留和吸附微小油滴。在其吸饱油后，可进行反冲洗，但当压力降到一定值时，就必须更换过滤吸附材料。

2. CYF-B 型舱底水分离器

CYF-B 型船舶舱底水分离器由二级组成，第一级为重力分离，第二级为聚结分离，工作原理如图 2-1 所示。

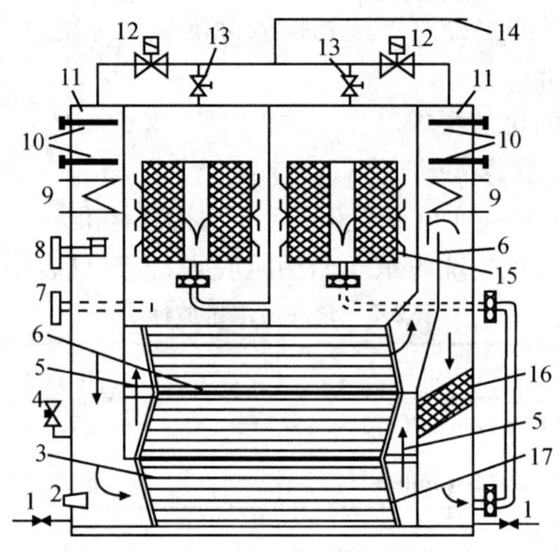

图 2-1　CYF-B 型舱底水分离器工作原理图

1—泄放阀；2—蒸汽冲洗喷嘴；3—多层波纹板；4—安全阀；5—流道；6—隔板；7—清水排放口；8—含油污水进口；9—加热器；10—油位检测器；11—左、右集油室；12—自动排油阀；13—手动排油阀；14—污油排油管路；15—聚结元件；16—细滤器；17—止动块

舱底水由专用污水泵经含油污水进口 8 和喷嘴从左集油室中部送入油水分离器内。由于喷嘴的扩散作用，进入油水分离器内的污水迅速分散开，大颗粒油滴上浮到左集油室 11 顶部，含有小颗粒油滴的污水向下流动进入由波纹板 3 和平板组构成的重力分离器内。为了增大湿周减小上浮距离，波纹板和平板交替安装，使流道形成许多连续分隔的小水腔，几十层波纹板分成三组，每组之间用隔板 6 隔开，形成三折回路流道。由于湿周大、上浮距离小、流路长、水流平均流速低，含油污水以层流状态在波纹板流道内缓慢流动。粒径较小的油滴上浮聚积在波纹板表面上形成油膜，由于水流冲击，油膜从波纹板上剥离，聚结成大油滴随水流一起流出波纹板组，大油滴上浮到左集油室顶部。含有更小油滴

的污水通过细滤器16，滤除水中机械杂质及部分石蜡胶体，然后再顺次流经第一、二级聚结元件15，细微油滴聚结成大油滴，流出聚结元件后与水分离上浮到顶部，符合排放标准的水由排放口7排出。

第一、二级聚结元件都是圆筒式，外形尺寸相同，填充的粗粒化材料是涤纶纤维或弹性尼龙纤维。第二级聚结元件填充的粗粒化材料数量比第一级多，因此孔隙更小，更加聚密，能分离更细微的油粒，但也更容易堵塞，安装时应注意两者不能互换。

聚集在左、右集油室11内的污油，根据油位检测器10测得的油位信号，控制排油阀12打开或关闭，间歇地进行排油。聚结元件室顶部的集油量很小，因此采用人工定期通过排油阀13排放。集油室还装设蒸汽或电加热器9，可保证高黏度污油在环境温度较低的情况下也能顺利地排出。

3. 运转管理

舱底水分离器在使用中若管理不善，分离性能就会下降，排水中含油量将超过排放标准，甚至将大量污油排出舷外，违反防污染法规，使管理人员受到经济或法律制裁。因此，必须严格按照各项管理要求使用油水分离器。

(1)一定要按分离器说明书规定的条件(油水分离器工作压力、额定处理量、泵类型、转速等)使用舱底水分离器。

(2)舱底水分离器首次启动运转时，首先应向分离筒内注满清水，注水时应将分离筒顶部空气阀和高位检查旋塞打开，直至水从这些阀流出后，再将其关闭并停止注水。

(3)分离器停止运转前，应向分离筒内泵入清水，将污油全部排除干净后再停止运转，并使清水保留在分离筒内直至下次再启动。这样，可避免分离元件受到油的污染，减少腐蚀，有利于下次再使用。

(4)注意经常检查保养。定期清洗分离器内部或调换聚结元件，一般1~2个月应清洗一次。为清洗沉积在分离元件表面上的蜡质等黏附物，最好用50~60 ℃的热水清洗，但有的分离器也不能用热水或蒸汽清洗，这一点应引起注意。一定不能用任何种类清洁剂清洗分离器。

(5)要及时排除聚积在分离器集油室内的油，自动排油装置如发生故障时，应采用手动排油。

(6)注意经常清洗滤器，防止杂物混入分离器内影响分离性能。泵、阀、管路如有漏泄要立即修复，以防水中油分乳化。

(7)管路布置应尽量减少节流阻力损失，管路内径选择应使管内液体保持在层流状态下流动。不能用节流或旁通方法调节泵的排量。

(8)舱底水分离器在船上的安装位置，应保证在任何情况下装置停止工作时，不会因虹吸作用而使分离器内水位下降或全部排空。

**(四)污油水舱及排岸接收**

1. 污油舱

按规定400总吨及以上船舶应设置有足够容量的舱柜，用来接收不能以其他方式处理的残油或油渣。这种舱柜应便于清洗和将其内的残油排至接收设备。该舱一般用来存放净化燃、润油时产生的油渣以及机器处所漏泄产生的残油和含油污水处理产生的污油等。

对专门从事在特殊区域内航行的船舶,当船舶设有能够容纳留存在船上的全部含油舱底水的贮存柜,而且港口有接收设备时,应保证含油舱底水留存在船上,到港后排入接收设备,这样的船舶可不设滤油设备和警报装置。

小于400总吨的船舶,主管机关应保证尽可能设有将油类或含油类混合物留存在船上的设备。

2. 接收设备要求

各缔约国政府应保证在装油港、站,修理港及船舶需排放残油的其他港口,设置接收留存的残油和油性混合物的足够设备,以满足到港船舶的需要。

为使接收设备的管路能与船上机舱舱底残余物的排放管路相连接,在管路上均应装有标准排放接头。

3. 污油水港口接收

一般主要的港口都设有污油水接收处理装置(或油驳)。废油处理应遵循下列步骤:

(1)与代理联系当地港口是否有接收处理设施;

(2)向港口当局申请废油处理许可证;

(3)采取有效措施防止泵送废油时污染环境;

(4)将泵送废油的数量与时间记录在航海日志与油类记录簿上,并请港口当局在油类记录簿上盖章签字;

(5)进行此项工作时应特别注意:一定要有港口当局的监督员在场或特别许可方能进行;否则视为无效,甚至受到行政处罚,在国外港口更应遵守当地的"港口须知"或询问港方的有关规定,以免造成失误。

## 二、船舶垃圾污染的防治

### (一)船舶垃圾的种类与排放标准

船舶垃圾,系指产生于船舶正常营运期间并需要持续或定期处理的各种食品、日常用品和工作用品的废弃物(不包括鲜鱼及其各部分)。船舶垃圾的分类如下:

(1)塑料;

(2)漂浮的垫舱物料、衬料、包装材料;

(3)粉碎的纸制品、碎布、玻璃、金属、瓶子、陶器等;

(4)货物残余、纸制品、碎布、玻璃、金属、瓶子、陶器等;

(5)食品废弃物;

(6)焚烧炉灰渣。

《船舶污染物排放标准》(GB 3552—83),对船舶垃圾排放标准(包括纸制品、破布、玻璃、金属、瓶子、陶瓷器及其类似废弃物)的规定见表2-2。

船舶应在机舱和甲板相应的位置设置带金属盖子的垃圾桶,并严格按照上述垃圾分类的方法涂上对应的颜色进行垃圾分类。及时、有效地对船员进行培训。

表 2-2 船舶垃圾排放标准

| 排放物 | 内河 | 沿海 |
|---|---|---|
| 塑料制品 | 禁止投入水域 | 禁止投入水域 |
| 漂浮物质 | 禁止投入水域 | 距最近陆地 25 n mile 以内,禁止投入水域 |
| 食品废弃物及其他垃圾 | 禁止投入水域 | 未经粉碎的,禁止在距最近陆地 12 n mile 以内投弃入海;经过粉碎,且颗粒直径小于 25 mm 时,可允许在距最近陆地 3 n mile 以外投弃入海 |

### (二)船舶垃圾的处理方法

船舶垃圾处理方法主要有 3 种:暂时收存、粉碎处理和焚烧处理。

暂时收存方法就是在船上设置固体垃圾收存柜、垃圾集装箱或使用聚乙烯材料制成的垃圾存放袋,排出的各种垃圾收存在这些柜、袋中。进港后将收存的垃圾送交垃圾处理单位处理(亦可在锚地将其驳送到垃圾回收船上),或在非限制海域时投弃入海。送交岸上处理或驳至垃圾回收船都需要交付一定的处理费用。而外海投弃过程中要注意该方法不适合处理如塑料制品等禁止入海的垃圾。

粉碎处理方法是先将废弃物高温消毒、除臭,然后利用粉碎机将废弃物粉碎成允许排放的粒度,再排放入海。大部分垃圾经过粉碎即能在离岸 3 n mile 以外排放入海。

焚烧处理是将可燃的垃圾送入焚烧炉内焚烧,垃圾燃烧后的残渣几乎没有污染,可在任何海域自由排放。但焚烧处理垃圾时需消耗一定量的燃料。一般货船不设置生活垃圾专用焚烧炉,多数船舶是以安装在机舱内的废油焚烧炉兼作垃圾焚烧炉。少数船舶在厨房附近安装有专用生活垃圾焚烧炉,需特别注意采取措施防止烟气、臭气或火灾等危害。

### (三)船用焚烧炉

船用焚烧炉用来处理渣油、废油、污水处理装置中产生的污泥,以及其他固体垃圾等。

一般焚烧炉都有一个钢制的外壳、内衬耐火砖形成炉膛。炉膛周围设有固体废物投料口。污油燃烧器用以喷入污油、污水和污泥;而辅助燃烧器用以点火助燃。炉顶装有排烟风机以保证炉膛呈负压并冷却排烟,防止烟气外漏和发生火灾。此外,还有废油柜、控制箱、废油加热装置和观察孔等。

现有焚烧炉的特点是:为了保证焚烧炉在短时间内达到良好的燃烧,均采用具有良好雾化性能的燃烧器,以保证污水、油污泥和废油的雾化效果。燃烧器的形式一般有旋转喷嘴式、压力喷雾式和重力滴下式三种,目前使用较多的是前两种;为了处理颗粒较大的油污泥,多采用旋杯式燃烧器。此外,在焚烧炉附近还设置装有搅拌器的废油柜,使污水、废油和污泥按一定的比例混合均匀以保证燃烧连续进行。当废液含水量较大时,炉子不易点燃且炉内温度也不稳定,为此需由辅助燃烧器供入 1/5 ~ 1/10 废液处理量的燃油,使炉内温度达到 600 ℃以上的稳定状态。

图 2-2 所示是绿州辅机厂生产的 OG200 型船用焚烧炉,是既可烧油污泥、废水污泥,又可烧固体废物的多功能焚烧炉。它有一个圆柱形的燃烧室,废液和固体废物均在该室内燃烧,由于经过 1 100 ℃以上高温的有效燃烧,排出物(烟与灰)对空气没有污染,也没

有气味。

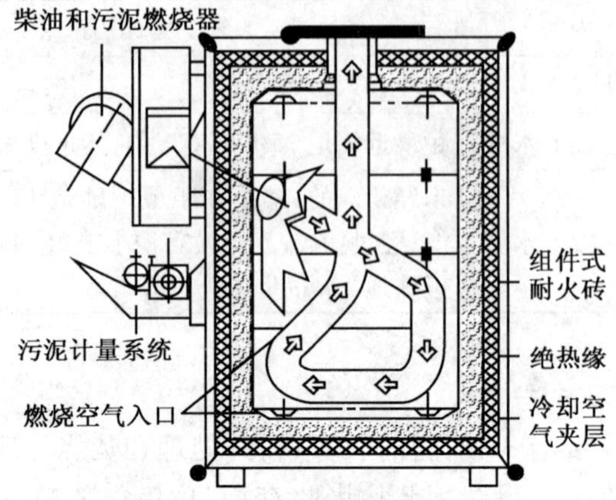


图 2-2　OG200 型船用焚烧炉

该焚烧炉可根据废液燃烧值的高低调好适当的挡位，即可进行自动操作；外壳可拆式，便于耐火材料的装设和维修。在电气控制方面设有完整的保护和报警系统，如炉温和排烟温度过高、火焰故障、风机故障、柴油压力过低、电机过载、污泥及蒸汽或压缩空气压力过低等的保护和报警系统。使用焚烧炉时应注意下列事项：

（1）可燃的固体垃圾应在点炉前打开炉门送入焚烧炉内，切不可在焚烧炉工作时打开炉门。

（2）焚烧炉在点火前应扫气 30 s 以上，驱除炉内油气，防止爆炸。

（3）焚烧炉污油柜加温到 80 ~ 100 ℃，并放掉残水。

（4）用柴油引燃焚烧炉，待炉温达到一定温度（约 600 ℃）后，再逐渐引入污油燃烧。污油中含有 30% ~ 50% 水时，一般仍可连续燃烧。因此，当焚烧炉正常运行时，可以停止使用点火柴油；如果不能连续燃烧则需用柴油一直引燃；停炉前应燃用柴油，以冲洗污油管路。

（5）焚烧后的炉灰，如系无污染无毒的垃圾，可在船舶离港后，距最近陆地 12 n mile 以外倾倒入海。

## 三、船舶生活污水的防治

### （一）船舶生活污水的来源与排放标准

船舶生活污水是指任何形式的厕所、小便池的排出物和其他废弃物，医务室（药房、病房等）的面盆、洗澡盆和这些处所排水孔的排出物，装有活体动物的处所的排出物，或混有上述排出物的其他废水。

船舶生活污水不仅含有有机物和矿物质，而且还含有大量的细菌、寄生虫，有时还含有危害人体及水生物的病毒，如不经处理而将其任意排放的话，就可能造成周围水域的污染。

《船舶污染物排放标准》（GB 3552—83）对船舶生活污水排放标准（包括粪、尿和船舶医务室排出的污水）见表 2-3。

表 2-3　船舶生活污水排放标准

| 项　目 | 内　河 | 沿　海 | |
|---|---|---|---|
| | | 距最近陆地 4 n mile 以内 | 距最近陆地 4 ~ 12 n mile |
| 生化耗氧量 BOD | 不大于 50 mg/L | 不大于 50 mg/L | |
| 固体悬浮物 SS | 不大于 150 mg/L | 不大于 150 mg/L | 无明显悬浮固体 |
| 大肠杆菌 | 不大于 250 个/100 mL | 不大于 250 个/100 mL | 不大于 1 000 个/100 mL |

当船舶进行生活污水排放时一定要严格遵守相关国家的规定。

**(二)船舶生活污水的处理方法**

为满足上述排放标准,目前船上采用的处理设备基本分为两种:一种是收集、贮存、集中排放的设备;一种是船上处理后直接排出的设备。通常船上采用的生活污水处理方式按净化方式的不同可分为生物学方法、物理化学方法、电化学方法及混合处理方法等。

1. 收集贮存装置

在船上安装生活污水收集贮存柜,该贮存柜系统将船舶日常产生的生活污水收集贮存起来,在必要时将贮存的污水排入岸上污水接收设备,然后加以处理。图 2-3 为流程示意图。

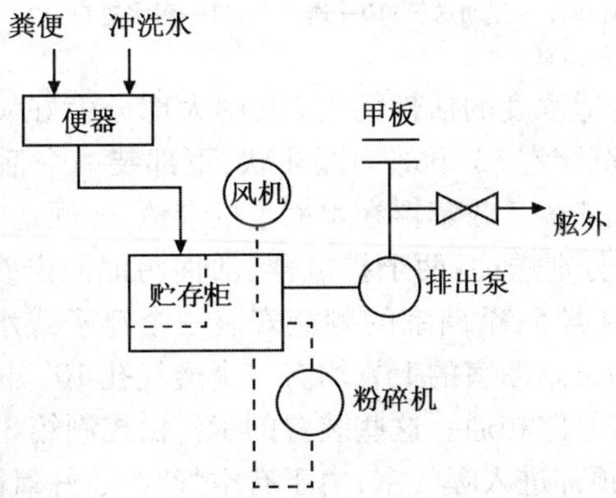


图 2-3　简单贮存方式系统流程图

该系统中包含生活污水的收集贮存和排放两部分,主要设备有贮存柜和排出泵。一般贮存柜通常设置两个以上,两个排出泵的管路采用并联方式,方便两台泵的调换使用。由于排出泵容易被坚硬粪便或碎纸片等固体物质堵塞,影响其正常运转而产生臭味,因此,该装置在贮存柜排出口专门装设了粉碎机、充气风机和通风管。另外,该处理装置在船舶甲板上装有便于将生活污水排往外部接收设备的管路接头。

该方式结构简单,操作管理容易,且对水环境几乎无任何损害。该装置的主要缺点是:由于贮存舱、柜的容积较大,特别是需在限制海区内长期航行或停泊的船舶,必然造成船舶有效装载容积的减少;为了防止系统在工作中散发臭味,需适时地进行投药处理,从而使药品的使用费增加;船舶过驳污水增加了停港或抛锚的时间,降低了船舶的营运效率;污水需排至陆上处理,增加了港口船舶污水的收集、处理费用。

2. 生活污水处理装置

生活污水处理装置主要是利用好氧菌为主的活性污泥对污水中的有机物质进行分解处理。图 2-4 所示的是远洋船上应用较多的一种生活污水处理装置。其基本结构与原理如下:

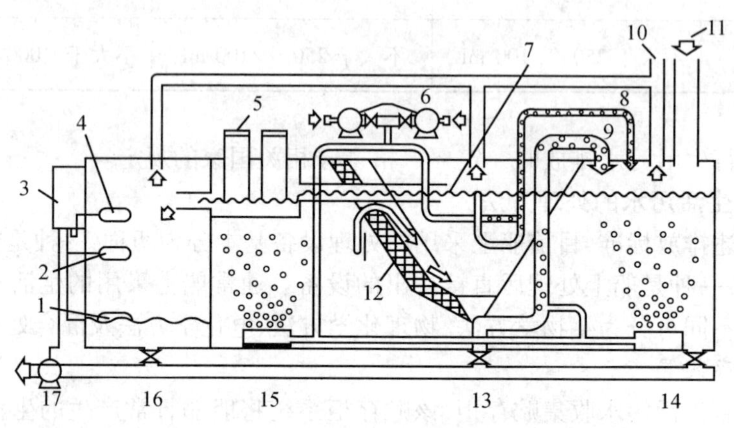


**图 2-4　生化污水处理装置**

1—低水位浮子开关;2—高水位浮子开关;3—控制箱;4—反常高水位浮子开关;5—加氯器;6—鼓风机;7—浮渣盘;8—浮渣回送管;9—污泥回送管;10—透气孔;11—污水进口;12—滤网;13—沉淀室;14、15—曝气室;16—杀菌室;17—排出泵

曝气室 14 中装有合适浓度的活性污泥(其中大部分由好氧菌组成),室底部装有两个吹送空气的扩散器。沉淀室 13 下部为漏斗状,下部装一个活性污泥回送管 9,通往曝气室;上部中心处有一浮渣盘 7 收集浮在水面上的浮渣,经回送管 8 送回曝气室。鼓风机 6 供应压缩空气,分三路分别送往:两个扩散器、活性污泥回送管和浮渣回送管。消毒杀菌室 16 的上部有一加氯器 5;杀菌室的侧壁安装三个浮子式水位控制器 1、2、4 和溢水孔。曝气室、沉淀室和消毒杀菌室的上方均有一个透气孔 10,并与总通风管相通;而下部均有一个阀门,并与外接管路相通。这些装置的工作由控制箱 3 控制。

生活污水由曝气室顶部进入曝气室,由于有空气吹入,好氧微生物能将污水中的有机质吸收分解,将其中一部分有机质氧化成无机质(如 $CO_2$、$H_2O$),另一部分转化为自身的营养质,供其生长繁殖。曝气室中经微生物的吸收、分解、合成、还原等过程所形成的无机质和新的活性污泥流入沉淀室。在沉淀室中,由于没有空气的扰动,活性污泥形成团状沉淀到室底,并在空气的吹送作用下,室底部的活性污泥及顶部的浮渣将沿各自的回送管 9 和 8 返回曝气室以保持该室内活性污泥的浓度。沉淀室内处理过的清水流经加氯器 5 并溶解容器内的次氯化钙药片,对处理水进行消毒杀菌,然后流入消毒杀菌室。当杀菌室内水位升高时,在浮子水位计控制下,启动排出泵将水排出。

装置运行管理注意事项:

(1)装置运行最好是连续进行,特别是不得停风,以防微生物死亡。每 3 个月检查一次曝气室活性污泥的浓度,一般污水以巧克力色为佳。如污水表面出现浮渣,说明浓度太

大,要进行调整。

(2)装置运行时厕所冲洗水量不宜过大,应控制在人均 60 ~ 65 L/d;严禁将塑料制品、纺织品、带过滤嘴的烟头、不易溶解的纸片等倒入厕所,以防堵塞管路系统;更不要用各种化学药品清洗厕所、小便池等,杜绝这些药品进入处理装置而杀死微生物。

(3)及时补充消毒剂,通常每 3 个月补充一次,每人每月 20 g。

## 四、船舶压载水处理技术

船舶航行时装载的压载水量依船型、载货情况、航线、港口条件等有较大的变化范围。空载时装载的压载水最多时能达到船舶载重量的 1/3,而装满货物的时候也同样装有压载水,这是由于压载水舱和管路的结构使得在完全排空的压载水舱中仍然会残留有好几吨的压载水。

为了船舶安全航行,压载水是必备之物,但同时也对环境造成了严重危害。压载水是外来生物入侵的重要载体。据统计,每年约有 $120 \times 10^8$ t 压载水通过约 9 万艘远洋船舶在世界范围内转移,每天存在于船舶压载水中随船周游世界的生物达 4 500 种,而已被确认通过船舶压载水传播的入侵种大约有 500 种,平均每立方米压载水中有浮游动植物 1.1 亿个。资料显示,我国沿海各港口远洋船只中,压载水中的优势藻类主要为硅藻、甲藻和绿藻等。这些优势藻类的大小为 10 ~ 200 μm,平均密度为 $10^3 \sim 10^4$ cells/L。这些外来生物会迅速蔓延,威胁当地生态系统的平衡,甚至导致生态灾难,危及社会经济发展以及人类生产生活。针对压载水引起的严重环境问题,必须采取合理的管理措施和有效的技术手段,确保其无害化排放,这在世界各国已达成共识。

船舶压载水采取的管理方法主要包括制定法律、法规,控制压载水水质和排放量;强化微生物监管,在公海更换压载水和部分装货等。但要从根本上处理压载水,既要靠管理方法,又需要技术手段来处理压载水。

目前压载水管理主要分为三大类:压载水置换、船上处理压载水以及其他方法和措施。当船舶进行压载水处理时一定要严格遵守相关国家的规定。

1. 压载水置换

该方法的原理为:生活在淡水、河口以及绝大部分浅海中的生物不可能在深海环境中生存下来。同理,深海压载水中的生物在拌入淡水、河口或浅海中时也不可能生存。根据这个原理,IMO 的决议指出,压载水置换应该在深水、公海和尽可能远离海岸处进行。该方法被认为是目前减少压载水排放带来的外来物种入侵的最有效的方法之一。

目前主要采用以下两种置换方法:

(1)排空注入法

此方法的基本原理是将压载舱的压载水全部排出,直到把压载水排空为止,然后用深海海水重新加满。该方法中,压载水的排空和注入通过已有的压载水管系和压载泵就可以实现。

(2)溢流法

此方法的基本原理是把深海海水从舱底泵入,使压载水从舱顶连续不断地溢出,直到换掉足够量的压载水,以减少残留在舱中的目标生物的数量。

巴西提出了一种新的置换压载水的方法——稀释法,即用3倍于舱容的水量从顶边舱注入,底部流出。此方法比底部注入,顶部流出产生的紊流大,有利于搅起沉积物,效果更好。

2. 物理方法

(1)过滤法

过滤法处理压载水被认为是一种对环境危害最小的处理方法。研究发现,对于超过过滤器筛网孔径的物体,其过滤的有效性为95%~98%。过滤设备往往很简单,易操作,占用空间较小,可以在压载水装载的过程中使用,这样用于反冲洗过滤器的水可以直接流入装载压载水的港口,不需要任何处理。但同时存在一些问题,沿岸打入的压载水中含有大量的絮状物,容易阻塞滤网,需要经常对滤网进行反冲洗,既耗能又耗时。

(2)气旋分离

压载水中的许多微生物都具有其特定的密度,并且其密度与水的密度相近,其中的很多生物活动能力很强。通过离心的方式能将它们从压载水中分离出去。其中,气旋分离是利用压载水在管道中的高速流动产生的离心作用使水中悬浮物体分离出来的方法。该方法的优点是操作简单,价格低廉,能有效去除压载水中的大微粒和生物体,破坏大部分的多细胞动物、植物及有害的病原体细菌,如卵、幼虫、孢子等,而且还可以去除压载舱底的淤泥。但是在处理与海水密度十分相近的生物时,处理效果受到限制。

(3)热处理

研究发现,40~50 ℃通常足以杀死或抑制压载水中的有害生物,低温长时间比高温短时间更有效,温度在38~50 ℃,持续加热2~4 h,可杀灭大部分生物。船舶柴油机冷却水的温度可高达70~85 ℃,因此利用柴油机冷却水的余热将压载水加热到38~45 ℃是可以达到的,这样不仅利用了柴油机冷却水的废热,达到杀灭海水中有害生物的目的,而且冷却系统和压载水系统都不需很大改动。但是把几万吨的压载水加热到一定温度,并且持续一定时间,是非常困难的。

(4)紫外照射

紫外照射对压载水中的生物和病原体有较好的杀灭作用,其原理为紫外线照射能使细胞核酸产生光化学反应,使DNA不能正常复制,生物组织不能进行细胞分裂,这对于生命周期很短的微生物来说意味着经过处理后的生物数量将大大减少,如果时间足够长,可以杀死绝大部分生物。研究表明,紫外线处理装置对杀灭海洋细菌、微生物非常有效。在滤除大型微生物后用紫外线处理船舶压载水是一种有效且环境允许的方法。但是紫外光容易被悬浮物质和黄色物质(即溶解性有机物)所吸收,而且较大颗粒的悬浮物质能遮挡紫外光,从而导致杀灭率下降,此外如果压载水中含铁量高的话,会因其沉积在石英灯管上影响处理效果。另外,紫外照射可能导致低等生物的遗传变异。

3. 化学方法

(1)氯化法

氯是一种强氧化剂。使用氯作为消毒剂和采用电解海水方法抑制海洋生物的生长已有广泛的应用。原则上氯可以用于治理压载水,主要可以通过加入氯气、液氯、二氧化氯、氯氨或次氯酸盐来实现。氯化法处理船舶压载水杀灭浮游植物和原生动物以及细菌是有

效的方法。然而,因为不同微生物对氯的耐性不同,所以在不能确定压载水中有哪些微生物时,要确定投加的氯浓度便很困难。除此之外,氯容易造成管道和压载舱的腐蚀,还会产生刺鼻气味。

(2)双氧水法

双氧水可以产生强氧化性的羟基自由基,使压载水微生物死亡。其主要优点是:残余物很容易分解成水及氧,因此从环境上讲比较合理。其主要缺点是当压载水中有机物质过多时,将会因有机物质的氧化而效果降低。使用双氧水处理压载水所需浓度很高,费用昂贵,还会带来存储与操作安全等方面的问题。

(3)臭氧法

臭氧的氧化还原电位很高,故其氧化性极强。在水中与多数有机物均能反应,当臭氧充足时,在几分钟内可以将有机物完全氧化为二氧化碳。臭氧属于溶菌剂,对微生物达到彻底永久的消灭。但臭氧对人体有危害、费用较高。

(4)高级氧化法

高级氧化技术通常采用氧化剂或辐射、超声、磁场、电场技术等的不同组合来产生自由基,如羟基自由基(—OH)、氢过氧自由基(HOO—)、超氧阴离子自由基($O_2$—等,进行化学反应的过程。基团作为强氧化因子,很快作为废水处理优先选择的物质。处理后所形成的最终产物通常是低毒或无毒的小分子化合物,甚至是水和二氧化碳。高级氧化技术具有氧化能力强、选择性小、反应速率快、适用范围广等特点,但存在成本较高、能耗高、自由基存活时间短等缺点。

4. 生物方法

采用生物法来控制外来生物入侵主要是通过引入食肉动物、病原体和被控生物的竞争者或者利用现代生物技术的方法改变被控生物基因来实现的。目前对使用基因工程和生物技术来去除或减少压载水中水生物研究还只是停留在理论上,这些措施对压载水中微生物的影响还不清楚,而且存在新加入物种的转移和释放问题。

压载水的无害化处理,不仅仅是一个技术性的问题,而且是一个国际协作的问题,唯有全球相关国家和组织统一行动、严格执法才能标本兼治。

# 第三节　船舶防污染文书

## 一、防止油污染文书

### (一)防止油污证书

"国际防止油污证书"(IOPP 证书)是船舶防止油污染设备技术状况的证明文件。按照"73/78 防污公约"规定,凡 150 总吨及以上的油船和 400 总吨以上的非油船船舶,当其航行前往其他缔约国时,应持有有效的"国际防止油污证书"。

经中华人民共和国船舶检验局授权的中国船级社验船师,根据《海船法定检验技术规则》及《1973 年国际防止船舶造成污染公约及其 1978 年议定书》附则 I 的规定,对小于400 总吨的中国籍国际航行非油船,经检验合格后签发的证书。检验内容为:

(1)油水分离设备,排放管路、残油舱及标准排放接头;

(2)如果该船到达的港口设有足够的接收设备,则应确认在船上设置足够容量的机舱舱底污水储存柜、排放管路及标准排放接头。

国内沿海航行及港口船舶,应持有"防止油污证书"。该证书有效期为 5 年,在证书有效期内,只进行年度检验。

我国需要持有该证书的船舶所有人向船舶检验部门申请办理。该证书有效期最长为 5 年,不得展期(但我国在特殊情况下给予 3 个月的宽限期)。该证书的附件"非油船船舶结构及设备记录"或"油船结构及设备记录"应永久附于"国际防止油污证书"之后。船长应妥善保管"国际防止油污证书",根据签发证书的有关条款及证书的有效期限和检验日期,如期申请船舶检验部门对本船防止油污设备进行检验换证。

未经发证机关许可,船舶不得对检验所涉及的部分做任何改变(直接更换同类型设备或装置除外),否则该证书即行失效。船舶发生事故或发生缺陷,对该船的完整性或对防止油污设备的效用有重大影响时,船长或船舶所有人应及时报告发证机关,申请进行临时检验。

**(二)油类记录簿**

根据 MARPOL 73/78 附则 I 的规定:凡 150 总吨及以上的油船,应备有"油类记录簿"(Oil Record Book)第一部分(机舱的作业记录)和第二部分(货油和压载作业记录)。即油船应备有两种油类记录簿,一种用于机器处所的操作,由轮机部保管;一种用于货油的操作,由大副保管。

凡 400 总吨及以上的非油船,应备有"油类记录簿"第一部分(机舱的作业记录)。

"油类记录簿"是船上重要的、享有法律效力的船舶防污文书,应存放在随时可取来检查的地方。油类记录簿中,每项记录应由该项作业的操作负责人签字,每记完一页由船长签字,记完最后一页应留船保存 3 年。所有船舶机器处所"油类记录簿"的记载,应按下列的记载细目一览表所规定的作业代号和细目数码填写。

"油类记录簿"的填写必须与"国际防止油污证书"上所规定的一致。例如油水分离器的排放速度、各个受控污油水舱的容积等。

"油类记录簿"有统一规定的格式,每当船舶进行下列任何一项作业时,均应详细记入"油类记录簿"。

1. 机舱的作业(所有船舶)

①燃油舱的压载或清洗。

②燃油舱压载水或洗舱水的排放。

③残油油泥的处理。

④机器处所积存的舱底水向舷外的排放或处理。

⑤排油监控系统状况。

⑥意外的或其他异常的排油。

⑦加装燃油或散装润滑油。

2. 货油和压载作业(油船)

①货油的装载。

②航行中货油的内部转驳。

③货油的卸载。

④货油舱和清洁压载舱的压载。

⑤货油舱的清洗。

⑥污压载水的排放。

⑦污油水舱的排放。

⑧污油水舱排放后,阀门的关闭。

⑨污油水舱排放后,关闭清洁压载舱与货油舱和扫舱管路隔离所需的阀门。

⑩残油的处理。

"油类记录簿"使用的注意事项:

①应在"油类记录簿"指定的页上描绘本船油水舱柜布置图,并填写各油水舱柜的容积。

②"油类记录簿"中每页的船名、登记号或呼号应记住填写,不得遗漏。

③对于非油船,应将每页之首的货油/压载作业(油船)的字样画线删除。

④填写"油类记录簿",应采用记载细目表中规定的项号和序号,即除地点、方法用文字写明外,其余一律使用序号。

⑤要按船上实际情况填写"油类记录簿",如按机舱舱底水每天产生的数量,每隔一定时间使用油水分离和过滤设备进行处理;如燃油产生油泥量为1%,则根据主机每天耗油量和焚烧炉的能力来决定使用焚烧炉的时间。

⑥"油类记录簿"应逐行、逐页使用,不得留有空白间隔;所要求的记载细节,应按年、月、日顺序记入空栏内。

⑦每次操作完后,由直接操作负责人(轮机员或轮机长)签字。

⑧每页使用完后应速交船长审阅、签章。

⑨每次污油水的处理时间(包括开始时间和结束时间)和具体船位要填入"油类记录簿"。

⑩航行中每周测量所有污油舱(柜)一次,并记录。同时,到港前再测量一次,并与航行中所测数值比较、核对。检查与航行中应该产生的污油水量是否有误差,实际测量数值以偏大于计算值为好。

⑪垃圾处理要记入大副的"垃圾记录簿"中。但轮机长应对何时处理(烧掉)多少垃圾要有记录,并将该记录以字条的形式存放在"油类记录簿"中或放大副处,以备检查。收集烧尽的灰烬留船,待岸上回收,并索要回收证明。

**(三)溢油应急计划**

根据MARPOL 73/78附则I规定,凡150总吨及以上的油船和400总吨及以上的非油船,均应备有经主管机关批准的"船上油污应急计划"(SOPEP)。

"船上油污应急计划"用来帮助船员处理意外排油。其主要目的是采取必要的措施,以控制或减少排放或减轻其危害。处于应急情况下的人员,面临着各种压力和复杂的情况。在这种紧急时刻,缺乏计划往往会使一些平时明智的关键人员陷于混乱、错误和失败,导致时间上的延误和浪费,使处境变得更糟,其结果可能使船舶及船员面临更大的危险和环境损害。而有效的计划则在结构、逻辑性和及时程度上应能确保采取必要的措施。因此,预先制定一个结构合理的计划,其必要性是十分清楚的。

公约附则 I 第 26 条规定"船上油污应急计划"至少应由 4 部分组成。

(1)沿海国报告

当船舶发生或可能发生油污事故时,船长或其他驾驶员按照公约第 8 条及议定书 I 的要求,按照国际海事组织制定的"船舶报告制度和船舶报告要求通则"的程序进行报告。先向最近的沿海国报告,确保事故引起的污染损害及援助措施及时通知有关沿海国,采取相应行动。报告及行动涉及的因素,要依据当时的情况作出分析,最初的报告程序和格式都有具体规定。

(2)油污事故中需联系的当局或人员名单

发生污染事故的船舶必须以最迅速的方式与沿海国、港口和船舶主要联系人进行联系。有关联系人员名单必须满足 24 h 信息联系的需要,提供指定联系人和替代人名单,包括电话、电传、传真号码,以及这些号码的变动和更换。

①沿海国联系人。列出有关负责受理和处理报告的主管机关官员或代理人的名单。如果名单缺乏协调人,应以最快方式与最近沿海国海岸电台、指定的船舶报告站或救援中心联系。

②港口联系人。主要是对定期到达港的当地代理人名单,通知将得到快速的反应。

③船舶重要联系人。需指定船上人员在事故发生后,通知与船舶有利害关系的部门:船公司、货主、保险和救助单位,既确保通知到,又避免重复通知,影响船员集中精力采取控制措施。

(3)控制排油的措施

事故发生后为减少或控制油类溢漏,船上人员需立即采取措施。船员始终处于迅速采取措施的最佳位置。计划应明确地帮助船长在各种情况下,决定拟采取的措施。还应明确这些措施由谁来负责,避免在应急中出现混乱。由于船舶类型、结构、货物、设备、人员配备及航线的不同,采取的措施有很大的差异。

①控制操作性溢油。根据船上管系、舱室、船体结构及所装货油、燃油情况,分别制定操作、转驳或其他控制措施的程序;还要制定相应的清除溢油和甲板上积油程序。可以通过利用船上现有力量或雇用清除公司人员来完成,并妥善处理溢油及清除材料。

②控制或减少事故性溢漏。对搁浅、火灾/爆炸、碰撞、船壳破损、严重横倾等事故性的溢漏油类,每一类事故都需分别制定应急措施,帮助船长考虑到所有相应的因素。除了检查表外,根据具体船舶和情况,还应明确指定这些人员担任预定的任务。计划应向船长提供有关优先行动、稳性、应力影响及减载方面的指导。

(4)国家和地方协作

在抗污染中,为使船上与国家及地方当局协调行动而所需取得联系的程序和要点。船舶与沿海国或其他有关部门应当有快速、有效的协作。在实施控制措施前,先与沿海国联系,以便得到其批准。各国及当地主管当局的法律规定、职责各不相同,作出的反应也不相同。应尽可能地给船长提供更多的情况和指导,帮助船长组织反应行动。

"船上油污应急计划"的核心部分为控制排放的措施。控制排放部分应明确指导船

长,如何在各种情况下减轻损害。不仅应列出拟采取的行动,还应列出船上的各项应急行动的负责人,以避免应急时的混乱。

**(四)溢油应变部署表**

按油污应急计划规定,每艘船应有本船溢油应变部署表,在表中应注明:溢油报警信号;船员集合地点;每个船员负责的部位和应有的职责等。

## 二、防止垃圾污染文书

1. 垃圾记录簿

所有400总吨及以上的船舶和经核定可载15人及以上的船舶,都应备有一份按IMO制定的导则编制的"垃圾管理计划",航行于缔约国所管辖港口的船舶,还应备有按附则Ⅴ规定统一格式的"垃圾记录簿"。

在下列每一情况下均须填写船舶垃圾记录。

①当向海里排放船舶垃圾时:排放的日期和具体时间;船舶的位置(经度与纬度);船舶垃圾排放的种类;排放每种船舶垃圾的估计量($m^3$);负责排放船舶垃圾的高级船员签字。

②当向岸上港口接收设施或其他接收船排放船舶垃圾时:排放船舶垃圾的日期和具体时间;港口或接收设施或接收船名;排放船舶垃圾的种类;排放每种船舶垃圾的估计量($m^3$);负责排放船舶垃圾的高级船员签字。

③当焚烧船舶垃圾时:开始焚烧与结束的日期和具体时间;船位(经度和纬度);焚烧船舶垃圾的估计量($m^3$);负责焚烧船舶垃圾的高级船员签字。

④意外或其他例外排放船舶垃圾的情况:发生的时间;发生排放船舶垃圾时所在港口或船舶位置的情况;船舶垃圾的种类和估计量($m^3$);船舶垃圾的泄漏或丢失情况,造成原因和基本评价。

船长需从港口接收设施作业人、或垃圾接收船的船长处得到一份具体说明所转移的垃圾估计量的收据或证明。该收据或证明需连同"船舶垃圾记录簿"一起在船上保存两年。

2. 船舶垃圾管理计划

400总吨及以上和经核定可载运15人或以上的船舶,应制订船员须遵守的一个船舶垃圾管理计划。该计划应用书面形式,包括使用船上设备在内的收集、贮存、加工和处理船舶垃圾的程序,而且须指定一专人负责执行该计划。该计划应符合国际海事组织制定的指南,并用船员的工作语言书写。IMO通过的船舶垃圾管理计划编制指南要求"船舶垃圾管理计划"须写入的事项有:

①指定负责执行计划人员;

②船舶垃圾收集程序;

③船舶垃圾处理程序;

④船舶垃圾贮存程序;

⑤船舶垃圾处置程序。

## 三、防止大气污染文书

消耗臭氧层物质包括但不限于氟利昂、哈龙(Halon)、氢化氯氟烃、四氯化碳、甲基氯仿、溴甲烷等。

在船舶上消耗臭氧的设备主要指使用氟利昂的制冷设备和卤素类的灭火器或者装置。在船上空调设备、冰机、冰箱、饮水机、空气干燥器都可能使用氟利昂。2002 年 7 月 1 日及以后造的船舶,船上也不能有以含 Halon1211、1301、2402 及全氟化碳为灭火剂的灭火系统。

轮机长负责对消耗臭氧层物质的管理,禁止消耗臭氧层物质的任何故意排放。

含有氢化氯氟烃的新装置 2020 年 1 月 1 日前允许供船使用,由设备主管负责在"含有消耗臭氧层物质设备登记表"中记录。

船上空调设备、冰机、冰箱、饮水机、空气干燥器、Halon 灭火器等设备,日常维护保养情况由设备主管负责在"含有消耗臭氧层物质设备登记表"中记录。

消耗臭氧层物质及其设备从船上卸下时,应送到合适的接受设备中,由设备主管负责在"含有消耗臭氧层物质设备登记表"中记录。

三副确认消防系统灭火剂不含 Halon1211、1301、2402 及全氟化碳。

船长或船员要熟悉船上防止消耗臭氧物质释放的程序或须知,对消耗臭氧物质的供应及消耗应有专门的记录,可以通过查看消耗臭氧物质供应单及记录本与实际剩余量进行核对,检查消耗是否正常,有无故意排放消耗臭氧物质的行为。对这些设备的维修保养应记录完善,从船上拆除消耗臭氧物质和装置,应送到适当的接收装置和移送接收机构(提供证据),并正确记载入"垃圾记录簿"。

## 四、船舶污染事故及处理

*1. 船舶污染事故的报告*

船舶发生污染事故应当立即启动相应的应急预案,采取措施控制和消除污染,并就近向有关海事管理机构报告。

船舶污染事故报告应当包括下列内容:

(1)船舶的名称、国籍、呼号或者编号;

(2)船舶所有人、经营人或者管理人的名称、地址;

(3)发生事故的时间、地点以及相关气象和水文情况;

(4)事故原因或者事故原因的初步判断;

(5)船舶上污染物的种类、数量、装载位置等概况;

(6)污染程度;

(7)已经采取或者准备采取的污染控制、清除措施和污染控制情况以及救助要求;

(8)国务院交通运输主管部门规定应当报告的其他事项。

作出船舶污染事故报告后出现新情况的,船舶、有关单位应当及时补报。

*2. 发生油污染事故的处理*

船舶发生事故有沉没危险,船员离船前,应当尽可能关闭所有货舱(柜)、油舱(柜)管

系的阀门，堵塞货舱（柜）、油舱（柜）通气孔。

发生船舶污染事故，海事管理机构可以采取清除、打捞、拖航、引航、过驳等必要措施，减轻污染损害。相关费用由造成海洋环境污染的船舶、有关作业单位承担。

处置船舶污染事故使用的消油剂，应当符合国家有关标准。

（1）防止溢油扩散的方法

①用围油栏将溢油包围起来或引导到适宜场所，以便回收处理。围油栏是防止溢油扩散最常用的也是较为有效的设备。目前常用的围油栏有固体浮子式、充气式、气幕式3种类型。各种类型的围油效果都受流速和浪高的限制。

②用化学凝聚剂阻止扩散，在油膜周围撒布一种比溢油的扩散压大的化学药剂，它在水面上扩散并压缩油膜，使油膜面积大大缩小，从而阻止溢油扩散。撒布化学凝聚剂的作业比铺设围油栏容易且迅速。化学凝聚剂对防止煤油、柴油等轻油和重油的扩散是行之有效的。

（2）溢油回收方法

用物理的方法回收溢油，是清除海面溢油较为理想的办法，既可避免溢油对环境的进一步危害，又能回收能源。物理回收方法包括人工回收、机械回收和吸油材料吸附回收。

（3）溢油海上处理

当海上溢油无法用物理方法回收时，可采用化学油分散剂、燃烧或沉降方法，在海上直接处理掉。

①油分散剂。用油表面活性剂、溶剂和少量添加剂组成的乳化分散型油处理剂，喷撒在水面浮油上，通过表面活性剂的亲水基和亲油基的作用，使浮油迅速分散成微小油滴溶于水中，在水面以下一定深度处形成水包油型乳浊液。油被分散成微小粒子后，易被生物降解，可加速水的自然净化过程。使用油分散剂会造成二次污染，使用前必须得到港口当局的批准，而且选用经主管机关认可的产品。

②燃烧处理。在远离陆地及船舶航道以外的海面，发生大规模溢油，又由于海上气候条件恶劣，无法用机械方法回收溢油时，可直接将溢油在海上燃烧处理掉。

③沉降处理。用相对密度大的亲油性物质，例如液体沉降剂（包括氯仿、四氯乙烯等）或固体沉降材料，如石膏、碳酸钙、砂、砖瓦碎屑、硅藻土等，撒布在溢油表面上，并与油一起沉降到海底。由于沉降处理会污染海底生物，许多国家禁止使用。一般只能在特定海域采用，大多数国家规定在距陆地50 n mile以内不准采用。

# 第三章 船舶安全营运管理

## 第一节 我国海上交通管理法规

### 一、《中华人民共和国海上交通安全法》有关规定

《中华人民共和国海上交通安全法》是我国海上交通安全管理的基本法，于 1984 年 1 月 1 日起施行。该法是调整有关海上交通管理、安全保障等方面的各种行为和相互关系的规范，它明确了主管机关对海上交通安全的指挥、管理权，规定了船舶、设施和人员必须具备的技术条件以及违法者应承担的法律责任。

该法共 12 章 53 条，分为：总则；船舶检验和登记；船舶、设施上的人员；航行、停泊和作业；安全保障；危险货物运输；海难救助；打捞清除；交通事故的调查处理；法律责任；特别规定及附则。

**（一）总则**

1. 立法目的

加强海上交通管理，保障船舶、设施和人命财产的安全，维护国家利益。

2. 适用对象

在中华人民共和国沿海水域航行、停泊和作业的一切船舶、设施和人员以及船舶、设施的所有人、经营人。

（1）沿海水域：系指中华人民共和国沿海的港口、内水和领海以及国家管辖的一切其他海域。

（2）船舶：系指各类排水或非排水船、筏，水上飞机，潜水器和移动式平台。

（3）设施：系指水上水下各种固定或浮动建筑、装置和固定平台。

（4）作业：系指在沿海水域调查、勘探、开采、测量、建筑、疏浚、爆破、救助、打捞、拖带、捕捞、养殖、装卸、科学试验和其他水上水下施工。

**（二）船舶检验和登记**

船舶和船上有关航行安全的重要设备必须具有船舶检验部门签发的有效技术证书；

船舶必须持有船舶国籍证书,或船舶登记证书,或船舶执照。

**(三)船舶、设施上的人员**

船舶应当按照标准定额配备足以保证船舶安全的合格船员。船长、轮机长、驾驶员、轮机员、无线电报务员、话务员以及水上飞机、潜水器的相应人员,必须持有合格的职务证书。其他船员必须经过相应的专业技术训练。

船舶、设施上的人员必须遵守有关海上交通安全的规章制度和操作规程,保障船舶、设施航行、停泊和作业的安全。

**(四)航行、停泊和作业**

船舶、设施在航行、停泊和作业时,必须遵守我国的有关法律、行政法规和规章。

船舶进出港口或通过交通管制区、通航密集区和航行条件受限制的区域时,必须遵守我国政府或主管机关公布的特别规定。除经主管机关特别许可,禁止船舶进入或穿越禁航区。

主管机关发现船舶的实际情况同证书所载不相符合时,有权责成其申请重新检验或者通知其所有人、经营人采取有效的安全措施。主管机关认为船舶对港口安全具有威胁时,有权禁止其进港或令其离港。

船舶、设施有下列情况之一的,主管机关有权禁止其离港、或令其停航、改航、停止作业:

(1)违反我国有关的法律、行政法规或规章;

(2)处于不适航或不适拖状态;

(3)发生交通事故,手续未清;

(4)未向主管机关或有关部门交付应承担的费用,也未提供适当的担保;

(5)主管机关认为有其他妨害或可能妨害海上交通安全的情况。

**(五)安全保障**

在沿海水域进行水上水下施工以及划定相应的安全作业区,必须报经主管机关核准公告。无关的船舶不得进入安全作业区。

在沿海水域划定禁航区,必须经国务院或主管机关批准。但为军事需要划定禁航区,可由国家军事主管部门批准。禁航区由主管机关公布。

未经主管机关批准,不得在港区、锚地、航道、通航密集区以及主管机关公布的航路内设置、构筑设施或者进行其他有碍航行安全的活动。对在上述区域内擅自设置、构筑的设施,主管机关有权责令其所有人限期搬迁或拆除。

禁止损坏助航标志和导航设施。损坏助航标志或导航设施的,应当立即向主管机关报告,并承担赔偿责任。

船舶、设施发现下列情况,应当迅速报告主管机关:

(1)助航标志或导航设施变异、失常;

(2)有妨碍航行安全的障碍物、漂流物;

(3)其他有碍航行安全的异常情况。

主管机关根据海上交通安全的需要,确定、调整交通管制区和港口锚地。港外锚地的划定,由主管机关报上级机关批准后公告。主管机关按照国家规定,负责统一发布航行警告和航行通告。

船舶、设施发生事故,对交通安全造成或者可能造成危害时,主管机关有权采取必要的强制性处置措施。

**(六)危险货物运输**

船舶、设施储存、装卸、运输危险货物,必须具备安全可靠的设备和条件,遵守国家关于危险货物管理和运输的规定。

船舶装运危险货物,必须向主管机关办理申报手续,经批准后,方可进出港口或装卸。

**(七)海难救助**

船舶、设施或飞机遇难时,除发出呼救信号外,还应当以最迅速的方式将出事时间、地点,受损情况,救助要求以及发生事故的原因,向主管机关报告。

遇难船舶、设施或飞机及其所有人、经营人应当采取一切有效措施组织自救。

事故现场附近的船舶、设施,收到求救信号或发现有人遭遇生命危险时,在不严重危及自身安全的情况下,应当尽力救助遇难人员,并迅速向主管机关报告现场情况和本船舶、设施的名称、呼号和位置。

发生碰撞事故的船舶、设施,应当互通名称、国籍和登记港,并尽一切可能救助遇难人员,在不严重危及自身安全的情况下,当事船舶不得擅自离开事故现场。

主管机关接到求救报告后,应当立即组织救助。有关单位和在事故现场附近的船舶、设施,必须听从主管机关的统一指挥。外国派遣船舶或飞机进入中华人民共和国领海或领海上空搜寻救助遇难的船舶或人员,必须经主管机关批准。

**(八)打捞清除**

对影响安全航行、航道整治以及有潜在爆炸危险的沉没物、漂浮物,其所有人、经营人应当在主管机关限定的时间内打捞清除。否则,主管机关有权采取措施强制打捞清除,其全部费用由沉没物、漂浮物的所有人、经营人承担。未经主管机关批准,不得擅自打捞或拆除沿海水域内的沉船沉物。

**(九)交通事故的调查处理**

船舶、设施发生交通事故,应当向主管机关递交事故报告书和有关资料,并接受调查处理,事故的当事人和有关人员,在接受主管机关调查时,必须如实提供现场情况和与事故有关的情节。

船舶、设施发生交通事故,由主管机关查明原因,判明责任。

**(十)法律责任**

对违反本法的,主管机关可视情节,给予下列一种或几种处罚:

(1)警告;

(2)扣留或吊销职务证书;

(3)罚款。

当事人对主管机关给予的罚款、吊销职务证书处罚不服的,可以在接到处罚通知之日起 15 天内,向人民法院起诉;期满不起诉又不履行的,由主管机关申请人民法院强制执行。

因海上交通事故引起的民事纠纷,可以由主管机关调解处理,不愿意调解或调解不成

的，当事人可以向人民法院起诉；涉外案件的当事人，还可以根据书面协议提交仲裁机构仲裁。

对违反本法构成犯罪的人员，由司法机关依法追究刑事责任。

## 二、《海上交通事故调查处理条例》有关规定

1. 总则

中华人民共和国海事局是本条例的实施机关。本条例适用于船舶、设施在中华人民共和国沿海水域内发生的海上交通事故。

以渔业为主的渔港水域内发生的海上交通事故和沿海水域内渔业船舶之间、军用船舶之间发生的海上交通事故的调查处理，国家法律、行政法规另有专门规定的，从其规定。

本条例所称海上交通事故是指船舶、设施发生的下列事故：

(1)碰撞、触碰或浪损；

(2)触礁或搁浅；

(3)火灾或爆炸；

(4)沉没；

(5)在航行中发生影响适航性能的机件或重要属具的损坏或灭失；

(6)其他引起财产损失和人身伤亡的海上交通事故。

2. 报告

船舶、设施发生海上交通事故，必须立即用甚高频电话、无线电报或其他有效手段向就近港口的海事部门报告。报告的内容应当包括：船舶或设施的名称、呼号、国籍、起讫港，船舶或设施的所有人或经营人名称，事故发生的时间、地点、海况以及船舶、设施的损害程度、救助要求等。

船舶、设施发生海上交通事故，除应按第五条规定立即提出扼要报告外，还必须按下列规定向海事部门提交“海上交通事故报告书”和必要的文书资料：

(1)船舶、设施在港区水域内发生海上交通事故，必须在事故发生后24 h内向当地海事部门提交。

(2)船舶、设施在港区水域以外的沿海水域发生海上交通事故，船舶必须在到达中华人民共和国的第一个港口后48 h内向海事部门提交；设施必须在事故发生后48 h内用电报向就近港口的海事部门报告“海上交通事故报告书”要求的内容。

(3)引航员在引领船舶的过程中发生海上交通事故，应当在返港后24 h内向当地海事部门提交“海上交通事故报告书”。

因特殊情况不能按规定时间提交“海上交通事故报告书”的，在征得海事部门同意后可予以适当延迟。

“海上交通事故报告书”应当如实写明下列情况：

(1)船舶、设施概况和主要性能数据；

(2)船舶、设施所有人或经营人的名称、地址；

(3)事故发生的时间和地点；

(4)事故发生时的气象和海况；

(5)事故发生的详细经过(碰撞事故应附相对运动示意图);

(6)损害情况(附船舶、设施受损部位简图,难以在规定时间内查清的,应于检验后补报);

(7)船舶、设施沉没的,其沉没概位;

(8)与事故有关的其他情况。

海上交通事故报告必须真实,不得隐瞒或捏造。因海上交通事故致使船舶、设施发生损害,船长、设施负责人应申请中国当地或船舶第一到达港地的检验部门进行检验或鉴定,并应将检验报告副本送交海事部门备案。

前款检验、鉴定事项,海事部门可委托有关单位或部门进行,其费用由船舶、设施所有人或经营人承担。船舶、设施发生火灾、爆炸等事故,船长、设施负责人必须申请公安消防监督机关鉴定,并将鉴定书副本送交海事部门备案。

3. 调查

在港区水域内发生的海上交通事故,由港区地的海事部门进行调查。在港区水域外发生的海上交通事故,由就近港口的海事部门或船舶到达的中华人民共和国的第一个港口的海事部门进行调查。必要时,由中华人民共和国海事局指定的海事部门进行调查。

海事部门认为必要时,可以通知有关机关和社会组织参加事故调查。海事部门在接到事故报告后,应及时进行调查。调查应客观、全面,不受事故当事人提供材料的限制。

根据调查工作的需要,海事部门有权:

(1)询问有关人员;

(2)要求被调查人员提供书面材料和证明;

(3)要求有关当事人提供航海日志、轮机日志、车钟记录、报务日志、航向记录、海图、船舶资料、航行设备仪器的性能以及其他必要的原始文书资料;

(4)检查船舶、设施及有关设备的证书、人员证书和核实事故发生前船舶的适航状态、设施的技术状态;

(5)检查船舶、设施及其货物的损害情况和人员伤亡情况;

(6)勘查事故现场,搜集有关物证。

海事部门在调查中,可以使用录音、照相、录像等设备,并可采取法律允许的其他调查手段。被调查人必须接受调查,如实陈述事故的有关情节,并提供真实的文书资料。

海事部门人员在执行调查任务时,应当向被调查人员出示证件。海事部门因调查海上交通事故的需要,可以令当事船舶驶抵指定地点接受调查。当事船舶在不危及自身安全的情况下,未经海事部门同意,不得离开指定地点。

海事部门的海上交通事故调查材料,公安机关、国家安全机关、监察机关、检察机关、审判机关和海事仲裁委员会及法律规定的其他机关和人员因办案需要可以查阅、摘录或复制,审判机关确因开庭需要可以借用。

4. 处理

海事部门应当根据对海上交通事故的调查,作出“海上交通事故调查报告书”,查明事故发生的原因,判明当事人的责任;构成重大事故的,通报当地检察机关。

“海上交通事故调查报告书”应包括以下内容:

(1)船舶、设施的概况和主要数据；

(2)船舶、设施所有人或经营人的名称和地址；

(3)事故发生的时间、地点、过程、气象海况、损害情况等；

(4)事故发生的原因及依据；

(5)当事人各方的责任及依据；

(6)其他有关情况。

对海上交通事故的发生负有责任的人员，海事部门可以根据其责任的性质和程度依法给予下列处罚：

(1)对中国籍船员、引航员或设施上的工作人员，可以给予警告、罚款或扣留、吊销职务证书。

(2)对海上交通事故的发生负有责任的人员及船舶、设施的所有人或经营人，需要追究其行政责任的，由海事部门提交其主管机关或行政监察机关处理；构成犯罪的，由司法机关依法追究刑事责任。

根据海上交通事故发生的原因，海事部门可责令有关船舶、设施的所有人、经营人限期加强对所属船舶、设施的安全管理。对拒不加强安全管理或在期限内达不到安全要求的，海事部门有权责令其停航、改航、停止作业，并可采取其他必要的强制性处置措施。

5. 调解

对船舶、设施发生海上交通事故引进的民事侵权赔偿纠纷，当事人可以申请海事部门调解。调解必须遵循自愿、公平的原则，不得强迫。前条民事纠纷，凡已向海事法院起诉或申请海事仲裁机构仲裁的，当事人不得再申请海事部门调解。

6. 罚则

违反本条例规定，有下列行为之一的，海事部门可视情节对有关当事人(自然人)处以警告或者二百元以下罚款；对船舶所有人、经营人处以警告或者五千元以下罚款：

(1)未按规定的时间向海事部门报告事故或提交“海上交通事故报告书”或本条例要求的判决书、裁决书、调解书的副本的；

(2)未按海事部门要求驶往指定地点，或在未出现危及船舶安全的情况下未经海事部门同意擅自驶离指定地点的；

(3)事故报告或“海上交通事故报告书”的内容不符合规定要求或不真实，影响调查工作进行或给有关部门造成损失的；

(4)违反第九条规定，影响事故调查的；

(5)拒绝接受调查或无理阻挠、干扰海事部门进行调查的；

(6)在受调查时故意隐瞒事实或提供虚假证明的。

如果当事人的行为构成犯罪的，由司法机关依法追究刑事责任。对违反本条例规定，玩忽职守、滥用职权、营私舞弊、索贿受贿的海事部门人员，由行政监察机关或其所在单位给予行政处分；构成犯罪的，由司法机关依法追究刑事责任。

当事人对海事部门依据本条例给予的处罚不服的，可以依法向人民法院提起行政诉讼。

7. 特别规定

中国籍船舶在中华人民共和国沿海水域以外发生的海上交通事故,其所有人或经营人应当向船籍港的海事部门报告,并于事故发生之日起六十日内提交“海上交通事故报告书”。如果事故在国外诉讼、仲裁或调解,船舶所有人或经营人应在诉讼、仲裁或调解结束后六十日内将判决书、裁决书或调解书的副本或影印件报船籍港的海事部门备案。

派往外国籍船舶任职的持有中华人民共和国船员职务证书的中国籍船员对海上交通事故的发生负有责任的,其派出单位应当在事故发生之日起六十日内向签发该职务证书的海事部门提交“海上交通事故报告书”。海上交通事故的调查处理,按本条例的有关规定办理。

8. 附则

对违反海上交通安全管理法规进行违章操作,虽未造成直接的交通事故,但构成重大潜在事故隐患的,海事部门可以依据本条例进行调查和处罚。因海上交通事故产生的海洋环境污染,按照我国海洋环境保护的有关法律、法规处理。

## 三、《中华人民共和国船舶安全营运和防止污染管理规则》(NSM 规则)有关规定

1. 概述

《中华人民共和国船舶安全营运和防止污染管理规则》是为了保障水上交通安全,保护水域环境,应用《国际船舶安全营运和防止污染管理规则》(ISM 规则)的原理,结合我国实际情况,制定的规则。自 2003 年 1 月 1 日起对国内跨省航行载客定额 50 人及以上的客船(包括滚装客船、旅游船、高速客船),150 总吨及以上的气体运输船和散装化学品船生效。该规则对其他船舶的具体生效日期另行通知,原则上对油船不迟于 2003 年 7 月 1 日生效。

2. 规则的构成和性质

本规则主要由两大部分构成。第一部分实施主要包括总则、安全和环境保护方针、公司的责任和权力、指定人员、船长的责任和权力、人力资源、船上操作方案的制订、应急准备、不符合规定的情况、事故和险情的报告和分析、船舶和设备的维护、文件和内部审核、有效性评价和管理复查。第二部分审核发证主要包括发证和定期审核、临时发证、审核管理和证书。

本规则是为了提供船舶安全和防止污染的管理标准。考虑到航运公司及其船舶状况各有不同,规则依据安全和防污染要求的一般原则和总体目标制定。规则用概括性术语写成,船岸不同层次的管理人员应当对所列条款具有适应其岗位需要的理解和认识。高级领导层的承诺是做好安全管理工作的基础,各级人员的责任心、能力、态度和主观能动性则对船舶的安全和防污染起决定性作用。

# 第二节　船舶证书与船舶检验

## 一、船舶证书

### (一)船舶登记证书

我国船舶登记的目的,在于证明船舶的所有权归属、所属国籍、确定船籍港,享有悬挂中华人民共和国国旗权,享有在我国沿海和内河航行权,到达外国港口受到我国驻外使节的保护和协助,在海上航行可以得到我国人民海军舰队的保护。

中华人民共和国海事局是船舶登记主管机关,各港口的海事局是船舶登记机关。船舶登记后一般发给船舶所有权登记证书,国际航行的船舶发给船舶国籍证书。

1. 船舶所有权登记证书

船舶登记机关接到船舶所有人的申请和提供的合法身份证明文件、有关船舶技术资料和船舶所有人取得的证明文件后,进行审查核实,对符合规定的,向船舶所有人颁发船舶所有权登记证书,授予船舶登记号码。

2. 船舶国籍证书

在船舶所有权登记的基础上,由船舶登记机关审查船舶所有人依航区提供的船舶适航证明文件,核准后发给船舶国籍证书。该证书的有效期为5年。

### (二)船舶入级证书

(1)船体(包括设备)入级证书;

(2)轮机(包括电气)入级证书。

如船体入级证书和轮机入级证书之一失效时,则另一证书也同时失效,即船舶必须同时具有船体和轮机的船级证书,船舶才具有船级。

### (三)船舶法定证书

检验合格后签发的有关法定检验的船舶证书和有效期。

1. 国内航行船舶的法定证书

(1)船舶吨位证书;

(2)船舶载重线证书(5年);

(3)船舶无线电证书;

(4)最低安全配员定额证书;

(5)临时乘客定额证书(短期);

(6)特种人员定额证书;

(7)散装运输危险化学品适装证书(5年);

(8)散装运输液化气体适装证书(5年);

(9)防止油污证书(5年);

(10)防止散装运输有毒液体物质污染证书(5年);

(11)防止生活污水证书(5年);

(12)船舶卫生证书(1年);

(13)适航证书;

(14)适拖证书(单程一个航次);

(15)船舶起重设备检验簿。

2. 其他

近来 IMO 不断通过新的规则,增加了不少新的法定证书,如:

(1)国际安全管理规则(即 ISM 规则)。

①"符合证明"(简称 DOC)。

符合 ISM 规则要求的船公司,其建立的安全管理体系(SMS)经审核认可后,船旗国政府的主管机关(中华人民共和国海事局)应签发一份"符合证明"(DOC),船上保留一份副本。

②"安全管理证书"(简称 SMC)。

对持有 DOC 的公司所属船舶,按 SMS 运行的,应签发一份"安全管理证书"(SMC)。

(2)船旗国"船舶安全检查通知书"。

(3)港口国监督(PSC)检查。

(4)船上油污应急计划。

(5)油类记录簿。

(6)垃圾记录簿。

(7)垃圾管理计划。

(8)国际防止生活污水污染证书。

(9)货物系固手册。

(10)国际防止空气污染证书。

(11)船舶保安计划。

## 二、船舶检验机构

根据船舶检验的性质,检验机构可分为两类:

一类是船旗国的安全监督机构,代表政府进行的检验;它根据本国政府接受的有关国际公约,或制定为实施有关国际公约而颁布从事预定用途船舶的各项法律、法令和规则等,对本国所属船舶进行技术监督检验(一般称为法定检验),同时,对到达本国港口的船舶进行监督检验。但它不办理船级检验业务。

另一类是对船舶技术状态的检验,称船级社,是民间性质的组织,它制定各种船舶规范,对申请船级符号的船舶进行技术检验(一般称为船级检验),它还可承担各种公证检验。

我国实施船旗国安全监督的机构是中华人民共和国海事局,负责船舶的法定检验。

船舶技术检验机构是中国船级社(CCS),负责船舶的船级检验。

## 三、船舶检验类别、船级符号、附加标志

按国际惯例船舶检验有法定检验、船级检验、公证检验三种。凡涉及法定检验、船级检验的项目是临时发生的,则可申请临时检验。

**(一)中国船级社的入级符号**

入级符号是船舶主要特性的表述,具有强制性。船舶的船体(包括设备)和轮机(包括电气设备)符合CCS规范,根据情况授予下列入级符号:

★CSA、★CSM或★CSA、★CSM或★CSA、★CSM

入级符号含义:

★CSA——表示船舶的结构与设备由CCS审图和建造中检验,并符合CCS规范的规定。

★CSA——表示船舶的结构与设备不由CCS审图和建造中检验,其后经CCS入级检验,认为符合CCS规范的规定。

★CSM——表示推进机械和重要用途的辅助机械由CCS进行产品检验,而且船舶轮机和电气设备由CCS审图和建造中检验,并符合CCS规范的规定。

★CSM——表示推进机械和重要用途的辅助机械不由CCS进行产品检验,但船舶轮机和电气设备由CCS审图和建造中检验,并符合CCS规范的规定。

★CSM——表示船舶轮机和电气设备不是由CCS审图和建造中检验,其后经CCS入级检验,认为符合CCS规范的规定。

**(二)中国船级社的附加标志**

附加标志是船舶不同特点的分级表示,加注在入级符号之后,包括船舶类型、航区限制、货物特征、特种任务、特殊检验、特殊设备、自动控制、环境保护、货物冷藏装置等1个或1组标志。非强制的由船东申请。

1.特殊检验附加标志

ESP——表示加强检验的船舶,加强检验是针对下列船舶:油船、油类/散货兼用船、油类/散货/矿砂兼用船、化学品船、散装货船。

CHS——船体实施循环检验,除液货船和散货船外,可将特别检验的项目均匀分配在5年轮流检查,以替代特别检验时需做的内部检验和试验项目。

CMS——轮机实施循环检验,将特别检验项目均匀分配在5年轮流检查,以替代特别检验时需做的内部检验和试验项目。

SCM——螺旋桨轴状态监控,对螺旋桨轴用润滑油进行各种测试分析、掌握轴承磨损状态,确定润滑油的变化状况。

ECM——柴油机滑油状态监控,对柴油机零部件用润滑油进行各种测试分析、掌握润滑油分析结果及其他性能参数等情况,决定是否拆检。

PMS——机械计划保养系统,对船舶机械,可根据CCS规范及制造厂的说明书,制订维修保养计划,并付之贯彻和实施。

2.特殊设备附加标志

IGS——惰性气体系统,使用惰性气体系统保持液货舱内的气体在任何时候都不能燃烧。

COW——原油洗舱系统,船舶设有原油洗舱系统。

EPS——电力推进系统。

3. 自动控制附加标志

AUT-0——机器处所集中控制站周期性无人值班，推进装置由驾驶台控制站遥控，机器处所包括集控站周期性无人值班。

MCC——机器处所集中控制，机舱集控站（室）有人值班对机电设备进行监控。

BRC——驾驶室遥控，推进装置由驾驶室控制站控制，机器处所有人值班。

OMBO——一人驾驶，仅一人在桥楼操纵船舶。

4. 环境保护附加标志

FTP——燃油舱保护，船舶装载的与推进装置和辅机有关的，并用做燃油的各种油控制。

GWC——废水控制，船上所设的洗衣房、浴室、厨房、住舱房的排出废水控制。

NEC——$NO_X$ 排放控制，柴油机 $NO_X$ 排放量控制。

SEC——$SO_X$ 排放控制，船上所用的所有燃油硫含量控制。

RSC——制冷系统控制，制冷剂的臭氧消耗控制。

BWMP——压载水管理计划，船舶实施批准的压载水管理计划。

例：★CSM，AUT-0，SCM

其中，★CSM 表示船舶轮机与电气设备由 CCS 审图和建造中检验，并符合 CCS 规范的规定；

AUT-0 表示机器处所能按周期性无人机舱运行；

SCM 表示实施螺旋桨轴状态监控。

## 四、船级检验

船级是国际上评定船舶技术状态的通用形式。依据船级社规范进行的检验，属非强制性。船级社根据船舶的用途、技术状态和航行区域授予船舶不同的技术级别，发给证书，以船级社的符号和附加标志录入船名录。取得船级后，船舶和货物才易为保险公司所接受。船级越高，索赔费用越高；船级决定运费的高低，以利于出租和承租。

船级检验从英国劳氏船级社（LR）成立迄今已经有 200 多年的历史。随着海运事业的发展，船级检验从开始为保险服务转变为整个航运业团体服务。自 1968 年国际船级社协会（IACS）成立后，由其领导进行船舶技术检验。比较著名的船级社有劳氏船级社（LR）、德国劳氏船级社（GL）、美国船级社（ABS）、法国船级社（BV）、日本海事协会（NK）、挪威船级社（DNV）。中国船级社（CCS）是国际船级社协会（IACS）10 家正式会员之一。

### （一）船舶入级检验

CCS 验船师对拟入级的船舶进行入级检验和试验，合格后按规定编写记录、报告等文件，由社长授予并签发相应的船级证书。

船级证书分为船体入级证书、轮机入级证书。船级证书有效期为 5 年。

在 CCS 未签发正式船级证书前，如确认船舶的船体和机械处于良好和有效状态，则可签发相应的临时船级证书（有效期不超过 6 个月）给申请的单位或其代理人，以便船舶及时投入营运。临时入级证书有效期为 5 个月。

已取得 CCS 船级的船舶,CCS 验船师对其进行保持船级的各种检验,按规定换发新的船级证书或在船级证书上作相应的签署。

船体入级证书和轮机入级证书之一失效,另一证书也同时失效。证书在有效期内的检验,验船师应在证书上签署。特别检验业已完成应签发新的入级证书。

1. 新建船舶入级检验

(1)图纸资料审查。在开工前,一般是申请单位(船舶设计单位或造船厂)将规范规定的审批图纸资料一式四份提交 CCS。批准的条件和限制意见可写在图纸资料上,也可在退图的信函中陈述。船舶检验、试验及工艺性文件,以及船用产品有关试验大纲、工艺文件等均应提交审查。批准的图纸仅在审图申请书上所指定的船厂、建造工程编号或建造艘数范围内,且在规定的有效期内有效。

(2)建造检验。验船师应按已批准的图纸资料进行检验,并对批准的条件和限制(审图意见书和回复意见)的执行情况进行确认。

验船师应参加检验和试验项目(机械部分)如下:

①有关产品证书的确认;

②机械主要零部件材料的确认,包括参加部分材料试验;

③部分机械的车间试验;

④管系试验,包括在车间内强度试验和装船后的密封性试验;

⑤重要机械的安装和试验,如主机、轴系、螺旋桨、齿轮箱、发电机组、锅炉、压力容器、重要泵、舵机、锚机、空压机、热交换器、海底阀、舷旁阀等;

⑥系统的安装和试验,如燃油、滑油、舱底、压载、消防、通风、测量、加热、冷却、透气、货油、扫舱、惰性气体、阀门遥控等;

⑦机械遥控和自动化;

⑧遥控关闭装置的安装和试验,如油舱柜速闭阀、通风管风闸等;

⑨系泊和航行试验;

⑩CCS 认为必须检验和试验的项目。

造船厂应向 CCS 提交有关的检验、试验、测量等有关报告和记录。

执行检验的验船师在检验和试验完成后,应按指定格式编写有关船体和设备、机械、电气的各种检验报告、记录、资料和临时船级证书。

完工图纸资料、证书、报告、记录、装载手册、稳性资料和其他指导性文件应保留在船上。

2. 现有船舶初次入级检验

现有船舶初次入级检验是不在 CCS 检验下建造的船舶申请入级时所进行的首次检验。

不在中国船级社检验下建造的船舶,包括:a. 已经开工但未向中国船级社申请入级检验的船舶;b. 已经完工但尚未投入营运的船舶;c. 已投入营运的现有船舶。

**(二)船舶保持船级检验**

为了使既得的船级保持有效性,按规定周期所进行的各种检验称保持船级检验。已在 CCS 入级的营运船舶保持船级的检验如下:

1. 年度检验

年度检验是一般性的检查与试验,不必解体检查。所有船舶都应进行年度检验。年度检验应于完工、投入使用或特别检验日期的每周年前后3个月内进行。

年度检验通常只是对船舶的船体、轮机和电气设备等作一般性检查,以确认其是否处于良好和有效状态。

2. 中间检验

所有的船舶都应进行中间检验。中间检验应于完工、投入使用或特别检验后的第2个或第3个年度检验时进行。该中间检验可替代1次年度检验,并于年度检验到期日的前后3个月内进行。

3. 特别检验(或称换证检验)

特别检验是对船舶进行的彻底解体、检查与试验。一般船体和轮机(包括电气设备)的特别检验应5年进行1次,以保持其船级证书的有效性。第1次特别检验应在初次入级检验日期之后5年(船体4年或3年)内完成,以后的每次特别检验应从上次特别检验期满之日起5年(4年或3年)内完成。特别检验可在到期之日前开始,但应不超过12个月,如特别检验在到期之日3个月前完成,则新的特别检验日期将自此次检验完成之日算起。

如果在特别检验到期之日未完成特别检验,经验船师上船检验并经CCS批准可给予不超过3个月的展期,以便完成特别检验。在此种情况下,下次的特别检验日期仍应从展期前的特别检验到期之日算起。

特别检验是全面的检验,船东应为检验提供必要的条件,如:检验项目的拆开或清洁,以及到达检验项目的安全通道及照明等。

4. 坞内检验(船底外部及有关项目的检验)

所有船舶应进行坞内检验或上排检验。在干坞或船排上进行称坞内检验。在船舶漂浮状态下进行的检验称水下检验。

在每5年进行的特别检验周期内,至少应进行2次船底外部及有关项目的检验,但其中1次应在特别检验时进行。在所有情况下任何2次检验的间隔不应超过36个月,可允许坞内检验到期后展期3个月。国际航行客船(包括滚装客船)的坞内检验每年1次,5年内不得少于2次在干坞内进行,其余的可以在船舶浮态下以水下检验的方式代替。

获得验船部门同意,坞内检验也可用水下检验代替。轮机坞内检验包括螺旋桨和舵、螺旋桨轴和艉管及水下的阀件和设备的检验等内容。

5. 螺旋桨轴和艉管轴检验

装有认可的油封装置或用认可的耐腐蚀材料制造的下列三种轴,检验间隔期为5年:

①用键安装螺旋桨的轴和轴上装有连续铜套,如键槽符合现行规范规定时;

②用无键安装螺旋桨的轴;

③在轴的后端为整体连接法兰的轴。

不属于上述规定的其他螺旋桨轴,其检验间隔期为2.5年;用于主推进的可调螺旋桨应按螺旋桨轴的检验间隔期进行检验;用于主推进的全方位螺旋桨的检验期应不超过5年,动力定位和侧向推进器的轴也不应超过5年。

6. 锅炉和热油加热器检验

每船装有2台及以上的主锅炉,每2.5年检验1次;每船仅有1台主锅炉,炉龄在10年以下者,每2.5年检验1次,以后每年检验1次;重要用途的辅锅炉以及设计压力超过0.35 MPa或受热面积4.5 $m^2$ 的非重要用途的辅锅炉、热油加热器,每2.5年检验1次。2次最大间隔应不超过36个月。如船东申请,锅炉检验还可给予不超过6个月的展期。

7. 机械检验的其他替代检验方法

(1)循环检验

验船机构对入级船舶的特别检验所采取的另一种形式。

若由船东申请并经CCS同意,机械(包括电气)设备在特别检验时所有打开检查和试验项目,均可采用循环检验的方式来进行。

当实行循环检验时,应将特别检验项目均匀分配在一个特别检验周期内轮流检查。循环检验的周期应与特别检验间隔期相同,在循环检验的周期内,将特别检验要求检验的项目按年度平均分配进行,且每一项目的检验周期,最长不超过特别检验间隔的周期。所有检验项目应在打开情况下或清洁后提交验船师检查。对控制、报警和安全系统,一般可仅做动作试验或模拟试验。

对实行循环检验的船舶,年度检验和中间检验应照常进行。

根据船东要求,允许经CCS授权的轮机长检查机械设备检验项目的50%。检查后,轮机长应将所检查的情况记载于检验报告Form PCe上,并应在船舶抵达有CCS验船师的第一个港口,申请作确认检查,提交检验报告。检验中换下的零件应留在船上。

轮机长取得授权的条件:有有效的轮机长适任证书;担任轮机长职务3年,或在同类型船上工作1年以上;了解船级检验规范和规则,熟悉循环检验规定。

授权给轮机长的检验项目:

①主机缸盖及其附件;②主机缸套;③主机活塞、活塞杆;④主机高压油泵;⑤主机减振器;⑥主机扫气泵、增压器(仅有一只除外);⑦主机驱动的舱底水泵、滑油泵、冷却泵;⑧独立的舱底水泵、压载泵、消防泵、海淡水冷却泵、总用泵、滑油泵、燃油驳运泵等;⑨冷却器;⑩低压加热器;⑪空压机;⑫锚机;⑬机舱鼓风机和抽风机;⑭副机包括其驱动的泵。

(2)基于计划保养系统的检验(PMS)

若船东申请并经CCS批准,可用计划保养系统来替代规定的年度检验、中间检验和特别检验。对替代的检验应进行确认性检查和总体检查。如实行CWBT船舶维修保养体系的船舶即可申请。

机械计划保养系统是CCS根据国际船级社协会的精神颁布的船级检验新制度,可作为轮机特别检验或轮机循环检验的一种替代方式。适用入CCS船级的钢质海船和海上设施(高速船除外)。船东申请,符合下列条件,经批准后授予PMS附加标志。

经认可的"船上所有机械、装置和设备的维修保养计划";船上实施计划人员应遵守认可的维修保养计划,按计划维修保养并作出记录;船上实施计划人员,若轮机长应持有CCS颁发的资格证书或相应的培训记录;实施计划维修保养的记录每年进行一次确认;PMS要覆盖全部特别检验或循环检验项目,每一项不得超过5年。

①保养间隔期,一般不超过循环检验所规定的期限。但实行定时检验的项目,可以接

受更长的间隔期，但不应超过设备说明书规定的检修期限。对批准实施状态监控系统进行有效控制的设备，可适当延长。

②PMS 检验分实施检验、年度审核、船级特别检验时的审核、损坏和修理检验、计划的变更等。

a. 实施检验。开始执行 PMS 的船舶应进行 1 年的试运行，结束后提交执行情况报告，由船级社进行确认性检查。

b. 年度审核。应在年度/中间检验时进行的一次确认性审核（替代了原来的年度/中间检验）。

c. 船级特别检验时的审核。特别检验到期，船东应申请特别检验和年度审核，检查 PMS 总体执行情况。

d. 损坏和修理检验。PMS 设备（包括部件）的损坏应向 CCS 报告，对其修理应使验船师满意。

e. 计划的变更。船东或轮机长根据设备保养、船舶营运等情况，适当调整保养计划，但 PMS 项目的两次保养间隔期不能变。

③实施。正式运行后是按对机械的分级实施，F 为每年确认性检查的项目，M 为主柴油发动机，G 为柴油发动机组的原动机，H 为每个 PMS 检验周期内至少拆检 1 次的项目及部分系统的试验。H 级的项目应在到期前 3 个月内完成，F 级的项目应在到期前或后 3 个月完成。

船公司 PMS 主管部门应提前将月计划指令下达到船上。若船舶有计算机和 PMS 管理系统，在船上可自动生成月保养计划。轮机长至少每季度将该季度每个月的完成情况报公司主管机构。

在进行确认性检查时，船东应提交“报告”相关资料，然后由验船师审查并对相关项目进行检查。对 F 级的项目后 3 个月到期不得展期，对 H 级的项目到期后允许最长不得超过 3 个月的展期。

④轮机长的职责，轮机长是实施 PMS 船舶的负责人。负责安排每一个项目的检修，检修应按照工作卡汇总表的要求进行，并保存必要的维修和测量记录。负责检查或确认，并签署相关的检修报告。只有轮机长或指定的人员，有权修改和更新船上的 PMS 数据库。轮机长还应向公司上报 PMS 执行情况。

8. 其他检验

特殊情况下，入级船舶保持船级的检验有船舶重大改建、修理和改装的检验，非机动船舶检验，临时检验等。其中临时检验包括损坏检验，修理检验，港口国检验的缺陷修复，船名、船籍港、船东或船舶经营人变更的检验等。

如船舶长期停航应接受年度检验；停航期超过 12 个月的船舶，除年度检验外，其他检验将根据情况进行展期；停航或修理时间超过 12 个月的船舶，在重新投入营运之前应接受 1 次系泊检验和航行试验；如在停航或修理期内，特别检验到期，应在投入营运之前进行 1 次特别检验。

### (三)船级的暂停和取消

1. 暂停船级情况

(1)船舶在超出入级符号及附加标志规定的条件下航行;

(2)未按规定完成各种检验,且未按规定进行展期;

(3)船舶的船体与设备、轮机包括电气设备遭受影响船级的损坏未及时进行检验;

(4)影响船级的修理、改建和改装未申请批准;

(5)遗留项目或船级条件在规定的日期未消除或达成暂缓协定时。

2. 取消船级情况

除根据船东的要求外,下列情况下将取消船级:

(1)导致船级暂停的条件在规定的时间内未予更正;

(2)船舶尚未完成开航前的遗留项目及规定的出海条件;

(3)船舶年度/中间/特别检验过期等;

(4)船舶的船体与设备、轮机包括电气设备遭受重大损坏或发生其他情况,已确认无法继续航行等。

## 五、法定检验

法定检验是一种强制性检验,是船旗国政府规定的对船舶执行政府法令、法规的一种监督检验,由政府主管机关设置的检验机构、政府指定的验船师或授权的组织和个人执行检验。法定检验的依据是船旗国政府承认、批准、接受和参加的国际公约、规则和规定的要求,船旗国政府制定和颁布的有关法律、条例和规范等。法定检验依据不同检验内容分别进行初次检验、年度检验、期间检验、定期检验、换证检验、附加检验和船底外部检验等。检验合格后,由政府主管或授权的检验机构签发相应证书。

我国船舶法定检验原先是由中华人民共和国船舶检验局来负责实施的。1999 年 7 月,成立了中华人民共和国海事局,并撤销了原来的船舶检验局。原船舶检验局的船舶检验职能全部归属于中国船级社,认定中国船级社是交通运输部直属一级事业单位,由政府授权执行船舶法定检验。

法定检验包括 5 个方面内容:船舶安全检验(SOLAS 安全检验);防止船舶污染检验;船舶吨位丈量检验;船舶载重线检验;船舶起重设备检验等。

中华人民共和国海事局依据国务院颁布的《中华人民共和国船舶与海上设施检验规则》对中国籍船舶实施法定检验,合格后签发相应证书。

《国际航行海船法定检验技术规则》是我国法定检验九个规则之一,凡从事国际、国内海上航行中国籍船舶的船东或船舶经营人,必须按规定申请法定检验。并按规定的周期进行法定证书的再有效或换证的检验,使船舶处于良好技术状态,达到预定功能和用途,并按限定的航区和条件进行营运和作业。

法定检验类别分为初次检验和营运中的检验。初次检验是投入营运前,对与某一特定证书有关的设备进行一次完整性检验,签发证书。营运中的检验包括年度检验、中间检验、定期检验、换证检验、船底外部检验、附加(临时)检验。

1. 年度检验

是对与“特定证书”有关的项目即证书、船舶及其设备进行目检,确认其处于良好状态,并确认没有未经认可的更改,如有可疑作进一步的检查,合格后签证。

2. 中间检验

是对“特定证书”的有关指定项目(对指定的船体和机械的某些项目)进行详细检查,以确保这些项目都处于良好状态,并且适合船舶所从事的营运业务,合格后签证。

3. 定期检验

对与“特定证书”有关的项目进行全面的检查和必要的试验,以确保其处于良好状态,合格后签证。

4. 换证检验

对结构、设备和机械进行一次全面的检查和必要的试验(换证检验的范围与定期检验相同),以确保其满足与特定证书有关的要求,且其结构、设备和机械均处于良好状态,并适合船舶所从事的营运业务。在检查时应核查所有证书、记录簿、操作手册以及特定证书要求的其他须知和文件,是否已放在船上,合格后换发新证书。

5. 船底外部检验

对水下部分和有关项目进行检查。通常船舶于坞内进行船底外部检查,但也考虑船舶处于浮态时进行的替代检验。客船每年 1 次;货船结合换证检验和中间检验,任何 5 年内至少 2 次,间隔不得超过 3 年,其中一次必须在换证检验时进行;高速船每年 1 次。

6. 附加检验(临时检验)

因事故影响船舶的适航性、改变证书所限定的用途、证书失效、改变船名或船籍港、涉及安全的修理或改装,可向颁发证书的主管机关报告,申请附加检验。

## 六、船舶公证检验与临时检验

### (一)公证检验

公证检验又称公证性鉴定,船级社和地方船舶检验局都可以承担。其特点是没有固定检验项目、没有固定检验时间、没有强制性的任何要求。验船师以第三者身份执检,以公证态度对申请检验的项目进行检验并作出鉴定,作为提供处理有关业务的依据。

公证检验是一种技术性很强的检验工作,种类繁多、内容复杂、牵涉面广。主要的检验有:

(1)损坏检验又称海损检验,它包括由于船舶水上建筑与其相关联的损坏,以及由外界因素如搁浅、触底、碰撞、触礁、火灾等引起的海损和机损。检验时应对遭受损坏的船舶进行确定损坏范围、程度、性质和原因,以及对安全航行的影响程度,作为海损理算和裁决的依据之一。这种检验也包括提出合理的保持船级的修理要求。

(2)起租/退租检验,是根据起、退租约进行的,比较起、退租时的船舶技术状况,在退租时还应对船上油水存量进行确定。

(3)索赔检验,对购买的新船及机械设备等,由于其设计、材料、制造工艺不当造成的损坏,在质量保证期内所进行的证明损坏状况的检验,以作为船舶所有人索偿的依据。

(4)船舶状况检验,是鉴定船舶的技术状况、设备状况。一般给保险商、船舶经纪人、

船舶抵押、船舶拍卖、船舶作价、或货主等提供详细资料，作出准确估计和判断。

(5)货损检验，主要根据货主、货物保险人、货物承运人、船东的申请而进行的，这种检验一般包括货物损坏的数量、程度以及引起货物损坏的原因。

(6)其他公证检验。

**(二)临时检验**

临时检验是根据用船部门或其代理人临时向验船部门提出申请，而涉及法定检验和船级检验范围的一种检验，也称附加检验。其特点是没有规定的时间，临时发生的。

船舶在下列情况可申请临时检验：

(1)遭受影响船级和船舶安全的事故，影响船舶的适航性；

(2)改变船舶证书所限定的用途或航区；

(3)更改船名、船籍港或船舶所有单位；

(4)涉及船级和船舶安全的任何修理或改装；

(5)海上交通安全或环境保护主管机关责成检验的；

(6)船舶证书有效期满，要求展期；

(7)船舶封存起用时；

(8)其他临时性检验。

**(三)各种船舶检验的比较与关系**

按国际惯例船舶检验有法定检验、船级检验、公证检验三种。凡涉及法定检验、船级检验的项目是临时发生的，则可申请临时检验，见表3-1。

**表3-1　各种船舶检验的比较**

| 检验种类 | 性质 | 执行机关 | 检验依据 |
|---|---|---|---|
| 法定检验 | 船旗国强制 | 政府主管机关设置的检验机构、或授权的验船师或授权的组织或个人 | 政府承认、批准、接受和参加的国际公约、规则和规定以及船旗国政府本身制定的法令、法规和条例等 |
| 船级检验 | 船东自愿 | 船级社 | 入级规范 |
| 公证检验 | 技术鉴定 | 船级社或地方船舶检验局的验船师以第三者的身份，受申请人的委托进行 | 没有检验依据、检验周期、法律、法令和法规 |
| 临时检验 | 按所涉及的检验项目的性质而定 | 按所涉及的检验项目的性质而定 | 按所涉及的检验项目的性质而定 |

## 七、《海上营运船舶检验规程》的若干规定

《海上营运船舶检验规程》规定轮机特别检验范围的主要检验数据有以下几种。

**（一）主要机械设备**

（1）柴油机扫气箱防爆门的开启压力不超过最高扫气压力的 1.1 倍。

（2）柴油机气缸盖、气缸和活塞的冷却水腔水压试验，一般都为 0.7 MPa。

（3）柴油机气缸安全阀校验开启压力为 1.4 倍最大燃烧压力。

（4）废气涡轮增压器的叶轮作动平衡试验并应符合下列规定：

①当 $n \leqslant 20\ 000$ r/min 时，叶轮偏心距 $e \ngtr 0.002$ mm；

②当 $n > 20\ 000$ r/min 时，叶轮偏心距 $e \ngtr 0.001$ mm。

（5）对涡轮增压器壳进行 $1.5p$（$p$ 为工作压力，MPa）但不少于 0.4 MPa 的水压试验，以检查有无裂纹。

（6）中冷器应进行 $1.25p$ 水压试验（$p$ 为最大工作压力，MPa）。

（7）柴油机机座紧配螺栓应不少于总数的 15%，且至少不少于 4 只。垫片厚度应在 10 ~ 75 mm 间，钢质垫块厚度不大于 25 mm，铸铁垫块厚度不少于 25 mm。

（8）发电柴油机修理后的负荷试验应尽量达到标定值。如老旧船舶有困难时，可按船舶常用最大负荷但不低于标定值的 75% 进行负荷试验，试验时间不少于 2 h。

（9）经检修的锚机、舵机和起货设备，在效用试验前应进行不少于 30 min 的空运转试验。

（10）校验舵机液压系统上的溢流阀、安全阀，其开启压力应不大于 1.1 倍的最大工作压力。

（11）空气压缩机总排量对空气启动系统应能从 0.7 MPa 开始在 1 h 内充满所有主机启动用空气瓶。

（12）空气瓶及管系的密封性试验从充气达到工作压力后起算，24 h 内压力降不大于工作压力的 4%，或浸入水中 3 min 无漏气即为合格。

（13）空气瓶的安全阀应经校验，开启压力不超过 1.1 倍的工作压力，关闭压力一般不低于 85% 的工作压力。

设置易熔塞的空气瓶，应结合内部检验检查易熔塞的技术状况是否正常。每隔 8 年抽验一次，以复核其熔化温度。此温度不得超过 90 ℃，但不低于 70 ℃。如不合格应全部换新。

（14）动力管系一般按 1.5 倍工作压力作液压试验。管壁表面温度超过 60 ℃者，一般应包扎绝热材料或保护层。

**（二）电气设备**

（1）发电机或变换装置检修后，以在船舶各种使用工况中常用的最大负荷作为试验负荷，试验时间 1 ~ 2 h；发电机额定容量（如属可能）进行温升试验直至温升实际稳定为止，试验时间一般不少于 4 h，温升不应超过规范规定的温升限值。

（2）发电机并联运行试验的负载应在总标定功率的 20% 至机组并联运行常用的最大负荷内变化，应能稳定运行和负荷转移。

（3）发电机的自动开关，应校核下列保护装置（包括脱扣器动作）的可靠性：

①过载保护装置。过载 10% ~ 50% 之间，经少于 2 min 的延时开关应分断。建议可调定在发电机额定电流的 125% ~ 135%，延时 15 ~ 30 s 自动开关分断，也可按原调定值

进行复核。

②并联运行的发电机的逆功率(或逆电流)保护装置调定为:

柴油发电机标定功率(电流)的8% ~15% ;

汽轮发电机标定功率(电流)的2% ~6% ;

交流发电机应延时3 ~10 s动作,直流发电机应瞬时或短暂延时(少于1 s)动作,也可按原调定值复核。

③并联运行的发电机的欠电压保护,应当在电压降低至额定电压的70% ~35%时,自动开关自动分断。

(4)电动机检修后应在机械装置常用最大负荷下试验不少于1 h,电动机应无敲击和异常发热及振动现象。

(5)绕组经过拆绕的电动机,相应进行平衡、超速、耐电压及温升试验;以机械装置常用最大负荷进行温升试验,试验时间不少于2 h。

**(三)螺旋桨轴和艉轴检验**

(1)检查键与艉轴的键槽及桨毂键槽的紧配情况,一般应不能插入0.05 mm塞尺,允许沿键槽周长的20%局部插入。

(2)检查轴套的磨损,轴套减薄不应超过原厚度的50%,填料函处不应超过60%,轴和轴套的圆度和圆柱度不应超过规定值。

(3)换新铜套应进行0.15 MPa的水压试验,5 min内不得渗漏。

(4)检查艉轴承间隙,其安装及磨损极限不应超出规定值。轴承下部应无间隙,测量位置一般以距艉管端100 mm处为准。铁梨木轴承如因修理需要偏心镗孔时,铁梨木厚度应不小于按正中心镗孔厚度的80%。

(5)检查艉轴油润滑轴承的轴封装置,装复后应进行油压试验以检查密封性是否良好,试验压力为1.5倍的工作压力。如采用重力油柜润滑时,从泵至有回油时算起连续3 min内不应有任何泄漏。如属橡皮筒式端面密封,一般也不应漏油,但每分钟油滴不超过3滴时亦允许使用(试验时应间断正倒慢慢转车)。

**(四)锅炉检验**

(1)火管锅炉烟管腐蚀,管壁减薄超过原壁厚的50%时应换新并检查水管锅炉的水管触火面管壁情况,如管壁起泡、裂纹、穿孔或管壁减薄超过原壁厚的40%时应换新。

(2)检查给水管、集合管和排污管、减温器等锅炉附件的腐蚀;管壁腐蚀超过原管壁厚度的30%时应予换新。

(3)检查过热器、给水加热器管特别弯头处有无起泡、裂纹,穿孔、弯形。管子挠曲变形超过原间距的50%或下垂超过1.5%倍管径时应予换新。

(4)主、辅蒸汽管管壁减薄超过原厚度的30%时应予换新。

(5)校核锅炉安全阀的开启压力:

①火管锅炉和工作压力小于1 MPa的其他锅炉$\leq p+0.05$;

②水管锅炉$\leq 1.05p$;

③过热器$\leq 1.02p$;

④给水系统$\leq p+0.2$。

注:安全阀的关闭压力应不影响主机的正常使用,一般不低于 $0.9p$($p$ 为锅炉工作压力,MPa)。

(6)当锅炉设计不能进行内部检验,经较大修理或验船师认为必要时应按如下压力进行水压试验:

锅炉工作压力:$p \leq 1.0$　　试验压力(MPa)$= p + 0.25$;

锅炉工作压力:$1.0 < p \leq 4.0$　　试验压力(MPa)$= 1.25p$;

锅炉工作压力:$p > 4.0$　　试验压力(MPa)$= 1.2p + 0.2$。

注:一般性修理后的水压试验,可在工作压力下进行。

(7)锅炉附件、设备、主蒸汽管等需要水压试验时:

给水阀、过热蒸汽阀的试验压力(MPa)$= 2.5p$;

上下排污阀的试验压力(MPa)$= 2.5p$;

其他锅炉阀件的试验压力(MPa)$= 2p$;

过热器、经济器的试验压力(MPa)$= 1.5p$;

主、辅蒸汽管的试验压力(MPa)$= 2p$。

(8)锅炉升压试验。

安全阀更换,改变排汽流通面积后或验船师认为有必要时,均应进行锅炉安全阀升压试验。试验时,锅炉给水,只需补水至足以保持安全水位的水量,在停汽阀等全部关闭的情况下充分燃烧,安全阀开启后,水管锅炉 7 min,火管锅炉 15 min,锅炉压力升高不得超过工作压力的 10%。

试验后,如不能满足要求,应考虑改变安全阀的面积或排汽通流面积。

注:“96 规范”规定,任何安全阀的直径应不大于 100 mm,但应不小于 25 mm。

## 八、国内船舶入级检验

2005 年 3 月,中国船级社颁布了国内海船和内河船舶入级规则,6 月开始在国内航行船舶中实施和推广入级业务。

中国船级社在长期进行国际航行船舶入级服务的基础上,根据国内航行船舶的实际情况,将船舶入级服务向国内航行船舶延伸,目的是通过开展国内船舶的入级服务,为政府、国内造船、航运、保险等相关行业提供船舶所采用的标准和标准符合情况,以及船舶技术特点等风险识别和控制方面的服务。

经中华人民共和国政府批准,中国船级社国内船舶检验中心承担中国船级社检验发证的国内航行船舶检验。中国船级社国内船舶检验中心按照中国政府对中国船级社授权,对悬挂中国国旗的国内航行船舶提供法定检验服务。同时对符合入级条件的国内航行船舶提供入级检验服务。

### (一)国内新建船舶服务基本流程

本流程仅适用于国内新建船舶的建造检验和审图,如图 3-1 所示。

(1)申请人就近向执行检验单位提交申请(Form:RWPDS701-A),该申请可以从 CCS 网站上下载。

(2)执行检验单位对申请进行登记、标识并进行评审。

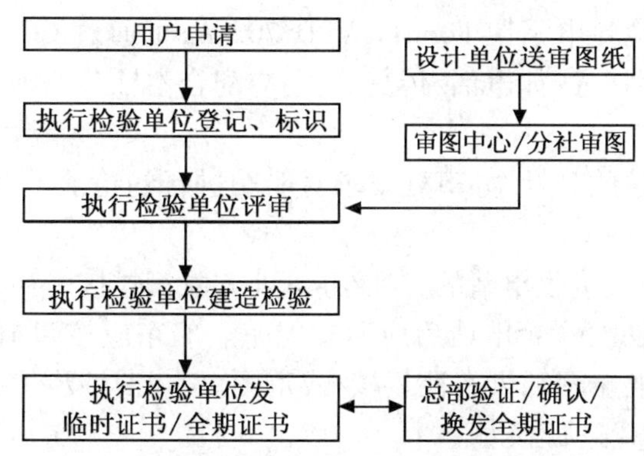


图 3-1　船舶建造检验和审图基本流程

(3)执行检验单位对未经评估的中小船厂进行评估,以确定是否接受检验申请。对业经评估的中小船厂,当其申请的造船规模超出其评估的造船能力时,应重新评估。

(4)评审通过后指派适任验船师担当检验任务,并将已经标识的申请表报备总部国内建造处。

(5)验船师进行现场检验应具有我社审批图纸,图纸审批流程见我社国内船舶审图的相关流程。

(6)下列船舶建造检验完工后,由执行检验单位签发有效期为 5 个月的船舶临时法定证书及相关的技术文件。

①客船,高速客船(不含港内航行的公务船,如公安船、海关船、边防船以及持“沿海小船检验证书”和“内河小船检验证书”的小型客船等),滚装客船,客渡船(不含乡镇船舶),旅游船(含涉外旅游船),滚装船。

②液化气体运输船、散装化学品运输船和 500 总吨及以上的油船(不含油驳)。

③国外建造的国内航行船舶。

④500 总吨及其以上的货船(不含火驳、趸船)。

⑤特种船(地效应船、气垫船等),工程船及总部认定的应有审图中心审图的船舶。总部收到上述船舶临时法定证书及相关的技术文件后,一般在 2 个月内完成对上述证书、文件的审核,并签发全期法定证书。

(7)对第 6 条规定船舶以外的其他船舶,检验完成后由执行检验单位签发全期法定检验证书。

(8)对于国内入级船舶(CSAD),检验完成后由执行检验单位签发有效期为 5 个月的临时入级证书,总部收到其临时入级证书及相关技术文件后,一般在 2 个月内完成审核,并签发全期入级证书。

**(二)国内营运船舶服务基本流程**

本流程适用于营运船舶初次检验和审图,营运船舶定期检验和附加检验。

*1. 初次检验*

(1)所有首次申请中国船级社检验的营运船舶均应向本社申请初次检验,包括从国外购入和从国内其他船舶检验机构转入本社检验的营运船舶。

(2)营运船舶初次检验申请由船东就近向本社分社/办事处提交,并应使用本社专用格式"非入级船舶营运检验申请"(Form:RWPDS702-A,可通过 CCS 网站下载)。若船东申请时未使用 CCS 专用格式,如电话、传真等,还应配合本社验船师填写 CCS 专用格式申请书。

(3)若本社接收申请的分社/办事处要求对船舶进行初检前的勘验,具体勘验要求由执行检验分社/办事处提出。

(4)经本社总部同意,接收申请的分社/办事处方能正式接受初次检验检验申请。

(5)本社正式接受初次检验申请后应通知船东。船东应按《国内海船和内河船舶入级规则》要求提供一套船舶图纸供本社复核/或审图。本社接受初次检验分社/办事处将对船东提供的图纸与实船进行核对。

(6)在本社进行勘验、图纸与实船核对、审图、初次检验期间,船东应提供检验条件并配合本社验船师的检验工作。

(7)检验合格后,本社将根据《国内海船和内河船舶入级规则》要求签发相应的证书。对下述船舶执行检验分社/办事处将只能签发有效期为 5 个月的临时证书。待总部审核相关检验案卷后,再由总部或执行检验分社/办事处换发全期证书:

①客船,滚装客船,客渡船(不含乡镇船舶),高速客船(不含港内航行和公务船,如港监船、公安船、海关船、边防船等),旅游船(含涉外旅游船),川江滚装船。

②液化气体运输船、散装化学品运输船和 500 总吨及以上的油船(不含油驳)。

③由国外购入的国内航行船舶。

④500 总吨及其以上的货船。

(8)如检验完成后,船舶存在暂时不能消除的重大缺陷或遗留项目或有检验项目需展期的,本社执行检验分社/办事处将签发相应的条件证书。船东应在条件证书有效期内消除遗留问题,并于条件证书到期前向本社申请附加检验。经本社检验合格后,再按规定签发临时证书/全期证书。

2. 定期检验

(1)船舶下述定期检验到期前,船东应就近向本社分社/办事处申请定期检验。

海船和河船换证检验(定期检验)、船底外部检验(坞内检验)、艉轴/螺旋桨轴检验、锅炉检验、代替换证检验的特别定期检验、展期检验。

(2)船舶下述定期检验到期日前后三个月内,船东应就近向本社分社/办事处申请定期检验。海船年度检验、中间检验、代替年度检验和中间检验的特别定期检验。

(3)船舶下述定期检验到期日前后一个月内,船东应就近向本社分社/办事处申请定期检验。河船年度检验、中间检验、代替年度检验和中间检验的特别定期检验。

(4)在本社进行检验期间,船东应提供检验条件并配合本社验船师的检验工作。

(5)检验合格后,本社将根据法规要求签发或签署相应的证书。对下述船舶执行检验分社/办事处将只能签发有效期为 5 个月的临时证书。待总部审核相关检验案卷后,再由总部换发全期证书:

客船,滚装客船,客渡船(不含乡镇船舶),高速客船(不含港内航行和公务船,如海监船、公安船、海关船、边防船等),旅游船(含涉外旅游船),川江滚装船。

(6)如检验完成后,船舶存在暂时不能消除的重大缺陷或遗留项目或有检验项目需

展期的，本社执行检验分社/办事处将签发相应的条件证书。船东应在条件证书有效期内消除遗留问题，并于条件证书到期前向本社申请附加检验。经本社检验合格后，再按规定签发临时证书/全期证书。

3.附加检验

(1)遇有下述情况之一者，船东应就近向本社分社/办事处申请附加检验：

①船舶发生影响证书有效性的机、海损；

②船舶发生主要数据变更，如船名、船东、船舶管理公司、船籍港等；

③船舶发生装载限制条件变更、航区变更等；

④条件证书到期前；

⑤其他船东认为需申请附加检验的情况。

(2)在本社进行检验期间，船东应提供检验条件并配合本社验船师的检验工作。

(3)检验合格后，本社将视情况在原证书上进行更改并签署或重新签发相应证书。对下述船舶执行检验分社/办事处将只能签发有效期为5个月的临时证书。待总部审核相关检验案卷后，再由总部换发全期证书：客船，滚装客船，客渡船(不含乡镇船舶)，高速客船(不含港内航行和公务船，如港监船、公安船、海关船、边防船等)，旅游船(含涉外旅游船)，川江滚装船。

## 第三节　中华人民共和国船舶安全检查规则

《中华人民共和国船舶安全检查规则》自2010年3月1日起施行。

### 一、总则

本规则的目的：规范船舶安全检查活动，保障水上人命、财产安全，防止船舶造成水域污染。规则适用于对中国籍船舶以及航行、停泊、作业于我国港口(包括海上系泊点)、内水和领海的外国籍船舶实施的安全检查活动。不适用于军事船舶、公安船舶、渔业船舶和体育运动船艇。

本规则所称“船舶安全检查”，是指海事管理机构按照本规则规定的程序，对船舶技术状况、船员配备及适任状况等进行监督检查，以督促船舶、船员、船舶所有人、经营人、管理人以及船舶检验机构、发证机构、认可组织等有效执行我国法律、行政法规、规章，船舶法定检验技术规范，以及我国缔结、加入的有关国际公约的规定。

船舶安全检查的原则：遵循依法、公正、诚信、便民。

中华人民共和国海事局统一管理全国的船舶安全检查工作，其他各级海事管理机构按照职责开展船舶安全检查工作。

### 二、船舶安全检查和处理

船舶安全检查分为船旗国监督检查和港口国监督检查。

船旗国监督检查是指对中国籍船舶实施的船舶安全检查；港口国监督检查是指对航行、停泊、作业于我国港口(包括海上系泊点)、内水和领海的外国籍船舶实施的船舶安全检查。

船舶安全检查,应当由至少两名安全检查人员于船舶停泊或者作业期间实施。

禁止对在航船舶进行安全检查,但法律、行政法规另有规定的除外。

从事船舶安全检查的人员应当具备必要的船舶安全检查知识和技能,并取得相应等级的船舶安全检查资格证书。

海事管理机构应当配备足够、合格的船舶安全检查人员和必要的装备、资料等,以满足船舶安全检查工作的需要。

船舶安全检查的内容包括:

(1)船舶配员;

(2)船舶和船员有关证书、文书、文件、资料;

(3)船舶结构、设施和设备;

(4)载重线要求;

(5)货物积载及其装卸设备;

(6)船舶保安相关内容;

(7)船员对与其岗位职责相关的设施、设备的实际操作能力以及中国籍船员所持适任证书所对应的适任能力;

(8)船员人身安全、卫生健康条件;

(9)船舶安全与防污染管理体系的运行有效性;

(10)法律、行政法规、规章以及国际公约要求的其他检查内容。

海事管理机构应当根据中华人民共和国海事局制定的选船标准以及国际公约、区域性合作组织的规定,结合辖区实际情况,按照公平对等、便利公开、重点突出的原则,合理选择船舶实施安全检查。

经海事管理机构检查的中国籍船舶或者经《亚太地区港口国监督谅解备忘录》成员当局检查的外国籍船舶,自检查完毕之日起六个月内不再进行检查,但下列船舶除外:

(1)客船、油船、液化气船、散装化学品船;

(2)发生水上交通事故或者污染事故的船舶;

(3)被举报低于安全、防污染、保安、劳工条件等要求的船舶;

(4)新发现存在若干缺陷的船舶;

(5)依选船标准核算具有较高安全风险指数的船舶;

(6)中华人民共和国海事局指定检查的船舶。

检查人员实施船舶安全检查,在登船后应当向船方出示有效证件,表明来意。先进行初步检查,对船舶进行巡视,核查船舶证书、文书和船员证书。

有下列情形之一的,检查人员应当对船舶实施详细检查,并告知船方进行详细检查的原因:

(1)巡视或者核查过程中发现在安全、防污染、保安、劳工条件等方面明显存在缺陷或者隐患的;

(2)被举报低于安全、防污染、保安、劳工条件等要求的;

(3)两年内未经海事管理机构详细检查的;

(4)中华人民共和国海事局要求进行详细检查的。

检查人员实施详细检查时,船长应当指派人员陪同。陪同人员应当如实回答检查人员提出的问题,并按照检查人员的要求测试和操纵船舶设施、设备。

检查人员应当运用专业知识对船舶存在的缺陷作出判断,并按照有关法律、行政法规或者国际公约的规定,提出下列一种或者几种处理意见:

(1)开航前纠正缺陷;

(2)在开航后限定的期限内纠正缺陷;

(3)滞留;

(4)禁止船舶进港;

(5)限制船舶操作;

(6)责令船舶驶向指定区域;

(7)驱逐船舶出港;

(8)法律、行政法规或者国际公约规定的其他措施。

船舶有权对海事管理机构实施船舶安全检查时提出的缺陷以及处理意见当场进行陈述和申辩。海事管理机构应当充分听取船方意见。

实施船旗国监督检查结束后,检查人员应当签发"船旗国监督检查记录簿";实施港口国监督检查结束后,检查人员应当签发"港口国监督检查报告"。

检查人员应当在"船旗国监督检查记录簿"或者"港口国监督检查报告"中标明缺陷及处理意见,签名并加盖船舶安全检查专用章。对于缺陷处理意见为滞留的,检查人员应当在"船旗国监督检查记录簿"或者"港口国监督检查报告"中注明理由。

海事管理机构采取本规则第十二条第(三)、(四)、(七)项所列处理措施之一的,对于中国籍船舶应当通报船籍港海事管理机构;对于外国籍船舶应当通过中华人民共和国海事局通报其船旗国政府、国际海事组织。

导致滞留的缺陷如与船舶检验机构、发证机构或者认可组织有关的,还应当通报相关的船舶检验机构、发证机构或者认可组织。

接到通报的船舶检验机构、发证机构或者认可组织应当核实和调查有关缺陷情况,采取相应的措施,并将相关情况及时反馈给发出通知的海事管理机构。

船舶以及相关人员应当按照海事管理机构签发的"船旗国监督检查记录簿"或者"港口国监督检查报告"的要求,对存在的缺陷进行纠正。

中国籍船舶的船长或者履行船长职责的船员应当对缺陷纠正情况进行检查,并在航行日志中进行记录。

船舶在纠正缺陷后,应当向海事管理机构申请复查。

海事管理机构接到自愿复查申请,决定不予复查的,应当及时通知申请人。

海事管理机构可以根据需要对缺陷纠正情况进行跟踪检查。

对已经纠正的缺陷,经复查或者跟踪检查合格后,检查人员应当在船舶安全检查报告中签名并加盖船舶安全检查复查合格章,海事管理机构应当及时解除相应的处理措施。

从事国际航行的中国籍船舶所有人、经营人或者管理人应当按照中华人民共和国海事局的规定,定期将船舶在境外接受检查和处罚的情况向船籍港海事管理机构报告。

对连续两年不能返回国内港口接受船旗国监督检查的船舶,经中华人民共和国海事局授权,船籍港海事管理机构可以到船舶所在地港口对船舶实施船旗国监督检查。

中国籍船舶在境外发生水上交通事故或者污染事故的,或者在境外被滞留、禁止进港(入境)、驱逐出港(境)的,船舶所有人、经营人或者管理人应当在船舶到达国内第一个港口前,将船舶在境外接受检查和处罚的情况向船籍港海事管理机构报告。

对发生第一款规定情形的船舶,中华人民共和国海事局可以根据事故或者缺陷的性质以及客观条件,指定有关船舶检验机构对其实施境外临时检验。

船舶存在可能影响水上人命、财产安全或者可能造成水域环境污染的缺陷和隐患的,船员及其他知情人员应当向海事管理机构举报。

海事管理机构应当为举报人保守秘密。

海事管理机构应当建立健全船舶安全检查信息公开制度,并接受社会公众和有关方面的咨询和监督。

船舶安全检查不免除船舶、船员及相关方在船舶安全、防污染和保安等方面应当履行的法定责任和义务。

## 三、"船旗国监督检查记录簿"和"港口国监督检查报告"使用规定

中国籍船舶应当随船携带"船旗国监督检查记录簿"。

"船旗国监督检查记录簿"由船舶或者其所有人、经营人、管理人向海事管理机构申请换发、补发。

"船旗国监督检查记录簿"使用完毕或者污损不能继续使用的,应当申请换发,并交验前一本"船旗国监督检查记录簿"。因遗失或者灭失等原因申请补发的,应当书面说明理由,附具有关证明文件,并提供最近一次对其实施船旗国监督检查的海事管理机构名称。

"船旗国监督检查记录簿"应当连续使用,保持完整,不得缺页、擅自涂改或者故意毁损。

"港口国监督检查报告"以及使用完毕的"船旗国监督检查记录簿"应当妥善保管,至少在船上保存两年。

除海事管理机构外,任何单位、人员不得扣留、收缴"船旗国监督检查记录簿"或者"港口国监督检查报告",也不得在"船旗国监督检查记录簿"或者"港口国监督检查报告"上签注。

船舶不得涂改、故意损毁、伪造、变造"船旗国监督检查记录簿"或者"港口国监督检查报告",不得以租借、骗取等手段冒用"船旗国监督检查记录簿"或者"港口国监督检查报告"。

## 四、法律责任

违反本规则,有下列行为之一的,由海事管理机构对违法船舶或者其所有人、经营人、管理人处 1 000 元以上 1 万元以下的罚款;情节严重的,处 1 万元以上 3 万元以下的罚款。对违法人员处以 100 元以上 1 000 元以下的罚款;情节严重的,处 1 000 元以上 3 000 元以

下的罚款：

(1)拒绝或者阻挠检查人员实施船舶安全检查的；

(2)弄虚作假欺骗检查人员的；

(3)未按照"船旗国监督检查记录簿"或者"港口国监督检查报告"的处理意见纠正缺陷或者采取措施的；

(4)船舶在纠正按照规定应当申请复查的缺陷后未申请复查的；

(5)未按照规定将船舶在境外接受检查和处罚的情况向船籍港海事管理机构报告的；

(6)涂改、故意损毁、伪造、变造"船旗国监督检查记录簿"或者"港口国监督检查报告"的；

(7)以租借、骗取等手段冒用"船旗国监督检查记录簿"或者"港口国监督检查报告"的。

中国籍船舶未按照规定携带"船旗国监督检查记录簿"的，海事管理机构应当责令改正，并对违法船舶处 1 000 元罚款。

检查人员徇私舞弊、玩忽职守或者滥用职权的，海事管理机构应当按照有关规定作出处理。

海事管理机构在实施船旗国监督检查中发现船舶存在的缺陷与船舶检验机构、发证机构和认可组织有关的，应当根据相关规定对船舶检验机构、发证机构、认可组织或者其工作人员开展调查和处理。

## 五、附则

本规则所称缺陷，是指船舶技术状况、船员配备及适任状况等不符合我国法律、行政法规、规章、船舶法定检验技术规范和我国缔结、加入的国际公约要求的情况。

船舶申请复查的，应当按照规定交纳复查费用并负担相应的交通费用。

规则自 2010 年 3 月 1 日起施行。

1. 船舶安全检查项目表(见表 3-2)

**表 3-2　船舶安全检查项目表**

| 0100 | **船舶证书及有关文书** | 1600 | **无线电** |
|---|---|---|---|
| 0101 | 国籍证书 | 1611 | 功能性要求 |
| 0110 | 船舶法定检验证书(簿) | 1620 | 主用设备 |
| 0111 | 船舶起重设备法定检验(簿) | 1621 | 中频无线电设备 |
| 0120 | 符合证明(DOC)副本 | 1623 | 中频/高频无线电设备 |
| 0121 | 安全管理证书(SMC) | 1625 | 国际海事卫星船舶地球站 |
| 0130 | 最低安全配员证书 | 1635 | 维护和双套设备 |
| 0140 | 油污损害民事责任保险或其他财务保证证书 | 1651 | VHF 无线电话 |
| 0150 | 高速客船安全操作证书 | 1655 | 海上安全信息接收设备 |
| 0160 | 船舶签证簿 | 1671 | 卫星应急示位标 |
| 0170 | 法定值班日志、记录 | 1673 | VHF 应急示位标 |

续表

| | | | |
|---|---|---|---|
| 0180 | 证明、报告、手册、资料、说明书(通用) | 1675 | 船舶雷达应答器 |
| 0199 | 其他 | 1677 | 备用电源 |
| 0200 | **船员证书和值班** | 1680 | 无线电日志 |
| 0210 | 船员适任证书 | 1699 | 其他 |
| 0220 | 海船船员专业培训合格证书 | 1700 | **危险品安全及防污染(通用)** |
| 0230 | 船员特殊培训合格证书 | 1705 | 船上油污应急计划 |
| 0240 | 船舶配员 | 1710 | 油类记录簿 |
| 0250 | 船员服务簿 | 1720 | 对排油的控制 |
| 0260 | 休息时间 | 1730 | 油污水处理设备15PPM报警装置 |
| 0299 | 其他 | 1731 | 污油、油污水收集设施 |
| 0600 | **救生设备** | 1740 | 排油监控系统 |
| 0601 | 救生艇、筏、浮具的配备及标识 | 1750 | 油水界面探测器 |
| 0610 | 救生(助)艇(艇体、艇机等) | 1760 | 标准排放接头 |
| 0611 | 救生(助)艇属具 | 1770 | 包装(包装危险货物) |
| 0613 | 救生(助)艇的存放 | 1771 | 标志和标签(包装危险货物) |
| 0620 | 气胀式救生筏 | 1772 | 单证(包装危险货物) |
| 0625 | 刚性救生筏 | 1773 | 积载、隔离(包装危险货物) |
| 0626 | 救生舢板、浮具 | 1791 | 生活污水处理 |
| 0628 | 救生筏的存放 | 1792 | 垃圾处理告示 |
| 0629 | 海上撤离系统 | 1793 | 垃圾管理计划 |
| 0630 | 艇筏降落与回收装置 | 1794 | 垃圾记录簿 |
| 0631 | 救生艇筏登乘装置 | 1795 | 垃圾处理 |
| 0636 | 直升飞机降落和搭乘区域 | 1799 | 其他 |
| 0640 | 船用烟火信号 | 1800 | **油船、化学品船和液化气体船** |
| 0641 | 抛绳设备 | 1810 | 货物区域分隔 |
| 0650 | 救生圈及属具 | 1815 | 通往起居处所、机器处所和控制站的空气进口/开口 |
| 0651 | 救生衣 | 1816 | 驾驶室门和窗 |
| 0652 | 浸水保温服 | 1820 | 货泵舱/货物操作处所 |
| 0653 | 抗暴露服 | 1825 | 货物区域安全(通风、开口、电气设备等) |
| 0654 | 保温用具 | 1830 | 货物转驳 |
| 0660 | 救生艇筏用双向无线电话装置 | 1835 | 货舱透气系统 |
| 0661 | 船令广播系统 | 1836 | 温度控制 |
| 0695 | 训练手册 | 1840 | 测试设备 |
| 0696 | 检查与维护记录 | 1850 | 货油区域消防系统 |
| 0699 | 其他 | 1860 | 人员防护 |
| 0700 | **消防设备** | 1870 | (散装液体化学品、液化气体货物)特殊要求 |
| 0710 | 结构防火 | 1880 | 货物资料 |

续表

| | | | |
|---|---|---|---|
| 0711 | 惰性气体系统 | 1885 | 液货舱开口 |
| 0715 | 探火系统 | 1886 | 应急拖带装置 |
| 0725 | 固定灭火系统 | 1887 | 洗舱设备 |
| 0727 | 释放操作说明 | 1899 | 其他 |
| 0730 | 移动消防器材 | 1900 | **防污染(油船、化学品船和液化气体船)** |
| 0735 | 消防员装备 | 1910 | 货物记录簿 |
| 0740 | 消防泵(包括应急消防泵) | 1915 | 船上留存油类 |
| 0741 | 消防管系、配备及消防栓、水龙、水枪 | 1920 | 油类与压载水的分隔 |
| 0746 | 高压燃油管的双层管保护 | 1925 | 油船的泵吸、管路和排放布置 |
| 0745 | 通风、防火挡板、阀门、速闭装置 | 1930 | 专用压载舱、清洁压载舱、原油洗舱 |
| 0750 | 国际通岸接头 | 1935 | 原油洗舱操作和设备手册 |
| 0765 | 防火控制图 | 1940 | 双层壳结构 |
| 0799 | 其他 | 1945 | 静压平衡装载 |
| 0800 | **事故预防** | 1950 | 程序和布置手册 |
| 0820 | 机器及部件的防护 | 1955 | 高效扫舱 |
| 0830 | 管、线(绝缘) | 1960 | 残余物排放系统 |
| 0899 | 其他 | 1965 | 禁止散装有毒液体污液的排放 |
| 0900 | **结构、稳性及相关设备** | 1970 | 货物加热系统(B类物质) |
| 0910 | 甲板 | 1975 | 通风程序/设备 |
| 0911 | 船体外板 | 1980 | 污染报告 |
| 0912 | 舱壁 | 1999 | 其他 |
| 0913 | 横梁、肋骨、肋板 | 2000 | **操作性检查** |
| 0920 | 水密门/液压和其他关闭装置 | 2010 | 应变部署表与个人应变卡 |
| 0946 | 稳性/强度/装载信息及仪器 | 2011 | 演习记录 |
| 0950 | 滚装客船破舱稳性 A/Amax 比率 | 2020 | 消防演习 |
| 0983 | 引航员软梯、舷梯 | 2022 | 救生演习 |
| 0985 | 走廊低位照明 | 2025 | 弃船演习 |
| 0988 | 安全通道及逃生设施 | 2030 | 破损控制 |
| 0990 | (油船、散货船)加强检验计划及检验报告 | 2040 | 驾驶台设备操纵 |
| 0999 | 其他 | 2041 | GMDSS 设备操作 |
| 1000 | **警报信号** | 2045 | 货物操作 |
| 1010 | 通用警报 | 2050 | 机器设备操作 |
| 1020 | 火警警报 | 2051 | 应急操舵演习 |
| 1030 | 操舵系统警报 | 2052 | 防污染设备操作 |
| 1040 | 轮机员住所警报 | 2053 | 应急舱底水排放操作 |
| 1050 | 惰性气体系统警报 | 2054 | 速闭系统操作 |
| 1060 | 机械控制警报 | 2055 | 机舱应急逃生 |
| 1070 | UMS－警报 | 2057 | 包装类危险货物和有害物质处理 |
| 1080 | 锅炉警报 | 2060 | 机器处所的油类和含油混合物处理 |
| 1099 | 其他 | 2070 | 液货船货物处所的装卸和洗舱程序 |

续表

| | | | |
|---|---|---|---|
| 1100 | **货物** | 2075 | 垃圾处理 |
| 1110 | 货物积载/系固 | 2080 | 避碰规则 |
| 1120 | 谷类 | 2090 | 手册、说明书及其他资料 |
| 1130 | 危险货物适装/积载/包装 | 2099 | 其他 |
| 1132 | 散装危险液体化学品 | 2500 | ISM/NSM/**安全制度** |
| 1135 | 散装液化气体 | 2510 | 安全和环境保护方针 |
| 1138 | 散装团体货物装载/卸载/积载手册 | 2515 | 公司的责任和权力 |
| 1140 | 其他货物(木材等) | 2520 | 指定人员 |
| 1150 | 装卸设备 | 2525 | 船长的责任和权力 |
| 1170 | 危险货物规则 | 2530 | 资源和人员 |
| 1199 | 其他 | 2535 | 船上操作方案的制订 |
| 1200 | **载重线** | 2540 | 应急准备 |
| 1210 | 超载 | 2545 | 不符合规定情况、事故和险情的报告和分析 |
| 1220 | 载重线及吃水标志 | 2550 | 船舶和设备的维护 |
| 1230 | 栏杆、天桥 | 2555 | 文件 |
| 1240 | 货舱口及其他舱口 | 2560 | 公司审核、复查和评价 |
| 1250 | 舱盖 | 2565 | 发证、审核和监督 |
| 1260 | 窗、舷窗 | 2590 | 季节性安全措施 |
| 1270 | 门 | 2599 | 其他 |
| 1275 | 通风筒、空气管、外罩 | 2600 | **散货船—附加安全措施** |
| 1280 | 机器处所开口 | 2610 | 舱壁强度 |
| 1282 | 人孔/舱底开口 | 2620 | 货物手册的签注 |
| 1285 | 船舶压载系统 | 2630 | 三角标志 |
| 1288 | 甲板泄水及货舱排水设备 | 2640 | 货物密度声明 |
| 1299 | 其他 | 2650 | 装载仪 |
| 1300 | **系泊设备** | 2699 | 其他 |
| 1310 | 系泊设备 | 2700 | **滚装船舶—附加安全措施** |
| 1320 | 锚设备 | 2710 | 安全开航限制条件 |
| 1330 | 拖带设备 | 2715 | 货物系固手册 |
| 1399 | 其他 | 2720 | 承运车辆的最大重量和尺度、车载货物品种 |
| 1400 | **主动力及辅助设备** | 2725 | 艏部、艉部及侧面水密门及安全操作程序 |
| 1410 | 主推进动力设备 | 2730 | 航行、停泊和作业巡检制度 |
| 1415 | 轴系 | 2740 | 船长开航前声明 |
| 1416 | 螺旋桨 | 2745 | 船长决策支持系统 |
| 1417 | 推力轴承 | 2750 | 装车处所通风和通风控制 |
| 1420 | 辅机 | 2755 | 装车处所消防系统 |
| 1421 | 发电机组(包括应急发电机) | 2760 | 装车处所电路系统 |
| 1422 | 一般电器设备 | 2765 | 装货/车处所的疏排水系统 |
| 1423 | 应急照明、蓄电池、配电板 | 2770 | 系索、地铃、天铃及其他系固附属设备 |

续表

| 1430 | 操舵装置 | 2799 | 其他 |
|---|---|---|---|
| 1440 | 舱底排水设备 | 2800 | **高速客船—附加安全措施** |
| 1450 | 机舱的清洁 | 2810 | 《高速客船操作安全证书》 |
| 1460 | 无人机舱 | 2815 | 广播和信息系统 |
| 1470 | 防护/危险机器部位保护装置 | 2820 | 座位及安全带 |
| 1480 | 隔热布置及材料 | 2820 | 脱险出口和脱险设施 |
| 1499 | 其他 | 2825 | 噪音等级控制 |
| 1500 | **航行安全** | 2830 | 方向控制系统 |
| 1524 | 电气助航设备 | 2835 | 拖曳装置 |
| 1541 | 磁罗经 | 2840 | 艇及遥控装置 |
| 1542 | 应急操舵通讯 | 2845 | 报警和安全系统 |
| 1550 | 号灯、号型、声响信号、信号旗 | 2850 | 夜航设备 |
| 1551 | 白昼信号灯 | 2855 | 操纵舱室的布置 |
| 1560 | 海图 | 2860 | 稳定系统(操作性) |
| 1570 | 航海出版物/航行资料 | 2865 | 撤离演习(操作性) |
| 1575 | 测深设备 | 2899 | **其他** |
| 1581 | 舵角指示器 | 9900 | 其他 |
| 1582 | 转速表 | 9910 | 国旗 |
| 1590 | 船舶自动识别系统(AIS) | 9920 | 船名 |
| 1591 | 航行数据记录仪(VDR) | 9999 | 其他 |
| 1599 | 其他 | | |

2. 缺陷处理的代码含义(见表 3-3)

表 3-3　缺陷处理的代码含义

| 00 | 不需采取任何行动 | 10 | 缺陷已纠正 |
|---|---|---|---|
| 12 | 所有缺陷已纠正 | 15 | 下一港解决 |
| 16 | 14 天内解决 | 17 | 通知船长开航前解决 |
| 20 | 延误的理由 | 25 | 船舶允许在延误后开航 |
| 30 | 滞留的理由 | 35 | 船舶允许在滞留后开航 |
| 36 | 船舶允许在再次滞留后开航 | 40 | 通知下一港 |
| 45 | 通知下一港再滞留 | 50 | 通知船旗国 |
| 55 | 与船旗国联系 | 60 | 通知当地政府机构 |
| 70 | 通知船级社 | 80 | 临时设备替代 |
| 85 | 对违反排放规定(MARPOL)进行调研 | 95 | 签发警告信 |
| 96 | 取消警告信 | 99 | 其他(进一步说明) |

## 第四节　机损事故处理

事故处理依据:交通运输部《运输、港口船舶机电设备损坏事故管理办法》。

## 一、机损事故的定义和分类

### (一)机损事故的定义

机电设备损坏导致直接或间接经济损失称为机损事故。

### (二)分类

船员责任事故和非船员责任事故。

1. 船员责任事故

违章;管理、维护不当;对厂修检查不严。

2. 非船员责任事故

(1)厂方违章;修理质量不好;材料和燃料不符;新换备件不符;设计不周。

(2)由自然损坏、自然磨损、腐蚀等原因导致的事故。

(3)其他非船员责任事故:不可抗拒的原因导致的事故。

### (三)机损事故的分级

1. 不需上报

(1)轻微事故。损失小于一般事故。

(2)违章、管理不当、检修不周等原因导致故障未造成损失,或可能造成轻微机损,如锅炉失水,轴承缺油过热。

要求:记入轮机日志和安全活动记录簿,要统计但不上报。

2. 需要上报并填写"船舶机械损坏事故报告"

按导致的直接经济损失分下列 3 类,而且不论性质如何,均应填写"船舶机械损坏事故报告"上报。

按交通运输部规定,船舶机械损坏事故分为一般事故、大事故、重大事故。

事故的分组与船舶主机功率、损失大小、有无导致海损或导致人员死亡有关:

(1)大事故。造成的经济损失大于一般事故,或导致人身死亡 1 ~2 人。

(2)重大事故。造成经济损失大于大事故,或导致人身死亡 3 人以上。

按交通运输部《运输、港口船舶机电设备损坏事故管理办法》规定,不论单主机或多主机船舶,仅仅是机损按表 3-4 划分事故等级,如果导致海损则按表 3-5 划分事故等级,即相同的主机功率发生机损并导致海损应按表 3-5 计算事故等级。

表 3-4　船舶机损事故等级标准(损失金额)(一)

| 主机功率/kW | 735 ~ 1 103 | 1 103 ~ 2 206 | 2 206 ~ 3 676 | 3 676 ~ 7 352 | 7 352 ~ 14 707 | 14 707 ~ 29 412 | 29 412 以上 |
|---|---|---|---|---|---|---|---|
| 重大事故 | 45 万以上 | 60 万以上 | 115 万以上 | 150 万以上 | 210 万以上 | 285 万以上 | 335 万以上 |
| 大事故 | 15 ~45 万 | 24 ~60 万 | 30 ~115 万 | 45 ~150 万 | 75 ~210 万 | 105 ~285 万 | 135 ~335 万 |
| 一般事故 | 6 ~15 万 | 6 ~24 万 | 12 ~30 万 | 15 ~45 万 | 18 ~75 万 | 30 ~105 万 | 40 ~135 万 |

表 3-5　船舶机损事故等级标准（损失金额）（二）

| 主机功率/kW | 735 ~ 1 103 | 1 103 ~ 2 206 | 2 206 ~ 3 676 | 3 676 ~ 7 352 | 7 352 ~ 14 707 | 14 707 ~ 29 412 | 29 412 以上 |
|---|---|---|---|---|---|---|---|
| 重大事故 | 150 万以上 | 180 万以上 | 225 万以上 | 300 万以上 | 390 万以上 | 450 万以上 | 510 万以上 |
| 大事故 | 30 ~ 150 万 | 45 ~ 180 万 | 60 ~ 225 万 | 90 ~ 300 万 | 210 ~ 450 万 | 210 ~ 450 万 | 260 ~ 510 万 |
| 一般事故 | 12 ~ 13 万 | 18 ~ 45 万 | 24 ~ 60 万 | 30 ~ 90 万 | 45 ~ 150 万 | 60 ~ 210 万 | 80 ~ 260 万 |

## 二、损失计算

### （一）直接损失

包括：修理费、备件费、因事故导致的船舶检验费、潜水检查费、赔偿费、其他费用及因机损导致的海损。

### （二）间接损失

包括：耽误航行；修理耽误的装卸和生产等。

## 三、事故报告制度

### （一）事故发生时的处理原则

防止扩大和蔓延；除抢救需要，一般要保护现场；消防、堵漏按应变部署；在故障清除后，确认无潜伏情况，恢复航行或生产。

### （二）事故报告

1. 报告

值班人员应立即报告有关人员、轮机长、船长。

2. 船长

大事故、重大事故船长应尽快报告机务、调度，公司在接到报告后 2 h 内给予指示，24 h 内报上级。

3. 记录

将机损概况、现场情况（时间、地点、参数）采取的措施记入轮机日志或航海日志中。

4. 轮机长

填写“机损事故报告”，如果引起火灾，还应填写“火灾事故报告”。

5. 机损导致海损

凡与海事处理、保险索赔有关的事故，船长应编写“海事声明”，在发生港或到达的第一港口申请检验。

6. 保修项目

填写保修单和机损报告，并酌情申请检验。

## 四、事故调查处理

（1）对机损事故应按照“三不放过”。事故原因不清不放过；事故责任者和群众没有受到教育不放过；没有防范措施不放过。

（2）重大事故和大事故处理结束后应专题上报。

# 第四章 船舶营运经济性管理

本章主要介绍降低船舶运输成本的方法,船舶最佳航速的确定以及航速对续航力的影响,提高动力装置经济性的主要措施,动力装置的废热利用的形式、特点、要求。

## 第一节 船舶营运经济性管理概念

评价船舶的经济性,一方面要计算船舶的运输能力,求得每年的收益;另一方面要研究船舶建造和营运过程中的各种消耗,计算建造成本和营运成本。从这两方面可以计算年运输能力、造价、运输成本和年收入等经济指标。但从船员的角度主要考虑船舶营运过程中的各种消耗,计算运输成本。

### 一、船舶运输成本(年营运开支)

年营运开支包括一年内的船员费用、折旧费、修理费、保险费、燃料费及润料费、港口费、其他费用等。

1. 船员费用

包括基本工资、伙食费、航行津贴、奖金等直接项目及合约奖、加班费、劳保福利等附加项目,根据船舶配员和当时的费用标准(平均值)加以计算。船员费用中还应考虑编外人员、病假及公休的顶替人员、培训人员的费用。

2. 折旧费

船舶的固定资产在营运过程中,由于发生磨损、锈蚀和老化,而引起价值的降低,称为"折旧"。为了积累资金,以便对船舶进行修复和更新,必须按期将其磨损等计入运输成本,用货币形式计入运输成本中的价值,称为"折旧费"。我国固定资产折旧采用直线折旧法,每年的折旧费相同,其是由船舶造价减去船舶的残值(报废时的价格)后再除以船舶使用年限而得到的。随着科学技术的迅速发展,船舶使用年限不宜过长,现在已降至20~25年,并有进一步下降的趋势。

3. 修理费

我国现行船舶的修理,分为预防性检修和厂修两大类。平均每年的修理费可按船舶

造价提成，所提取的比例大约为：长江船4.5%，沿海船3.5%，远洋船2.5%。

4. 燃、润料费

营运中的船舶主机、副机和锅炉的燃、润料费，都按航次（或月度）燃料消耗报表和加油收据计算。

新建造船舶，主机服务航速时的功率取为主机最大持续功率的80%～85%之间的某一值。柴油机装置燃用轻油和重油的比例可按实际资料选取，也可以取固定比例，如远洋船为3∶17，长江与沿海船为1∶4。耗油率取自柴油机资料，燃油单价取当时的价格。

柴油发电机组的使用功率最好按航行、装卸货、无作业停泊三种情况分别计算。使用功率确定后，即可按耗油率、使用时间及油的单价计算航次费用。辅锅炉的使用时间一般可按航次停泊时间的25%～50%计算，单位时间的耗油量可按与锅炉的蒸汽产量的比例加以估算。航次辅锅炉耗油量乘以锅炉油单价等于航次费用。

润料费最好是主机、副机分别计算。简化算法可取为燃料费的一个百分数，大体上远洋与沿海船在7%～10%之间，长江船为16.7%，蒸汽船为2%。

5. 保险费

保险费是指企业为向保险公司投保的船舶险和船员险所支付的保险费用。一般根据船舶使用情况，由航运公司提出保价。为简单起见，年保险费可取为造价的一个百分数，一般干货船为0.55%，油船为0.7%。

6. 港口费

与船舶登记吨有关的港口费用包括拖船、引航、码头、港务、代理等费用，可按与净吨位的比例进行计算。年开支依与净吨位及年航次数的比例，可按同航线相近的船舶换算。与载货吨有关的费用如装卸费、理货费、代理费、税金等，按年货运量吨数计算并依货种而变。

7. 其他费用

其他费用包括供应品费、企业管理费、其他开支等，一般取为总成本的15%。

## 二、降低船舶运输成本途径

优秀的船舶管理者和轮机人员对降低运输成本有很大帮助。良好的管理不仅节约燃料、降低燃料费用，而且可在各方面降低营运成本。

1. 提高船舶营运率和货物周转量

船舶的单船营运率等于船舶年营运天数与365天之比，营运率高，说明一年的停航天数少；货物周转量等于货运量（t）与货物运输距离（n mile）的乘积，货物周转量综合说明运输生产的成果，是考核船舶生产效率的依据。

管理和维修的主要目标就是减少停航天数，提高营运率和货物周转量。

2. 降低保险费

保险费与索赔历史记录密切相关，较长时间的安全航行记录可以减少保险费，而大的事故将导致今后几年保险费的增加。

3. 降低修理和维修保养费

良好的维修理论和方针及加强维修计划性，可以降低备件费用；加强自修保养工作，尽量减少厂修工程量，可以降低修理费用。

4. 减少船用品和消耗品的消耗

船用品和其他消耗品是一项相当大的开支，需要通过加强管理和杜绝浪费来减少消耗。

## 第二节 最佳航速的确定

航速对运输效率有很大影响，是经济性和技术性指标的综合反映。

### 一、营运船舶的经济航速

由于螺旋桨所消耗的功率约与转速的立方成正比，故航速的少量降低便可节省大量的燃油消耗。但是并非航速越小越经济，因为船舶运输费用除了燃料费用外还有其他费用，而且对于一定航线的船舶由于航速降低，航行时间增加，运输效率下降，也可能使经济效益降低。营运船舶常用的经济航速的概念有三种。

1. 最低燃油消耗率航速

柴油机在推进特性下工作，当功率与转速变化时，其燃油消耗率 $g_e$ 由于受到喷油量、换气质量、转速等的影响，不是一个定值，一般在 85% 负荷时 $g_e$ 值最小，如图 4-1 所示。显然柴油机在 $g_e$ 最小时运转，其经济性最好，所以燃油消耗率 $g_e$ 最低时的航速是经济航速。若柴油机在航行时经常处于较高负荷工作状态，应尽量使用最低耗油率航速。

2. 最低燃油费用航速

每海里航程燃油消耗率 $g_e$ 随航速变化的曲线如图 4-2 所示。由图 4-1 和图 4-2 可知，

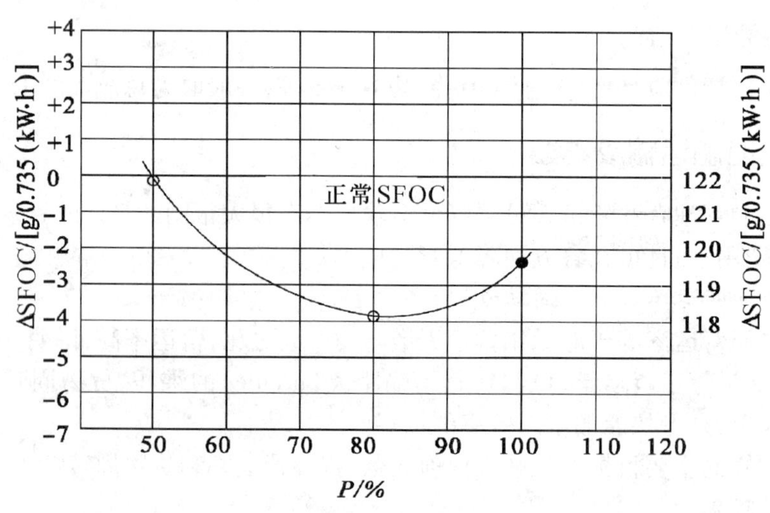


图 4-1 $g_e-n$ 曲线

当船舶降速航行时，$g_e$ 将会增加，而 $g_n$ 却明显地逐渐下降，并出现一个最小值 $g_{n\min}$，$g_{n\min}$ 所对应的航速即为节油的经济航速。对一定的航程其燃油费用最少。在船舶经常停航待

命和降速航行时，才可能使用最低燃油费用航速。

3. 最高盈利航速

最高盈利航速，即在营运期内盈利最大的航速。上述两种经济航速，因为只考虑了单一因素的经济性，所以不一定就是船舶最高的盈利航速，欲获得船舶最大的盈利航速，尚需考虑船舶的折旧费、客货的周转量、运输成本及利润等因素。不同的航区和船舶种类将有其相应的最大盈利航速，需要通过调研、统计及分析来加以确定。

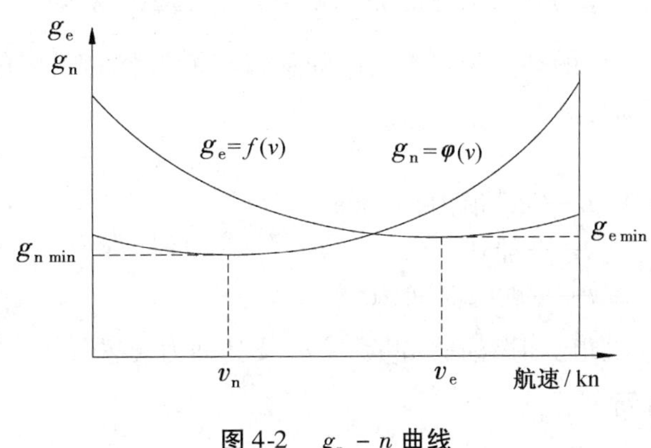


图 4-2　$g_n-n$ 曲线

对于航运部门来说，必须全面考虑，从三种经济航速中作出选择，为增加企业收益和节能服务。

利用经济航速运行，一般不需要增加投资，只要求具有严格的科学管理和熟练的操作技术，就能获得显著的经济效果。如长期降速航行，会增加机损事故和技术维护工作。

营运船舶的最佳经济航速，应是单位运输成本最低的航速，或是最大盈利的航速。

对应于特定的航线和载重量，相应于当时的燃料价格及其他开支，在给定的经济指标下，按单位运输成本可得到最佳航速。图 4-3 表示了 $b_t-v$ 的关系，$v_a$ 和 $v_b$ 分别代表两种航程下单位运输成本最低的航速，曲线 $A$ 的航程 $R$ 比曲线 $B$ 大，而停泊时间 $t_2$ 与航次时间 $t$ 的比值比曲线 $B$ 小，可见长航程船舶的航速可以略高。

若以盈利和收益为目标，进行经济性计算，可得到如图 4-4 所示的曲线。图中 $AB$ 为标准年最大收益，其对应的航速（$G$ 点）就是以收益为目标的最佳航速。影响成本和收入的因素变化，最佳航速也会改变。从图上可看出，当运费增加和燃料价格下降时，最佳航速可以提高。

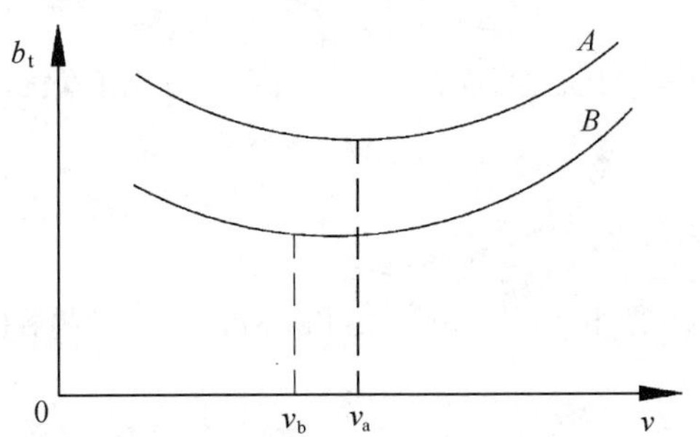


图 4-3　最低单位运输成本的航速

曲线 $A-R$ 大（$t_2/t$ 小）；曲线 $B-R$ 小（$t_2/t$ 大）

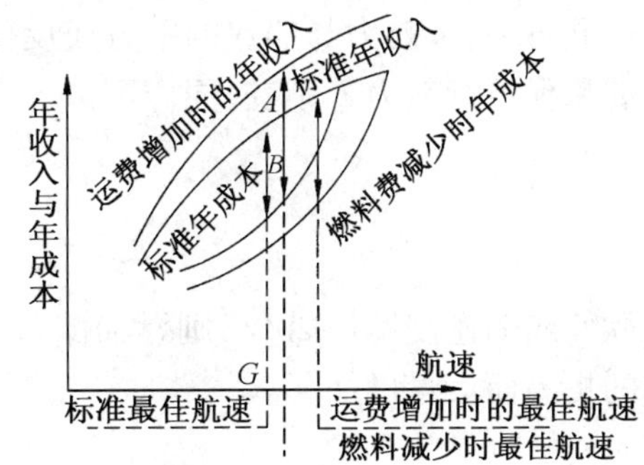


图 4-4　最佳经济航速

## 二、航速对续航力、燃油消耗量的影响

船舶动力装置所用的油料(燃油和滑油)是船舶排水量的一部分,它直接决定船舶的续航力,即

$$L = vt$$

式中,$L$——续航力,n mile;

$v$——船速,kn;

$t$——航行时间,h。

如已知燃油储备量 $\sum m$ 及其动力装置每小时消耗 $B$,则可求出船舶动力装置的工作时间

$$t = \frac{\sum m \times 10^3}{B}$$

式中,$\sum m$——燃油储备量,t;

$B = B_1 + B_2 + B_3$——主机、副机、锅炉每小时燃油消耗量,kg/h。

考虑到 $B = g \cdot P_e$,则续航力 $L$ 为

$$L = \frac{v \sum m \times 10^3}{g \times P_e}$$

假定燃油储备量固定和在动力装置的燃油消耗率 $g_e$ 不变的条件下,比较船速为 $v_0$ 和 $v_1$ 两种航行状态,探讨船速对续航力和燃油消耗量的影响,则

$$L_1 = \frac{P_{e0}}{P_{e1}} \cdot \frac{v_1}{v_0} L_0$$

或者,因 $P_e = Cv^3$,则

$$L_1 = \left(\frac{v_0}{v_1}\right)^2 \cdot L_0$$

由此可见,续航力与船速的平方成反比。

如果保持续航力 $L$ 不变,同样可以计算出在新的航速 $v_1 > v_0$ 下所需要的燃油储备量增加,即

$$\sum m_1 = \left(\frac{v_0}{v_1}\right)^2 \cdot \sum m_0$$

欲使船舶速度增加 20%,则燃油储备量需要增加 44%,也就是说燃油消耗量将随着航速的提高而大量增加。

# 第三节 提高动力装置经济性的措施

## 一、选用高效节能型柴油机

现代船用柴油机近十多年在提高经济性方面取得的成效超过了过去几十年。各种节

能措施相继出现并日趋完善，主要有以下几种措施。

1. 采用定压涡轮增压系统和高效率废气涡轮增压器

在高增压柴油机上采用定压涡轮增压系统代替脉冲涡轮增压系统是现代柴油机一大显著特点，同时也有利于提高增压器的效率。新型涡轮增压器的发展和使用，使增压器效率由过去的50% ~60%，提高到68% ~76%，由此显著降低了柴油机燃油消耗率。

2. 增大行程缸径比 $s/D$

柴油机的 $s/D$ 值虽然是一个结构参数，但它也显著影响柴油机的工作性能。增大 $s/D$，一方面可增大燃气的膨胀功，另一方面在保持活塞平均速度 $v_a$ 不变的情况下大幅度降低柴油机转速，可明显提高螺旋桨效率。

3. 提高最高爆发压力 $p_z$ 与平均有效压力 $p_e$ 之比 $p_z/p_e$

由柴油机的理论循环研究与实践证实，提高 $p_z/p_e$ 可显著降低燃油消耗率。研究指出，当 $p_z/p_e$ 从7.8提高到12，油耗率可下降约12 g/(kW · h)。因而，现代船用柴油机均采用这种措施降低油耗率。但是，大幅度提高 $p_z$ 是十分困难的，它受到了柴油机负荷的限制，必须同时采取相应措施保证柴油机的可靠性。在保持 $p_z$ 不变时降低 $p_e$ 值同样可降低油耗率，这也是目前广泛采用的节能措施。降低就是柴油机降功率使用，如保持标定转速而选用较低（如80%）的 $p_e$，或在使用较低转速（如80%）时选用较低的 $p_e$ 等。

4. 增大压缩比

现代船用低速柴油机为了提高经济性，根据理论循环的结论采用了适当增大压缩比的措施，把压缩比由10左右提高到16 ~19之间。

5. 采用可变喷油定时（VIT）机构

把提高 $p_z$ 作为节能措施时，更要重视提高柴油机部分负荷下的 $p_z$ 值。因为其一，现代船用柴油机的实际使用功率通常均小于标定功率；其二，柴油机在部分负荷运转时 $p_z$ 随负荷的减小而降低。如果在部分负荷时能使 $p_z$ 值保持其标定值，结果是 $p_z$ 与 $p_e$ 的比值变大，则燃油消耗率减少。VIT机构可在柴油机负荷变化时自动调整其喷油提前角，保证在部分负荷（通常为80% ~100%负荷）时柴油机的 $p_z$ 基本不变，而在50% ~80%负荷范围内也有较高的 $p_z$ 值（与无VIT机构比较）。

6. 降低摩擦损失功提高机械效率 $\eta_m$

柴油机的摩擦损失约占机械损失的40%，因而降低摩擦损失是提高 $\eta_m$ 的主要途径。现代船用低速柴油机采用使用短裙和超短裙活塞、减少活塞环数量（如由5道减为4道）等措施降低摩擦损失，提高机械效率。

7. 轴带发电机（PTO）

在主柴油机正常运转期间（通常要求主机转速 >70%标定转速），通过专设的恒速传动装置驱动（通常从中间轴）专用发电机，可发出满足船舶航行所需要的电力。在主机转速变动或波动时通过恒速传动装置可保证发电机转速恒定，或可通过变频装置保证发出的电压与频率不变。采用轴带发电机在航行期间可停止柴油发电机运转。此装置并不直接降低柴油机油耗率，但提高船舶动力装置的经济性。这种装置的优点主要有：可使用油耗率较低的主柴油机供应电力，可节省柴油发电机运转时的滑油消耗，减少柴油发电机的数量与维修费用。

8. 改进喷射与燃烧技术

在高增压柴油机中缩短喷射持续期,改善雾化质量提高燃烧效率是该型柴油机的重大研究课题之一。为此,发展了高喷油压力(达 100 ~ 130 MPa)、高喷油率以缩短喷射持续期的喷射系统,并采取优化喷射系统结构措施提高雾化质量,提高燃烧效率。

通过选用高效节能型柴油机可以大大降低燃油消耗,提高经济性。

## 二、提高船、机、桨的匹配性能

船舶在水中航行将受到水的阻力作用,需要螺旋桨提供推力来克服它,使船舶能够在某一稳定的航速下航行。而螺旋桨要产生推力,就需要主机提供转矩以克服螺旋桨受到的水阻力矩,使螺旋桨能在某一稳定的转速下运转,这就构成了一个船、机、桨三者统一的一个能量转换系统。如果机、桨配合不合理则会导致转速达不到、航速达不到、主机超负荷等问题严重时造成拉缸。可见提高船、机、桨的匹配性能与船舶的经济性、快速性、安全性密切相关。

1. 设计中采取相关措施减少船阻力,提高推进装置效率

船体阻力主要由两部分组成,即黏性阻力和兴波阻力,而前者又由摩擦阻力和形状阻力组成。船舶在低速航行时,摩擦阻力占总阻力的 70% ~ 80%。随着航速的增加,兴波阻力所占比重越来越大。采用哪一种措施来减少船舶阻力,首先取决于船舶的类型。例如,对于低速的油船和散货船应从减少黏性阻力着手,对于高速的客船和集装箱船,则主要从减少兴波阻力着手。通常建议改进船型设计,以获得低的船舶阻力,减少航行中推进能量消耗。

2. 机桨工况匹配和主机优选

(1) 主机按节油点运行

提高柴油机的热效率,即降低柴油机耗油率的方法之一是提高气缸内最大爆发压力 $p_{zmax}$ 与平均有效压力 $p_e$ 的比值。运行中一般把最大持续功率 MCR 对应的 $p_e$ 定为额定值。减额输出时,把 MCR 时的 $p_e$ 降低作为新的额定点。此时,柴油机的喷油系统、冷却系统和增压器等进行优化调整使 $p_{zmax}$ 值仍维持与 MCR 时相对应之值不变。这样提高了 $p_{zmax}$ 与 $p_e$ 比值,从而实现了比 MCR 低的燃油消耗率。

(2) 主机经济选型

20 世纪 70 年代前,同一缸径及冲程的柴油机只有一个额定输出点(MCR)。这在一定程度上使某一已定船舶的螺旋桨不能达到最佳转速和发出所需功率,另外吨位差异较大的船舶,往往可供选配的主机数量甚少,结果形成“船配机”的传统性船机匹配设计。按此配合,出现了所选主机的常用功率是否合适,经济性是否最佳,并用此主机转速和功率所设计的螺旋桨在船体尾部型线下是否能满足布置要求等一系列问题。

当今,可供选择的柴油机类型众多,加上柴油机具有减额输出区,这为今天正确选择主机创造了较好的优选条件,而不再产生以前机型较少时的“船配机”现象。

## 三、提高螺旋桨的推进效率

1. 采用低转速、大直径螺旋桨，提高推进效率

若推力 $P$ 与进速 $v_P$ 已定，要提高螺旋桨效率，需加大桨盘面积 $A$，即增大螺旋桨直径。此时，若桨转速保持不变，则叶梢线速度增加，会引起摩擦损耗增大，从而导致推进效率的下降。螺旋桨转速与其直径有一个最佳关系(使效率达到最高值时的直径)。

一般而言，在常用航速范围内，桨转速每降低 1%，在航速及载货量不变的条件下，可减少油耗 0.2% ~0.3%。

2. 选配节能型螺旋桨

当前，不大可能对普通的螺旋桨设计作更多的改进，除非研制出相当坚韧的材料，这种材料能使桨叶制造得更薄而且具有更好的效率。除采用低转速、大直径螺旋桨以提高推进效率外，还可采用导管螺旋桨、可调螺距桨等节能型螺旋桨，针对不同的船型以提高推进效率。

# 第四节　动力装置的废热利用

废热利用是提高船舶动力装置经济性的措施之一，船舶动力装置的废热主要有两种。一种是来自于柴油机排气的高位热能，另一种是来自于主机冷却水的低位热能。

主机产生的能量所占比例最大，其废热利用价值也最高，柴油发电机组、辅助锅炉消耗热量所占比例较小，它们产生的废热几乎得不到利用。

燃料在主柴油机中燃烧所发出的全部热量，只有部分转变为机械功，其余部分则分别通过排气、冷却介质和机器表面散热等而损失掉，这些部分损失的热量统称为柴油机的废热。

1. 主机冷却水低位热能利用的形式

图 4-5 (a)是利用发动机冷却水低位热能来制冷的喷射制冷装置原理图。此方案中的发动机冷却器就是制冷机的发生器 12，在发生器中产生的氟氯烷蒸气进入喷射器 13，并吸出蒸发管 10 中的蒸气。从喷射器出来的工作蒸气和由蒸发管来的蒸气一起进入冷凝器 6 进行冷却。由冷凝器出来的一部分液体氟氯烷用泵 3 送入发生器 12，一部分经节流阀 9 进入蒸发管 10。

图 4-5 (b)是利用发动机冷却水低位热能吸收式制冷余热利用系统。从发动机流出的 75 ~80 ℃的冷却水，进入吸收式制冷装置的发生器 12 然后进入发动机的淡水冷却器 4 继续被冷却，最后由淡水泵 3 送入发动机。淡水冷却器用海水冷却。由蒸发器 10 流出的冷剂蒸汽进入吸收器 11，在吸收器内形成高浓度冷剂溶液，被溶液泵 3 排入发生器 12 在发生器中冷剂溶液被发动机冷却水的热量加热成高温高压的冷剂蒸汽，冷剂蒸汽在冷凝器 6 中冷凝后，经调节阀 9 送至蒸发器 10 制冷。

图 4-5 (c)是沸腾型制淡装置的发动机冷却水余热利用简图。热的介质是主机的气缸冷却水。这种装置容量较小，其容量取决于加热介质和冷却水的温度，制淡量一般不超过 20 t/d。它的单位耗热量通常不超过 2 700 kJ/kg。目前的尼力克斯(NIREX)两级式制

淡器容量可达 65 t/d。

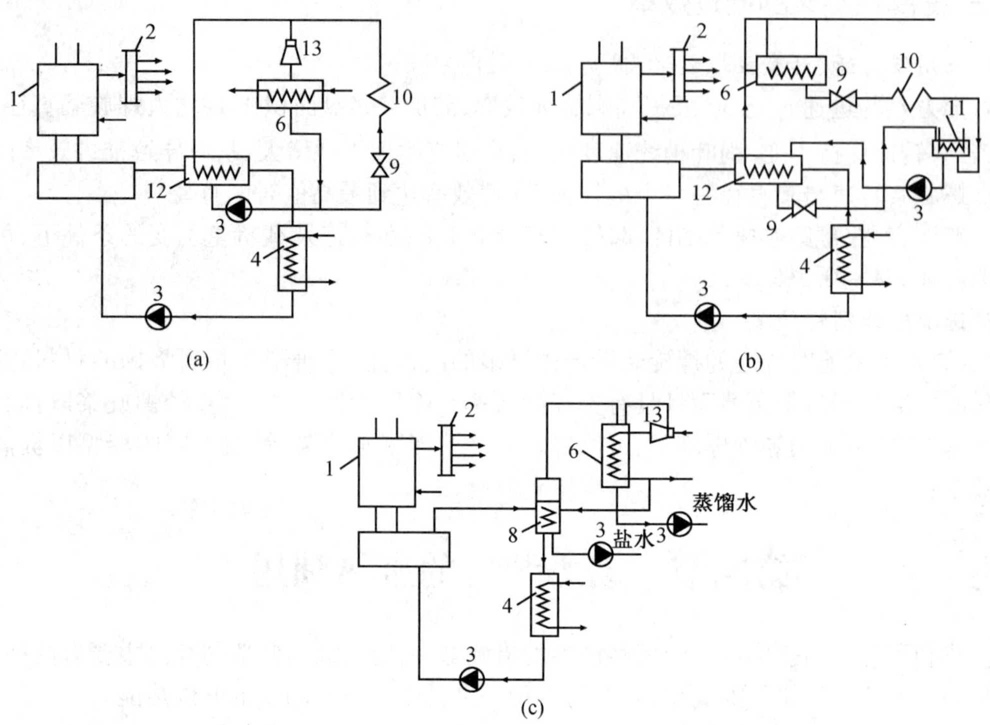


图 4-5 船用余热利用方案简图

2. 柴油机排气高位热能利用的形式

采用废气锅炉回收主柴油机排气的热量是船舶柴油机动力装置主要的余热利用形式。废气锅炉工作时,其热平衡式为

$$D(h - h_{g \cdot s}) = \eta GC(t_1 - t_2)$$

式中,$D$ ——废气锅炉蒸发量,kg/h;

$h$ ——蒸汽焓,kJ/kg;

$h_{g \cdot s}$ ——给水焓,kJ/kg;

$\eta$ ——废气锅炉效率,约为 0.98;

$G$ ——主机排气重量流量,kg/h;

$C$ ——废气锅炉中废气平均比热,kJ/(kg · ℃);

$t_1$ ——废气锅炉进口排气温度,℃;

$t_2$ ——废气锅炉出口排气温度,℃。

根据上式可讨论下列几个问题。

(1)废气锅炉出口排气温度 $t_2$

$t_2$ 越低,能够回收的热量就越多。理论上 $t_2$ 可降至环境温度,但事实上这是不可能的。通常都规定 $t_2$ 不得低于 160 ~ 170 ℃,这是因为:

①要充分利用排气热量,不仅要大大增加废气锅炉的受热面积,而且增加排气的流动阻力。柴油机的排气背压提高,会使发动机的排气温度增加和有效热效率降低。发动机

制造厂一般都规定排气背压值，二冲程低速柴油机废气锅炉增压器的排气背压一般不宜超过0.003 MPa，在管理上也要防止烟道脏堵而影响主机功率的发挥。

②排气温度不应低于露点。如低于露点，排气会对排气系统和余热利用设备起低温腐蚀作用。露点的高低与排气中的水蒸气分压有关，也与燃油中的含硫量有关。排气的露点值一般在120～140 ℃范围。为了最大限度利用排气热，在标定工况下废气锅炉排气出口温度为

$$t_2 = t_{露点} + \Delta t$$

式中，$\Delta t$ 不应小于25 ℃。

动力装置长期在部分负荷下工作，$t_2$ 过低对废热利用设备的维修管理是不利的。

③保证受热面必需的温差。为保证受热面上任何一个部位排气温度都高于水温，通常使

$$\Delta t = t_2 - t_w \geqslant (40 \sim 60\ ℃);\Delta t = t_2 - t_s \geqslant (40 \sim 60\ ℃)$$

式中，$t_w$ ——给水温度，℃；

$t_s$ ——蒸汽温度，℃。

(2)废气锅炉排气进口温度 $t_1$

$t_1$ 越高，可回收的排气热量就越多。在四冲程柴油机动力装置中，废气锅炉的进口温度约为400 ℃，大约可利用排气热量的62 %，而在二冲程柴油机动力装置中排气温度较低，在 $t_1$ = 200～300 ℃时，则可利用排气热量的40%左右。

由于废气涡轮增压器效率提高，扫气压力增高，柴油机的热效率达54%，同时为了经济航速的需要又按低速经济功率匹配螺旋桨，致使柴油机的排气温度下降，这对废气锅炉的废热利用是不利的。为了确保废气锅炉的一定蒸发量，不得不适当提高柴油机的排气温度。目前，废气锅炉是按进气温度为255 ℃，排出温度为188 ℃的标定工况设计的。

(3)蒸汽产生率与蒸汽压力的关系

从充分利用余热出发，出口废气温度 $t_2$ 应尽量降低，而且 $t_2$ 与蒸汽温度间必须维持一定的传热温差，所以蒸汽压力受到一定的限制，因为只有当蒸汽压力和饱和温度有所降低时，才能获得更多的余热和废气锅炉蒸发量。蒸汽压力升高时则相反。

图4-6所示为二冲程低速机和四冲程中速机单位功率的废气锅炉蒸发量随蒸汽压力变化的关系。

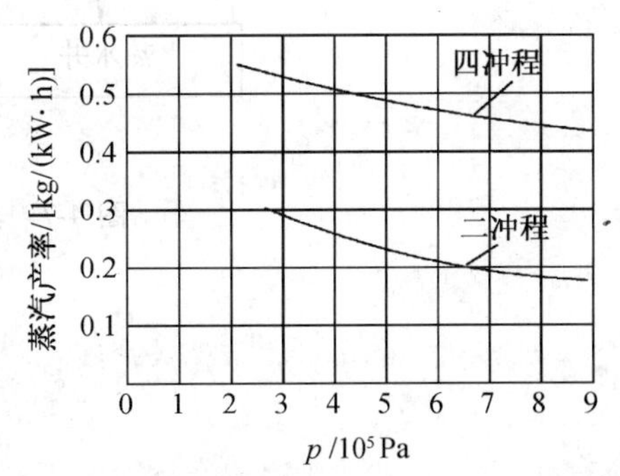


**图4-6　废气锅炉蒸发量与蒸汽压力变化关系**

用于供热系统的废气锅炉，蒸汽压力与蒸汽系统的管路长度和它的阻力有关，一般海船废气锅炉蒸汽压力取0.5～0.7 MPa，河船可低到0.3 MPa，产生的蒸汽通常是饱和蒸汽，可以满足航行时全船加热用汽的需要。

(4)典型的废气锅炉系统

废气锅炉蒸汽系统可设计成许多不同的形式，有单供气压力或双供气压力；有带给水预热器或不带给水预热器；有单一的废气锅炉或与燃油锅炉组成混合式锅炉等。由于二

冲程超长行程柴油机热效率高达 55%,使排烟温度下降。目前 MC 机型在正常额定负荷下涡轮后的排气温度为 250 ~ 270 ℃,降低负荷运转时将会更低些,因此可利用的排气余热减少,使废气锅炉产生的饱和蒸汽不能满足船舶加热系统的需要,此时燃油辅助锅炉可作为补充。

图 4-7 所示为标准的废气锅炉系统,用于产生饱和蒸汽供加热之需。该系统由单一的蒸发器组成,是简单的单压蒸汽系统。给水直接泵送到燃油锅炉,废气锅炉与燃油辅助锅炉之间有循环水泵并可共用一个汽鼓。若采用单独汽鼓,则一个锅炉故障时另外一个锅炉仍可运转。

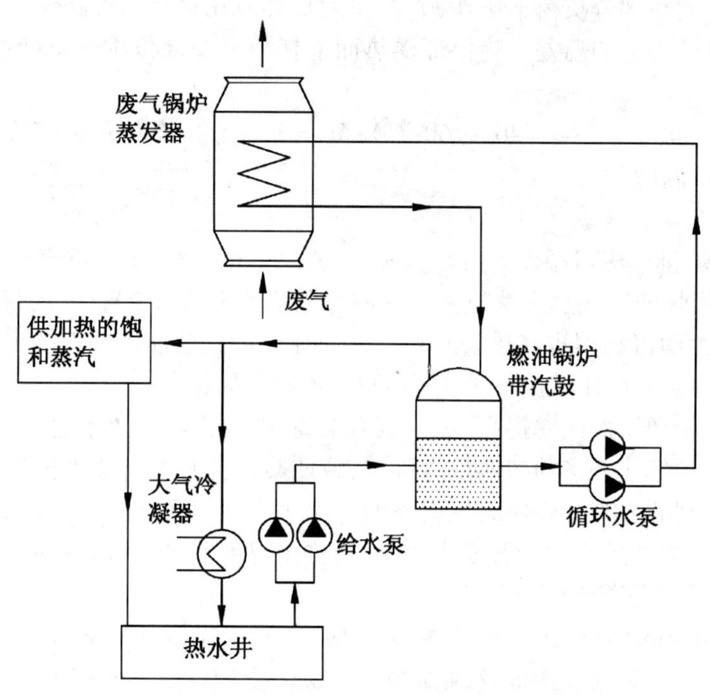


图 4-7　典型的废气锅炉系统

# 第五章 船舶安全操作及应急处理

## 第一节　船舶在各类应急情况下的安全措施

**（一）船舶搁浅后的应急措施**

1. 应急处理

（1）轮机长迅速进入机舱，主机进入备车运行状态。

（2）主机降速运行。船舶进入浅水区，因为船舶阻力增加，主机转速下降，或者在全制式调速器作用下会自动增加油门使柴油机超负荷运行，所以当值班轮机员发现主机转速和功率变化异常时，应考虑到搁浅的可能，主动向驾驶台联系询问情况，并采取降速措施。

（3）使用机动操纵转速。搁浅后，无论驾驶台采取冲滩或退滩措施，机舱所给车速都应使用机动操纵转速或系泊试验转速，防止主机超负荷。

（4）换用高位海底阀。搁浅时值班轮机员应立即将低位海底阀换为高位海底阀，防止海水泵吸入泥沙，堵塞海水滤器。

（5）清洗海水滤器。换用高位海底阀后，如果发现海水压力仍然较低，可清洗海水总管的海水滤器和海水泵前的滤器，清除积存的泥沙；或立即换用另一舷的高位海底阀。如不及时换用另一舷侧的高位海底阀和清洗海水滤器，可能发生海水低压报警，冷却系统无法工作，使主机不能正常运行，甚至发电机因高温而停止工作。

2. 轴系检查

搁浅可能引起船体变形，造成柴油机轴系中心线的弯曲，影响柴油机运转，所以船舶搁浅后必须检查轴系的情况。判断轴系状态可用下列方法：

（1）盘车检查。停车后为判断轴系是否正常，船尾部搁浅时可用盘车机盘车检查。检查轴系运转是否受阻，查看盘车机电流的变化情况是否正常。

（2）柴油机运转时的检查：

①检查中间轴承和艉轴的温度；

②检查中间轴和艉轴是否跳动；

③检查中间轴承地脚螺栓情况;

④检查曲轴箱的温度;

⑤检查齿轮箱的声音是否正常。

(3)柴油机曲轴臂距差的测量。搁浅后应尽快创造条件测量曲轴臂距差,通过曲轴臂距差来判断曲轴中心线的变化和船体的变形,决定脱险后主机是否正常运行或减速运行。

3. 双层底舱柜的检查

搁浅时双层底舱柜可能变形破裂,要注意检查和测量各舱柜的液位变化,注意海面有无油花漂浮等,并做好机舱排水准备工作。检查的主要内容是:

(1)连续检查主机滑油循环柜的液位;

(2)测量干隔舱、油水舱等双层底舱柜,如有漏水可将测量管和透气管的管口封死,从而减缓进水速度和减少进水量。

4. 舵系的检查

搁浅时舵系有可能被擦伤和碰坏,因此搁浅后必须对舵系进行仔细检查:

(1)进行操舵试验,检查转舵是否受阻;

(2)检查舵机负荷是否增加,如电机电流和舵机油压是否正常;

(3)检查转舵时间(从任一舷的35°转至另一舷的30°)是否符合要求(不超过28 s);

(4)检查舵柱有无移位;转舵时舵柱是否振动。

5. 做好事故记录

记录搁浅发生的时间和脱浅的时间;记录所采取的各项应急措施;记录所造成的直接损失和间接损失等,以便为海事处理提供正确和必要的法律依据。

**(二)船舶碰撞后的应急措施**

船舶发生碰撞、触礁事故,使船体破损进水,引起船身倾斜,甚至沉船,必须立即采取应急安全措施。

事故发生后,轮机长应立即进入机舱,命令当值人员做好备车工作,使主机处于随时可操纵状态(航行中),或停止甲板作业(装卸货中),或加开一部发电机(锚泊中);监督值班轮机员按照船长命令操纵主机,做好轮机日志、车钟记录簿的记录。其他人员应到指定地点(航行中到机舱)集合听候分配。

1. 碰撞发生在机舱以外

(1)视情切断碰撞部位的油、水、电、气、汽源,关闭有关油水柜的进出口阀,尽量减轻油水污染,并为抢救工作创造一个安全的现场。

(2)如有火情、进水现象发生,各职责人员应按应变部署表的规定迅速进入各自应变岗位。

(3)反复测量受损部位及其附近油水舱的液位高度(水舱由甲板部负责)变化情况,如发现有进水现象,应关闭该油水舱的进出口阀以切断舱柜之间的通道,对于油舱还应设法封闭该舱的透气管,尽量减少污染。

(4)碰撞发生在非机舱部位,除值班人员外应一律参加由甲板部组织的抢救工作。

2. 碰撞发生在机舱或机舱后

(1)机舱进水时的应急排水措施

①一旦发现机舱进水,值班人员应立即发出警报并报告值班轮机员或轮机长,同时应迅速采取紧急措施,不得擅离机舱。

②轮机长或值班轮机员接到报告后,应立即进入机舱现场检查并按应变部署组织抢救。

③尽力保持船舶电站正常供电,必要时启动应急发电机。

④根据进水情况使用舱底水系统或应急排水系统,若机舱大量进水时应做好应急吸入阀及其海水泵系的应急操作。

⑤根据进水部位、进水速率判断排水措施的有效性,进一步采取相应措施。

(2)机舱进水时的应急堵漏措施

①执行机舱进水时的应急排水措施,同时船长和轮机长立即组织人员摸清破损部位、进水流量,拟定有效的堵漏措施。

②风浪天应关好水密门窗及通风口。

③艉轴管及其密封装置破损,应酌情关闭轴隧水密门。

④如海底阀及阀箱、出海阀或应急吸入阀等破损,则应关闭相应的阀,并选用有效的堵漏器材封堵。

⑤冷却器、海水滤器或管路等破损,应关闭相应的阀,组织修复或堵漏。

(3)机舱进水事故报告

①值班人员立即将现场情况报告轮机长,轮机长立即报告船长。报告内容:a. 破损的部位、程度与原因;b. 已经采取的应急措施;c. 机舱水位与排水情况。

②轮机长将抢修、抢救情况报告船长。报告内容:a. 人员安排情况;b. 堵漏措施及堵漏效果;c. 机舱进、排水量;d. 所需要的支援与要求。

③船长向海事局和公司报告的内容:a. 机舱进水的时间、船位与海况;b. 破损的部位、程度与原因;c. 应急排水和堵漏的效果;d. 所需要的支援与要求。

④ 事后应向海事局和公司报告的内容:a. 进水的原因与性质;b. 采取的应急措施及效果;c. 进水对船舶营运影响、损失的估计。

(4)做好事故记录

①对轮机部所辖范围进行检查,将损坏部位和损坏情况记入轮机日志。

②详细记录机电设备的损失或损失的估计、发生的时间和抢救措施,为海事处理提供必要和准确的法律依据。

## 第二节　船舶在恶劣气候下轮机部安全管理事项

### (一)船舶在恶劣气候条件下航行时轮机部安全管理事项

(1)轮机长要督促轮机部全体人员集中精力加强检查,防止主机、副机和舵机发生故障;

(2)值班轮机员不得远离操纵室,应注意主机转速变化,防止主机飞车和增压器喘

振,认真执行船长和轮机长的命令;

(3)根据海上风浪、船体摇摆情况以及主机飞车和负荷变化情况,轮机长应适当降低主机负荷,并调整好主机限速装置;

(4)安排船员将机舱管辖范围的门窗和通风道关好;

(5)将机舱的行车、工具、备件和可移动的物料油桶等绑扎好;

(6)尽量将分散在各燃油舱柜里的燃油驳到几个或少数燃油舱柜中,以减少自由液面,并保持左、右舷存油平均,防止船体倾斜;

(7)日用油柜和沉淀油柜要及时放残水,并保持较高的油位和适当的油温;

(8)注意主、副机燃油系统的压力,酌情缩短清洗燃油滤器的时间,以免燃油滤器被堵而影响供油;

(9)主机滑油循环柜的油量应保持正常,不可过少;

(10)密切注意辅助锅炉和废气锅炉的工况,特别是辅助锅炉的水位,防止出现假水位;

(11)机舱舱底水要及时处理;

(12)必要时增开一台发电机。

**(二)船舶在恶劣气候条件下锚泊时轮机部安全管理事项**

(1)按航行要求保持有效的轮机值班;

(2)影响备车和航行的各项维修检查工作必须立即完成,并使之保持良好的工作状态;

(3)仔细检查所有运转和备用的机器设备;

(4)按驾驶台命令使主、副机保持备用状态;

(5)采取措施,防止本船污染周围环境并遵守各项防污规则;

(6)所有应急设备、安全设备和消防系统均处于备用状态;

(7)注意做好大风浪中航行的各项准备工作。

**(三)船舶在台风期间轮机部安全管理事项**

*1.“在台风威胁中”的应急措施*

船舶于未来 48 h 以内,遭遇风力可能达到 6 级以上,应被认为已在“台风威胁中”。上岸船员获悉有台风威胁,应自动在“台风严重威胁”前归船,进行防御准备工作。“台风威胁中”,港内船舶非经海事部门批准,不可以进行洗刷锅炉或拆卸主机、起锚机、舵机、锚链等重要机械属具,已在进行这些工作的船舶应即在“台风严重威胁”前,安装恢复原状。

*2.“在台风严重威胁中”的应急措施*

船舶于未来 12 h 以内,遭遇风力可能达到 6 级以上,应被认为在“台风严重威胁中”。在“台风严重威胁中”各船应切实做好防御准备工作。

(1)紧密封闭一切露天甲板舱口,每舱至少须盖结实油布两层,油布必须铺平,并以全部木楔打紧固定于舱口缘材上,有压条的应将螺丝旋紧,并须用绊绳紧缚,以防鼓风吹裂油布。

(2)露天甲板伸出的通风筒和空气管,可拔下的应拔下,并塞上木盖和罩上帆布套;

机炉舱等高大通风斗和烟囱应增加必要的临时支索。

(3)关闭甲板出入口和通行舱口,并将螺丝上紧,急用的除外。

(4)舷窗和铁盖均应盖好,并将螺丝上紧。

(5)全部水密门和舷门除急用外,一律应该紧密关闭。

(6)检查污水管、测水管等管系的盖子,并旋紧。

(7)清扫甲板,检查排水孔和排水门,以防堵塞。

(8)吊货杆和其他一切大件可移动的物料,应该缚牢,使处于航海状态中。

(9)各水舱和燃油舱应尽量合并装满,消灭或减少流动面,如果是空船或轻载,压舱水必须及时灌满。

(10)燃煤舱必须扒平以防移动。

(11)舱内货物必须塞紧,危险物品尤应注意,甲板货物必须固定缚牢。做好紧急松绑的准备,以防风浪中移动损害甲板属具,特别是舱口水密装置。

(12)易受风浪损坏的零星物件或属具,如舷梯天幕等,应收入缚牢,或打叠收起。

(13)救生艇应装入艇架与甲板紧缚,艇盖用绳缚牢,艇塞拔出使艇内积水得以排出。

(14)物料间的油漆、油料、灯具以及厨房用具瓷器等,应妥为安置。

(15)甲板上往来行走处,应装好扶手索,以免滑跌。

(16)检查镇浪油撒油设备。

(17)无线电设备的应急蓄电池,应保持充满状态。

(18)锅炉、主机、副机、起锚机、舵机等,应使处于正常状态中。

(19)检验船首与驾驶台各种联系灯设备,以及机舱与驾驶台车钟、电话、传声管等通信设备。

(20)封闭锚链管,施以捻缝,上盖帆布,在航海中,管内填1~2尺的麻絮,加上水泥。

(21)船舶在台风严重威胁的时候,如果尚在海上航行,应立即开足马力,赶入避风锚地或走避台风中心区域,严禁企图横过台风进路的尝试。

3. 台风袭击中的紧急措施

台风中心接近,风力转剧达8级以上的时候,称为"在台风袭击中"。

(1)在台风袭击中,全体船员应不分班次,一齐出动,巡视全船四周,以便发生障碍或意外的时候,立时进行抢修或抢救。

(2)台风袭击中每小时仍应记录气象一次,并探测全船各部舱底一次。

(3)台风袭击中,全体船员应严格遵守纪律,服从领导;若发生意外事故,船长必须尽一切可能救护船舶,防止损失扩大。

(4)台风袭击中,轮机长应亲自下机舱领导,保持主机、副机、水泵、舵机等的正常运转。在机器安全范围内,主机转速应尽一切可能配合驾驶台的要求。

(5)台风袭击中,应注意船员的人身安全,甲板工作者的两袖、领口等应扎紧并穿着救生衣系带救生绳。

(6)在台风袭击中航行,应该注意:

①调节航速和航向,避免船舶摇摆周期与波浪周期相一致。

②调节航速,必要时,暂时停车,避免船首或船尾与狂浪正面撞击。

③更改航向,避免受横浪冲击。

④顺航船舶,如无其他原因,一般宜用慢速前进,在前方已接近陆地浅滩,尤须注意,必要时,由船尾放出海锚漂浮。

⑤尽量避免转头,尽可能利用抛海锚漂浮,如果为形势所迫必须掉头,应慎重考虑稳心并进行必要准备,绝不可以贸然进行。

⑥选择船上适当部位撒油,以减少波浪的冲击力量。

⑦在较浅水处停滞漂浮,可将双锚卸扣打开,松出锚链,以减少不必要的漂流。

⑧甲板货物或其他物件属具等危及船舶稳性,或松散移动危及船体设备,特别是舱口水密,船长有权抛弃或者采取其他必要安全措施。

(7)台风袭击中,锚泊船舶应派驾驶员和有经验水手各一人在船道看守锚链,并根据锚链方向和受力情况,开动主机和操舵,以减轻锚链负荷,防止走锚断链的危险。靠泊码头或系带浮筒船舶,也应备机待用,并随时关注系缆碰垫的情况。

(8)台风眼过境的时候,如情况许可,锚泊船舶可将锚起上。待回转后再抛,以免锚链发生纠缠。

4. 台风过后工作

(1)台风过后,各船应即迅速恢复生产,应即进行总结。

(2)台风袭击过后,应即检查遭受损失情况,特别注意检查船舶重要机械属具,锚链舵机等有否在风浪中遭受潜在的损伤。

(3)台风袭击过后各船在航行中,应警惕潮汐规律可能发生紊乱,浮标可能漂移,江河口外浅滩可能发生变动。

**(四)能见度不良条件下的航行**

船舶在遇雾、霾、雪、暴风雨、沙暴或其他类似原因,而使能见度受到限制的情况,或在其附近航行时统称为雾航。

1. 雾航准备

船舶应及时接收并阅读天气预报、气象传真、航海警告和雾航警报。船舶在雾季航行,船长应充分了解和分析雾情预报资料、航区海域特点、海域船舶特点、通航密度特点等,采取相适应的雾航措施。船舶遇雾前,驾驶人员应对各种航行仪器、VHF 无线电话、AIS、声号和航行灯号等进行检查,以确保雾航中正常使用。

轮机值班人员在接驾驶台备车命令后,应即按要求调整、准备机舱动力设备,保证用车需要。

2. 雾中航行

当船舶遇视线恶劣、渔船密集、避让困难、航道复杂及船长认为安全航行有困难,船长有权作出有利于安全的决定。在条件许可的情况下,可及时择地锚泊或滞航。驾驶人员应时刻保持正规瞭望,细心观察,从灯光、水线、用雷达测定目标距离等的变化,对能见度作出正确的估计,确定雾航的进一步措施。

当船舶遇能见度等级达 5 n mile 时,应做好一切雾航准备,驾驶人员必须采取以下措施:

(1)报告船长。

(2)机动操纵主机需换油的船舶应通知机舱换油。

(3)开启雷达。

(4)开启航行灯。

(5)关注并守听 VHF、AIS 中信息。

(6)加强瞭望。

当遇能见度小于 3 n mile 时,应实施雾航行动,特别谨慎地驾驶船舶并采取以下行动:

(1)报告船长,并采取必要的安全措施。如通航条件复杂、通航密度大、或感到航行困难,应毫不犹豫地叫船长上驾驶台。

(2)主机备车并保证随时可用。

(3)雷达调整到最佳工作状态,变换量程并正确使用 ARPA 及 AIS。

(4)必要时按章鸣放雾号。

(5)值班驾驶员应将船位、四周环境和已采取的措施报告船长。

(6)船长应根据实际情况,核实雾航安全措施的落实情况。必要时应亲自操纵。

(7)值班驾驶员应认真瞭望,勤测船位,若船长亲自操纵,应协助船长谨慎驾驶。

(8)值班轮机员接到备车航行通知时,应立即报告轮机长。

(9)轮机长应亲自下机舱检查、核实主机工况,使之随时可变速操作。

船舶必须使用安全航速行驶,以便随时能采取适当而有效的避碰行动,并能在适合当时环境和情况的距离内把船停住。全船应保持肃静,禁止喧哗,避免干扰驾驶员的听觉。应打开驾驶台门,禁止闲谈。当航经近岸、船舶密集、水道狭窄等复杂水域时,应增加瞭望人员或派员瞭头。瞭头人员应及时将所发生或听到的情况及疑点报告驾驶台。保持守听 VHF16 频道或适合当时水域其他 VHF 频道。必要时在 VHF16 频道发布本船雾航警报,雾航警报应使用中、英文交替发出,力求简明。内容包括:船名、时间、船位、航向、航速和意向等。在复杂航区严禁使用自动舵,或遥控操纵。

3. 报告与记录

船舶遇雾航行时,船长应检查确认雾航措施,并按《船舶调度规程》特殊情况电报(S12C),标注特殊情况代码,如大雾“SWFOG”、按雾规航行“SWURV”,报告公司。当雾散恢复正常航行时,应按特殊情况电报(S12F)再报。

值班人员应在“航海日志”、“轮机日志”等记载雾航起止时间及采取的雾航措施。

**(五)冰区航行轮机部安全管理事项**

(1)轮机值班人员应加强监视主、副(辅)机等机电设备的运行工况。

(2)指定专人照顾主、副海水泵的工作,及时换用低位海底阀,防止冰块卡住或堵塞,以致海水系统因缺水而无法正常工作。

(3)特别注意舵机的运转情况。

(4)注意船体与舷外冰块的摩擦声响、船体的动态及推进器搅动冰块的声响。空载、轻载船舶应增加艉部吃水,使推进器全部浸入水中。

(5)发现异常动态,要做好记录并及时通知轮机长和船长。

## 第三节　全船失电时的应急措施

**(一)全船失电的原因**

发电机跳闸造成全船失电的原因十分复杂,常见的有:

(1)电站本身故障,如空气开关故障、相复励变压器故障等;

(2)大电流、过负荷,如大功率泵的启动或电气短路等;

(3)大功率电动辅机故障或启动控制箱的延时发生变化;

(4)发电机及其原动机本身的故障,如调速器故障和滑油低压、冷却水低压、燃油供油中断等;

(5)操作失误。

**(二)全船失电时的应急措施**

全船失电时应立即通知驾驶台并接上应急电源,检查应急电源供电是否正常。

如果属于过负荷跳电,跳电后发电机组仍在空负荷下运转,应切除“非重要负载”,如通风机、空调、冰机、厨房用电及部分照明设备等,然后再次合闸供电。若一次合闸后再跳电,应立即检查故障所在,不应再次合闸。

在全船失电情况下首先要注意确保舵机、助航设备和消防设备供电。

在恢复正常供电后,应逐台启动有关电动泵以利于发现故障。

根据船舶航行状态的不同应采取不同的应急措施,以免因全船失电而产生其他重大事故:

(1)船舶在海上航行,突然失电时,应首先停止主机运转并立即电告驾驶台,然后迅速启动备用发电机组,尽快恢复供电。如果情况特殊急需用车避让,只要主机有可能短时运转则应执行驾驶台命令。如备用发电机组也不能启动,则应启动应急发电机(正常情况下,应急发电机应自动启动),并首先给导航设备和舵机供电。在恢复正常供电后,再启动为主机服务的各电动泵,然后再启动主机。

(2)船舶在狭窄水道或进出港航行中突然失电时,应迅速启动备用发电机组尽快恢复供电,同时应立即通知驾驶台并停止主机运转。在应急处理过程中必须有人坚守主机操纵台,随时与驾驶台联系。若情况危急,船长必须用车时,可按车令强制主机运行而不考虑主机后果。

(3)船舶在系泊或锚泊状态发生失电时,应先启动备用发电机组;恢复正常供电后,再分析检查故障原因并予以排除。

**(三)防止船舶失电的安全措施**

(1)做好配电板、控制箱等的维护保养工作;

(2)做好各电机及其拖动设备的维护保养工作,及时修理与更换有关部件;

(3)做好发电机及其原动机的维护保养工作;

(4)在狭窄水道、进出港航行时,增开 1 台发电机并联运行以策安全;

(5)在装卸货物期间,如增加开工头数,值班驾驶员应提前通知机舱;

(6)在狭窄水道、进出港等机动航行时应做到:尽量避免配电板操作,尽量避免同时

使用几台大功率设备，如起货机等。

## 第四节　航行中舵机失灵时的应急措施

**（一）航行中舵机失灵时的主要原因**

（1）舵机不能转动的原因：遥控系统失灵；主泵不供油；主油路故障。

（2）只能单向转舵的原因：遥控系统只能单向动作；变量泵只能单向排油；主油路单方向不通或旁通。

（3）转舵速度慢的原因：遥控系统控制不当；主泵流量太小；主油路有旁通或漏泄。

（4）滞舵——舵的转动明显滞后于操舵动作的原因：遥控系统响应迟滞；主油路中混有较多气体；泵控型系统主油路内部漏泄或旁通较严重。

（5）冲舵——舵转过指令舵角不停的原因：电气遥控系统故障，不能及时正确传递反馈信号；伺服系统换向阀卡阻不能及时回中、伺服油缸活塞跑位（漏泄、锁闭不严）；泵变量机构不能及时回中；阀控型系统中液动换向主阀不能及时回中；转舵油缸锁闭不严；油缸内存在较多空气。

（6）舵不准——实际舵角与指令舵角不符的原因：由于遥控系统（包括传动杆件和反馈机构）调整不当造成。

（7）跑舵——稳舵时舵偏离所停舵角的原因：多因主油路锁闭不严引起，也可能是控制系统工作不稳定引起，如电接触不良等。

**（二）航行中舵机失灵时应采取的应急措施**

船舶在海上或港内航行时，舵机失灵将导致船舶失控，此时驾驶台与轮机部应密切配合，采取正确有效的应急措施以避免造成其他重大事故。

*1. 一般应急措施*

航行中发现舵机失灵，驾驶台应先转换为辅助操舵系统，并通知机舱立即启动辅助或应急操舵装置。若无效，轮机部人员应立即进入舵机房，轮机长为现场指挥，组织抢修和排除故障，同时向船长报告排除故障情况。如果轮机部自行抢修困难或无效时，轮机长应立即报告船长，说明舵机失灵的原因、已经进行的抢修措施、需提供的支援和准备进一步采取的措施。甲板部和轮机部均应做好记录。轮机部对舵机发生的任何故障，均应对故障作彻底检查。在查明故障源后，应作出结论，以便对本船舵机的安全运转管理作出评估，以免今后发生类似故障。

*2. 舵机应急操作*

（1）突然发生全船失电故障不能立即恢复供电时必须做到的事项

①值班轮机员应立即向值班驾驶员、轮机长报告并采取相应的紧急措施停车，尽快恢复供电。

②轮机长、大管轮及全体轮机员迅速进入机舱，立即启动应急发电机由应急配电板向舵机、导航设备供电。

③启动舵机油泵电机并由驾驶台操纵舵机。

④有专人值守应急发电机及应急配电板，注意观察应急发电机组燃油、曲轴箱滑油、

冷却水箱液位,根据消耗量及时补充燃油。

⑤有专人值守舵机室,防止意外事故发生或按船长命令准备好应急操舵。

⑥尽快恢复正常供电,切除应急发电机,待故障排除后将详细经过记入轮机日志。

(2)船舶航行中必须使用应急操舵设备操舵时的操作程序

船舶无论在何种航行条件下,只要发生驾驶台不能有效地通过主、辅操舵装置操纵舵机的紧急情况,轮机部就应立即做到:

①值班轮机员接到驾驶台的通知后,立即报告轮机长并按驾驶台的指令操纵主机;

②轮机长、大管轮立即进入舵机室现场指挥;

③迅速启动手动应急操舵装置,按照船长的指令操舵;

④克服舵机室噪声大等不利条件,听清舵令、回复舵令,确保操舵的准确性;

⑤在舵机应急操纵过程中,值班轮机员不能远离主机操纵台,按车令操纵主机,执行船长和轮机长的命令;

⑥加强轮机值班,指导值班水手能独立操作应急操舵装置,尽全力抢修驾驶台主、辅操舵装置;

⑦向公司汇报驾驶台主、辅操舵装置失灵的经过,不能修复的原因及所采取的应急措施,并请求驶向最近海岸有能力修复主、辅操舵装置的有关港口进行修复;

⑧轮机长作详细的事故报告:发生故障的时间、海况、地点、原因、抢修经过和采取的措施及可能需要的支援。

## 第五节　弃船时轮机部应急安全措施

弃船是万不得已的情况下而作出的决定。当船舶发生事故,经积极抢救无效,事态恶化,确已无法保全船舶,并即将危及船员和旅客的生命安全时,船长才能发出弃船警报,下令弃船;如果情况允许,船长还应电告公司。

为了安全离开处于极端危险状态的船舶,在接到船长下达的“用车完毕”车令或船长通知后,轮机长率领轮机部全体成员在最短的时间内,处理好机舱的善后工作。

(1)关停所有正在运转的机电设备,确认已停止工作;

(2)停炉放汽,确认汽压迅速降低;

(3)尽可能地关闭所有油舱柜、管系的阀门,堵塞透气孔,确认燃油、滑油柜速闭阀、海底阀已经关闭;

(4)关闭机舱范围水密门窗;

(5)如条件许可应尽可能开启应急发电机并保证应急电源供电;

(6)轮机长待机舱善后工作完成后,携带轮机日志、电气日志、车钟记录簿及油类记录簿最后离开机舱。

## 第六节　轮机部安全操作注意事项

### 一、上高作业时的安全注意事项

(1)按规定离基准面 2 m 以上为高空作业。上高作业用具如系索、滑车、脚手架、坐板、保险带、移动式扶梯等,在使用前必须严格检查,确认良好。脚手架上应铺防滑的帆布或麻袋。

(2)上高作业人员应穿防滑软底鞋、系带保险带并系挂在牢固的地方,必要时应在作业处的下方铺张安全网。

(3)上高作业和多层作业时,上高作业所有的工具和所拆装的零部件应放在工具袋或桶内、或用软细绳索缚住,以防落下伤人或砸坏部件。

(4)当上层有人作业时,其他人员应尽量避免在其下方停留或作业,如属必需,应佩戴安全帽。

(5)上高作业人员易发生坠落或重物落下砸人等伤亡事故。在强风中或涌浪时,除非特殊需要,禁止上高作业。

### 二、吊运作业时的安全注意事项

(1)严禁超负荷使用起吊工具。在吊运部件或较重的物件前,应认真检查起吊工具、吊索、吊钩以及受吊处,确认牢固可靠,方可吊运。禁止使用断股钢丝、霉烂绳索和残损的起吊工具。吊起的部件,除非必要,应立即在稳妥可靠的地方放下,并衬垫绑系稳固。

(2)起吊时,应先用低速将吊索绷紧,然后摇晃绳索并注意观察,确认牢固、均衡且起吊物已松动后,再慢慢起吊。如发现起吊吃力,应立即停止,进行检查或采取相应措施,防止超负荷。

(3)在吊运过程中,禁止任何人员在其下方通过;也不得在起吊的部件下方进行工作;如确属必须,应采取各种有效的防范措施。

(4)使用气动吊车时,应派人看守压缩空气阀,以便一旦失控立即切断气源,以免发生事故。

(5)严禁用起重设备运送人员。

### 三、检修作业时的安全注意事项

(1)检修主机时,必须在主机操纵处悬挂“禁止动车”的警告牌并应合上转车机,以防水流带动推进器。检修中如需转车,须征得驾驶员同意。应特别注意检查各有关部位是否有人或影响转车的物品和构件,并应发出信号或通知周围人员注意,以防伤人或损坏部件。

(2)检修副机和各种辅助机械及其附属设备时,应在各相应的操纵处或电源控制部位悬挂“禁止使用”或“禁止合闸”的警告牌。

(3)检修发电机或电动机时,应在配电板或分电箱的相应部位悬挂“禁止合闸”的警告牌,如有可能还应取出控制箱内的保险丝。

(4)检修管路及阀门时,应事先按需要将有关阀门置于正确状态,并在这些阀门处悬挂“禁动”的警告牌,必要时用锁链或铁丝将阀扎住。

(5)在锅炉、油水舱内部工作时,应打开两个导门并给予足够通风。作业期间应经常保持空气流通,并悬挂“有人工作”的警告牌;派专人守望配合,注意在内部工作的人员情况。

(6)在锅炉汽包等汽水空间内工作时,应参照上述(4)、(5)项执行。如在连通的其他部位仍有压力时,还应事先检查并确认阀门无漏,并派专人看守阀门。

(7)检修空气瓶、压力柜及有压力的管道时,应先泄放压力,禁止在有压力时作业。

(8)在锅炉、机器和舱柜等内部工作时,应使用可携式低压照明灯,但在油柜内应使用防爆式,使用前必须认真检查并确保状态良好。

(9)拆装带热部件时,要穿长袖衣裤并戴帽及手套。

(10)拆装冷冻液管时,一般应先抽空,拆装时必须戴手套、防护眼镜或面罩,以防受伤和中毒。

(11)检修汽门室、气缸、涡轮内部、减速齿轮以及其他较为隐蔽或不易接近的部位时,作业人员衣袋中不得携带任何零星杂物,以免落入机内造成事故。检查减速齿轮时,必须在主管检修的轮机员亲自监督指导下方可打开探视门,收工以前必须盖好;严禁在无人看守时敞开探视门。

(12)柴油机在运转中如发现喷油器故障需立即更换时,应先停车,打开示功阀,泄放气缸内压力,禁止在运转中或气缸尚有残存压力时拆卸喷油器。

(13)试验柴油机喷油器时,禁止用手探摸喷油器的油嘴或油雾。

(14)裸露的高压带电部位必须悬挂危险警告牌或用油漆书写危险标记。除非绝对必要,严禁带电作业;确需带电作业时,必须使用绝缘良好的工具。禁止单人作业,只有一名电机人员时,轮机长应指派一名合适的人员进行协助。作业中注意防止工具、螺栓、螺帽等物掉入电器或控制箱内。看守人员应密切注意工作人员的操作情况,随时准备采取切断电源等安全措施;作业完毕后,应再认真检查。

(15)一切电气设备,除主管人员和电气人员外,任何人不得自行拆修。

(16)禁止使用超过额定电流的保险丝。

(17)一切警告牌均由检修负责人挂、卸,其他任何人不得乱动。

(18)因检修移走栏杆、花铁板或盖板后,应在周围用绳子拦住,以防人员不慎踏空而伤亡。

## 四、车床、钻床作业时的安全注意事项

(1)在进行车床、钻床作业时应严格遵守操作规程,工件应夹持牢固。夹头扳手用完应立即从夹头上取下。操作者衣着要紧身,袖口要扣好,戴好防护眼镜。禁止戴手套操作。

(2)在磨制工具和砂轮机作业时(包括除锈、除炭时),作业者应戴防护眼镜和口罩,并站在与砂轮旋转方向略偏一个角度处。

(3)禁止使用手柄不牢的手锤。

## 五、清洗和油漆作业时的安全注意事项

(1)油管、过滤器和加热器等如有泄漏应尽快清除,并注意防止漏油流散。

(2)机舱地板上的油污必须随时抹去。在用水冲洗机舱底部时,要防止水柱和水珠冲到电气设备上而引起损坏,并防止人员滑倒跌伤。

(3)使用易燃或有刺激性的液体清洗部件时,一般应在艉部甲板等下风处进行,不宜在机舱进行,同时要注意防止发生污染海面的事故。

(4)在处理酸、碱或其他化学品,或进入有毒气处所时,需相应地戴手套、防护眼镜、口罩、面罩等。

(5)处理化学品时,要按规定的步骤操作,避免引起剧烈的反应,损伤人体。如果身上溅到液体,要迅速地用水清洗或作相应的处理。

(6)油漆空气瓶内部或其他封闭处所,不能同时多人作业,且时间不能太长,应轮流作业相互照顾,防止油漆中毒。

## 六、焊接作业时的安全注意事项

1. 焊接守则

(1)航行途中施焊,轮机长须报告船长,征得同意后方可进行并报上级机关备案。除施焊间外,必须经轮机长或大管轮同意方可在机炉舱内实施焊接作业。在机炉舱外的其他部位施焊必须征得船长同意。船靠码头或在装卸作业期间如须进行焊接,必须遵守港方有关规定或征得港方同意方可进行。

(2)在任何部位施焊均必须先清理现场,现场不得有任何易燃物品,并注意周围环境有无易燃的物品和气体,必要时应予挪移和通风。根据不同环境备妥适当的灭火器材。

(3)施焊时必须有两人作业,一人操作,一人监守。作业人员应穿长袖衣裤,戴手套、眼镜,必要时应戴防护面具。电焊时必须使用面罩,不得用墨镜代替。

(4)严禁对存有压力的容器、未经清洁和通风的油柜、油管进行施焊。

(5)在狭窄舱、柜内或其他空气不够流通的部位施焊,要特别注意通风,施焊持续时间不应太久。照明灯具应使用低压型的并注意电线不能距离施焊处过近。

(6)焊件的焊处应清洁、干燥,防止焊后产生裂缝。焊接大件时,应先预热以消除内应力,必要时可用夹具。

(7)对有色金属或合金施焊时应注意通风,作业人员应在上风位置或戴防护面具,以防中毒。

(8)敲打焊渣时必须戴眼镜并注意角度,以防碎屑飞溅入眼。

(9)焊件未冷,作业人员不应离开现场,如属必要,应采取防范措施,防止误触烫伤。

(10)施焊完毕,应将工具整理好并复归原处,现场打扫清洁,仔细检查周围有无火种隐患,确认无患后方可离开。

(11)如由船厂工人施焊时,应由主管部门同意,派专人备妥消防器材,并监督施焊以防止发生火灾;如认为施焊不安全时,有权停止其作业。施焊完毕后应仔细检查,特别应注意施焊物的背面有无隐患,待施焊物完全冷却后方可离去。

2. 电焊时注意事项

(1)严格遵守电焊机的使用操作规程,开机时应逐步启动开关,不可过快,注意防止焊夹和焊条碰地。

(2)经常注意检查焊机温度及运转是否正常。禁止在施焊时调整电流。

(3)禁止在运转中的机电设备、起重用的钢丝绳或乙炔、氧气管或钢瓶上通过电焊线。

(4)密切注意电焊设备的绝缘状况,夏季作业时焊工脚下最好垫入木板、橡皮等绝缘物。

(5)电焊完毕或较长时间停焊应切断焊机电源。

3. 气焊注意事项

(1)连接各部分焊具前,应先吹净阀口,检查并确认各阀门无漏气。任何时候,气瓶阀口和焊枪喷嘴均不应对人。

(2)连接胶管时(尤其应注意焊枪一端)要注意颜色标志,接氧气的应是蓝色或黑色,接乙炔的应是黄色或红色,不能反接。

(3)胶管要牢固,接口要紧密,不宜用铁丝捆扎胶管接口,以防扎孔或断裂。烧焊时胶管不应拉得过紧,并尽量远离火焰和焊件。

(4)一般情况下,气瓶总阀的开度应不超过1/2,以便应急关闭。

(5)气焊结束后,应先关掉焊枪上的控制阀,然后关闭气瓶总阀。

(6)点火、熄火、回火:

①点火。打开钢瓶上的阀门,转动减压阀的调节螺丝,将氧气和乙炔调到工作压力(氧气为0.3~0.5 MPa,乙炔为0.01~0.05 MPa),然后打开焊枪上的乙炔阀门,稍开氧气阀,在喷嘴的侧面点火,点着后慢慢开大氧气阀,将火焰调到中性焰(或碳化焰、氧化焰):

a. 中性焰的焰心较圆且呈蓝白色,轮廓清楚,外焰中长呈淡橘红色。这种火焰常被用来焊接低碳钢材料。

b. 碳化焰的焰心较长且尖,呈绿白色,轮廓不清楚,外焰很长呈橘红色。常被用来焊接铸铁、高碳钢和硬质合金。

c. 氧化焰的焰心短小且呈蓝白色,外焰看不清,同时发出急剧的“嗤嗤——”声响。常被用来焊接黄铜材料。

②熄火。先将氧气阀关小,再将乙炔阀关闭,火即熄灭,然后关闭氧气阀(如使用割炬时,应先关切割氧气阀,再关乙炔和预热氧气阀)。

③回火。施焊中有时会出现爆响,随之火熄灭,同时焊枪有吱吱响声,这种现象称回火。

如遇回火,应速将胶管曲折握紧,先关闭焊枪上的氧气阀,再关闭乙炔阀,回火即可免除。处理回火时,动作要迅速、准确,防止气瓶爆炸酿成重大事故。

## 七、压力容器使用安全注意事项

(1)氧气、乙炔和氟化物钢瓶是高压容器,而乙炔是易燃易爆的危险性气体,故在装卸或搬运时不准跌落或抛扔,避免碰撞。插好瓶口钢帽,取下钢帽时不准敲击。

(2)压力钢瓶不准卧放使用,应直立安放在妥善处并用卡箍或绳子紧固。两瓶的间距和瓶与烧焊处的距离均应大于3 m。

(3)钢瓶不准在电焊间存放,应放在阴凉处,禁止曝晒或靠近锅炉、火焰等热源。

(4)钢瓶内气体绝不能全部用光,剩余压力应保持不小于100 kPa。

(5)待灌的空瓶应做好明显标记并按原来气体充灌,不准互换使用或改灌其他气体。

(6)钢瓶在开阀前应仔细检查,特别要注意阀门是否反螺牙。开阀时要缓慢开大。

(7)钢瓶如因严寒结冻,不能用明火烘烤,但可用蒸汽或热水适当加温。一般瓶体温度不得超过30～40 ℃。

(8)当发现下列情况时,应立即停止使用:

①容器超温、超压、过冷、严重泄漏,经处理无效时;

②主要受压元件发生裂缝、鼓毛、变形、泄漏,危及安全时;

③安全阀失效、接管端断裂,难以保证安全时。

(9)发生火灾、爆炸或相邻管道发生事故危及容器安全时,应迅速搬挪他处或泄压。

## 八、船舶机舱消防安全注意事项

1.船员日常防火防爆守则

(1)吸烟时,烟头火柴杆必须熄灭后投入烟灰缸,不能乱丢或向舷外乱扔,也不准扔在垃圾箱(桶)内。禁止在机舱、货舱、物料间、储藏室内吸烟,在卧室内禁止躺着吸烟。装卸货或加装燃油时禁止在甲板上吸烟。

(2)规定必须集中保管的易燃易爆物品不准私自存放,禁止任意烧纸或燃放烟花爆竹,严禁玩弄救生信号弹。

(3)离开房间时应随手关闭电灯和电扇,靠近窗口的台灯尤应关熄。风雨或风浪天气应将舷窗关闭严密。航行中不得锁门睡觉。

(4)禁止私自使用移动式明火电炉。使用电炉、电熨斗、电烙铁等电热器具或工具时必须有人看管,离开时必须拔掉插头或切断电源。

(5)不准擅自接拆电气线路或拉线装灯(插座);不准用纸或布遮盖电灯;不准乱拉收音机或电视天线;不准在电热、蒸汽器具上烘烤衣服、鞋袜等。

(6)废弃的棉纱头、破布应放在指定的金属容器内,不得乱丢乱放。潮湿或油污的棉、毛织品应及时处理,不能堆放在闷热的地方,以防自燃。

(7)大舱货灯必须妥善保管。使用时要检查灯泡及护罩,如有损坏,应及时换新。货灯电缆要通畅,防止被他物压坏,用后应放在指定处所,妥善保管。

(8)进行明火作业前,经船长同意后须查清周围及上下邻近各舱有无易燃物,特别要查明焊接处是否通向油舱。气焊作业时要严防"回火",避免事故,并须派人备妥消防器材且在旁监护。港方如有规定,还应向海事局申请,经批准后方可施工。作业完毕后,要仔细检查有无残留火种。

(9)对于油船除应遵守"油船安全生产管理规则"外，其货油泵间必须保持清洁，不得堆放杂物，污油应经常清除。货油泵要定期检查，并应按规定进行注油。装卸期间，泵浦员或轮机员不得擅离职守；禁止闪光照相和在甲板阳光下戴用老花镜。

(10)严格遵守与防火防爆有关的安全操作规程和有关规定。当发现任何不安全因素时，每个船员均有责任及时报告领导；对违章行为，人人有责及时制止。

2. 防火防爆的安全措施

(1)定期检验机械的安全设备。如锅炉、空气瓶、柴油机气缸盖上的安全阀由船检定期检验铅封。

(2)保持电路的绝缘良好。

(3)对油舱柜加强管理：

①空油柜经清洗、除气、测爆后，才准予明火作业。

测爆用测爆仪进行。使用时要先检查仪器的准确度，并按说明书要求正确取样、操作、修正。测爆仪不能测量空气中的含氧量。为了保证测试的准确性，一般用两只仪表同时进行。国际及我国都规定：船舶油舱柜的油气浓度在爆炸下限的1%或以下时，才能进行热工作业，在爆炸下限的5%或以下时，才能进入某些区域。

②清洗空油柜时，严禁污水再循环。

③空油柜附近，严禁拖动电焊用电缆。

④空油柜中应充满惰性气体，以防雷电。

(4)机炉舱内应保持清洁，严禁吸烟。

(5)自动探火及报警系统应保持正常工作。

(6)消防系统和各种消防器材应能随时投入工作并在规定的位置上。

(7)加强船员防火防爆的安全教育和消防训练，做好应变部署。

3. 机舱火灾应急操作规程

(1)发现机舱火情，当值人员应迅速发出火警并及时灭火，控制火势蔓延。

(2)轮机部全体人员立即进入应变部署岗位，服从统一指挥。

(3)轮机长迅速进入机舱，作出正确判断，进行现场指挥。

(4)必要时：

①切断火场电源或停止发电机运转，启动应急消防泵灭火；

②通知船长减速、改变航向或主机停车；

③停止机舱通风机、燃油泵，关闭油柜速闭阀、机舱天窗和风道挡板。

(5)抢救人员三人一组，穿好消防衣，佩戴呼吸器，做好支援、通信联络工作。

(6)确认机舱必须施行二氧化碳灭火，应按有关规定与船长商定后执行。在机舱施放二氧化碳前必须封闭机舱，按响警报通知人员撤离现场，确认无人后，通知船长施放。使用二氧化碳灭火所需的时间比较长，不可过早地开启机舱。

(7)火灾扑灭后，要查找隐火，严防死灰复燃；救护伤员，机舱通风，清理现场，检查机电设备状况，排除舱底水。

(8)查清火灾成因，起火、灭火准确时间，灭火过程，善后处理，火灾损失情况，需要修

理项目,并记入轮机日志。将有关情况电告公司,为海事处理做好必要的准备。

## 九、封闭场所作业的安全注意事项

1. 进入封闭场所期间的安全防护措施

(1)进入舱室作业或检测时,必须安排监护人员。作业人员与监护人员应事先规定明确的联络信号,监护人员始终不得离开工作点,随时按规定的联络信号与作业人员取得联系。

(2)对作业过程中易发生氧气、二氧化碳浓度变化的舱室和作业过程长的舱室,应随时监视空气中的氧气、二氧化碳的浓度变化情况,应保持必要的检测次数或连续检测,并根据检测结果采取相应的通风换气措施。

(3)货舱内作业应严格遵守卸货程序规定。对必须定位分层拆卸作业的,要采取阶梯式拆卸方法,并检测每层每处作业点的氧气浓度。

(4)作业中不得以任何理由离开工作场所和擅自进入货舱深处。作业工具落入舱内不准私自下舱拾取,必须重新领取使用。

(5)当处所内有人和在暂时休息期间,应继续保持通风。在休息结束再次进入之前,应对处所内再次进行测试。万一通风系统失灵,处所内所有人员应立即离开。

(6)万一出现紧急情况,在救助人员尚未到达和尚未对情况作出评估,确保进入处所进行救助作业的人员的安全之前,照应的船员无论如何都不得进入处所内。

(7)作业人员进入舱室前和离开舱室时,应清点人数。

2. 发生事故的应急防护措施

(1)当发现舱内有异常情况或有缺氧危险可能性(如发生不明原因的突然晕倒、坠落等)或发生缺氧窒息事故时,必须立即停止作业,应组织作业人员迅速撤离现场,在安全处清点人数并迅速向有关机关报告。

(2)发生缺氧窒息事故时,港、船双方应积极营救遇险人员,对已患缺氧症的作业人员应立即在空气新鲜处施行现场抢救(人工心肺复苏),并尽快与医疗单位联系,以便进一步抢救和治疗。

(3)进舱抢救人员必须佩戴自给式空气呼吸器等救生用具,不允许佩戴过滤式防毒面具下舱救人。

(4)舱内发生缺氧窒息事故时应封锁通道,在危险解除前,非抢救人员以及未配备安全救护器的救护人员不得进入事故现场。

## 十、燃油加装作业的安全注意事项

### (一)加油前的准备工作

(1)加油前派专人测量油舱、油柜的存油量,并做好记录。尽可能清舱、并舱,以免因新旧燃油不相溶而引起沉淀,并与大副商定,配合吃水安排好加油舱位、数量。用于补加燃油的油舱、油柜最好是空的,并抽空燃油溢油柜的存油。

(2)检查船上甲板两舷燃油注入管上的防止超压设施(如安全阀作为防止超压设备,则该阀的溢油应排至溢油舱或其他安全舱柜中)。

（3）检查受油舱、受油柜的甲板透气管是否畅通，并在透气管处放置盛油器和吸油物品以防溢油，出口阀应处于正确的开启或关闭位置。堵塞甲板上的所有流水孔。

（4）在油气可能扩散的区域，挂醒目的“禁止烟火”警告牌，注意防火防爆。

（5）供油船靠妥受油船后，受油船应按港口规定，在加油过程中悬挂“B”字旗，夜间开亮桅顶灯。

**（二）加油前的必备条件**

（1）供方代表应向受方代表递交“加油申请确认表”、“油舱测量确认表”、“船舶供受燃油防污染检查表及确认书”。

（2）供受油双方必须按照港口国要求，对“船舶供受燃油防污染检查表”所列项目逐一进行检查。经双方确认符合要求时，填好确认表。

（3）加装前和供油人员商定供油速度和联络信号，以船方为主，双方切实执行，以免发生跑油事故。

（4）加油期间严禁气、电焊明火作业，以防火灾。

**（三）加油过程的安全注意事项**

（1）装油时应有专人负责值班，做到勤测算，及时调换舱位。换油舱时要先开后关阀门，防止油压突增，造成油管破裂。要根据加油速度估算加油量，如发现油位上升过慢等异常情况，应立即通知停装，待查明原因后才能通知继续装油，严防跑油和错装。

（2）油舱不能装得过满，以免加热温度升高后油液膨胀而发生溢油事故。

（3）停止装油后，应关闭有关阀门。拆卸输油软管前要事先用盲板将管口封妥，倒吸管内存油或采取其他措施，防止管内存油倒流入海。要重新测算各油舱实际存油量，并上供油船测量油位，核对加油数量，索取油样。抽样应具有代表性，应双方在场时取，取妥后当场铅封，双方各留一瓶，以备有问题时交有关单位化验，进行交涉索赔。封妥的油样要妥善保存至该油品留船数全部用完为止，并且所有油样自取样日起至少保存 60 天。

（4）受油方代表确认供油方在加油前后所有油舱的测量数据无误后，应在供油方代表备妥的加油签收单上确认签字。

（5）供油方和受油方单独或共同申请加油公证时，双方都应允许公证人员对供受油船的所有油舱和油柜的油位、油温进行测量或对流量计计量数值进行核准。申请加油公证时的加油数量，应以公证人员的测量数据或计算出的加油数量为准。

## 第七节　船舶应变部署

### 一、船舶应变部署的有关内容

每艘船应按主管机关规定的格式与要求（中国籍 200 总吨及以上的运输船舶，都必须配备我国主管机关认可的统一印制的货船或客船应变部署表），根据本船设备和人员情况，编制应变部署表与应变须知，明确指定每个人在不同紧急情况时的岗位及任务，并定期进行训练及演习，以便在紧急情况下能正确熟练地使用各种应变设备，做到统一指挥、恪尽职守，行动迅速，忙而不乱，协力抢救，以减少船、货、人的损失。

(1)船舶应变部署的种类

一般分为救生(包括弃船求生和人落水救助)、消防、堵漏和综合应变等。

(2)应变部署表的主要内容

①船舶及船公司名称,船长署名及公布日期;

②紧急报警信号的应变种类及信号特征、信号发送方式和持续时间;

③职务与编号、姓名、艇号、筏号的对照一览表;

④航行中驾驶台、机舱、电台固定人员及其任务;

⑤消防应变、弃船求生、放救生艇筏的详细分工内容和执行人编号;

⑥每项应变具体指挥人员的接替人;

⑦有关救生、消防设备的位置。

(3)应变信号

各类应变的警报信号为:

①消防。警铃和汽笛短声,连放1 min。

②堵漏。警铃和汽笛二长一短声,连放1 min。

③人落水。警铃和汽笛三长声,连放1 min。

④弃船。警铃和汽笛七短一长声,连放1 min。

⑤综合应变。警铃和汽笛一长声,持续30 s。

⑥解除警报。警铃和汽笛一长声,持续6 s或以口头宣布。

为了指明火警部位,在消防警报信号之后,鸣一声表示船的首部,二声中部,三声后部,四声机舱,五声上层建筑甲板。

(4)应变部署职责

船长是应变总指挥,有权采取一切措施进行抢险处置,并可请求有关方面给予援助;政委是应变副总指挥,协助船长指挥抢险;大副是应变现场指挥(除机舱抢险外),是应变总指挥的接替人,并负责救生、消防、堵漏等单项应变的组织部署;轮机长是机舱现场指挥,并负责保障船舶动力;驾驶员(大副、二副、三副)任救生艇艇长;轮机员或熟练机工任机动艇发动机操纵员;放艇时,先进入艇内的两人应是技术熟练的一级水手。

消防应变部署分消防、隔离和救护三队:消防队由三副或水手长任队长,直接担负现场灭火;隔离队由木匠任队长,任务是根据火情关闭门窗、舱口、风斗、孔道,截断局部电路,搬开近火易燃物品,阻止火势蔓延;救护队由医生或事务担任队长,任务是维持现场秩序,传令通信和救护伤员。

堵漏应变部署分堵漏、排水、隔离和救护四队:堵漏队由水手长任队长,三管轮任副队长,直接担负堵漏和抢修任务;排水队由轮机长领导机舱固定值班人员进行;隔离队由三副任队长,负责关闭水密门、隔舱阀等,木匠测量各舱水位;救护队由医生或事务员任队长。

(5)应变部署表的编制要求

根据SOLAS公约规定:

①应变部署表应写明通用紧急报警信号和有线广播的细则,并应规定发出警报时船员和乘客必须采取的行动。应变部署表尚应写明弃船命令将如何发出。

②应变部署表应写明分派给各种船员的任务。

③应变部署表应指明各高级船员负责保证维护救生设备和消防设备,使其处于完好和立即可用状态。

④应变部署表应指明关键人员受伤后的替换者,要考虑到不同应变情况要求不同的行动。

⑤应变部署表应指明在应变时,指定给船员的与乘客有关的各项任务。

⑥应变部署表应在船舶出航以前制定。

⑦客船用的应变部署表的格式应经认可。

(6)应变部署表的编制原则

①符合本船的船舶条件、船员条件、客货条件以及航区自然条件;

②关键部位、关键动作选派得力船员;

③根据本船情况,可以一职多人或一人多职;

④人员的编排应最有利于应变任务的完成。

(7)应变部署表的编制职责与公布要求

应变部署表由大副具体负责。三副根据大副的部署意图,于船舶开航前编排应变部署表,经大副审核,船长批准签署后公布实施。应变部署表应张贴或用镜框配挂在驾驶台、机舱、餐厅和生活区内走廊的主要部位;在其附近,应有本船消防器材布置示意图。为使应变中各级负责人熟悉所领导的人员及其分工,应将部署表中各编队(组)分别抄录发给各艇(队、组)长。

在客船上,还应绘制出本船各层安全通道的路线图,图上应标明各梯口、出入口和各登艇点的位置和走向。张贴在旅客生活区(包括餐厅、休息室、主要走廊、重点舱室和其他旅客活动场所)各部位。在此附近和每个客房内均应挂有救生衣穿着法示意图。在备用救生衣站(箱或柜)处应有醒目标志。走廊内每隔适当距离,应标有指明通道走向的箭头标志并注明去向。

## 二、船员应变须知和操作须知

### 1. 船员应变须知

每个船员应有1份应变时的须知。在床头及救生衣上都有1张应变任务卡。任务卡上有本人在船员序列中的编号、救生艇艇号、各种应变信号及本人在各种应变部署中的任务。

在旅客舱室中,应该张贴用适当文字书写的图解和应变须知,向旅客通知他们的集合地点、应变时必须采取的必要行动和救生衣的穿着方法等。

### 2. 船员应变操作须知

在救生艇筏及其降落操纵器的上面或附近,应设置明显的告示或标志,说明其用途和操作程序,并提出有关须知和注意事项,以便紧急操作时不至于造成错误。

救生艇是救生应变的最主要设备,放艇必须经船长同意,除演习、操练和紧急救助之外,不准随意动用救生艇。在港内放艇,必须事先得到海事局批准。在紧急救助时,机动艇不应少于5人,非机动艇不应少于7人。

3. 演习

(1)每位船员每月应至少参加1次弃船演习和1次消防演习。

(2)若有25%以上的船员未参加本船上月的弃船演习和消防演习,应在该船离港后24 h内举行该两项演习。

(3)客船每周应举行1次弃船演习和消防演习。

(4)堵漏(抗沉)演习每3个月举行1次。

4. 应急时保证旅客和船员的安全

船舶发生火灾、可能沉没、遭遇海盗时,船长应迅速电告外界。高级船员有责任监督和保护旅客和船员的安全。发生火灾时,船员应引导旅客撤离现场,并予迅速灭火。弃船时,应遵循先旅客、后船员、最后为船长的撤离顺序。应阻止海盗登船袭击,但遇到武装海盗攻击时,国际社会劝告旅客和船员放弃对峙,以避免伤亡。

客船弃船时,由指定船员负责保护和照顾旅客,包括:向旅客告警;查看旅客是否适当地穿好衣服,以及是否正确地穿好救生衣;在各集合地点集合旅客;维持通道及梯道上的秩序,并控制旅客的动向;保证把毛毯送到救生艇上,还应向旅客说明情况并安定情绪;指导旅客有秩序地登乘救生艇、筏;清点旅客人数并确保所有旅客住舱无人。所有船员应保持镇定,切忌向旅客流露恐慌情绪。对暴力行为和歇斯底里的旅客应采取果断措施。

## 三、船舶消防演习与应急反应

1. SOLAS公约的消防演习规定

(1)演习应尽可能按实际应变情况进行。

(2)每位船员每月应至少参加1次弃船演习和消防演习。若有25%以上船员未参加该特定船上的上个月弃船和消防演习,应在该船离港后24 h内举行该两项船员演习。当船舶是第1次投入营运、或经重大修理、或有新船员时,应在开航前举行这些演习。

客船每周应举行1次弃船演习和消防演习。

(3)每次消防演习计划应针对船舶类型和货物种类和实际可能发生的各种应急情况而制订。

(4)每次消防演习应包括:

①向集合地点报到,并准备执行应变部署表规定的任务;

②启动消防泵,要求至少使用2支所要求的水枪,以显示该系统处于正常的工作状态;

③检查消防员装备及其他个人救助设备;

④检查有关的通信设备;

⑤检查演习区域内水密门、防火门、挡火风闸和通风系统的主要进口和出口的操作;

⑥检查供随后弃船用的必要装置。

(5)演习中使用过的设备应立即放回,保持其完整的操作状态,如在演习中发现有任何故障和缺陷,应尽快修补。

2. 消防演习的组织

(1)消防演习应按应变部署表中的消防部署进行。大副任消防演习的现场指挥,负责指挥消防队、隔离队和救护队。

(2)演习要求:消防演习时,应假想船上某处发生火警,组织船员扑救。假想火警性质及发生的地点应经常改变,以便船员熟悉各种情况。全体船员必须严肃对待演习,听到警报后,应按照消防应变部署的规定,在 2 min 内携带指定器具到达指定地点,听从指挥,认真操演。机舱应在 5 min 内开泵供水。

(3)演习评估:消防演习后,由现场指挥进行讲评,并检查和处理现场,还要对器材进行检查和清理,使其恢复至可用状态。必要时,船长可召集全体船员大会,进行总结。

(4)演习记录:演习结束后,应将每次演习的起止时间、地点、演习内容和情况,如实记入航海日志。

3. 火灾应急反应及人员安全

(1)船员发现火灾应立即发出消防警报,就近使用灭火器材进行灭火。

(2)全体船员听到警报后,应立即就位并按应变部署表的分工进行灭火。

(3)探火人员应在大副(机舱为轮机长)的指挥下,迅速查明火源,掌握燃烧物名称、特性、火烧面积、火势蔓延方向等,并报告船长。

(4)如有人在火场受威胁,应立即采取抢救措施,如确定火场无人应关闭通风口和其他开口,停止通风并切断火场电源,然后控制火势。

(5)在港外或航行时,应注意操纵船舶使火区处于下风方向,并按规定显示号灯、号型。

(6)在港池发生火灾,应立即停止装卸作业,视情况做好拖带出港准备,备车待命。

(7)船长应根据具体情况决定灭火方案,并对是否可能引起爆炸作出判断;消防人员应根据"应变部署表"的分工和船长的指示全力扑救。

(8)如火势严重,有外援帮助救火时,应提供防火控制图,详细介绍火场情况,并予配合。

(9)如采用封闭窒息方法灭火,必须经过相当长的时间,并组织足够的消防力量做好扑灭复燃的准备,才能逐步打开封闭设施,再视情况缓慢予以通风。

(10)如火灾引起爆炸,经抢救确属无效时,船长应宣布弃船。

## 四、船舶救生与应急反应

1. SOLAS 公约的弃船演习规定

(1)每次弃船演习应包括:

①利用有线广播或其他通信系统通知演习,将乘客和船员召集到集合地点,并确保他们了解弃船命令;

②向集合地点报到,并准备执行应变部署表规定的任务;

③查看乘客和船员的穿着是否合适;

④查看是否正确地穿好救生衣;

⑤在完成任何必要的降落准备工作后,至少降下 1 艘救生艇;

⑥启动并操作救生艇发动机;

⑦操作降落救生筏所用的吊筏架;

⑧模拟搜救几位被困于客舱中的乘客；

⑨介绍无线电救生设备的使用。

(2)每艘救生艇一般应每3个月在弃船演习时承载被指派的操作船员降落下水1次，并在水上进行操纵。

(3)在合理可行的情况下，专用救助艇应承载被指派的船员每个月降落下水1次，并在水中进行操纵。在任何情况下，至少应每3个月进行1次。

(4)如救生艇与救助艇的降落下水演习是在船舶航行中进行，因为涉及危险，该项演习应在遮蔽水域，并在有此项演习经验的驾驶员监督下进行。

(5)在每次弃船演习时应试验供集合和弃船所用的应急照明系统。

2. 弃船演习的组织

(1)集合地点

弃船或其演习的集合地点应设在紧靠登乘地点。集合与登乘地点一般在艇甲板。通往集合与登乘地点的通道、梯口和出口应有能用应急电源供电的照明灯。

客船应有旅客容易到达登乘的集合地点，并且是一个能集结和指挥旅客用的宽敞场地。

(2)演习组织

①听到弃船警报信号后，全体船员应在2 min内穿好救生衣并到达集合地点。

②艇长检查人数，检查各艇员是否携带规定应携带的物品，检查每人的穿着和救生衣是否合适，并加以督促、指挥，然后向船长汇报。

③船长宣布演习及操练内容。

④由两名艇员在(船长发出放艇命令后)5 min内完成登乘和降落准备工作；其他船员按分工各就各位。

⑤在完成任何必要的降落准备工作后，至少降下1艘救生艇；启动并操纵救生艇发动机。

⑥操作降落救生筏所用的吊筏架。

⑦模拟搜救几位被困于客舱中的乘客。

⑧介绍无线电救生设备的使用。

⑨试验集合与弃船所用的应急照明系统。

⑩演习结束，船长发出解除警报信号；收回救生艇，清理好索具；由艇长进行讲评后解散艇员并向船长汇报。

(3)记录

弃船演习的起止时间、演习及操练的细节由大副记录于航海日志。

3. 弃船应急反应及人员安全

(1)当确认不弃船就无法保全船上人命安全时，船长应果断下令弃船。

(2)船长下达弃船命令后，除“途中固定值班人员”外，全体船员应立即穿着救生衣，按应变部署表的分工完成各自的弃船准备工作。

(3)无线电员须在电台值守，按规定发送遇险电文，直至通知撤离。

(4)机舱固定值班人员在听到警报信号后仍应坚守岗位按令操作；在得到完车通知

后，在轮机长的领导下，抓紧做好锅炉熄火放汽、关机、停电等弃船安全防护工作；如果接到两次完车信号或船长利用其他方法的通知后，应立刻携带规定物品撤离机舱登艇。

(5)船长应督促检查下列工作(国旗和航海日志应亲自携带)：

①降下国旗并携旗下艇；

②销毁秘密文件；

③锅炉熄火放汽；

④关停发电机和机舱内正在运转中的其他一切设备；

⑤关闭海底阀及各个应急遥控油阀等；

⑥是否已发出遇险求救电报并已投放(卫星)应急无线电示位标；

⑦油舱在甲板上的透气口是否封死；

⑧检查艇长的放艇准备工作。

(6)船长应检查按应急计划规定须携带的物品，如：国旗、航海日志、VHF 和雷达应答器(若艇筏上没有)以及足够的食品、淡水、毛毯等物品。

(7)在登艇前，船长应布置(艇长应请示)如下事项：本船遇难地点；发出遇难求救信号是否有回答；可能遇救的时间及地点；驶往最近陆地或交通线的航向、距离；各艇筏间的通信约定及其他有关指示。

(8)按船长命令放下救生艇和救生筏，有序地登艇、筏。

(9)最后，船长应通知坚守岗位的无线电员和机舱值班人员撤离，在确信全船无任何人员后船长方可离船登艇。

(10)各艇应迅速在离开难船数百米以外集合，以防船舶沉没时产生浪涌的袭击。

(11)离船后，船长对全体船员和旅客仍保持完全的职权。

## 第八节　机舱应急设备的使用和管理

### 一、机舱应急设备的种类

(1)主要应急设备：包括应急电源、应急操舵装置、地轴弄水密门、油路紧急切断装置、脱险通道、风机油泵速停装置、通风筒挡火板及机舱天窗应急关闭装置等。

(2)其他应急设备：应急消防泵、应急空气压缩机、应急舱底水吸口及吸入阀、救生艇发动机等。

按其功能不同又可分为下列几种：

(1)主要动力设备。应急电源、应急空气压缩机和应急操舵装置等。

(2)应急消防设备。应急消防泵、燃油速闭阀、风油应急切断开关、通风筒挡火板和机舱天窗应急关闭装置等。

(3)应急救生设备。救生艇发动机和脱险通道(逃生孔)等。

(4)机舱进水时的应急设备。应急舱底水吸口及吸入阀、水密门等。

## 二、应急动力设备的使用和管理

1. 应急电源

(1)一切客船和500总吨及以上的货船均应设独立的应急电源。

(2)应急电源应布置于经主管机关/船级社认可的最高一层连续甲板以上和机舱棚以外的处所，使其确保当船舶发生火灾或其他灾难致使主电源装置失效时能起作用。整个应急电源的布置，应能在船舶横倾22.5°和/或纵倾10°时仍起作用。

(3)应急电源可以是发电机——由1台具有独立的冷却系统、燃油系统和启动装置的柴油机驱动。原动机的自动启动系统和原动机的特性均应能使应急发电机在安全而实际可行的前提下尽快地承载额定负载（最长不超过45 s）。

(4)应急电源也可以是蓄电池组：当主电源供电失效时，蓄电池组自动连接至应急配电板。它应能承载应急负载而无须再充电，并在整个放电期间保持其电压在额定电压的±12%以内。

(5)应急电源的功率和供电时间应满足SOLAS公约和船级社对不同类型船舶的规定。

2. 应急空气压缩机

应急空压机应采用手动启动的柴油机或其他有效的装置驱动，以保证对空气瓶的初始充气。应急空压机是船舶以“瘫船状态”恢复运转的原始动力。所谓“瘫船状态”是指包括动力源的整个船舶动力装置停止工作，而且使主推进装置运转和恢复主动力源的辅助用途的压缩空气和启动蓄电池等都不起作用。

3. 应急操舵装置

(1)每艘船应配备主操舵装置和辅助操舵装置，并且两者之一发生故障时不会导致另一装置不能工作。

(2)辅助操舵装置应能于紧急时迅速投入工作，并能在船舶最深航海吃水和以最大营运前进航速的一半或7 kn（取大者）前进时，在60 s内将舵自一舷15°转至另一舷15°。

(3)对于辅助操舵装置，其操作在舵机室进行，如系动力操纵也应能在驾驶台进行，并应独立于主操舵装置的控制系统。

(4)驾驶台与舵机室之间应备有通信设施。

## 三、应急消防设备的使用和管理

1. 应急消防泵

应急消防泵是当机舱进水、失火或全船失电时，用来提供消防水的设施。

按规定，2 000总吨以下船舶的应急消防泵为可携式，常用汽油机驱动的离心泵；2 000总吨及以上船舶应设固定式动力泵。固定式应急消防泵应设在机舱以外，其原动机为柴油机或电动机。电动应急消防泵需由主配电板和应急配电板供电。应急消防泵的排量应不少于所要求的消防泵总排量的40%，且任何情况下不得少于25 $m^3/h$。应急消防泵按要求的排量排出时，在任何消火栓处的压力应不少于规范规定的最低压力。

作为驱动应急消防泵的柴油机，应在温度降至0 ℃时的冷态下能用人工手摇曲柄随时启动。若不能做到,或可能遇到更低气温时,则应设置经主管机关认可的加热装置,以确保随时启动。如人工启动不可行,可采用其他启动装置。这些启动装置应能在 30 min 内至少使动力源驱动柴油机启动 6 次,并在前 10 min 内至少启动 2 次。任何燃油供给柜所装盛的燃油,应能使该泵在全负荷下至少运行 3 h,在主机舱以外可供使用的储备燃油,应能使该泵在全负荷下再运行 15 h。

2. 通风系统及机器处所的特殊布置

(1)应有设施用于停止机器处所及装货处所的通风机和关闭通达该处所的一切门道、通风筒、烟囱周围的环状空间。此项设施在失火时应能从各处所的外部操纵(通风筒挡火板及天窗、烟囱的应急关闭装置)。

(2)强力送风机或抽风机、燃油驳运泵和燃油装置所用的泵及其他类似的燃油泵,应在有关处所的外部装设遥控装置,以便在这些处所失火时可将其工作停止(风机油泵速停装置)。

(3)设在双层底上方的储油柜、沉淀油柜和日用油柜的每一根吸油管上,应装设当该油柜所在处所失火时能从有关处所的外部加以关闭的旋塞或阀(速闭阀)。

## 四、应急救生设备的使用和管理

1. 水密门

(1)水密门应为滑动门或铰链门或其他等效形式的门。任何水密门操作装置,无论是否为动力操作,均须于船舶横倾 15°时能将水密门关闭。

(2)机舱与轴隧间舱壁上应设有滑动式水密门,水密门的关闭装置应能两面操纵和远距离操纵。在远距离操纵处应设有水密门开关状态的指示器。

2. 脱险通道

货船和载客不超过 36 人的国际航行客船,在机器处所内,在每一机舱、轴隧和锅炉舱应设有两个脱险通道,其中一个可为水密门。在专设水密门的机器处所内,两个脱险通道应为两组尽可能远离的钢梯,通至机舱棚上同样远离的门,从该处至艇甲板应设有通路。

从机舱处所的下部起至该处所外面的一个安全地点,应能提供连续的防火遮蔽。

3. 应急舱底水吸口和吸入阀

机舱应设一个应急舱底水吸口。应急吸口应与排量最大的 1 台海水泵相连,如主海水泵、压载泵、通用泵等。少数船舶的应急吸口还与舱底水泵相通,其管路直径应小于所连接泵的进口直径。应急吸口与泵的连接管路上装设截止止回阀,阀杆应适当延伸,使阀的开关手轮在花铁板以上的高度至少为 460 mm(《2006 年钢质海船入级规范》规定为 450 mm)。

## 五、机舱应急设备的管理

(1)按照检修分工明细表规定,机舱应急设备分别由各轮机员、电子电气员专人分工负责。

(2)应急发电机、应急空压机、应急救火泵、救生艇发动机应定期检查、养护和试验。一般应每周试运转 1 次,并将情况记入轮机日志。

①应急发电机应检查其柴油柜油量、冷却水箱与曲轴箱液位是否正常,润滑点要加油,检查启动电瓶或启动空气瓶,进行启动和并电试验(包括遥控启动)。冬季或寒冷区域应做好防冻保温工作。应急发电机若位于不保暖处所,冬季应做的保护工作有:

a. 选用适当凝点的轻柴油和冬用润滑油;

b. 冷却水中加防冻剂;

c. 对于采用机外循环冷却的,应在使用后尽量放掉机内和管系中的残水。

②应急空压机要根据其结构的具体情况,检查和加注润滑油,进行启动和效用试验,确保其技术状况达到随时可用状态。

③应急消防泵应做启动和泵水试验,检查排水压力,试车后关闭海底阀和进口阀,放空消防管中残水,冬季防止冰冻。

④救生艇发动机要检查发动机和离合器,进行启动试验。冬季做好防冻工作。

(3)应定期清洁机舱应急舱底水吸口,防止污物堵塞;截止止回阀阀杆应定期加油活络,防止锈死,保证正常开关。

(4)对应急通道(逃生孔)应保持通道清洁无障碍;照明良好;逃生孔的上、下门应经常加油活络,上下扶梯安全可靠,不可封闭。

(5)水密门、速闭阀、风机油泵应急开关、应急蓄电池组应定期保养和检验,并进行就地操纵试验和遥控试验。

(6)各种应急设备必须保持良好的技术状态以确保随时可用,这也是 FSC 和 PSC 检查的基本要求。

## 第九节　船内通信系统

为了保证船舶安全营运,及时了解和掌握船舶机电设备的工作情况,以及进行日常工作和生活的事务联系,船舶必须配备工作可靠、简单有效的船内通信系统。

### 一、船内通信工具和信号装置

①各种不同方式和用途的电话通信设备,例如:声力电话、共电式指挥电话系统和自动电话设备;

②船舶操纵用电气传令钟和各种指示仪表,例如:机舱传令钟、舵角指示器和电动转速表等;

③各种应急状态时用的报警信号装置,例如:紧急动员警钟,测烟、测温式报警装置;

④船舶航行时的各种信号装置,例如:航行灯、信号灯、自动雾笛;

⑤船用广播声响设备,例如船用指挥扩音机。

#### (一)电话通信系统

在船舶中使用的电话通信系统有:对讲(直通)电话系统;指挥电话系统;自动电话系统。

1. 电话机

根据电话交换机的不同,所用的电话机有声力电话机(对应直通电话系统)、普通电话机(用于人工交换机)、自动电话机(用于自动电话交换机)。

(1)声力电话机

声力电话机是改变磁路中的气隙大小,实现声、电之间的转换。通常是把送话器和受话器装在一个便于手提和听、说的装置内(称之为“耳机”)。

(2)普通电话机

普通电话机有磁石式和共电式两大类,它们分别与磁石式人工交换机和共电式人工交换机配套使用。磁石式人工交换机是用手摇发电机产生振铃信号,通话电源由每部话机自备;共电式人工交换机的振铃信号源和通话电源均由电话局统一提供。

(3)自动电话机

自动电话机比共电式普通电话机多了一个控制接续的信号发送装置,它是与自动电话机配套使用的。在接续时供打电话人发出被叫用户号码的脉冲信号,控制自动电话交换机进行接续,接续后成为通话回路的主要部件之一,通话结束后产生信号使交换机复原。

2. 船用对讲机电话系统

对讲机电话系统是用两台声力电话机直接固定连接,又称为直通电话,由于它接续迅速、可靠,所以多用在船舶中重要部位之间的联络。

3. 船用指挥电话系统

指挥电话系统既保持了对讲电话系统的直通、快速、可靠、简单等优点,又能实现从一地发出命令、多地同时接收、协调各舱室之间工作的目的。船舶使用的指挥电话系统有指挥总机电话系统和单个交换机总机电话系统两种。

指挥总机电话系统由一台(或数台)总机与若干台单机(分机)组成。指挥总机可以与所连接的任一台分机或总机单独通话;也可以同时与全部(或部分)的分机和总机通话。这样便于发布命令,指挥航行。但分机或其他总机之间不能直接通话,只能通过指挥总机接续后才能通话,且受指挥总机监视。

4. 船用自动电话系统

自动电话是由一台无须人(话务员)值班的自动电话交换机和若干台自动电话机组成。交换机称为总机,它所能带动电话机的台数称为总机的容量。自动电话交换机的分类如下。

(1)机电式

①步进制:用户电话机直接控制式;

②旋转式:用户电话机间接控制式;

③纵横式:用户电话机间接控制式。

(2)电子式

①半电子式:控制部分为电子式,接续部分为普通电磁元件;

②准电子式:控制部分为电子式,接续部分为笛簧管(铁簧管);

③全电子式:控制和接续部分全部电子化。

**(二)电气传令钟**

电气传令钟又称电车钟或机舱传令钟,是用在驾驶台、机舱集中控制室和机旁操作部

位之间传送主机运转情况的命令和回令的装置。电气传令钟按其传讯原理可分为 3 种：

(1)利用指示灯系统传讯原理的灯光传令钟；

(2)利用直流自动同步传讯原理的直流电动传令钟；

(3)利用自整角机同步传讯原理的交流电动传令钟。

**(三)船舶主要报警信号装置**

(1)紧急动员警钟和应急状态下的各种铃组系统；

(2)火警探测和报警装置；

(3)主、副机工况的自动监视报警系统。

对报警信号装置的一般要求是：

(1)必须保证其电源畅通，在应急状态下应有应急电源供电；

(2)各种不同用途的声响信号应有不同的音色，以利于辨别；

(3)在机舱或其他噪声大的舱室，声响信号应有足够响度并同时附有灯光信号；

(4)各种自动声光报警器，应有能切断声响信号(消音开关)而不切断发光信号的装置；

(5)各自动报警系统或装置应设有检查其功能是否正常的试验装置。

紧急动员警钟系统，用于船舶发生火灾或重大海损事故等紧急情况下，对全体船员和旅客发布紧急动员信号。系统由关闭器、警钟、警灯及接线盒等组成。关闭器是系统的控制器，装在驾驶台内，并有指示系统电路工作的指示灯。

警钟安装在全船有人到达而又能听清声响信号的地点。警灯安装在无线电室等需要免除声音干扰的地方，机舱和舵机间等噪声大的舱室应同时安装警钟和警灯。在客船和客货船上，警钟系统设计成对旅客和船员相互独立的两大部分，以便在重大事故发生的情况下，可以分别也可以同时对船员和旅客进行紧急报警。

铃组系统是船上有关部位之间专用的通信联络信号。铃组系统的发信器为按钮或关闭器，信号器为电铃或带信号灯的电铃。应急情况下使用的铃组主要有：

(1)机舱铃组。用于驾驶台和机舱的双向联络，作为传令钟故障时应急车令和回令信号。

(2)冷藏库报警铃组。用于各冷藏库对厨房之间的单向联络，作为被误锁在冷库里的人对外呼救的信号装置。若冷库的门能从内部开启时，此装置可免于设置。

(3)二氧化碳灭火装置的施放预告铃组。用于施放控制部位与失火部位的单向联络，以通知该部位的一切人员迅速撤离。它一般与施放电磁阀连锁，以保证在发送前和施放中都能自动发出警报。在许多新船中这一铃组已采用电笛和转灯。

(4)水密门关闭和开启指示灯装置及预告水密门关闭的声响铃组。前者是光报警让人们有所准备；后者是声报警，要求人们迅速撤离，亦属单向联络。

除上述信号装置外，有的船还装有联络指挥用的铃组，如在配餐间装有呼叫服务员的铃组；在客船的医院或医生房间装有病房呼叫铃组；有跳板设备的船装有跳板放落时的警告铃组等。

## 二、船级社对“船内通信与信号设备”有关规定

中国船级社《钢质海船入级规范》对“船内通信与信号设备”作如下规定。

1. 一般要求

(1)各种不同用途的船内通信装置,其声响信号应有不同的音色,以利辨别。

(2)具有2个或以上的设备并联工作的船内通信装置,当其中1个(或几个)设备切断或发生故障时,应不影响其余设备的工作。

(3)各种自动声光警报器,应设有能切断声响信号而不切断发光信号的装置。

(4)各种自动报警和指示信号系统,均应设有检查其动作是否正常的试验装置。

(5)安装在驾驶台的重要指示器应有适当的照明并附有亮度调节器遮光罩。

2. 传令钟

(1)在船上应设置把驾驶台的命令发送至机舱的主机传令钟,主机传令钟应具备复示装置。

(2)应于驾驶台内设置主机传令钟的失电听觉和视觉报警器,该报警器一般应由蓄电池供电。若采用船电时,则不应与传令钟接入同一电源线路上。

(3)主机传令钟系统一般应在主机操纵台附近设有主机错向报警装置。

(4)主机传令钟若有2个及以上的发信器时,则每个发信器之间应有机械或电气的联动或连锁装置。

3. 指挥电话和其他通信设备

(1)下列处所之间若以电话为主要通信工具时,则应为声力电话或蓄电池供电的指挥电话:

①驾驶台—机舱;

②驾驶台—应急操舵站及舵机站;

③驾驶台—火警信号站及消防设备集中控制站、船首、船尾;

④驾驶台—无线电室(若驾驶台与无线电室相毗邻,且能进行有效的通信联系时,可免除两者之间电话通信的要求)。

(2)指挥电话应保证在船舶各种工况下通话清晰。

(3)安装在噪声较大的舱室内的电话,若影响通话时,则应装设在隔音室或隔音罩内。

(4)应设有固定式、可携式或两者兼备形式的应急通信设备,以供船上应急控制站、救生筏集合和登乘地点与驾驶台和消防控制站等要害部位之间进行双向通信。

4. 通用紧急报警系统

(1)船舶应设单向发信的通用紧急报警系统,在全船所有起居处所、通常船员工作的处所以及客船的开敞甲板均应能听到该系统的报警。报警器被触发后一直保持报警状态,直至人工将其关闭或由于广播系统工作而暂时中止。

在客船上,该报警信号应通过两组独立的线路分别向船员和旅客发出。

(2)在主电源供电失效时,通用应急报警系统应能自动转换至应急电源供电。

(3)通用紧急报警系统应能在驾驶台、消防控制站控制。

(4)通用紧急报警系统的分电箱应设在舱壁甲板以上的适当处所,由分电箱引出的每一分路的绝缘板上均需设熔断器保护。

(5)当所有的门和通道都关闭的情况下,在居住舱室内睡眠位置和距离声源 1 m 处,声响报警信号的声压级至少应达到 75 dB(A),并至少要比船舶在较好天气状况下航行时的正常设备操作的环境噪声级高出 10 dB(A)。声压级应在基频附近的 1/3 倍频带之内。在任何情况下,某一处所内的声响报警信号声压级应不得超过120 dB(A)。

(6)除电铃外,各种听觉信号的频率应在 200 ~ 2 500 Hz 之间。

5. 有线广播系统

(1)应设有能将指令有效地发送到各居住处所、服务处所、控制站以及开敞甲板的有线广播系统。

(2)在主电源供电失效时,有线广播系统应自动转换至应急电源供电。

(3)如果有线广播系统能符合相应要求以及对通用紧急报警系统的要求,则可兼作通用紧急报警系统和发送火灾报警信号。

6. 其他报警装置

(1)在厨房内应设有听觉和视觉报警器,以保证工作人员偶然被闭锁在伙食冷藏库内时能发出求救信号,但冷藏库的门如能从内部开启时则可免予设置。

(2)水密门关闭和开启指示装置和预告水密门关闭的听觉报警器,应符合现行SOLAS公约的有关规定。

注:如 SOLAS 公约对 1992 年 2 月 1 日或以后建造的客船规定:

①应设置一个与该区城内其他报警器不同的声响报警器。当该门用动力遥控关闭时,这种报警器应在门开始移动前至少 5 s 但不超过 10 s 发出声响,且连续发声报警直至该门完全关闭。在手动遥控操纵时,只要当门移动时声响报警器能发出声响即可。在乘客区域和高环境噪声区域,要求在门上的声响报警器增配一个间歇发光信号器。

②驾驶台内的集控台应设有标明每扇门位置的图,并附有发光指示,以显示每扇门的开启或关闭状态。应使用红灯表示一扇门完全开启,而绿灯表示一扇门完全关闭。当遥控关闭门时,红灯应以闪烁表示门处于关闭过程中。

(3)灭火剂施放预告信号以及其他听觉和视觉报警装置应符合如下规定:

①对于任何经常有人员在内工作或出入的处所,应设有施放灭火剂的自动声响报警装置。该报警装置在灭火剂施放之前应至少工作 20 s。

②二氧化碳系统应设置两套独立的控制装置,以将二氧化碳施放至被保护处所,并确保报警装置的动作。其中一套控制装置应用于将气体从所储存的容器中排出;另一套应用于开启安装在将气体输送至被保护处所的管路上的阀门。

## 三、船内通信设备和系统的使用与管理

(1)目前建造的大型船舶中,都有对讲(直通)电话系统、指挥电话系统和自动电话系统。平时维护重点应是前两种,因为它们结构简单、接通迅速、工作可靠,多作为船舶指挥联络之用,与船舶航行安全直接相关。

(2)电磁式送话器、受话器:由于它们结构相同,作用原理具有可逆性,可以进行互

换，这是因为送话器是把声波变为音频电流的设备，而受话器是把音频电流转变为声波设备的缘故；若送话器选用炭精式或受话器选用压电陶瓷式就不能互换。

(3)必须消除话机的侧音，以免影响指挥联络的效果，受话方不能正确理解另一方的意图。侧音是指从受话器中听到自己一方送话器送出的声音（包括自己的讲话声和同室的嘈杂声）。

侧音的存在干扰甚至覆盖了对方的来话，使发话人也不敢大声说话（怕震耳），大大地影响了通话的质量。目前常用的消侧音电路有桥式与补偿式两种。

(4)自动电话拨号时从话机送出的是脉冲信号，不是拨号时越用力、速度越快越容易接通。

(5)及时排除指挥电话系统的故障：

①了解情况、熟悉系统、综合分析、认真检测、判明故障、修复试验。首先应知道指挥电话系统的类型：声力式；共电式；单个交换总机。

②了解故障现象进行具体分析：是信号通路问题还是通话电路问题；故障现象是发生在个别单机还是全部单机。

③根据故障确定故障源所在的电路。

④仔细检查该电路上的元器件，通常是先检查有触点元器件或运动件，再检查静止元件。

⑤找出故障进行修复，最后试验交付使用。

# 第六章
# 船舶人员管理

船员的职业素质和技术技能，直接影响着海上人命财产安全和海洋环境保护的效果。政府通过制定相应的法规来加强对船员的管理，从而有效控制船员的身份、职业素质和行为，以及控制船员的出入境、海关、卫生检疫、边防等国境管理事务。

## 第一节　《中华人民共和国劳动法》的有关规定

《中华人民共和国劳动法》（以下简称《劳动法》）于1995年1月1日起施行，其宗旨是为了保护劳动者的合法权益，调整劳动关系，建立和维护适应社会主义市场经济的劳动制度，促进经济发展和社会进步。

《劳动法》共107条，分为13章：总则；促进就业；劳动合同和集体合同；工作时间和休息、休假；工资；劳动安全卫生；女职工和未成年工特殊保护；职业培训；社会保险和福利；劳动争议；监督检查；法律责任和附则。现根据船员的职业需要摘要介绍。

**（一）劳动者的权利和义务**

劳动者享有平等就业和选择职业的权利、取得劳动报酬的权利、休息休假的权利、获得劳动安全卫生保护的权利、接受职业技能培训的权利、享受社会保险和福利的权利、提请劳动争议处理的权利以及法律规定的其他劳动权利。

劳动者应当完成任务，提高职业技能，执行劳动安全卫生规程，遵守劳动纪律和职业道德。用人单位应当依法建立和完善规章制度，保障劳动者享有劳动权利和履行劳动义务。

**（二）劳动合同**

劳动合同是劳动者与用人单位确立劳动关系、明确双方权利和义务的协议。

建立劳动关系应当订立劳动合同。订立和变更劳动合同，应当遵循平等自愿、协商一致的原则，不得违反法律、行政法规的规定。劳动合同依法订立即具有法律约束力，当事人必须履行劳动合同规定的义务。

**（三）社会保险**

用人单位和劳动者必须依法参加社会保险，缴纳社会保险费。劳动者在下列情形下，

依法享受社会保险待遇:

(1)退休;

(2)患病、负伤;

(3)因工伤残或患职业病;

(4)失业;

(5)生育。

劳动者享受社会保险待遇的条件和标准由法律、法规规定。劳动者享受的社会保险金必须按时足额支付。

**(四)劳动争议**

用人单位与劳动者发生劳动争议,当事人可以依法申请调解、仲裁、提起诉讼,也可以协商解决。调解原则适用于仲裁和诉讼程序。

解决劳动争议,应当根据合法、公正、及时处理的原则,依法维护劳动争议当事人的合法权益。劳动争议发生后,当事人可以向本单位劳动争议调解委员会申请调解;调解不成,当事人一方要求仲裁的,可以向劳动争议仲裁委虽会申请仲裁。当事人一方也可以直接向劳动争议仲裁委员会申请仲裁。对仲裁裁决不服的,可以向人民法院提起诉讼。

提出仲裁要求的一方应当自劳动争议发生之日起 60 日内向劳动争议仲裁委员会提出书面申请。仲裁裁决一般应在收到仲裁申请的 60 日内作出。对仲裁裁决无异议的,当事人必须履行。劳动争议当事人对仲裁裁决不服的,可以自收到仲裁裁决书之日起 15 日内向人民法院提起诉讼。一方当事人在法定期限内不起诉又不履行仲裁裁决的,另一方当事人可以申请人民法院强制执行。

## 第二节 《中华人民共和国劳动合同法》的有关规定

《中华人民共和国劳动合同法》(以下简称《劳动合同法》)由第十届全国人大常委会于 2007 年 6 月 29 日审议通过,并由中华人民共和国国家主席颁布,自 2008 年 1 月 1 日起施行。

《劳动合同法》共分为 8 章 98 条,包括:总则,劳动合同的订立,劳动合同的履行和变更,劳动合同的解除和终止,特别规定,监督检查,法律责任和附则。

《劳动合同法》的宗旨是为了完善劳动合同制度,明确劳动合同双方当事人的权利和义务,保护劳动者的合法权益,构建和发展和谐稳定的劳动关系。

**(一)劳动合同的订立**

订立劳动合同,应当遵循合法、公平、平等自愿、协商一致、诚实信用的原则。

用人单位自用工之日起即与劳动者建立劳动关系。建立劳动关系,应当订立书面劳动合同。

劳动合同由用人单位与劳动者协商一致,并经用人单位与劳动者在劳动合同文本上签字或者盖章生效。

(1)劳动合同应当具备以下条款:

①用人单位的名称、住所和法定代表人或者主要负责人;

②劳动者的姓名、住址和居民身份证或者其他有效身份证件号码；

③劳动合同期限；

④工作内容和工作地点；

⑤工作时间和休息休假；

⑥劳动报酬；

⑦社会保险；

⑧劳动保护、劳动条件和职业危害防护；

⑨法律、法规规定应当纳入劳动合同的其他事项。

劳动合同除前款规定的必备条款外，用人单位与劳动者可以约定试用期、培训、保守秘密、补充保险和福利待遇等其他事项。

(2)试用期：

劳动合同期限三个月以上不满一年的，试用期不得超过一个月；劳动合同期限一年以上不满三年的，试用期不得超过两个月；三年以上固定期限和无固定期限的劳动合同，试用期不得超过六个月。以完成一定工作任务为期限的劳动合同或者劳动合同期限不满三个月的，不得约定试用期。

在试用期中，除劳动者有本法规定的情形外，用人单位不得解除劳动合同。用人单位在试用期解除劳动合同的，应当向劳动者说明理由。

(3)服务期与违约金：

用人单位为劳动者提供专项培训费用，对其进行专业技术培训的，可以与该劳动者订立协议，约定服务期。

劳动者违反服务期约定的，应当按照约定向用人单位支付违约金。违约金的数额不得超过用人单位提供的培训费用。用人单位要求劳动者支付的违约金不得超过服务期尚未履行部分所应分摊的培训费用。

用人单位与劳动者约定服务期的，不影响按照正常的工资调整机制提高劳动者在服务期期间的劳动报酬。

用人单位与劳动者可以在劳动合同中约定保守用人单位的商业秘密和与知识产权相关的保密事项。

对负有保密义务的劳动者，用人单位可以在劳动合同或者保密协议中与劳动者约定竞业限制条款，并约定在解除或者终止劳动合同后，在竞业限制期限内按月给予劳动者经济补偿。劳动者违反竞业限制约定的，应当按照约定向用人单位支付违约金。

竞业限制的人员限于用人单位的高级管理人员、高级技术人员和其他负有保密义务的人员。竞业限制的范围、地域、期限由用人单位与劳动者约定，竞业限制的约定不得违反法律、法规的规定。

(4)下列劳动合同无效或者部分无效：

①以欺诈、胁迫的手段或者乘人之危，使对方在违背真实意思的情况下订立或者变更劳动合同的；

②用人单位免除自己的法定责任、排除劳动者权利的；

③违反法律、行政法规强制性规定的。

对劳动合同的无效或者部分无效有争议的,由劳动争议仲裁机构或者人民法院确认。

劳动合同部分无效,不影响其他部分效力的,其他部分仍然有效。

劳动合同被确认无效,劳动者已付出劳动的,用人单位应当向劳动者支付劳动报酬。劳动报酬的数额,参照本单位相同或者相近岗位劳动者的劳动报酬确定。

**(二)劳动合同的履行和变更**

用人单位应当按照劳动合同约定和国家规定,向劳动者及时足额支付劳动报酬。用人单位拖欠或者未足额支付劳动报酬的,劳动者可以依法向当地人民法院申请支付令,人民法院应当依法发出支付令。

劳动者拒绝用人单位管理人员违章指挥、强令冒险作业的,不视为违反劳动合同。

用人单位与劳动者协商一致,可以变更劳动合同约定的内容。变更劳动合同,应当采用书面形式。

**(三)劳动合同的解除和终止**

劳动者提前三十日以书面形式通知用人单位,可以解除劳动合同。劳动者在试用期内提前三日通知用人单位,可以解除劳动合同。

(1)用人单位有下列情形之一的,劳动者可以解除劳动合同:

①未按照劳动合同约定提供劳动保护或者劳动条件的;

②未及时足额支付劳动报酬的;

③未依法为劳动者缴纳社会保险费的;

④用人单位的规章制度违反法律、法规的规定,损害劳动者权益的;

⑤劳动合同被确认无效或部分无效;

⑥法律、行政法规规定劳动者可以解除劳动合同的其他情形。

用人单位以暴力、威胁或者非法限制人身自由的手段强迫劳动者劳动的,或者用人单位违章指挥、强令冒险作业危及劳动者人身安全的,劳动者可以立即解除劳动合同,不需事先告知用人单位。

(2)劳动者有下列情形之一的,用人单位可以解除劳动合同:

①在试用期间被证明不符合录用条件的;

②严重违反用人单位的规章制度的;

③严重失职,营私舞弊,给用人单位造成重大损害的;

④劳动者同时与其他用人单位建立劳动关系,对完成本单位的工作任务造成严重影响,或者经用人单位提出,拒不改正的;

⑤以欺诈、胁迫的手段订立合同,致使劳动合同无效的;

⑥被依法追究刑事责任的。

(3)有下列情形之一的,用人单位提前三十日以书面形式通知劳动者本人或者额外支付劳动者一个月工资后,可以解除劳动合同:

①劳动者患病或者非因工负伤,在规定的医疗期满后不能从事原工作,也不能从事由用人单位另行安排的工作的;

②劳动者不能胜任工作,经过培训或者调整工作岗位,仍不能胜任工作的;

③劳动合同订立时所依据的客观情况发生重大变化,致使劳动合同无法履行,经用人

单位与劳动者协商,未能就变更劳动合同内容达成协议的。

(4)有下列情形之一,需要裁减人员二十人以上或者裁减不足二十人但占企业职工总数百分之十以上的,用人单位提前三十日向工会或者全体职工说明情况,听取工会或者职工的意见后,裁减人员方案经向劳动行政部门报告,可以裁减人员:

①依照企业破产法规定进行重整的;

②生产经营发生严重困难的;

③企业转产、重大技术革新或者经营方式调整,经变更劳动合同后,仍需裁减人员的;

④其他因劳动合同订立时所依据的客观经济情况发生重大变化,致使劳动合同无法履行的。

裁减人员时,应当优先留用下列人员:

①与本单位订立较长期限的固定期限劳动合同的;

②与本单位订立无固定期限劳动合同的;

③家庭无其他就业人员,有需要扶养的老人或者未成年人的。

用人单位依照本条第一款规定裁减人员,在六个月内重新招用人员的,应当通知被裁减的人员,并在同等条件下优先招用被裁减的人员。

(5)劳动者有下列情形之一的,用人单位不得依照上述(3)和(4)的规定解除劳动合同:

①从事接触职业病危害作业的劳动者未进行离岗前职业健康检查,或者疑似职业病病人在诊断或者医学观察期间的;

②在本单位患职业病或者因工负伤并被确认丧失或者部分丧失劳动能力的;

③患病或者非因工负伤,在规定的医疗期内的;

④女职工在孕期、产期、哺乳期的;

⑤在本单位连续工作满十五年,且距法定退休年龄不足五年的;

⑥法律、行政法规规定的其他情形。

用人单位单方解除劳动合同,应当事先将理由通知工会。用人单位违反法律、行政法规规定或者劳动合同约定的,工会有权要求用人单位纠正。用人单位应当研究工会的意见,并将处理结果书面通知工会。

(6)下列情形之一的,劳动合同终止:

①劳动合同期满的;

②劳动者开始依法享受基本养老保险待遇的;

③劳动者死亡,或者被人民法院宣告死亡或者宣告失踪的;

④用人单位被依法宣告破产的;

⑤用人单位被吊销营业执照、责令关闭、撤销或者用人单位决定提前解散的;

⑥法律、行政法规规定的其他情形。

(7)劳动合同期满,有上述(3)规定情形之一的,劳动合同应当续延至相应的情形消失时终止。但是,上述(3)第二项规定丧失或者部分丧失劳动能力劳动者的劳动合同的终止,按照国家有关工伤保险的规定执行。

(8)有下列情形之一的,用人单位应当向劳动者支付经济补偿:

①劳动者依照上述(2)规定解除劳动合同的;

②用人单位向劳动者提出解除劳动合同并与劳动者协商一致解除劳动合同的;

③用人单位依照上述(3)规定解除劳动合同的;

④用人单位依照上述(4)①规定解除劳动合同的;

⑤除用人单位维持或者提高劳动合同约定条件续订劳动合同,劳动者不同意续订的情形外,依照上述(6)①规定终止固定期限劳动合同的;

⑥依照(6)④⑤规定终止劳动合同的;

⑦法律、行政法规规定的其他情形。

经济补偿按劳动者在本单位工作的年限,每满一年支付一个月工资的标准向劳动者支付。六个月以上不满一年的,按一年计算;不满六个月的,向劳动者支付半个月工资的经济补偿。

**(四)劳务派遣**

劳务派遣单位是本法所称用人单位,应当履行用人单位对劳动者的义务。劳务派遣单位与被派遣劳动者订立的劳动合同,除应当载明前述劳动合同应当具有以下条款外,还应当载明被派遣劳动者的用工单位以及派遣期限、工作岗位等情况。

劳务派遣单位应当与被派遣劳动者订立两年以上的固定期限劳动合同,按月支付劳动报酬;被派遣劳动者在无工作期间,劳务派遣单位应当按照所在地人民政府规定的最低工资标准,向其按月支付报酬。

## 第三节 《中华人民共和国船员条例》的有关规定

为加强船员管理,提高船员素质,保障水上交通安全,维护船员的合法权益,国务院制定并公布了《中华人民共和国船员条例》(以下简称《船员条例》),于 2007 年 9 月 1 日开始实施。《中华人民共和国船员条例》的颁布标志着我国船员管理的第一部法规的诞生。

### 一、我国船员管理的管理体制

我国的船员管理实行的是垂直管理与分级管理相结合的管理体制。

国务院交通运输主管部门主管全国船员管理工作。国家海事管理机构负责统一实施船员管理工作。负责管理中央管辖水域的海事管理机构和负责管理其他水域的地方海事管理机构(以下统称海事管理机构)依照各自职责,具体负责所辖区域内的船员管理工作。

负责管理中央管辖水域的交通运输部直属海事管理机构和负责管理其他水域的地方海事管理机构在实施船员管理工作中,必须接受中华人民共和国海事局的业务领导。

在中央管辖水域航行、停泊、作业船舶上任职或者服务的船员的培训、考试、发证以及监督管理,由交通运输部直属海事管理机构负责;将在中央管辖水域以外水域航行、停泊、作业船舶上任职或者服务的船员的培训、考试、发证以及监督管理,由地方海事管理机构负责;船员教育培训机构从事船员教育培训活动的许可,由国家海事管理机构负责。

## 二、《船员条例》的构成与主要内容

《船员条例》共 73 条，分为 8 章：总则，船员注册和任职资格，船员职责，船员职业保障，船员培训和船员服务，监督检查，法律责任和附则。

中华人民共和国境内的船员注册、任职、培训、职业保障以及提供船员服务等活动，适用本条例。

### （一）船员应当具备的条件

船员必须注册；申领船员服务簿；参加航行和轮机值班的船员，应当按规定取得相应的船员适任证书；以海员身份出入境和在国外船舶上从事工作的中国籍船员，应当向海事管理机构申请中华人民共和国海员证。

### （二）船员在船服务期间的职责和要求

（1）携带本条例规定的有效证件；

（2）掌握船舶的适航状况和航线的通航保障情况，以及有关航区气象、海况等必要的信息；

（3）遵守船舶的管理制度和值班规定，按照水上交通安全和防治船舶污染的操作规则操纵、控制和管理船舶，如实填写有关船舶法定文书，不得隐匿、篡改或者销毁有关船舶法定证书、文书；

（4）参加船舶应急训练、演习，按照船舶应变部署的要求，落实各项应急预防措施；

（5）遵守船舶报告制度，发现或者发生险情、事故、保安事件或者影响航行安全的情况，应当及时报告；

（6）在不严重危及自身安全的情况下，尽力救助遇险人员；

（7）不得利用船舶私载旅客、货物，不得携带违禁物品。

### （三）保障船员合法权益的规定

（1）明确船员用人单位应当为其录用的船员办理工伤保险、医疗保险、养老保险、失业保险以及国家规定或者船员劳动合同约定的其他社会保险，并依法按时足额缴纳各项保险费用。

（2）明确了船员生活和工作场所应当符合国家船舶检验规范中有关船员生活环境、作业安全和防护的要求。要为船员提供必要的生活用品、防护用品、医疗用品，建立船员健康档案，定期为船员健康检查，防治职业疾病，船员工作期间患病或者受伤，船员用人单位应当及时给予救治。

（3）明确了船员服务机构向船员用人单位提供船舶配员服务时，应当督促船员用人单位与船员依法订立劳动合同。

（4）明确了船员用人单位应当向船员支付合理的工资和报酬，并足额地发放给船员。任何单位和个人不得克扣船员的工资和报酬。

（5）明确了船员用人单位应当向船员在劳动合同有效期内的待派期间，船员用人单位应当支付不低于船员用人单位所在地人民政府公布的最低工资。

（6）明确了船员除享有国家法定的节假日外，还享有在船上每工作 2 个月不少于 5 日的年休假。船员在年休假期间，船员用人单位应当支付不低于船员在船服务期间平均工资和报酬。

(7)规定了船员要求遣返和选择遣返地点的权利。

**(四)对加强船员培训和船员服务机构管理的规定**

1. 从事船员培训的机构的条件

有符合船员培训要求的场地、设施和设备;有与船员培训相适应的教学人员、管理人员;有健全的船员培训管理制度、安全防护制度;有符合国务院交通主管部门规定的船员培训质量控制体系。

2. 从事船员服务业务的机构的条件

从事船员服务业务的机构是指:代理船员办理申请培训、考试、申领证书(包括外国船员证书)等有关手续,代理船员用人单位管理船员事务,提供船舶配员等机构。应当符合:在中华人民共和国境内依法设立的法人;有 2 名以上具有高级船员任职资历的管理人员;有符合国务院交通主管部门规定的船员服务管理制度;具有与所从事业务相适应的服务能力。

3. 从事船员服务的机构的行为规范

船员服务机构应当建立船员档案,加强船舶配员管理,掌握船员的培训、任职资历、安全记录、健康状况等情况,并将上述情况定期报海事管理机构备案。船员服务机构应当向社会公布服务项目和收费标准。船员服务机构为船员提供服务,应当诚实守信,不得提供虚假信息,不得损害船员的合法权益。船员服务机构为船员用人单位提供船舶配员服务,应当督促船员用人单位与船员依法订立劳动合同。船员用人单位未与船员依法订立劳动合同的,船员服务机构应当终止向船员用人单位提供船员服务。船员服务机构为船员用人单位提供的船员失踪或者死亡的,船员服务机构应当配合船员用人单位做好善后工作。

**(五)对海事管理机构监督检查的规定**

应当建立健全船员管理的监督检查制度;对船员实施监督检查时,应当查验船员必须携带的证件的有效性,检查船员履行职责的情况,必要时可以进行现场考核。

海事管理机构对有违反水上交通安全和防治船舶污染水域法律、行政法规行为的船员,除依法给予行政处罚外,实行累计记分制度。海事管理机构对累计记分达到规定分值的船员,应当扣留船员适任证书,责令其参加水上交通安全、防治船舶污染等有关法律、行政法规的培训并进行相应的考试;考试合格的,发还其船员适任证书。

海事管理机构实施监督检查时,应当有 2 名以上执法人员参加,并出示有效的执法证件。海事管理机构实施监督检查,可以询问当事人,向有关单位或者个人了解情况,查阅、复制有关资料,并保守被调查单位或者个人的商业秘密。

海事管理机构应当公开管理事项、办事程序、举报电话号码、通信地址、电子邮件信箱等信息,自觉接受社会的监督。

**(六)对违反本条例的法律责任的规定**

以欺骗、贿赂等不正当手段取得船员服务簿、船员适任证书、船员培训合格证书、中华人民共和国海员证的,由海事管理机构吊销有关证件,并处 2 000 元以上 2 万元以下罚款。

伪造、变造或者买卖船员服务簿、船员适任证书、船员培训合格证书、中华人民共和国

海员证的，由海事管理机构收缴有关证件，处2万元以上10万元以下罚款，有违法所得的，还应当没收违法所得。

违反本条例的规定，船员服务簿记载的事项发生变更，船员未办理变更手续的，由海事管理机构责令改正，可以处1 000元以下罚款。

船员在船工作期间未携带本条例规定的有效证件的，由海事管理机构责令改正，可以处2 000元以下罚款。

船员有下列情形之一的，由海事管理机构处1 000元以上1万元以下罚款；情节严重的，并给予暂扣船员服务簿、船员适任证书6个月以上2年以下直至吊销船员服务簿、船员适任证书的处罚：

(1)未遵守值班规定擅自离开工作岗位的；

(2)未按照水上交通安全和防治船舶污染操作规则操纵、控制和管理船舶的；

(3)发现或者发生险情、事故、保安事件或者影响航行安全的情况未及时报告的；

(4)未如实填写或者记载有关船舶法定文书的；

(5)隐匿、篡改或者销毁有关船舶法定证书、文书的；

(6)不依法履行救助义务或者肇事逃逸的；

(7)利用船舶私载旅客、货物或者携带违禁物品的。

船员适任证书被吊销的，自被吊销之日起2年内，不得申请船员适任证书。

## 第四节　《海船船员适任考试、评估和发证规则》的有关规定

为了提高海船船员素质，保障海上人命和财产安全，保护海洋环境，根据《中华人民共和国海上交通安全法》、《中华人民共和国船员条例》以及我国缔结或者加入的有关国际公约，制定《中华人民共和国海船船员适任考试和发证规则》(以下简称本规则)。

本规则自2012年3月1日起施行。2004年8月1日由原交通部颁布的《中华人民共和国海船船员适任考试、评估和发证规则》(交通部令2004年第6号)同时废止。国家海事管理机构在国务院交通运输主管部门的领导下，对海船船员适任考试和发证工作进行统一管理。国家海事管理机构所属的各级海事管理机构按照国家海事管理机构确定的职责范围具体负责海船船员适任考试和发证工作。

## 第五节　《中华人民共和国海船船员值班规则》的有关规定

《1978年海员培训、发证和值班标准国际公约》(STCW公约)生效以来，对提高海员素质、保障航行安全起到了积极作用。随着世界海运业的发展，加上公约里许多内容不够完善，一些标准亟待修订，原公约已难以适应海运业发展的新要求。为此，国际海事组织于1995年对该公约进行了全面修正，并于1997年2月1日开始生效。经1995年修正的1978年STCW公约中的规则分为两部分：A部分是强制性的，B部分是指导性的。为了配

合STCW 78/95公约的全面实施,提高我国海员的整体素质,认真履行缔约国的义务,原交通部于1997年10月16日经第十三次部长办公会议通过《中华人民共和国海船船员值班规则》,并1997年10月20日交通部令1997年第11号发布,自1998年1月1日起施行。

本规则主要由10章内容构成,共148条,其主要内容包括:总则;航次计划及值班安排;航行值班应遵守的原则;不同环境下的航行值班;轮机值班应遵守的原则;无线电值班应遵守的原则;港内值班;驾驶、轮机联系制度;船员健康适任要求和附则。

《中华人民共和国海船船员值班规则》的总则:

为加强海船船员值班管理,防止船员疲劳操作,保障海上人命与财产安全,保护海洋环境,根据《中华人民共和国海上交通安全法》和《中华人民共和国海洋环境保护法》等有关法律、法规的规定,以及国际海事组织1995年修正的《1978年海员培训、发证和值班标准国际公约》和国际电信联盟《无线电规则》的要求,制定本规则。

本规则适用于在100总吨及以上中国籍船舶上服务的组成值班的船员,但在下列船舶上服务的船员除外:军用船舶;渔业船舶;非营业的游艇;构造简单的木质船。

中华人民共和国港务监督局(现为中华人民共和国海事局)是实施本规则的主管机关。

各船公司应保证指派到船上任职的每一个值班船员均能熟悉船上的有关设备和船舶特性以及本人职责,并能在紧急情况下有效地执行安全和防污染工作。

船长及全体船员应了解由于操作不当或意外事故对海洋环境造成污染的严重后果,并应遵照国际公约和我国有关防止船舶造成污染的法律、法规的要求,制订出本船防污染的具体措施,采取切实有效的手段,防止船舶对海洋环境造成污染。

为维护驾驶台的良好秩序和环境,保证航行安全。各船公司应编制《驾驶台规则》、《机舱值班规则》和《无线电报房规则》,张贴在船舶各部门的易见之处,并要求全体船员遵守执行。

## 第六节　海事局对船员的管理

国家对船员的管理主要由海事局、海关、国境卫生检疫机关与边防检查机关等组织实施。中华人民共和国海事局是我国船员管理的主管机关。

主管机关通过船员注册,船员服务簿,海员证,培训、考试和发证,安全配员及值班标准等立法来管理船员。海员证是船员的身份证明,用以加强海员出入境管理,保障航行安全和航运秩序。船员服务簿用以加强对船员的监督管理,核定其在船上的服务资历。培训、考试和发证用以控制船员的技术素质。安全配员规定用以确保船舶在航行和停泊时,配有足够数量的合格船员以保证船舶安全。海船船员值班规则用以加强船员值班管理。

1. 船员注册

船员注册,是指海事管理机构根据申请人的申请,经依法审查,对符合船员注册条件的予以登记,签发船员服务簿,准许申请人从事船员职业的行为。

2. 船员服务簿

“船员服务簿”是记录船员本人的海上资历，参加有关专业训练和体格检查情况的证件；是船员申请考试、办理职务升级签证和换领船员适任证书的证明文件之一。每个船员应在每隔 24 ~ 36 个月期限内，到签发机关办理一次签证并交纳手续费。“船员服务簿”“任解职记载”栏内的各项内容，都必须正确无误，不得谎报或涂改。

3. 海员证

“海员证”是我国海员出入中国国境和在境外通行使用的有效身份证件，是根据我国外交部、公安部、原交通部联合制定的《中华人民共和国海员证管理办法》（1989 年 12 月 1 日起施行），由中华人民共和国海事局或其授权的下属海事局（下称颁发机关）颁发。海员证在国外的延期和补发，由我国驻外的外交代表机关、领事机关或外交部授权的其他驻外机关办理。海员证颁发给在航行国际航线的中国籍船舶工作的中国海员，和由国内有关部门派往外国籍船舶工作的中国海员，以加强对海员出入境的管理，保障航行安全和航运秩序。

海员证由海员所在单位或派出单位向颁发机关申请办理。海员证的有效期，由颁发机关根据海员出境任务所需时间长短确定，最长不超过 5 年。海员脱离原工作单位应交回海员证，否则颁发机关可处以罚款。

4. 船员培训、考试、发证

中华人民共和国海事局是全国船员考试、发证的主管机关，负责监督实施船员考试发证工作，监督指导船员专业训练。船员适任证书由中华人民共和国海事局统一印制，正式授权官员署名签发，有效期最长不超过 5 年。

5. 船舶最低安全配员证书

《中华人民共和国船舶最低安全配员规则》于 1998 年 5 月 1 日起施行。根据规则，每条船都应持有海事局审核办理的“船舶最低安全配员证书”，考虑船舶种类、技术设备、主机功率、航区、航程等因素，每条船舶最低安全配员有所不同（见表 6-1）。

**表 6-1　轮机部最低安全配员表**

| 轮机部 | | | | |
|---|---|---|---|---|
| | 航区和功率 | | 一般规定 | 附加规定 |
| 所有船舶 | 海上 | 3 000 kW 及以上 | 轮机长、大管轮、二管轮、三管轮各 1 人，值班机工 3 人 | ①连续航行时间不超过 36 h，可减免三管轮和值班机工各 1 人；<br>②AUT-0 自动化机舱可减免二管轮、三管轮和值班机工 2 人；<br>③AUT-1 自动化机舱可减免三管轮和值班机工 2 人；<br>④BRC 半自动化机舱可减免值班机工 2 人 |
| | | 750 kW 及以上至未满 3 000 kW | 轮机长、大管轮各 1 人、值班机工 2 人 | 连续航行时间超过 16 h，须增加轮机员 1 人和值班机工 1 人（自动化机舱及 BRC 半自动化机舱除外） |
| | | 220 kW 及以上至未满 750 kW | 轮机长、轮机员各 1 人，值班机工 2 人 | 连续航行时间超过 36 h，须增加二管轮 1 人（自动化机舱及 BRC 半自动化机舱除外） |
| | | 未满 220 kW | 轮机长、值班机工各 1 人（机驾合一的免） | 连续航行时间超过 4 h，须增加轮机员 1 人（机驾合一的免） |
| | 港内 | | 三管轮 1 人，值班机工 1 人 | |

# 第七节 我国轮机部船员职责和行为准则

## 一、轮机部高级船员的主要职责

我国船员职务规则在各船公司虽不尽相同，但大体上是一致的，基本上可分为远洋和沿海两类，其区别仅在于某些机电设备的主管检修分工有所不同。

1. 轮机长

(1)轮机长是全船机电设备(不包括通信、导航设备)的技术总负责人。

(2)制订本船各项机电设备的操作规程、保养检修计划、值班制度，贯彻执行各项规章制度，保证“船舶安全管理体系”的保持和运行，确保安全生产。

(3)负责组织轮机员(电子电气员/冷藏员)制订修船计划、编制修理单和预防检修计划，组织领导修船，进行修船工作的验收。

(4)负责燃润料、物料、备件的申领，造册保管和合理使用，节约能源，降低成本。

(5)负责保管轮机设备的证书、图纸资料、技术文件，及时报告船长申请检验。

(6)经常亲自检查机电设备的运行情况，调整不正常的运行参数，检查和签署轮机日志、电机日志等。

(7)培训和考核轮机人员。

(8)在发生紧急事故时指挥机舱人员进行抢修和抢救工作。

(9)监督和签署轮机员(电子电气员/冷藏员)的调任交接工作。

2. 大管轮

(1)大管轮是轮机长的主要助手，在轮机长的领导下进行工作，轮机长不在时代理轮机长的职务。大管轮负责领导轮机部人员进行机电设备管理、操作、保养和检修工作，教育所属人员严格遵守工作制度、操作规程和劳动纪律，保证轮机部的各项规章制度得以正确执行，保证按时完成轮机部的航次作业计划和昼夜计划工作。

船上有电子电气员、冷藏员时，电助、电工和冷藏工的工作分别由电子电气员、冷藏员领导。不设冷藏员的船舶由大管轮执行冷藏员的职务。

(2)大管轮负责维持机舱秩序，对机舱、工作间、材料间、备件工具及机电设备的整洁进行监督和检查，防止锈蚀、损坏或遗失，负责轮机部各舱室的油漆工作。

(3)负责保持轮机部有关安全的设备，如应急舱底阀、风抽应急开关、机舱水密门、安全阀、机舱灭火设备、起重设备、危险警告牌、重要的防护装置等处于使用可靠状态，定期进行必要的检查试验，并负责指导有关人员熟悉正确的管理和使用方法。做好防火防爆、防污染、防冻、防进水、防盗和防工伤等工作。

在船舶发生紧急事故时，按照“应变部署表”规定的职务，协助轮机长指挥轮机部人员做好应急抢救工作。

(4)负责管理主机、轴系及直接为主机服务的辅机，并负责管理舵机、冷藏机，贯彻执行操作规程，并对操作管理方法随时提出改进意见，经轮机长批准执行。

在抢修主机或主机吊缸检修、主机大修后试验、新到任轮机长首次试验主机时,大管轮均应在场。

大管轮对所负责的机械设备应按预防检查制度制订预防检修计划,进行检查、测量、修理和记载,并保管修理记录簿。

除分工负责的机械设备外,还应负责轮机长指定由他负责的部分辅机和设备,并完成轮机长指派的其他工作。

(5)负责编制本人管理的机械设备的计划修理单、航次修理单和自修计划;审核和汇编其他轮机员的修理单和自修计划,并维护机舱的安全。

(6)负责综合轮机部的预防检修和自修计划,在轮机长批准后执行。负责组织检查人员协助其他轮机员做好预防工作,指导轮机部人员的检修技术和使用工具的方法。

(7)负责贯彻执行轮机部备件和物料的定额制度,及时收集、综合并审查工具、备件、物料的申领单交轮机长核定,组织验收、保管和盘点并监督备件物料的合理使用。

负责轮机部通用物料及本人主管机械设备的备件、润滑油的申领、验收和报销。

(8)负责保管本人使用的技术文件、仪器、工具等。

(9)负责安排航行及停泊时的检修工作,组织领导检查、清洁、油漆工作。在航行时轮值航行班,停泊时与二、三管轮轮流值班,并按轮机长的指示安排航行值班及停泊值班的人员。

协助轮机长领导所属人员的政治思想学习和技术业务学习,提高所属人员的政治思想和技术水平。合理安排工作,注意劳逸结合,督促做好轮机部使用的舱室、浴室、厕所的清洁卫生工作。负责安排轮机部船员的公休计划,提交轮机长审核。

(10)监督轮机部一般船员的交接工作。

3. 二管轮

(1)在轮机长和大管轮的领导下进行工作,负责管理发电原动机及为它服务的机械设备、机舱内部分辅机和轮机长指定由他负责的其他设备。

应贯彻执行操作规程及各项制度,不断研究改进所负责的机械设备的使用管理办法,报轮机长批准后执行。

(2)负责制订本人主管的机械设备的预防检修计划,进行检查、测量及修理,记载并保管修理记录簿。

(3)负责编制本人主管的机械设备的计划修理单和航次修理单,提交大管轮审核。修船期间,协助监工、验收并参加自修工作。

(4)负责本人主管的机械设备的备件和专用物料的申领、验收和报销,妥善保管,防止锈蚀、损坏或遗失。

(5)负责加装燃油(驳油),进行燃油的测量、统计和记录工作。到港前,将燃油存量正确数字送轮机长。加装燃油时,负责检验质量,监督向指定油柜灌油,防止错装或满溢,核定装抽数量。清洗油柜时,监督清洗质量,防止中毒窒息及爆炸,负责检查加油管路、燃油加热管及其灭火管系的可靠性。

(6)负责保管移交本人使用的技术文件、仪器、工具和备件等。

(7)在航行时轮值航行班。停泊时,领导由大管轮指派的人员进行检修工作,并与大、三管轮轮流值班。

4. 三管轮

(1)在轮机长和大管轮的领导下进行工作,负责管理甲板机械及泵浦间、救生艇发动机、消防泵、空调机、辅锅炉及其附属设备和机舱内部分辅机等,以及轮机长指定的其他辅机和设备。

应贯彻操作规程和各项制度,不断研究改进所负责的机械设备的使用管理方法,报轮机长批准后执行。

(2)负责制订本人主管的机械设备的预防检修计划,进行检查、测量及修理,记载并保管修理记录簿。

(3)负责编制本人主管的机械设备的计划修理单和航次修理单,提交大管轮审核。修船期间,协助监工、验收并参加自修工作。

(4)负责本人主管的机械设备的备件和专用物料的申领、验收和报销,妥善保管,防止锈蚀、损坏或遗失。

(5)负责保管本人使用的技术文件、仪器、工具和备件等。

(6)在航行时轮值航行班。停泊时,领导由大管轮指派的人员进行检修工作,并与大、二管轮轮流值班。

5. 电子电气员

(1)在轮机长直接领导下,领导电工进行工作。负责船舶电气设备的管理、保养和检修工作。保持电气设备、仓库和电气修理间的整洁和秩序。贯彻各项工作制度和安全规则,节约材料、物料,安排电工的工作。

(2)负责管理、保养发电机、电动机、应急安全设备线路、避雷装置、电操舵装置、照明设备、有线电话、电气仪表、电导航及无线电通信设备的强电部分及其他电气设备。应贯彻执行操作规程,研究改进管理办法,报轮机长批准执行。定期测量绝缘电阻,保证电气设备及线路经常处于良好工作状态。

严格遵守并监督执行安全规则,注意正确及时地悬挂危险警告牌,禁止非电气工作人员接触重要的带电设备。

(3)根据预防检修制度,制订电气设备的预防检修计划,提交轮机长批准后执行。记载并保管电气测量修理记录簿,定期提交轮机长审签。

(4)负责编制电气部分的计划修理和航次修理的修理单,提交轮机长审核;厂修期间,监督并验收厂修工程;参加并组织领导电工或大管轮派给的人员进行自修工作。

(5)开航前,做好开航准备工作,特别注意舵机、锚机、罗盘、航行灯和与航行有关的电气设备的可靠性。在靠离码头,进出港,通过狭窄航道、运河以及轮机长认为必要时,应在机舱执行工作。停泊时参加并领导所属人员进行检修。按轮机长的指示,参加并安排夜间及假日留船值勤人员值班。

(6)负责电气备件、材料、物料及专用工具的申领、验收、统计和报销,指定专人负责保管上述物品并负责管理记账簿。

(7)负责保管电工日志,按时提交轮机长审签;航次结束时编制航次报告,提交轮机长审签上报。

(8)保管电气设备的技术文件、图纸。

6.冷藏员

(1)在轮机长和大管轮领导下,领导冷藏工进行工作。

(2)按照轮机长的指示,参加并组织领导冷藏工或由大管轮派给的人员轮流值班和进行检修工作。

(3)负责检查并按时记录冷藏库内的温度、湿度,使其经常处于规定的变化幅度之内;经常检查并保持冷藏库管系和设备的完整可靠。冷藏设备发生故障时,应立即报告轮机长,并及时进行检修。

(4)贯彻执行冷藏设备的操作规程,防止漏泄,杜绝事故,延长使用寿命;保证冷冻物品的质量,不断研究改进管理办法,报经轮机长批准后执行。

对所属人员不断进行业务技术学习指导和安全教育,介绍冷冻剂特性及防止冻伤、烧伤和窒息中毒的办法;指导正确使用防毒面具及氧气呼吸器的方法,并定期演习。

(5)负责保持冷藏机室、修理间、材料库、冷藏机及管系和有关设备的清洁整齐。

(6)制订预防检修计划,报轮机长批准执行。按计划对冷藏机械设备进行检查、测量、修理、记载并保管修理记录簿,定期提交轮机长审签。

(7)编制计划修理和航次修理的修理单,提交轮机长审批。厂修期间,负责监工、验收,参加并领导所属人员进行自修工作。

(8)负责冷冻设备所需工具、备件、物料的申领、验收、统计和报销,监督物料和备件的合理使用。

(9)负责管理冷藏日志,按时提交轮机长审签。航次结束时,编制航次报告,提交轮机长审核上报。

(10)保管冷藏设备的有关技术文件。

7.轮机检修、养护分工明细表

根据船员职务规则规定编制的轮机部高级船员的分工明细表,见表6-2。由于各公司管理制度不同、船舶设备不同、自动化程度不同以及人员配备不同,各船轮机长可适当调整。

## 二、我国船舶轮机值班制度

我国船舶的值班制度虽因船公司和船舶种类的不同而有所差异,但其原则和传统规定却是一致的。

### (一)航行值班

1.轮机员航行值班职责

(1)值班轮机员负责领导并督促本班值班人员严格遵守"机炉舱规则"及各项安全操作规程,保证机电设备正常运转,完成机舱内的各项工作。

(2)根据驾驶台命令迅速准确地操纵主机,认真填写轮机日志和车钟记录簿,不得任意涂改。

表 6-2 轮机检修养护分工明细表

| 序号 | 检修负责人 | 项目 | 备注 |
|---|---|---|---|
| 1 | 大管轮 | 主机及中间轴系统 | |
| 2 | | 艉轴系统及螺旋桨 | |
| 3 | | 侧向推进器系统 | |
| 4 | | 为主机服务的泵、热交换器、滤器 | |
| 5 | | 主机盘车机 | |
| 6 | | 推进装置遥控、自控装置 | |
| 7 | | 主机及系统的监测和应急装置 | |
| 8 | | 舵机和操舵装置 | |
| 9 | | 制冷装置（货物与伙食） | |
| 10 | | 滑油舱柜、滑油分油机及系统 | |
| 11 | | 防海生物装置 | |
| 12 | | 机舱灭火系统 | |
| 13 | | 机舱水密门、逃生门 | |
| 14 | | 机舱应急舱底水阀 | |
| 15 | | 机舱风道挡板 | |
| 16 | | 机舱堵漏设备 | |
| 17 | | 机舱起重、车床、测量工具和物料 | |
| 18 | 二管轮 | 副机（发电原动机） | |
| 19 | | 为副机服务的泵、热交换器、滤器 | |
| 20 | | 燃油舱、燃油驳运泵及系统 | |
| 21 | | 燃油分油机及系统 | |
| 22 | | 油柜速闭切断装置及远操机构 | |
| 23 | | 空气压缩机、压缩空气瓶、空气管系 | |
| 24 | | 造水机及系统 | |
| 25 | | 应急发电原动机 | |
| 26 | | 应急空气压缩机 | |
| 27 | | 油渣柜 | |
| 28 | 三管轮 | 锅炉及附属设备和系统 | |
| 29 | | 蒸汽、回汽、凝水系统 | |
| 30 | | 甲板机械 | |
| 31 | | 厨房机械 | |
| 32 | | 机舱淡水、热水、卫生水设备与系统 | |
| 33 | | 空调和暖气设备 | |
| 34 | | 压载、舱底水设备与系统 | |
| 35 | | 防污染设备 | |
| 36 | | 消防泵、应急消防系统 | |
| 37 | | 救生艇发动机 | |
| 38 | 电子电气员 | 发电机、电动机及各种电气设备 | |

（3）按制造厂说明书的规定和要求，使机电设备保持在标定的工作参数范围内；经常保持油水分离器和各种滤器处于良好的使用状态；注意废气锅炉（或辅锅炉）工作情况是否正常。

(4)维护机炉舱、轴系及各种设备的清洁,按时巡回检查,仔细观察,倾听机电设备、轴系的运转情况,如发现不正常现象应立即设法排除。如不能解决,应立即报告轮机长。

(5)如果主机故障必须立即停车检查,应先征得驾驶台同意并迅速报告轮机长。如情况危急,将造成严重机损或人身伤亡时,可先停车,同时报告驾驶台和轮机长,并将详细情况记入轮机日志。

(6)在恶劣天气中航行,为防止主机空车和超负荷而需要降低主机转速时,应取得轮机长同意并通知驾驶台。

(7)根据设备运转需要,随时进行驳油、净油、造水、充气等工作,保持日用油柜、水柜有足够数量的储备。除日用油柜驳注外,移驳燃油应事先与大副联系。

(8)根据甲板部书面通知,领导值班人员移注、排灌压舱水或移注油、水,供应或停供所需的水、电、气、汽。认真遵守防污染的有关规定并详细填写油类记录簿和垃圾记录簿。

(9)注意防火检查,随时清除油污,正确处理油污破布、棉纱头等易燃物。

(10)船舶发生紧急事故时,按应变部署表分工积极参加抢险工作。

(11)有实习人员跟班时,应严格要求,热情指导。

(12)三管轮值班时,轮机长应经常下机舱检查指导。大管轮班人员进晚餐时由三管轮班人员下机舱接替,时间不超过0.5 h。

(13)认真执行船长、轮机长指派的其他工作。

2. 交接班规定

(1)交班轮机员于交班前0.5 h(白天04:00～08:00、08:00～12:00班应于交班前45 min)应指派专人叫班,并做好交班准备。

(2)接班人员接班前15 min进入巡回检查路线,按交接内容认真检查。发现问题汇总由接班轮机员向交班轮机员提出,其中主要问题应记入轮机日志,双方如有争议应报告轮机长处理。

(3)交班人员应向接班人员分别介绍:

①运转中的机电设备的工作情况;

②曾经发生的问题及处理结果;

③需要继续完成的工作;

④驾驶台或轮机长的通知;

⑤提醒下一班注意的事项。

(4)交接班必须在现场进行,交班人员必须得到接班人员同意后才能下班,做到交清接明,并在“轮机日志”上签字。

3. “轮机日志”记载与保管

“轮机日志”是轮机部工作的主要法定记录文件,是船舶运行全过程的原始记录之一,由轮机长负责保管,用完后至少在船保存两年,以后送公司保存或自存五年方可销毁。船舶发生海事时,轮机长应将“轮机日志”及有关资料妥善保管,弃船时应将其带下,以供海事调查之用。

轮机长对“轮机日志”的记载全面负责,应每日检查、指导记录情况,在航行中(包括移泊)“轮机日志”由值班轮机员负责填写,停泊期间由大管轮负责记载和保管。

"轮机日志"必须按时间顺序汇录,不得间断,内容应当明确反映出船舶航行、停泊、作业或修理的基本情节;记载必须真实,不得弄虚作假,不得隐瞒重要事实,不得故意涂改内容。

轮机日志是轮机部工作的主要法定记录文件,在航行中(包括移泊)由值班轮机员负责填写;停泊中由大管轮负责记载和保管。

4. 附则

(1)轮机长在下列情况下必须到机舱指挥:

①进出港、移泊、过运河时;

②机电设备发生故障危及安全运转时;

③狭水道、恶劣天气等特殊情况及船长命令时;

④机舱报警、应变部署时;

⑤值班轮机员工作有疑难,要求轮机长前往时。

(2)轮机长在下列情况应做到:

①出港航行命令下达后,应在机舱监督检查并做好下列工作:调整主机、副机燃油系统及轴承润滑和冷却所需油量、水量、压力、温度;调整废气锅炉汽压,转换蒸汽阀门(有强制循环泵进行启动使用);调整扫气压力和温度。

②检查或调查燃油锅炉的油温、油压、风压和燃烧情况,以便靠港后正常使用。

**(二)停泊值班**

1. 轮机员停泊值班职责

(1)督促检查轮机值班人员严格遵守有关安全生产的规定。

(2)保证机电设备正常运转。

(3)及时供应日常工作及生活所需要的水、电、气、汽。

(4)严格遵守防污染规定,防止污油污水排出舷外。

(5)根据大副或值班驾驶员的书面通知,移注、排灌压载水。

(6)装卸货期间如起货机发生故障,应组织力量抢修。

(7)机电设备发生故障或值班机工有疑难时,应立即到机舱处理。

(8)若临时进厂修理,应认真检查和落实各项安全措施,以防发生意外事故。

(9)加强机炉舱和舵机房等部位的安全检查,22:00 以后全面巡回检查机炉舱一次。

(10)主机转车、冲车、试车前,应通知并征得值班驾驶员同意后方可进行。

(11)发生火警和意外危险时,如轮机长不在船上,应在船舶领导统一指挥下(或协助值班驾驶员指挥),组织轮机部全体人员进行抢救。

(12)根据船长和值班驾驶员的通知,按时做好移泊准备工作。

(13)当轮机长不在船上时,负责处理轮机部的日常工作和外单位来船人员的接待工作。重要事项应向轮机长汇报。

2. 交接班规定

(1)值班轮机员每天早上 08:00 交接班。

(2)交班轮机员应向接班轮机员介绍:

①值班人员情况;

②船舶动态，机舱状况，机电设备包括甲板机械运转情况；

③抢修工作，明火作业及落实安全措施的情况；

④上一班发生过的事情及提醒下一班注意的事项。

(3)交班人员必须得到接班人员同意后方可下班。

**(三)无人值班机舱船舶的轮机值班制度**

1. 由驾驶台操纵时的轮机值班规定

(1)不论航行或停泊，每班由1名轮机员和1名机工从08:00到次日08:00，实行24 h值班责任制。

(2)为确保安全，每天08:00~16:00由值班机工按值班职责和各项规定在集控室监视并处理警报，巡回检查动力设备的运转情况。在值班时间内如需暂时离开值班处所，必须经值班轮机员同意并将召唤警报开关转至值班轮机员房间的位置。用餐时间应不超过0.5 h。

(3)值班轮机员在15:30时开始检查值班机工的工作和机电设备的运转情况，确认正常后值班机工方可离去。从16:00至次日08:00由值班轮机员按值班职责处理警报，并在22:00到机舱巡回检查一次。离开机舱前应将召唤警报开关转至自己房间的位置。

(4)值班轮机员可以在自己房间或集控室内和衣休息，但不得在超越召唤警报呼叫范围的场所活动。一旦发生报警，应立即到机舱检查处理。

(5)值班时间内应认真按规定填写"轮机日志"、"辅机日志"和各种记录簿。规定每日08:00、16:00、22:00三次记录各种设备运转参数，每日08:00的记录数据还应与机旁仪表的读数相核对。

(6)设有车钟记录器、警报记录器和巡回监测数据记录器等设备的船舶，应使用这些设备持续地监测运转中的动力装置。各种记录资料均应完整保存。

(7)应使巡回监测数据记录器至少每4 h进行1次巡回监测。特殊情况下，由轮机长确定自动巡回检测的周期。

(8)下列情况轮机长必须到机舱亲自指挥：

①在遥控监测装置进行模拟试验或功能试验时；

②每次启动主机之前直至主机达到正常工况时；

③机电设备发生故障危及安全运转时；

④值班轮机员有疑难要求轮机长前往时；

⑤应变部署时；

⑥特殊情况下船长命令时。

(9)在各种需要机动操纵且持续时间不超过4 h的情况下，轮机长的工作岗位在机舱或驾驶台，应由各公司根据各船舶设备和操纵特性分别予以确定，并明确布置各船，船长和轮机长必须坚决执行。如轮机长因有其他重要工作必须暂时离开岗位，应经船长同意并由大管轮暂代。

2. 中止机舱无人值班

(1)下列情况下，应中止机舱无人值班，恢复有人值班制：

①机电设备或控制系统发生故障，不能满足无人值班的要求时；

②进出港、移泊、过运河等机动操纵持续时间超过 4 h 者；

③过狭水道，在恶劣天气中航行并在船长命令时；

④在其他特殊情况下，轮机长认为必要并命令时。

（2）中止机舱无人值班后，不论航行或停泊，均应按本制度规定的航行和停泊的值班职责以及相应的联系制度执行，直至恢复无人值班时止。

（3）机舱实行有人值班后，轮机长应组织好轮机部人员的值班并安排好日常工作，必须确保安全生产。

3. 无人值班机舱的值班轮机员职责

（1）值班期间负责所有机电设备的安全运转。

（2）督促检查本班机工严格遵守机炉舱规则及各项安全操作规程，当值班机工有疑难并要求时，应及时前往机舱处理。

（3）按时检查机电设备、轴系运转情况，当机舱警报呼叫时，应速前往检查处理。

（4）经常对设备的工况和运转参数进行正确的判断，在故障发生前或发生后进行有效的处理，并将情况如实记入轮机日志。

（5）根据驾驶台的命令，负责主机的备车和完车工作，确保推进装置处于良好操纵状态。当电机人员不在机舱时，负责发电机的配电工作。

（6）在值班期间如遇进出港、移泊等机动操纵，或接到船长或轮机长命令时，应在集控室坚守值班，随时准备推进装置的操纵转换。当遥控操纵系统失灵时，应立即转换至机舱操纵或应急手动操纵并同时报告驾驶台和轮机长，保证推进装置的正常功能和航行安全。

（7）在恶劣天气中航行时，为防止主机空车和超负荷，需要降低主机转速或改变桨叶角时，应先取得轮机长同意并通知驾驶台。

（8）机舱发生火警或设备故障等意外引起主机减速、停车以及电网停电等危及航行安全情况时，应采取一切必要的有效措施，并立即报告值班驾驶员和轮机长。

（9）船舶发生火警或意外危险时，如果轮机长不在船上，应在船舶领导统一指导下（或协助值班驾驶员指挥），组织轮机部全体在船人员进行抢救。

（10）当轮机长不在船时，负责处理轮机部的日常工作和外单位来船人员的接待工作。重要事项应向轮机长汇报。

（11）凡与本职责不相矛盾而未曾规定的工作，应参照前述“轮机员航行值班职责”和“轮机员停泊值班职责”。

（12）在未配备机工的船上或本班无值班机工时，还须履行值班机工的职责。

4. 无人值班机舱轮机人员的工作制度

（1）不论航行或停泊，除当班人员外，所有人员均实行 8 h 工作制。在 07:30 ~ 11:30 和 13:00 ~ 17:00 的工作时间内进行日常的维修保养工作。

（2）值班轮机员在其当值的次日休息半天，一般安排在下午。必要时轮机长可另行安排其休息。

（3）从 16:00 到次日 08:00 期间，在特殊情况下，如值班轮机员认为必要，可以命令本班机工参加抢修工作或进行值班，并报告大管轮，由大管轮酌情在第二天安排适当时间

休息。

(4)因工作需要,非当值人员受大管轮指派在 8 h 工作时间以外参加检修或值班,应由大管轮酌情在第二天安排适当时间休息。

(5)如因特殊原因不能参加工作时,轮机员请假必须经轮机长同意,普通船员必须经轮机长或大管轮同意。

## 三、我国船员调动交接制度

### (一)一般规定

船员公休、因故奉调离船或在原船变动职务并有人接任,均应按规定交接清楚。

(1)交班船员接到调动通知,应按规定做好交接准备,抓紧完成(阶段)工作,集中并整理好各种应交物品,以便随时进行交接。

(2)接班船员到船后,应立即向直接领导人报到并按指示抓紧接班,不得借口拒绝或拖延接班(外派船舶交接通常仅 1 h,交班后立即离船)。

(3)交班时间一般不应超过 3 天。交接时交方应耐心细致,接方要虚心勤问,不含糊接班。属于设备问题和遗留工作交方一定要交代清楚,接方不应因本身的业务能力而过多地拖延时间,如有争议应报告领导处理。

(4)交班船员中凡涉及事故处理,各种海损、机损、货损报告以及保险索赔等手续的当事人和有关负责人等均应亲自办理完毕,不得移交给接班船员代办,但应向接班船员详细说明情况。

(5)交接完毕应共同向直接领导人汇报交接情况,经其认可或监交签署后,交接方告完毕。在此之前,工作由交班船员负责;之后由接班船员负责。干部船员还应办理“调动交接记录”,双方签署后,由直接领导人加签监交。持有适任证书的干部船员,不论调离职或到任,应由船长、轮机长、电台负责人分别在有关日志记载并签署。船长、轮机长、大副、电台负责人交接后还应分别在航海日志、轮机日志、电台日志上共同签署。交接完毕后,交班船员应在三天内离船,以免妨碍接班船员的工作或影响其生活秩序。

### (二)交接

调动职务交接工作由实物交接、情况介绍和现场交接三部分组成。

1. 实物交接

个人保管的工具、仪表、图书、文件、公用衣物、住室的门和柜的钥匙,均应按配备清单逐项清点交接。如果实物短缺,一般物品应在交接记录中注明,重要物品或者虽为一般物品但数量甚多者,应报告领导处理。实物交接时应结合介绍情况。

2. 情况介绍

(1)本船、本部门和本专业的概貌、特点、总的技术状况和存在的主要问题。

(2)涉及本专业和本职的各项规章制度,包括引导熟悉 SMS 和介绍重点文件。

(3)本职在本船的具体分工职责及有关规定;需协调的工作项目及其主从关系和工作习惯等;有关工作计划及其执行情况。

(4)正在进行的和待办的工作及领导指示;下航次计划和开航准备的进行情况。

(5)本职在应变部署中的岗位和职责,实地交代救生衣、应变任务卡及应携带或操作的设备、器材的位置、用途、性能和使用方法、注意事项等。

(6)详细介绍下属船员的技术业务能力、思想表现、工作态度和其他特点等。

3. 现场交接

双方共同到设备现场和工作现场,包括共管或协作的项目,由交方详细介绍。

(1)所管设备及其附属设备、装置、属具、专用仪表(器)和工具的名称、性能、运转现状、易出故障或事故的部分及其解决办法或应急措施以及注意事项等。

(2)有关管系、(电)线路的各种阀门和开关,操纵控制装置和监测指示仪表的位置、工况数据、使用方法,操作时容易发生的错误及其注意事项。

(3)重要仪表的准确程度,安全报警装置或指示信号的可靠性,各种安全应急设备(或装置)的位置及其操作使用方法。

(4)油、水柜的分布,各柜容量和残留量(即死油、死水),测量管或测量装置的位置,测量数据的换算方法以及误差等情况。

(5)结合实物交接弄清各种属具、备件、工具、器具、材物料的存放位置、储备情况和亟待补充的品种和数量;专用物料(如化学品剂等)的性能、保管、使用方法及安全注意事项。

(6)除严格规定不得任意拆动,或者有碍安全生产者外,当接方认为必要时,可进行操作示范或者拆开某些机具部件,使接方更清楚地了解情况。对于某些无法直观或拆检工作量很大的部件,交方应尽其所知详细介绍。

(7)其他需要说明或强调的问题。

4. 其他问题

各种现存问题、遗留问题、正在进行尚未结束的工作、重要待办事项等均应详细交接并记入交接记录内。

## 四、驾驶、轮机联系制度

1. 开航前

(1)船长应提前 24 h 将预计开航时间通知轮机长,如停港不足 24 h,应在抵港后立即将预计离港时间通知轮机长;轮机长应向船长报告主要机电设备情况、燃油和炉水存量;如开航时间变更,须及时更正。

(2)开航前 1 h,值班驾驶员应会同值班轮机员核对船钟、车钟和试舵等,并分别将情况记入航海日志、轮机日志及车钟记录簿内。

(3)主机试车前,值班轮机员应征得值班驾驶员同意。待主机备妥后,机舱应通知驾驶台。

2. 航行中

(1)每班下班前,值班轮机员应将主机平均转数和海水温度告知值班驾驶员,值班驾驶员应回告本班平均航速和风向风力,双方分别记入航海日志和轮机日志;每天中午,驾驶台和机舱校对时钟并互换正午报告。

(2)船舶进出港口,通过狭水道、浅滩、危险水域或抛锚等需备车航行时,驾驶台应提前通知机舱准备。如遇雾或暴雨等突发情况,值班轮机员接到通知后应尽快备妥主机。

判断将有风暴来临时，船长应及时通知轮机长做好各种准备。

(3)如因等引航员、候潮、等泊位等原因需短时间抛锚时，值班驾驶员应将情况及时通知值班轮机员。

(4)因机械故障不能执行航行命令时，轮机长应组织抢修并通知驾驶台速报船长，并将故障发生和排除时间及情况记入航海日志和轮机日志。停车应先征得船长同意，但若情况危急，不立即停车就会威胁主机或人身安全时，轮机长可立即停车并通知驾驶台。

(5)轮机部如调换发电机、并车或暂时停电，应事先通知驾驶台。

(6)在应变情况下，值班轮机员应立即执行驾驶台发出的信号，及时提供所要求的水、气、汽、电等。

(7)船长和轮机长共同商定的主机各种车速，除非另有指示，值班驾驶员和值班轮机员都应严格执行。

(8)船舶在到港前，应对主机进行停、倒车试验，当无人值守的机舱因情况需要改为有人值守时，驾驶台应及时通知轮机员。

(9)抵港前，轮机长应将本船存油情况告知船长。

3. 停泊中

(1)抵港后，船长应告知轮机长本船的预计动态，以便安排工作，动态若有变化应及时联系；机舱若带检修影响动车的设备，轮机长应事先将工作内容和所需时间报告船长，取得同意后方可进行。

(2)值班驾驶员应将装卸货情况随时通知值班轮机员，以保证安全供电。在装卸重大件或特种危险品或使用重吊之前，大副应通知轮机长派人检查起货机，必要时还应派人值守。

(3)如因装卸作业造成船舶过度倾斜，影响机舱正常工作时，轮机长应通知大副或值班驾驶员采取有效措施予以纠正。

(4)对船舶压载的调整，以及可能涉及海洋污染的任何操作，驾驶和轮机部门应建立起有效的联系制度，包括书面通知和相应的记录。

(5)每次添装燃油前，轮机长应将本船的存油情况和计划添装的油舱以及各舱添装数量告知大副，以便计算稳性、水尺和调整吃水差。

## 五、轮机日志的填写和所填写读数的意义

(1)记载轮机日志必须使用不褪色的墨水，各栏内容要记载准确、完全，字体端正，词句清楚明确，不得任意删改涂抹。若有记错或漏写，应将错误处画一横线，但必须使被删的书写处仍清晰可辨。改正字写在错字上方；补充字也应写在漏写处的上方，并在改正处或补充字后签名，签名应标以括号。

(2)各项数据应按下列精度要求记载：

①主机转速：应记平均值，小数点后1位；

②涡轮增压器转速：百位；

③油门开度：小数点后1位，末位数只记5或0，其余的就近舍入；

④排烟温度：个位，末位数只记5或0；

⑤油水温度:小数点后 1 位,末位数只记 5 或 0,其余的就近舍入;

⑥扫气压力:小数点后 2 位,以 MPa 为单位;

⑦其余压力:小数点后 2 位,以 MPa 为单位;

⑧燃油耗存量:小数点后 1 位,以公吨为单位;

⑨润滑油耗存量:个位,以 kg 为单位;

⑩使用时间:主机、副机精确到分钟;其他设备精确到 0.5 h,就近舍入。

(3)值班轮机员记事栏内应记载在值班时间内的如下主要内容:

①主机、副机、锅炉等设备工作中特殊情况;

②驳油、驳水情况;

③船长、轮机长的命令,驾驶台的通知或命令,重要的车钟令(如备车、第一次用车、正常航行最后一次用车、完车等);

④本班发生的问题及其处理情况;

⑤其他有关情况。

(4)工作记录栏内由大管轮负责填写,主要内容包括:

①主要检修工作(包括承修人、厂名或姓名);

②值班人员的调班;

③机械设备的损坏及检修的概述;

④包括轻微事故和隐性事故在内的各类事故的概况;

⑤应变及应变演习的情况;

⑥轮机部人员的调动或职务变更(轮机员、电子电气员和冷藏员的调动或职务的变更应由轮机长负责记载并签署);

⑦其他重要事项。

(5)燃料、润料的耗存量,不得使用估计数字或定额数字,航行中由二管轮负责计算并记载从昨日中午至当日中午的燃料、润料耗存量;停泊中除仍需每日一次计算记载燃料耗存量外,其余各项可在离港、移泊等适当时机统计并填写。

(6)主机、副机的使用时间,分别由大管轮、二管轮每天进行统计和记载;其他在轮机日志内列有所要求的设备的使用时间,在每单航次结束后由各主管轮机员统计和填写。

(7)航行中,轮机长须每日认真查阅轮机日志的记载情况,对于记载栏内一昼夜的燃料耗存量、航行时间、航速、主机平均转速和副机运转时间等情况的记载,进行核对并签署。

(8)航行中,二管轮负责将每日驾驶台的正午报告中的有关内容填入轮机日志;并根据推进器速率及航行速率求出推进器的滑失率,记入轮机日志。

(9)公司机务监督并有责任对轮机日志进行审阅并签署。

(10)轮机日志应妥善在船保存。

(11)特殊情况下,由公司有关部门收回公司存放。

# 第七章
# 船舶维修管理

轮机员在船上工作时,经常会遇到船机零件失效和各种船机设备的这样或那样的故障。轮机员除了日常的和定期的维护管理工作外,还需进行失效零件更换、故障排除等检修工作及不可避免的进厂修理。因此,提高对故障与维修的认识及维修水平,做好船舶维修管理工作是现代船舶对轮机员的要求,也是做好现代船舶轮机管理的基础。

## 第一节　船机故障与维修体系

### 一、船机故障

故障是指船舶系统、设备、机械或其零部件原有功能的丧失。船舶机械、设备在长期的运转使用过程中,由于受其内在因素(如设计、材料、制造和安装工艺等)和外部工作条件(如负荷、维护管理、环境等)的影响,使机械零部件的尺寸精度、几何形状和相互位置精度、配合精度及表面质量逐渐发生变化,或者产生腐蚀、裂纹等破坏,机械的技术状态和使用性能不断下降,严重时使船舶机械的功能部分或全部丧失,造成船舶停航。

**(一)船机故障分类、故障原因及征兆**

1. 故障分类

船机故障复杂多样,从不同角度将其分类,可以清晰地显示出故障的原因、性质和对船舶营运的影响,有助于轮机员分析、认识故障和排除故障,也便于进行故障统计,为改进船舶机械的设计、制造和良好的维修提供重要的信息资料。

(1)按故障对船舶营运的影响分类

①船舶不停航的局部故障

因局部故障导致船机设备的功能部分丧失,不需停航修理,可在航行中进行故障处理。例如,更换主机某缸的喷油泵。

②船舶短时间停航的重大故障

由于严重的故障使船机设备的功能丧失,必须停航,争取短时间内通过船员自修或采用更换备件等措施排除故障。例如,主机某缸发生严重的拉缸故障,经过停机检修或实施封缸措施后继续航行。

③船舶长时间停航的全局性故障

异常严重的故障导致船机设备的功能丧失,造成船舶丧失航行能力,需要进厂进行长时间的修理。例如,主机曲轴折断、艉轴或中间轴折断、螺旋桨损坏和船舶搁浅、船体破损等。

(2)按故障发生和演变过程的特点分类

①渐进性故障

船机设备长时间运转,配合件的损耗(如磨损、腐蚀、疲劳和材料老化等)累积使其性能逐渐变坏而发生的故障。这类故障通过连续的状态监测可有效地防止故障发生。柴油机活塞环与气缸套的磨损和曲轴与轴承的磨损以及管子腐蚀穿孔等均属此类故障。

②突发性故障

因外界随机因素或材料内部的潜在缺陷引起的故障,且无故障先兆,难以预测。例如,主机自动停车、螺旋桨桨叶折断等。

③波及性故障或称二次故障

由于船机的某种故障引发的更大的故障,无法预测和防止。例如,发电柴油机连杆螺栓脱落或断裂引起连杆、活塞、气缸套和气缸盖甚至机体的破坏,俗称连杆伸腿。

④断续性故障

设备在某一时间呈故障状态,而在另一时间功能又自行恢复的故障,即故障反复发生。

(3)按故障的性质分类

①人为故障

由于操作人员管理不良或行为过失引起的故障。这是不容忽视的故障,目前在船上它已占80%以上,成为故障的主要原因。

②自然故障

由于船舶机械工作环境变坏,使用条件恶劣,结构和材料缺陷,制造和安装不良等造成的故障。

除此之外,还可按船舶机械在使用过程中故障发生的时间分为早期故障、使用期故障(随机故障)和晚期故障(老化期故障)。

2. 产生故障的主要原因

(1)结构设计问题

船机设备因结构设计上的缺陷、计算上的错误或选材不当等原因导致的故障。如柴油机气缸套上部凸缘根部因设计上受力不当和制造工艺不良引起的凸缘根部多发性裂纹,甚至缸套断裂。

(2)工艺安装问题

由于制造、安装质量不佳或质量检验不严等原因引发的故障。例如,轴系校中安装质量不良引起的轴系振动、轴承发热或过度磨损等。

(3)运行磨损问题

在正常工作条件下长期运转产生的故障。由于长期运转,零件磨损,使其性能参数逐

渐达到极限值,设备性能变坏而发生故障。例如,由于过度磨损,活塞与气缸间隙过大而产生敲缸、窜气等故障。

(4)管理不当问题

由于维护保养不良或违章操作等造成的故障。例如,滑油长期不化验、不更换,滑油变质引起轴瓦合金熔化的故障。

3.故障发生前的征兆

除突发故障外,任何一种故障在发生前均会有不同形式的信息显示,即故障先兆,它是故障初期的表现形式。在机舱的管理工作中,轮机员注意观察并及时采取措施可以防止故障的发生。故障先兆主要有下列表现:

(1)船机性能方面

①功能异常

表现为启动困难,功率不足,转速不稳,自动停车,剧烈振动等。

②温度异常

表现为油、水温度过高或过低,排烟温度过高,轴承发热等。

③压力异常

表现为燃油、滑油、冷却水压力失常,扫气压力、压缩压力和爆发压力不正常等。

④示功图异常

柴油机做功不正常,测试出的示功图图形异常,计算出的气缸功率不符合要求。

(2)船机外观显示方面

①外观反常

船机运转中油、水、气等有跑、冒、滴、漏等现象。排烟异常,如冒黑烟、蓝烟或白烟等。

②消耗反常

运转中燃油、滑油和冷却水的消耗量过多,或不但不消耗反而增加。例如,曲柄箱油位增高。

③气味反常

在机舱内嗅到橡胶、绝缘材料的"烧焦味"、变质滑油的刺激性气味等。

④声音异常

在机舱听到异常的敲击声。如柴油机的敲缸声、拉缸声,增压器喘振声。此外还有螺旋桨鸣音及各种工作不正常的声音等。

以上各种故障先兆是提供给轮机人员的故障信息,帮助轮机人员及早发现事故苗头,以防患于未然。

**(二)故障模式、故障规律**

1.故障模式

故障模式是指产品故障的表现形式,它是一般能观察到的故障现象,如油管漏油、电子元器件短路等。它相当于医学上的"病症",在现场分析使用中,它是最基本的故障数据。利用它即可分析故障产生的原因,寻找薄弱环节,迅速采取有针对性的维修管理措施。一般情况下,不同设备的结构原理和工作条件各异,因而故障模式也不同。

产品的故障模式可能是单一的,也可能是综合的。并且产品的故障模式也并非固定不变，它随工作环境、使用条件、运转时间以及产品的内在因素等的变化而异，还与产品的设计、材料、制造等因素密切相关。

在实际生产中，通过对产品故障模式的调查、统计和计算分析，便可评价和鉴定产品的可靠性。在维修管理工作中，可依产品（如船机设备）的各种故障模式发生时间来确定早期故障期和故障率的变化规律，从而可以采取预防措施，减少或防止故障的发生。

2. 故障规律

船舶机械及其零部件自投入使用到损坏不能运转的全部使用过程中，不同时期的故障几率不同。实践和实验表明，故障率与时间呈“浴盆曲线”关系，称故障率规律曲线，如图 7-1 所示。

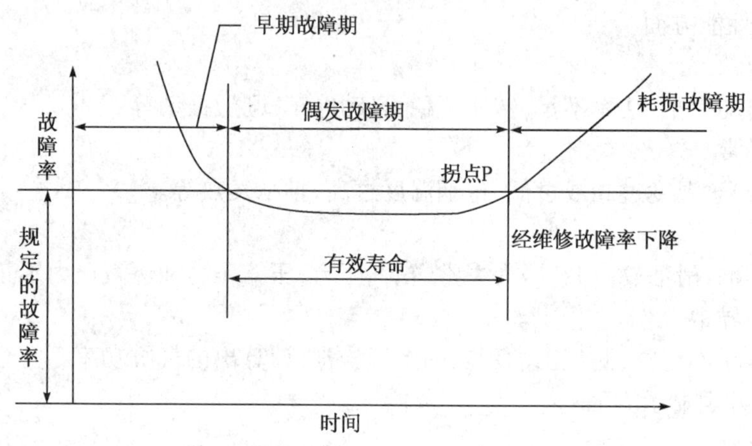


图 7-1　故障率规律曲线（浴盆曲线）

故障率规律曲线按故障发生的时间可以分为三个阶段。

（1）早期故障期

又称磨合期，是船机投入使用的初期。特点是故障率较高，但随使用时间的延长而迅速下降。主要是由于设计、制造的缺陷及操作不熟练、不准确和使用条件不适等造成的。通过调试、磨合、修理和更换有缺陷的零件等使故障率很快降低，运转趋向稳定。

（2）随机故障期

或称偶然故障期，是指早期故障期之后磨损故障期之前的一段时间。特点是：

①运转稳定，故障率低，近于恒定，与使用时间关系不大。

②出现的故障为偶然因素引起的随机故障，主要是设计、制造中的潜在缺陷、操作差错、维护不良和环境因素等引起的故障。不能通过调试消除，也不能用定期更换零部件来预防，所以随机故障是难以预料的。

③随机故障期较长，是船舶机械的主要使用期，也是进行可靠性评估的时期。

（3）磨损故障期

或称晚期故障期，在船舶机械寿命的后期出现。特点是故障率随时间的延长而迅速升高，是由于磨损、腐蚀、疲劳和老化造成的。如果在磨损故障期开始前进行修理或更换备件，则可延长随机故障期，推迟磨损故障期。统计分析表明，并非所有的机械、设备等产品的故障率规律都是呈浴盆曲线关系，有些产品呈如图 7-2 所示的六种故障率曲线。

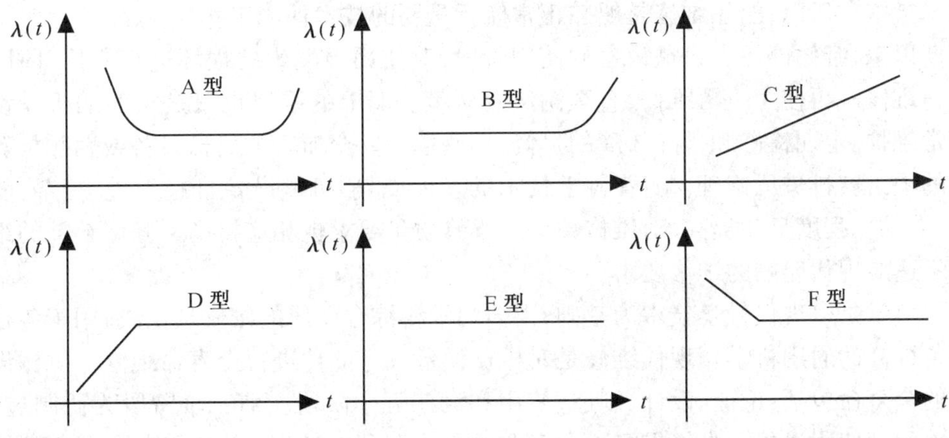


图 7-2　各种故障率规律曲线

A、B 型曲线有明显的磨损故障期，通常显示机械设备发生磨损、疲劳和材料老化等故障，可采用定时维修方式延长使用寿命期。往复式发动机的气缸、轴承，船体等大量单体部件具有此种故障规律。

C 型曲线无明显的磨损故障期，故障率随时间延长缓慢增加。航空涡轮发动机等机械设备具有此种故障率规律，可依设备的技术状态确定检修时间。

D、E、F 型曲线显示产品在整个寿命期中故障率为常数，无需进行定时维修。复杂的电子设备等具有这类故障率规律。

### (三)故障的影响因素

影响故障的因素众多，其中人为因素是最主要的原因。由于船舶是机械设备和船员一体化的典型人机系统，人机功能的充分发挥和彼此良好的配合将会使船舶安全可靠地航行，同时延长船舶的使用寿命。因此，船舶的综合可靠度取决于船体、船机固有的可靠度和船员的工作可靠度。目前船舶动力装置的可靠度大大提高，出现了自动化无人机舱等现代化的船舶，但船机故障仍是不断，每年因海损和机损事故造成重大损失。统计资料表明，船舶海损、机损等事故的原因，约 80% 是由船员素质低，不具备适任资格或操作错误，使用不当等人为因素致使船舶机械和设备维护、保养不良造成的。

除了人为因素外，影响故障的因素还有：

(1)设计不合理造成结构缺陷或受力不当等。

(2)选材不当导致零部件强度不足等。

(3)制造质量欠佳：如零件内部存在缺陷等。

(4)装配质量欠佳：如轴系对中不良等。

(5)使用不当：如长期超载荷运行等。

## 二、船舶维修方式和体系

维修是对船舶机械和设备维护与修理的统称。维护或称技术保养，是为了保持船舶机械和设备的技术性能正常发挥所采取的技术措施；船舶修理或称修船，是当船舶机械和设备的性能下降、状态不良或发生故障而失效时，为了保持或恢复其原有的技术性能所采取的技术措施。所以,船舶维修是船舶正常航行重要的技术保障工作。

长期以来,维修停留在机械设备的使用阶段,对使用中发生的损坏进行修修补补,采取使用—维修—再使用—再维修,直至淘汰的对策。船上的维修也只是对船舶机械设备进行日常维护、定期检修和排除故障的自修,那些危及安全航行的机械设备或船舶检验机构要求的项目安排进厂修理。随着科学技术的发展,船舶机械设备日趋先进、复杂,船舶电气化、自动化程度日益提高,对维修技术和维修质量要求也相应提高。修修补补的维修方式已不适应现代船舶的维修要求。

维修科学是以现代科学技术为基础,由多门学科综合而成的维修理论,适用于各行业机械设备维修的通用科学。现代维修是对机械设备或零部件进行全寿命维修。机械设备和零件的全寿命包括:论证、设计、制造、使用和淘汰五个阶段。前三个阶段为研制过程,后两个阶段为使用过程。维修贯穿于全寿命的各个阶段。所以,全寿命维修是由维修论证、可靠性与可维修性设计、可维修性检验、维护与修理、淘汰处理等部分组成的。

**（一）现代船舶维修方式**

现代船舶维修是基于图 7-2 的六种故障率规律曲线,采用以下三种维修方式。

1. 事后维修

事后维修是在设备发生故障后才进行的维修。某些复杂设备虽有故障,但其许多零部件仍保持良好的基本功能以致无法预测故障的发生;某些复杂设备缺乏适用的检测手段和检测参数;某些设备不具备实施检测的条件,所以只能在故障发生后再进行维修。然而,事后维修也绝非等待故障的发生,而是在设备故障发生前后均连续不断地进行状态监控,搜集和分析设备的使用、维修资料,以便评定和改进设备的可靠性和安全性。事后维修是一种非预防性的维修方式,但仍需进行经常性的检查和保养工作。

事后维修适用于故障不直接危害使用安全,且仍保持基本功能的设备,或采用预防维修不经济的耗损性设备。

2. 定时维修方式

定时维修是按照规定的时限（或期限）对机械、设备进行拆卸、检验和维修,以防止故障的发生。定时（或定期）维修的机械、设备应具备以下条件:

（1）故障率曲线有明显的磨损故障期,如图 7-2 中 A、B 型故障率曲线,不适于发生偶然性故障的设备;

（2）设备的无故障生存期要足够大,即正常使用期较长,否则无维修的必要;

（3）采用其他任何维修方式均不适宜的设备。

定时维修对防止某些机械、设备或零部件的故障发生有着重要的作用,是现代预防维修中不可缺少的维修方式。但是定时维修的缺点也不容忽视,如:针对性和准确性不高,有时不仅无效,甚至有害,可靠性不很高和维修工作量大、维修费用高。由于所规定的检修时间不一定符合设备的实际情况,当机械设备运转良好、距磨损故障期的出现甚远时进行定期维修不仅无益反而有害.这是因为它破坏了设备的良好技术状态,检修后的设备精度可能低于检修前以致易于发生故障。从对设备状态监控的角度来看,定时维修对设备的监控是阶段性的和不连续的。

3. 视情维修方式

视情维修或称按状态维修，是指对机械、设备不确定维修期，通过不断地监控设备的运转状况和定量分析其状态资料，按照实际情况来确定维修时间，从而避免故障发生。

采用视情维修的设备应具备如下条件：

(1)设备的故障率曲线应具有进展缓慢的磨损故障期，以便监测到故障信息后，来得及采取防止故障发生的措施；

(2)具有能够反映设备技术状态的参数、参数标准或标准图谱，以便准确地诊断设备的故障；

(3)具有相应的设备结构，为进行视情维修提供必要的条件，如设备上有安装传感器的孔、口等；

(4)视情维修是以现代化的监控手段和故障诊断技术为基础，因此需具备先进的原位无损检测装置及与电子计算机相连的终端显示装置等，以进行保护、预警，防止故障发生。

视情维修对设备不确定维修期，而是根据实际情况确定最佳维修时间，因此维修的针对性强。又由于是在设备功能性故障发生前采取措施，因而可有效地预防故障和充分地利用设备的工作寿命。此外，维修工作量和费用均少。所以视情维修是理想的预防维修方式。

船舶机械和设备一般应选用视情维修方式或定时维修方式，当其发生不危及安全的故障，即偶然性故障时采用事后维修方式。对于一些经过精确计算有规定使用寿命的零部件或设备仍然采用定时维修，而大多数设备和零部件逐步采用视情维修与定时维修相结合的方式预防故障。一个复杂设备中的不同项目，可依具体情况分别选用不同维修方式；同一项目可采用一种或多种维修方式。

**(二)船舶维修保养体系**

现在运营中的船舶，一般都装有船舶维修保养体系。这些保养体系的制作和填写都需要高级轮机员来执行，必须对它们进行一定的了解。我国在2009年3月31号发布了《船舶维修保养体系检验导则》(以下简称《导则》)，于2009年11月1日实施(GB/T 23438—2009)。此标准适用于实施船舶维修保养体系(CWBT)并具有中国船级社(CCS)船级船舶机械计划保养系统(PMS)附加标志的或拟申请该附加标志的船舶与海上设施，其他船舶与舰船可参照采用。

船舶维修保养体系是以我国传统的船舶维修管理模式为基础，吸收外国先进的管理经验，结合我国具体实际而开发建立的。

在建立船舶维修保养体系时，首先，将船舶设备系统进行分类、编码定义。CWBT共采用四组代码，其中，前三组表示船舶设备代码，第四组代码供执行人自定义用，中间用“-”连接。CWBT设备代码结构表示如图7-3所示。

示例：主系统为空气系统，子系统为启动空气系统，维修部件为主空压机，自定义为No. 3号的设备代码表示为：AS-102-152-003，其中维修部件代码和主系统代码可以在CWBT代码手册查询，共有30个主系统，372个维修设备代码(详见《导则》第2部分：船舶维修保养体系代码)。

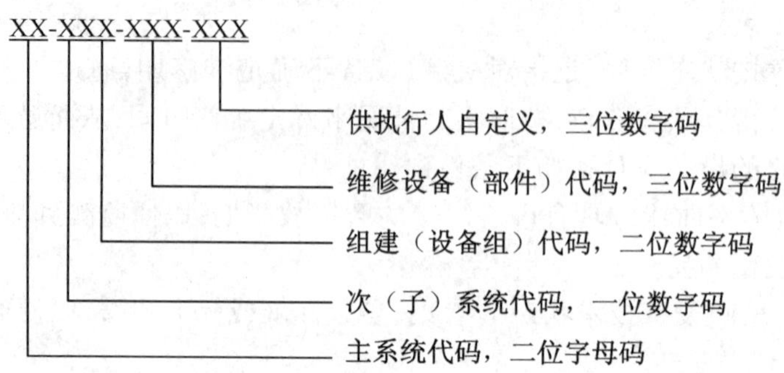


图7-3　CWBT设备代码结构

其次,将维修工作按照维修保养周期或重要程度进行分级,如表7-1、7-2所示:

表7-1　维修保养周期

| 维修级别 | | A | B | C | D | E | F | G | H |
|---|---|---|---|---|---|---|---|---|---|
| 维修周期 | 定期 | 日常 | 周 | 月 | 季度 | 半年 | 1年 | 2年 | 4年 |
| | 定时(h) | | | | 1 500 | 3 000 | 6 000 | 12 000 | 24 000 |

表7-2　维修类别

| 维修类别 | 维修工作性质 |
|---|---|
| 第一类 | 含有年检和坞检项目的工作 |
| 第二类 | 含有特检和循环检验项目的工作 |
| 第三类 | 其他主要维修工作 |
| 第四类 | 一般维修工作 |

之后为船舶每一设备编制设备卡,卡上包括对该设备进行各级维修保养时的工作内容、技术要求和维修保养周期的级别等内容。在完成这些设定工作后,采用人工或计算机管理,将到期的检查项目,按照工作卡的形式或计算机指令形式定期(每月)向船员发出设备维修指令,在船员完成工作后,部门长再将这一设备的检修工作按照检修周期排入下一循环。这样各级维修工作计划,一次排成,长期有效,循环操作,环环相扣,各个期间的保养项目一目了然,按照设备的保养要求按时进行,对于重要项目和船检项目还要重点提醒。CWBT系统还设计了许多报表和报告模式,在维修工作完成后,各检修记录和完成情况将通过已经编制好的各种专门表格报告公司,这样船东可以完全、准确、及时地掌握情况。如果加上计算机管理,采用计算机备件管理系统与此系统配套,由计算机给出更准确的计划要求和备件管理信息,必会使船舶技术管理的水平得到巨大的提高。

# 第二节　船舶机械维修过程

船舶机械损坏后,依据机器的大小、在船舶动力装置中的作用,以及损坏的形式、范围、程度等的不同,亦即修理的工程量的不同,有不同的修理方式:或采用船员自修方式、或采用船舶进厂修理方式,使机器恢复使用性能。然而,无论是何种机器,采用何种修理方式修理,都有一个维修过程才能使机器修复。维修过程包括:航行勘验、拆卸、清洗、检验、修理、装复和试验等项内容,并且检验工作将贯穿于修理和修理前、后的拆卸与装复工作中。

## 一、船机拆检

对于船员自修工程项目,通常是通过航行中对机器运转情况的观察和必要的检测来了解和确定故障部位、零部件损坏性质、程度等;对于厂修项目则要进行船舶进厂前的航行勘验,了解船舶技术状况和故障情况,确定修理项目和修理范围等,以便船厂做好修船准备,并作为修理质量评价的依据。进厂修理的工程项目除机舱内、外的船机修理工程外,还有坞修工程,如船体、轴系、螺旋桨和舵等的修理项目。船舶机械修理前拆卸和检验是其维修过程的开始阶段,也是修理前的重要准备工作,关系到修理质量、修理时间和修理费用。通过拆卸和拆卸中的检验、测量,摸清故障的范围、程度,找出故障的原因。所以,不论是自修还是厂修,对任何损坏的机器修理,均应做好修理前的拆卸及检验工作。

### (一)船机拆卸原则和拆卸技术

任何一台机器修理时首先进行的工作就是拆卸:把机器的运动部件从其固定件上拆下来,将机器进行局部或全部解体。拆卸过程是一个对机器技术状况和存在故障的调查研究的过程。零部件表面的油污、积炭、水迹等均是发现故障的线索。例如,燃烧室组成零件的积炭情况有助于了解燃烧情况和相关零部件的故障,如喷油器、喷油定时的故障情况等。

拆卸机器初看似乎是一件极容易的事情,其实不然,在实地拆卸时往往会遇到一个最简单的难题——拆不下来,或者硬拆下来但零件受损,或不能装复。所以,拆卸工作必须正确、顺利,保证零件完好和能正确装复。

1. 拆卸原则

(1)确定拆卸范围

根据机器存在的故障确定一定的拆卸范围,能不拆的机件尽量不拆,不要随意扩大拆卸范围。因为不必要的拆卸势必破坏机件良好的配合精度或改变已磨合部位的相对位置,增加零件损伤和安装误差。

(2)正确的拆卸顺序

机器结构不同,其安装与拆卸的顺序也不同。不了解机器的结构特点随意乱拆是对机器的破坏。因此,拆卸前应该充分掌握机器的结构特点,并仔细阅读说明书,了解拆装要求、随机拆装专用工具及其使用方法等,以便顺利拆卸。

机器的结构千差万别,但基本的拆卸顺序大致相同。一般来说,拆卸机器应从上到下、从外到里;先拆附属件、易损件,后拆主要机件;先拆部件,再将部件拆成零件。

(3)保证零部件原有的精度

拆卸过程中应保证不损伤零件,不破坏零件的尺寸精度、形状与位置精度,尤其是要保护好配合件的工作表面。特殊情况下允许在保护大件、重要件精度的前提下牺牲小件、不重要件,以完成拆卸工作。例如,活塞环黏着在环槽中,可将活塞环损坏,分段自环槽中取出,但要保护环槽不受损伤。重要的或精密的部件不要在现场拆解,应系上标明所属的标签,送船上专门工作室或船厂车间解体修复。例如:柴油机喷油泵和喷油器应在船上油泵实验间或船厂车间解体,以保证精度。

(4)保证正确装复机器

机器拆卸前应考虑拆后的装配复原,不假思索动手就拆,就可能装不上。所以,首先应对所拆卸的机器结构有充分的了解,其次通过拆卸过程中细心观察和记忆、做记号、系标签、画图、照相和必要的文字记录等的帮助,顺利、正确地进行装配,并恢复机器的正常的运转。

2. 拆卸的准备工作

为了方便、顺利地拆卸机器,应做好拆卸前的准备工作,主要包括工具、起重设备和物料等的准备。

(1)工具的准备

在船上检修时需要的工具包括:通用和专用工具、通用和专用量具、各种随机辅助设备等。对所用通用工具和量具的品种、规格、使用性能或精度进行检查,以方便拆卸和测量使用。

常用的通用工具:

各种尺寸和规格的扳手(死扳手、活络扳手、套筒扳手、扭力扳手等);

各种材料的锤子:铁锤、铜锤、木锤和橡皮锤等;

各种钳子:克丝钳、鲤鱼钳、尖嘴钳和管子钳等;

其他钳工工具:钢锯、锉刀、螺丝刀、丝锥、板牙和冲子等。

专用工具:如拆装活塞环工具、盘主轴承下瓦工具、吊装活塞工具、液压拉伸器等。

常用量具:塞尺、内径和外径千分尺、内径百分表、百分表、游标卡尺、钢直尺和平尺等。

专用量具:臂距表(拐挡表)、桥规、专用塞尺和样板等。

(2)起重设备的准备

拆卸过程中,一些大而重的零部件可用机舱固定起重设备吊运;当机舱无固定起重设备或无法在机旁使用时,采用撬杠、钢缆绳索、连接螺栓、手动葫芦和千斤顶等起重设备。根据零部件的重量选用相应规格的葫芦与钢缆。

(3)其他物料准备

为了支垫重要零件和包扎管口等,需准备木板、厚纸板、垫料和填料、布或塑料布、木塞等。此外还需各种消耗品,如棉纱、油料等。

3. 拆卸技术

为了保证船机检修工作的顺利完成,首先必须正确、顺利地拆卸机器,为此应掌握以

下几项常遇到技术问题：

(1)做记号和系标签

拆卸过程中，对拆下的零件系标签，注明其所属部件、次序等，以免混淆或丢失；做好各零部件之间相对位置的记号。做记号和系标签是一项简单而易被忽视的工作，如果不能很好去做，轻者给机器装复带来麻烦，甚至返工和损坏零件，重者可能造成机器不能装复。给零件做记号时应注意以下几点：

①做记号前，先检查在零部件的相对位置处有无记号，旧机器多数做过记号，如果重复做记号将造成混淆，如记号不清晰则应重新打上；

②可采用油漆、点冲或号码冲在零件连接处做记号，但不要打在零件的精加工面上，也不可随意乱打；

③对不熟悉的机器可采用画图、拍照片等方法显示零部件的装配关系；

④检修过程较长时，应妥善保管拆下的零件和保护好记号。

(2)拆下的零件和机器拆开部位的保护

从机器上拆下的仪表、管子、附件和零部件等应系标签，分门别类地妥善放置与保管，不可乱丢乱放。仪表、精密零件和零件配合表面尤其应慎重放置与保护。机器拆卸后，固定件上的孔口、管系的管口裸露，为了防止异物落入造成损伤和后患，应用木板、纸板、布或塑料膜等将孔口、管口堵塞或包扎。例如，柴油机的油底壳油孔、轴上的油孔。

(3)过盈配合件的拆卸

机器上具有过盈配合的配合件，例如齿轮与轴，柴油机上的气阀导管与导管孔，活塞销与销座等。拆卸时应使用专用工具、随机专用工具或采用适当加热配合件等方法才能顺利拆卸和不会损伤零件，切勿硬打硬砸，以免损伤零件。

(4)螺栓的拆卸

机器拆卸时，将会拆卸大量的螺母、螺栓、销子和垫圈等。一般来说，螺母、螺栓的拆卸并不困难，但应注意以下问题：

①柴油机气缸盖螺栓、主轴承螺栓等一般采用双头螺栓，螺栓的一端旋入机件。拆卸时，不需将双头螺栓从机件上拆下。

②拆下的螺母、螺栓等应套装于原位，以防丢失造成安装时的麻烦。

③生锈螺母拆不下时，可采用以下方法：

先将螺母上紧1/4圈，然后反向旋出；轻轻敲击振动生锈螺母周边；在螺母和螺栓之间灌入煤油或喷松动剂，浸泡20~30 min后旋出；用喷灯均匀加热螺母，使之受热膨胀后旋出；以上诸方法均不能奏效时，用扁铲将螺母破坏取下。

④螺栓断于螺纹孔中可采用以下方法将断头螺栓取出：

在露出的断头螺栓顶面锯出小槽，用螺丝刀旋出；锉平露出的断头螺栓两侧面，用扳手拧出；在断头螺栓上焊一折角钢杆或螺母，将断头螺栓旋出；在断头螺栓顶面钻孔攻丝(反向螺丝)和拧入螺钉，拧出螺钉将断头螺栓带出；选用直径小于断头螺栓根圆直径0.5~1.0 mm的钻头，将螺栓钻掉，再用与原螺栓螺距相同的丝锥将螺纹孔中残存的断头螺栓除去，但应不破坏原螺纹孔的精度。

(5)拆卸安全

拆卸过程中的安全操作对于保证人身和机器的安全至关重要。所以,在拆卸中应注意以下问题:

①选用工具要恰当,其种类与规格应适于工作场合的需要。上紧螺栓时,不可任意加长扳手,以免扭断螺栓。应遵守操作规程,防止人身事故和损坏零件。

②注意吊运安全。严格遵守吊运安全规则,严禁超重吊运,吊运时捆绑要牢靠且不损伤机器零件和仪表,防止吊运时发生人身事故。

③防止事故损伤。拆不下的机件,不可硬拆,以免损伤机器;检修过程较长时,应采取措施防止拆下的零件变形和生锈;吊运器材(如钢缆、绳索等)规格必须相当可靠,防止吊运中途发生事故。

**(二)拆卸中的检测**

船机拆卸前、拆卸过程中的检验和测量是对机器的剖析和透视,是查明故障、分析和诊断故障原因、制订修理方案的重要依据。

1. 运转中的观察

通过拆卸前的航行勘验了解主机工况、记录各项性能指标和对运转缺陷进行检验。检查主柴油机的运转平稳性,有无振动;启动、换向操作是否灵敏;有无水、气、油的漏泄现象等。通过对船机的日常运转管理,观察了解其故障信息和现象,必要时测定温度、压力等参数,以确定船机运转状况和机器性能变化,从而初步确定存在的问题。

2. 拆卸中的检测

船机拆卸过程中,对拆开的配合件工作表面进行观察,从配合件表面的氧化、变色、拉毛、擦伤、腐蚀、变形和裂纹等现象判断故障的部位、范围和程度。测量零件的绝对尺寸、磨损量、几何形状误差和配合间隙等,判断零件的磨损、腐蚀或变形程度。例如,测量曲轴外径和计算磨损量、圆度与圆柱度误差,测量桥规值和曲轴臂距差等。

在拆卸过程中,必要时对重要的零件进行无损检测,以查明零件内部存在的损伤。如发电柴油机修理时,对连杆螺栓进行着色探伤或磁粉探伤,检查连杆螺栓表面有无疲劳裂纹,并且测量其长度,以检查有无变形。

总之,通过船机运转中的观察和检测来发现船机故障,通过拆卸中的检测来确定船机零件损坏的部位、性质、程度、范围等。

## 二、清洗

机器拆卸后应对其零件进行清洗,必要时还应对管系进行冲洗。对零件清洗是除去零件表面上的油垢、积炭、铁锈等污物;对管系进行冲洗是清除系统中带入、残存和沉积的杂质污垢。零件表面清洁后有利发现和检测缺陷及提高测量准确性,也为进行修理和装复提供良好条件;管系清洁,有利于保持润滑油的品质,保证机器的正常运转。为此,要求清洗工作迅速和彻底,对零件无损伤和腐蚀作用,保证零件工作表面的精度。

**(一)零件清洗的方法和应用**

船机长期运转使其零部件表面不同程度地附有油垢、积炭和铁锈等。为了清除这些污物,常用以下方法清洗:油洗、机械清洗和化学清洗。或者针对零件上不同的污垢有:除

油垢、除积炭和除锈等。

1. 常规清洗

常规清洗又称油洗，是利用有机溶剂如汽油、柴油或煤油溶解零件表面上油污垢的一种手工清洗方法。清洗时，先将零件浸泡在油中，用抹布或刷子除去零件上的油污。此种方法操作简单，易于实现，使用灵活。对于清洗油污积垢不严重的零件，效果又快又好，船上和船厂广泛采用，但对积炭、铁锈和水垢无效。但是，此法使用不够安全，应注意防火，尤其汽油容易挥发，容易引起火灾。

2. 机械清洗

利用毛刷、钢丝刷、刮刀、竹板、砂布或油石等进行人工刷、刮、擦和磨的机械方法清除零件表面沉积较重的积炭、铁锈和水垢，再用柴油或汽油清洗干净。常用于清洗柴油机燃烧室的零件。此种清洗方法操作简便，使用灵活，适用范围广，对清除零件表面积垢十分有效，广泛用于船上和修船厂。但此法容易损伤零件表面，产生划痕与擦伤，且劳动量大。

3. 化学清洗

利用化学药品的溶解和化学作用，清洗除去零件表面上的油、油脂、污垢、漆皮、积炭、水垢和氧化物等，常用于热交换器的清洗。用于化学清洗的清洗剂主要有以下三种。

(1) 碱性清洗剂

碱性清洗剂可有效地清除零件表面上的油、油脂污垢、油脂的高温氧化物、漆皮等附着物。根据零件材料不同有不同的配方。例如，清除钢质零件表面油污、积炭和漆皮的强碱性清洗剂用法为：

将零件浸泡在 80 ~ 90 ℃碱性清洗液中 3 ~ 4 h 后，用压力为 5 MPa 的清水冲洗干净，但零件表面容易生锈。铸铁、铝和铜等制件可采用中、弱碱性清洗剂清洗。

(2) 酸性清洗剂

酸性清洗剂与水垢、金属氧化物发生强烈的化学反应后，水垢和金属氧化物被溶解或脱落。酸性清洗剂是用无机酸或有机酸配制而成，用于清除零件上的水垢和铁锈。

(3) 合成洗涤剂

合成洗涤剂是近年发展起来的一种现代的新型清洗剂，目前在船上广泛使用。对于机舱中不同的机器及其不同的脏污有不同的合成洗涤剂。

使用清洗剂应注意的事项：

①选用清洗剂时应选用对人体健康无损害的清洗剂。还要注意有的清洗剂是易燃液体，因此在使用、贮存时应严格按照说明书的要求操作。

②船用清洗剂应满足下列安全因素：

闪点 >61 ℃；

不含苯、四氯化碳、四氯乙烷、五氯乙烷和其他有毒成分的化学品。

③清洗时，工作场所应通风良好，要求佩戴保护器具，以减少与皮肤和呼吸道的接触。

④依清洗目的选用清洗剂，选用时认真查看商标或产品说明。

⑤使用乳化型清洗剂后，不允许将其排入舱底或机器处所，因为许多清洗剂都会引起油水混合物乳化，或者几种不同品种的清洗剂同时排入机舱舱底，可能产生永久性乳化状油污水混合物，以致会造成分离设备不能正常运转，从而造成海洋环境的污染。

### （二）管系清洗的方法和应用

船舶建造或修理时各种作业，如船体喷砂、舱盖焊接等不利于主柴油机的装配工作，落下的灰尘、焊渣、粉末等会进入机器、油箱和管系。在管子制造和管系组装时也可能带入灰尘、污物颗粒。经过长期运转的柴油机各种系统中也会有污物积存，甚至沉积在管壁上。因此，任何新造或修理后的发动机，都应该注意柴油机的各种系统的清洁，在启动运转前都必须冲洗其各种油或水的系统。为了保护发动机的零部件及其正常运转，启动前应认真、细心地冲洗主滑油系统、凸轮轴滑油系统和燃油系统，以保证各种油系统的清洁，尤其是润滑油系统的清洁最为重要。

通常，柴油机的主滑油系统采用标准润滑油进行清洗，燃油系统采用柴油进行清洗。

主滑油系统脏污和润滑油不清洁将造成配合件的磨损加剧和其他故障。造成主轴承、连杆大端轴承和各种轴承的损伤和轴颈的磨损，破坏润滑油膜，引起抱轴、拉缸等故障发生。清洗主滑油系统是为了彻底清除管路中残存的杂质、污物颗粒以及管壁上的污垢，防止它们进入轴承等配合件中，确保柴油机安全、可靠地运转。柴油机主润滑系统清洗时应注意以下问题：

1. 准备工作

主滑油系统清洗前最主要的准备是：首先清洁主柴油机的内部和链条箱的内部等，可用连接到主滑油管上的软管进行冲洗；然后清洁主柴油机外部管路中的污物，通过滤器和分油机进行清除。但应注意，柴油机外部滑油管路清洗一定要与其内部滑油管路分开，绝不允许清洗外部管路的油液流经主机内部滑油管路。

2. 管口的堵塞

堵住连通到曲柄箱的各主轴承的滑油支管，使滑油不能进入各主轴承、链条箱轴承和喷嘴、推力轴承、纵振和扭振减振器、力矩平衡器和增压器轴承。

3. 振动或敲击管系

清洗期间，为了使沉积于管壁上的污垢松动，采用便携式振动器或手锤敲击管子，然后将脱落的污物清除。

4. 清洁油柜和管端

清洗时应注意清洁油柜和管端，因为滑油中的颗粒和污物会沉淀在油柜底部和管端，如果不被清洁，当柴油机运转时，滤器就会频繁堵塞。这是由于油温升高或船舶的摇摆倾斜，使沉淀在油柜底部的颗粒、污物与油再次掺混所致。

5. 润滑油的温度和流速

清洗时，应将润滑油加热至 60 ~ 65 ℃为宜。为了造成管系内润滑油的充分扰动，滑油应以一定的流速流经主滑油系统。

## 三、船机装配

船舶机械经拆卸、检验和清洗后，对损坏的零件进行修复或更换，然后进行装复和调试，恢复其原有的功能。船机装配是把拆卸下来的各个零件按照技术要求、装配规则和一定的装配方法装成部件，再把这些部件按一定的次序和要求总装成一部完整的机器。船舶主、副柴油机在检修中可能包括以下部件的装配：气缸套的安装、活塞组件的装配、活塞

杆填料函的安装、筒状活塞与连杆的装配、十字头式柴油机的活塞运动部件的装配、气缸盖的安装和主轴承的安装等。

**(一)船机装配要求和装配方法**

1. 装配要求

装配工作是一项极为重要的工作,装配质量直接关系到柴油机运转的可靠性、经济性和使用寿命。装配工作的主要技术要求应达到正确配合、可靠固定和运转灵活。具体要求如下:

(1)保证各相对运动的配合件之间的正确配合性质和符合要求的配合间隙;

(2)保证机件连接的可靠性;

(3)保证各机件轴心线之间的正确位置关系;

(4)保证定时、定量机构的正确连接;

(5)保证运动机件的动力平衡;

(6)确保装配过程中的清洁。

2. 装配方法

零件装配成部件时,可能是原件装配,也可能是更换的备件或者是更换加工的配制件进行装配。一般原件装配较为顺利,如果换新零件则装配工作需要采用一定的方法才能达到装配要求。

(1)调节装配法

采用调节某一个特殊的零件,例如垫片、垫圈等来调整装配的精度。例如,用增减厚壁轴瓦结合面之间垫片的厚度来保证轴承间隙。

还可以用移动连接机构中某一零件的方法达到装配精度。例如,气阀间隙的调节,气阀定时和喷油定时的调整。

(2)机械加工修配法

采用修理尺寸法、尺寸选配法、镶套法等来使配合件恢复配合间隙和使用性能。

(3)钳工修配法

采用钳工修锉、刮研或研磨等方法达到装配精度。例如,换新轴瓦后为了满足轴与瓦的配合要求,需要对轴瓦进行拂刮。

**(二)船机装配的主要工作和装配时的注意事项**

1. 船机装配的主要工作

(1)清洁工作。装配前,应将零件彻底清洁干净,清除备件、修理的或新配制的零件上的毛刺、尖角,尤其是应使配合面上无瑕疵与脏污等。

(2)对连接零件的结合面进行必要的修锉与拂刮,以保证连接件的紧密贴合。例如,气缸套与气缸体的结合面的修刮。

(3)对有过盈配合的配合件采用敲击、压力装配或热套合装配、冷套合装配。

(4)采用液压试验检验零件或系统的密封性。如对气缸套、活塞的水压试验。

(5)对各部件、配合件及机构进行试验、调整和磨合运转等。

(6)进行机器的装复,并作整机检验与调试,以检验机器的技术性能和修理质量,达到检修的目的。

2.装配时的注意事项

(1)应熟悉机器的构造和零件之间的相互关系,以免装错或漏装。

(2)有相对运动的配合件的配合表面和零件工作表面上不允许有擦伤、划痕和毛刺等,并保持清洁、干净。

(3)零件的摩擦表面(如气缸套内表面、活塞和活塞环外圆面)和螺纹应涂以清洁的机油,防止生锈。

(4)装配过程中对各活动部件应边装配边活动,以检查转动或移动的灵活性,应无卡阻。若待全部装配完毕再活动则不能及时发现装配工作中的问题,甚至造成返工。

(5)对于有方向性要求的零件不应装错,例如装在活塞上的刮油环刮刃尖端应在下方,才能将气缸壁上多余的润滑油刮下。如装反了就会向上刮油,加强了压力环的泵油作用,使大量滑油进入燃烧室。

(6)旧的金属垫片,如完好无损,可继续使用。而纸质、软木、石棉等旧垫片则一律换新。

(7)重要螺栓如有变形、伸长、螺纹损伤和裂纹等均应换新。安装固定螺栓的预紧力和上紧顺序均应按说明书或有关规定操作。

(8)对规定安装开口销、锁紧片、弹簧垫圈、保险铁丝等锁紧零件的部位,均应按要求装妥,锁紧零件的尺寸规格亦应符合要求。

(9)安装中,需用锤敲击的时候,一般采用木棍或软金属棒敲击,且不能敲打零件工作表面或配合面。

## 第三节　船机零件的修复工艺

### 一、船机零件的修复

船机零件发生磨损、腐蚀和裂纹等损坏而失效时,可以采用各种修复工艺使其中大部分零件恢复原有功能重新投入使用。不仅延长了零件的使用寿命,而且节约了经费和时间,提高了船舶的营运效益。轮机员对于在修船工作中的各种修复工艺、最佳修复工艺的选择和修复质量均应很好地了解,才能经济和有效地完成修船工作。

#### (一)船机零件修复原则

1.船机零件修复的意义

船舶机器经过长时间的正常运转或发生故障都会使零件产生不同形式和不同程度的损坏而失效。针对零件的具体损坏情况选用合适的修复工艺进行有效修复,不仅使已损坏或将报废的零件恢复使用功能、延长使用寿命,尤其可在缺少备件的情况下解决应急之需。除此以外,零件修复还具有以下几点重要意义:

①可以减少机舱备件数量,从而减少闲置资金,有利于生产的发展;

②减少新零件的购置或制造,不仅大幅度降低修船费用,而且可缩短修船期;

③促进修复工艺的发展和修理技术水平的提高。

2. 船机零件修复的原则

轮机员在选用修复工艺进行零件修理时，应从质量、经济和时间三方面综合权衡而定，具体应满足以下要求：

（1）应使修复费用低于新件制造成本或购买新件的费用，即应满足：

$$S_{修}/T_{修} < S_{新}/T_{新}$$

式中，$S_{修}$——修复旧零件的费用，元；

$T_{修}$——零件修复后的使用期，月；

$S_{新}$——新零件的制造成本或购买新零件的费用，元；

$T_{新}$——新零件的使用期，月。

一般情况下，如修复费用小于新零件制造成本或购买新零件费用，就认为是经济的，此种修复工艺是可取的；

（2）所选用的修复工艺必须能够充分满足零件的修复要求；

（3）零件修复后必须保持其原有技术要求；

（4）零件修复后必须保证具有足够的强度和刚度，不影响使用性能和使用寿命，重要零件修复前应作必要的强度计算等；

（5）零件修复后的耐用度至少应能维持一个修理间隔期。例如，中、小修范围的零件，修复后应能使用到下一个中、小修期。

3. 磨损零件的修复原则和磨损极限标准

船舶机器上有相对运动的配合件，由于工作条件不同将产生不同的磨损情况。当磨损较重但尚未达到磨损极限，或达到磨损极限但有合适的修复手段可以使其恢复使用，或虽应报废但无备件而必须采用修复工艺使之继续使用时，应进行修复。

有相对运动的配合件磨损后不仅零件尺寸、形状等发生变化，而且使配合件的配合间隙增大，工作性能下降。配合件修复后应使配合间隙值恢复到原设计要求，以恢复其工作性能。因此配合件磨损后依照以下原则进行修复：

（1）改变配合件的原设计配合尺寸，恢复配合件原设计配合间隙值，从而恢复其工作性能，如采用修理尺寸法、尺寸选配法等修复工艺；

（2）恢复配合件的原设计配合尺寸，恢复配合件原设计配合间隙值，从而恢复其工作性能，如采用喷焊、电镀等修复工艺。

船机运转过程中，对有相对运动的配合件按机器使用、保养说明书的要求或船舶检验机关的要求，定期进行磨损检测，或依运转情况进行磨损检测。例如主、副柴油机的活塞与气缸套、曲轴主轴颈与主轴承、曲柄销轴颈与连杆大端轴承等配合件的磨损测量。测量后计算出的磨损量、磨损率和几何形状误差等磨损指标，与标准比较后作出判断。磨损指标是否达到或超过极限值，磨损零件是否应该修理或换新等需要有权威的磨损极限标准作为判断的依据。

日前船机零件的磨损极限标准主要有：

（1）由造机厂提供的船用柴油机或其他船用机器的使用和保养说明书中的规定；

（2）中华人民共和国船舶检验局颁布的《海上营运船舶检验规程》；

（3）中国船舶工业总公司 1992 年发布的《中华人民共和国船舶行业标准》—GB 中

《船用柴油机修理技术标准》、《船舶轴系、螺旋桨和舵系修理技术标准》等;

(4)中华人民共和国交通部 1993 年发布的《中华人民共和国交通行业标准》—JT 中《船用柴油机修理技术标准》等。

### (二)选择修复工艺的原则

1. 修复工艺的种类

目前我国修船厂普遍使用的船机零件修复工艺主要有表 7-3 中所列各种。

表 7-3 常用的修复工艺

| 序号 | 修复工艺 | 具体方法 | 零件的失效形式 |
|---|---|---|---|
| 1 | 机械加工 | 修理尺寸法、恢复尺寸法、尺寸选配法、局部更换法、附加零件法、换位加工修理法 | 磨损、腐蚀、裂纹、加工失误 |
| 2 | 金属扣合 | 强固扣合法、强密扣合法、加强扣合法 | 裂纹、断裂、腐蚀 |
| 3 | 塑性变形 | 冷校法、热校法、加热－机械校直法 | 塑性变形 |
| 4 | 黏接 | 有机黏接剂、无机黏接剂 | 磨损、腐蚀、裂纹 |
| 5 | 电镀 | 有槽电镀(镀铬、镀铁)、电刷镀 | 磨损、腐蚀 |
| 6 | 热喷涂 | 喷涂、喷焊(氧炔焰、等离子) | 磨损、腐蚀 |
| 7 | 焊接 | 手工电弧焊、气焊、氩弧焊、埋弧焊、钎焊 | 磨损、腐蚀、裂纹、断裂 |
| 8 | 研磨 | 粗研、半精研、精研 | 磨损、腐蚀 |
| 9 | 手工加工 | 锉、铲、刮拂、打磨、抛光 | 磨损、腐蚀 |
| 10 | 成套换修法 | 成套换修法 | 磨损、腐蚀、疲劳 |

2. 选择修复工艺的原则

船舶进厂修理时,针对零件损坏形式合理选择修复工艺是提高修船质量、降低修船费用、加快修船速度和缩短修船时间的有效措施。选择修复工艺时,应根据零件修理的要求和修复工艺的特点全面考虑,选择修复工艺的原则是:

(1)修复工艺对零件材料的适用性。任何一种修复工艺都不可能适用于所有的材料,有其使用的局限性。应根据待修零件的材料选用适合的修复工艺。表 7-4 为修复工艺适用材料的情况。

表 7-4 常用修复工艺对常用零件材料的适应性

| 序号 | 修复工艺 | 低碳钢 | 中碳钢 | 高碳钢 | 合金结构钢 | 灰铸铁 | 不锈钢 | 铜合金 | 铝合金 |
|---|---|---|---|---|---|---|---|---|---|
| 1 | 镀铬 | + | + | + | + | + | − | + | × |
| 2 | 镀铁 | + | + | + | + | + | − | × | × |
| 3 | 气焊 | + | + | − | + | − | × | + | − |
| 4 | 手工电弧焊 | + | + | − | + | − | + | × | × |
| 5 | 钨极氩弧焊 | + | + | − | + | × | + | + | + |

续表

| 序号 | 修复工艺 | 低碳钢 | 中碳钢 | 高碳钢 | 合金结构钢 | 灰铸铁 | 不锈钢 | 铜合金 | 铝合金 |
|---|---|---|---|---|---|---|---|---|---|
| 6 | 埋弧焊 | + | + | × | + | × | + | × | × |
| 7 | $CO_2$ 气体保护焊 | + | + | × | + | × | × | × | × |
| 8 | 氧气－乙炔钎焊 | + | + | + | + | + | + | + | － |
| 9 | 热喷涂 | + | + | － | + | + | + | + | + |
| 10 | 黏接 | + | + | + | + | + | + | + | + |
| 11 | 金属扣合 | × | × | × | × | + | × | × | × |
| 12 | 塑性变形 | + | + | × | + | × | + | + | + |

注:"＋"表示修理效果良好;"－"为修理效果不好。

(2)修复工艺应满足要求的修补层厚度。船机零件磨损程度不同,要求恢复原设计尺寸时所需增加的厚度不同,而各种修复工艺所能达到的修补层厚度各异,所以亦应根据修复零件的要求来选择修复工艺。表7-5为几种常用修复工艺的单层修补层厚度。

(3)零件结构、尺寸对修复工艺的限制。零件的尺寸、结构并非适用任何修复工艺,甚至使某些修复工艺无法进行。例如孔径太小的零件无法进行喷涂,壁厚太薄的零件不能采用扣合工艺等。

(4)修复工艺应保证零件的修理质量。零件修复后,零件材料的强度、修补层强度、修补层与零件的结合强度等能否满足修理要求,是检验修理质量的重要指标,也是选择修复工艺的最主要的依据。

(5)修复工艺对零件变形和材料性能的影响。在常温或温度不高的条件下进行修复,对零件变形和材料性能几乎没有影响。但在高温下,如喷焊、堆焊时零件容易变形,甚至会使零件材料的组织、性能发生变化。

表7-5 几种常用修复工艺的单层修补层厚度

| 修复工艺 | 镀铬 | 镀铁 | 气焊 | 手工电弧堆焊 | 埋弧焊 | 钎焊 | 热喷涂 | 镶套 |
|---|---|---|---|---|---|---|---|---|
| 单层修补层厚度/mm | 0.01～0.50 | 0.1～2.0 | 0.3～7.0 | 0.7～4.0 | 1.0～4.0 | 0.2～4.0 | 0.05～4.0 | >2.0 |

## 二、机械加工修复方法的种类、特点和应用范围

船机零件产生磨损、腐蚀等损坏后可以采用机械加工方法进行修复。此法虽然改变了零件的尺寸,但是使零件具有要求的几何形状和配合间隙,从而可以恢复使用性能。常用的方法有:修理尺寸法、尺寸选配法、附加零件法、局部更换法和成套更换法。

(1)修理尺寸法

具有相对运动的配合件磨损后配合间隙增大甚至超过极限间隙值,零件工作性能变

坏。修理尺寸法是将配合件中较重要的零件或较难加工的零件进行机械加工,消除其工作表面的损伤和几何形状误差,使之具有正确的几何形状和新的基本尺寸——修理尺寸。依此修理尺寸制造与之配合的另一零件,使二者具有原设计配合间隙值。例如,曲轴主轴颈过度磨损后,在保证轴颈强度要求下,光车主轴颈,依光车后的尺寸重新配制主轴瓦使具有原有的轴承间隙。

孔的修理尺寸大于孔的基本尺寸;轴的修理尺寸小于轴的基本尺寸。修理尺寸等于磨损件实测尺寸加上(或减去)为消除缺陷所需的最小加工余量。

修理尺寸法简单、经济,可延长零件的使用寿命。但使零件失去原有的互换性,给备件供应带来麻烦。此法在修船厂中广泛应用。

(2)尺寸选配法

集中一小批相同机型的已过度磨损的配合件,分别进行机械加工消除配合表面的缺陷和几何形状误差,再按原配合间隙值重新配合成对。组成一些具有不同基本尺寸但具有相同配合间隙的新的配合件,此种方法称为尺寸选配法。例如柴油机喷油泵和喷油器中的精密偶件就可采用此法修理。

此法简单、方便、经济,可使一部分已报废的配合件重新投入使用。缺点是必须有一小批配合件,数量太少,则不易组成新的配合件。

(3)附加零件法

零件过度磨损后,将磨损的工作表面进行机械加工使之具有正确的几何形状,并在其上附加具有工作表面基本尺寸的衬套。例如,气缸盖上阀孔的镶套修理。

采用此法应保证零件机械加工后的强度要求,附加的零件壁厚不能过薄,衬套材料应与零件材料具有相同的热膨胀系数等。一般应使衬套材料与零件材料相同,采用热套法或压入法安装衬套。

此法可恢复零件原设计尺寸,也可加工成修理尺寸,使之恢复配合性能,延长使用寿命。因影响修理质量的因素较多,故使用时应慎重。

(4)局部更换法

零件局部损坏或磨损严重时可采用更换零件局部的方法修理。例如,活塞顶部烧蚀严重或产生裂纹,可将损坏部分除去,镶上与之完全相同的局部,铸钢活塞可采用焊接,铸铁活塞采用螺钉连接。

(5)成套换修法

为了缩短修理时间,拆下有严重磨损或损伤零件的部件或设备,迅速换上备件继续运转,称为成套换修法。设备或部件经修理后作为备件使用或供同类机型的船舶使用,例如柴油机运转中高压油泵柱塞-套筒偶件咬死,立即换上备用油泵,而损坏的油泵经修理后作为备件使用。

## 三、电镀工艺的原理、分类和应用

电镀工艺是利用电解原理在金属或非金属零件表面上镀覆一层金属的过程。它是一种修复工艺,也是一种强化工艺。可以修复磨损严重的零件使之恢复原设计尺寸和改善零件工作表面的性能,如提高耐磨性、耐蚀性等。电镀工艺广泛应用于修船,例如活塞环

槽、缸套镀铬、曲轴镀铁等。近年来电刷镀，即无槽电镀的应用进一步扩大了电镀工艺在修船领域中的应用。

### (一)电镀

1. 电镀工艺

电镀分为有槽电镀和无槽电镀(电刷镀)。有槽电镀是以被镀零件作为阴极，欲镀金属作为阳极，并使阳极的形状符合零件待镀表面的形状。电镀槽一般采用不溶金属或非金属，如铅、铅锑合金、塑料等。电解液是所镀金属离子的盐溶液。

根据电镀质量、镀层厚度等的不同，电镀时所选用的电流密度、电解液的温度、电镀时间等工艺参数不同。严格控制电镀工艺参数是获得优良镀层的关键。常用镀层有：

①耐磨镀层，如镀铬、铁等。

②修复性镀层，如镀铬、铁等。

③防护性镀层，如镀铬。

④防护－装饰性镀层，如镀铜、铬等。

目前船机零件常选用镀铬和镀铁来修复或强化零件工作表面。

2. 镀铬

耐磨镀铬层用于提高零件表面耐磨性，延长使用寿命和修复磨损、腐蚀的零件。按铬层结构分为两种：

(1)硬质镀铬层

铬层硬度高，耐磨性好，具有一定的韧性。改变电镀工艺参数可获得三种不同镀铬层：灰色(无光泽)镀铬层、光泽镀铬层和乳白色镀铬层。

硬质镀铬层适用于润滑条件较好、承受负荷不大的零件表面。新造零件镀层厚度一般在0.15～0.25 mm之间，修复零件镀层厚度一般不超过0.5 mm。硬质镀铬广泛应用于修船中，如修复柴油机、压缩机的曲轴和高压油泵柱塞等。一般仅对配合件之一镀铬。

(2)松孔镀铬层

铬层表面呈网状沟纹或多孔状，能够贮存润滑油。当零件工作时，如果供油不足，润滑油会从零件表面镀层孔隙中流出分布在工作表面各处，从而改善润滑条件；降低零件的磨损。

松孔镀铬层的耐磨性取决于网纹的密度、深度和宽度。网纹的形成方法有：机械松孔法，即预先在被镀表面上用机械方法(如铣削、喷丸或滚压)形成小孔或凹坑，然后再镀铬；周期换向松孔法，是镀铬过程中每镀15 min后将阴、阳极进行短时间交换，实施阴极处理后再继续镀铬。

松孔镀铬层适用于润滑不良、承受较大负荷的零件。一般用来提高这种工作条件下零件的耐磨性。

3. 镀铁

目前生产中广泛采用不对称交直流低温镀铁工艺。它是在常温的氯化亚铁水溶液中，以工业纯铁或低碳钢板作阳极，零件为阴极，依次通过不对称交流电起镀、不对称交流电过渡镀和直流电镀，使零件表面上牢固地沉积一层高硬度镀铁层的工艺。

近年来，为了克服阳极刻蚀处理的缺点和简化工艺，出现了无刻蚀镀铁新工艺，使镀铁工艺有了新发展。

无刻蚀镀铁工艺是以$Fe^{2+}$为主,在经过电化学活化处理呈现微融活化态的钢铁零件表面上沉积,形成金属键结合与微晶结构的高强度的镀铁层。

与刻蚀镀铁相比较,无刻蚀镀铁工艺省去了硫酸阳极刻蚀处理,减少了工序,简化了工艺,节省了设备和降低了污染,从而保证了镀铁的质量和降低了成本。无刻蚀镀铁的镀层结合强度高,耐磨性更好,质量稳定可靠,成品率高。

目前,无刻蚀镀铁已广泛应用,尤其在修复磨损失效的柴油机曲轴方面成果显著,修复曲轴长度可达4 m以上,使大批报废曲轴重新投入使用,节省了大量经费。此外,镀铁还用于修复其他磨损、腐蚀的零件,如精密偶件、缸套等。

**(二)电刷镀**

电刷镀又称快速电镀、涂镀,是一种无电镀槽的快速电镀工艺。广泛用于飞机、船舶、机车、电子、机械、化工乃至文物修补和艺术装饰上。

电刷镀也是基于电解原理在零件工作表面上快速沉积金属形成镀层的工艺。刷镀不需电镀槽,只需将零件与直流电源的负极相接,镀笔与正极相接。刷镀时,将蘸满电镀液的镀笔在零件表面上移动,即用镀笔涂刷零件工作表面。在电场作用下,电镀液中的金属离子向零件表面迁移,并从表面获得电子后沉积其上形成镀层。所以,电刷镀是一种设备和工艺大为简化的电镀。目前我国修船业已普遍采用电刷镀修复船机零件。可修复磨损、腐蚀和机械加工超差的零件。例如修复活塞杆、增压器转子轴、电机转子轴、水泵轴和艉轴衬套等。

## 四、热喷涂工艺(喷涂和喷焊)原理、特点和应用

热喷涂是近代各种喷涂、喷熔(或称喷焊)工艺的总称。热喷涂工艺是把丝状或粉末状材料加热到近熔化或熔化状态,进而使之雾化、加速,最后喷至零件表面上形成覆盖层的工艺。热喷涂工艺既是一种表面强化工艺,也是一种修复工艺。作为强化工艺,可以根据工作需要在零件表面喷涂各种不同材料,使之分别具有耐磨、耐腐蚀、抗高温氧化等性能。作为修复工艺可以修复磨损、腐蚀等损伤零件的表面,恢复其原有尺寸,延长零件使用寿命。

1.热喷涂工艺的种类

通常按照熔化热喷涂材料所用的热源划分。

喷涂:有电弧喷涂,等离子喷涂,火焰喷涂(包括爆炸喷涂、超音速喷涂)等。喷涂材料为丝状或粉末状。

喷熔:有火焰粉末喷熔、等离子粉末喷熔等。

2.热喷涂工艺的特点

(1)适用的材料范围广。各种金属或非金属材料的表面均可获得预定性能的涂层。

(2)热喷涂材料广。金属及其合金、陶瓷、有机树脂等均可作为涂层的材料。

(3)工艺简单,操作容易,涂层形成速度快,加工时间短,生产率高。

(4)喷涂零件受热温度低,热应力小,变形非常小。喷熔零件温度高,热应力大,容易产生变形或裂纹。

(5)喷涂层与零件表面为机械结合,结合强度低,约为5~50 MPa,抗冲击性能差。喷熔涂层与零件表面为冶金结合,结合强度高,约为300~700 MPa。

(6)喷涂层是由金属颗粒堆积而成的,内部多孔,可存油,有利于润滑。喷熔层则是连续致密的金属。

(7)喷涂层厚度可从0.05 mm至几毫米。喷熔层的最小厚度为0.8 mm,一步法喷熔层厚度一般不大于2 mm;二步法每次喷熔层厚度为0.2~0.3 mm,可多次实施获得较大厚度的喷熔层。

火焰粉末喷涂的涂层与零件结合强度低,不抗冲击载荷,但零件温度低,对零件无影响。所以可用以修复磨损、腐蚀和机械加工超差的零件,但不适于修复承受高应力交变载荷或冲击载荷的零件。例如可修艉轴衬套、增压器和电机的转子轴等。

火焰粉末喷熔工艺适用于修复磨损、腐蚀的零件或同时承受冲击载荷的零件。例如轴类零件、挖泥船的铰刀等。

除上述火焰粉末喷涂和喷熔工艺外,等离子喷涂和喷熔亦应用较多。等离子喷涂可喷涂高熔点材料,涂层致密,结合强度高由于喷涂时热量十分集中,零件受热少,不会产生变形。常用来喷涂重要零件,例如用于修复柴油机气缸套等。

等离子喷熔设备与等离子喷涂设备大体相同,只是喷枪有所不同。主要设备有等离子喷枪、硅整流直流电源和各种辅助设备等。由于离子弧产生有害的光辐射、有害气体(臭氧)、粉尘、金属蒸气、噪声、放射性物质和高频磁场等,因此必须加强劳动保护,安全操作。

## 五、焊补工艺

### (一)焊补工艺及其特点和应用

焊补工艺包括焊接和堆焊两种工艺,是船机零件的修理方法之一。焊补工艺能有效地修理裂纹和断裂的零件,修复严重磨损、腐蚀和烧蚀的零件。可采用手工电弧焊或气焊实施焊接或堆焊。

焊补工艺的特点:成本低、工时少、效率高,堆焊层与零件基体结合强度高。但焊补时零件的温度高,易产生变形和裂纹。因此,为了保证修理质量,对焊补工艺要求严格,要求焊前预热,焊后退火。

1. 焊接

焊接是通过加热或加压,或同时加热加压的方法,使两个金属件连接达到原子间的冶金结合,形成永久性连接的一种工艺。焊接方法依施加能量不同分为熔焊和压焊两大类。

熔焊是用加热使金属熔化的方法进行焊接。随加热的热源不同有:气焊、电弧焊、电渣焊、铝热焊、等离子弧焊、电子束焊、激光焊等。

压焊是用加压或同时加热和加压的方法进行焊接。依加压形式的不同有:接触焊、摩擦焊、超声波焊、爆炸焊等。

修船厂通常多选用气焊和电弧焊修理损坏的零件。例如应急焊接断裂的曲轴和曲轴裂纹、焊接修理螺旋桨桨叶裂纹等。

2. 堆焊

堆焊是用熔化焊条的方法在零件磨损或腐蚀的表面上熔敷一层或多层金属的操作。堆焊一般采用熔焊－堆焊工艺适用于修补零件大面积磨损、腐蚀破坏，或补偿较大的尺寸偏差以修复零件原有尺寸。为了保证堆焊修理的质量应注意以下几点：

（1）堆焊前，零件待修表面应清除油污、锈痕，露出金属光泽。

（2）预热，依零件材料和焊条确定预热温度。

（3）依零件材料和对表面性能的要求选择焊条。

（4）堆焊时，采用分段多层堆焊法或逐步退焊法。分段多层堆焊法是把长焊层分成若干短焊层，然后分段一层层堆焊；逐步退焊法是把长焊道分成若干段短焊道，每段由后向前焊。以上两种方法在堆焊时零件受热均匀，可大大降低热应力和热变形。

多道焊堆焊时，各焊道应有一定的重叠；多层焊堆焊时，焊层之间依焊道方向成 90°重叠。

（5）零件堆焊后进行消除应力的低温退火和机械加工。

目前，利用堆焊工艺对损坏的零件进行局部或整体翻修的修理方法获得广泛应用，它不仅使零件恢复使用性能，且宛如新造，还可根据要求堆焊特殊金属材料使零件具有特殊的理化性能和提高机械性能。船用主、副柴油机的活塞、活塞杆、气缸盖、排气阀、阀座和机架，船用螺旋桨等均可进行局部或整体翻新。这种堆焊翻新修理适用于钢、铸铁和铜、铝等有色金属及其合金。以下简介柴油机铝活塞的翻修工艺。

①清洁除污：用清洗剂除去铝活塞表面的油污和积炭。

②检验：检测活塞外圆、环槽及各有关尺寸，测量活塞烧蚀及损坏情况。

③粗车：将活塞欲修理的部位、环槽、顶部和外圆进行粗车加工，车去黑皮，清除裂纹等。

④探伤：将活塞顶部、环槽和外圆等部位打磨干净，然后进行着色探伤，检查有无裂纹，如发现裂纹应继续车削除去。

⑤预热：将铝活塞均匀加热至 120 ~ 150 ℃。

⑥堆焊：采用氩弧焊机、铝焊丝对环槽、顶部、外圆及缺损部位进行堆焊，留 2 ~ 3 mm 的加工余量，焊后缓冷。

⑦精车：严格按图纸要求进行精车，使活塞的尺寸、位置精度和粗糙度达到图纸规定要求。

⑧检验：进行活塞各部位的尺寸、位置精度测量。

最后清除残留焊渣及毛刺，抛光和包装，使已损坏的铝制活塞成为崭新的新制活塞。

**（二）铸铁零件的焊补修理**

铸铁零件的焊补修理向来是人们畏惧的难题，这主要是由于铸铁零件焊补后容易产生裂纹，难于保证质量。铸铁零件焊补难于保证质量的原因主要是：

①铸铁含碳量较高，一般为 2.5% ~4.5%，焊补时铸铁熔化后冷却，由于冷却速度较大易产生白口（$Fe_3C$），且白口收缩大；铸铁塑性很低，而焊补时热应力很大，铸铁中含有较多的硫、磷，一般含硫 0.02% ~0.2%、含磷 0.01% ~0.5%，不仅引起脆性，而且促进白口。这些都会造成焊补后零件产生裂纹。

②铸铁中的碳主要以片状石墨形式存在，焊补时石墨被高温氧化生成 CO 气体，使焊缝金属易产生气孔或咬边。

③铸铁作为摩擦零件使用时，铸铁组织中浸透油脂，一般难以除去，焊补时在焊缝中产生气体，形成气孔。

④铸铁零件在铸造时产生的气孔、缩松、砂眼等也容易造成焊补缺陷。

铸铁零件采用手工电弧焊的焊补方法主要有：热焊法、半热焊法和冷焊法。冷焊法是铸铁零件整体温度不高于 200 ℃时进行焊补的方法。冷焊法的特点是方法简便，焊补速度快，零件变形小，修理质量较高。其缺点是易产生淬硬组织而出现白口，因此对焊补技术要求较高，工艺要求严格，防止产生裂纹和气孔。

1. 铸铁零件冷焊修理工艺一

(1) 止裂，确定裂纹部位后在裂纹前端 3 ~ 5 mm 处钻止裂孔；

(2) 在裂纹上开坡口；

(3) 预热(温度 200 ℃)；

(4) 选择焊条；

(5) 焊接，用直流电焊机，并用细焊条低电流施焊，减少母材的熔化量；

(6) 焊后处理，缓冷或低温退火处理防止出现白口。

2. 铸铁零件冷焊修理工艺二

采用短段热焊法：对焊段进行 600 ~ 700 ℃预热，趁热堆焊，然后预热下一个焊段和堆焊。每个焊段长度控制在 25 ~ 40 mm。

由于焊前预热温度高，能够彻底除净零件表面上的油脂，因此焊缝内不会产生气孔，采用短焊段热焊法修复磨损件，零件的整体温度仍较低，仍属冷焊法。

用气焊预热，电焊施焊，预热施焊交替进行，协调配合，并且对焊后部分的缓冷保温等细致严格，以获得优良的堆焊修复质量。

3. 钎焊

采用比母材熔点低的金属材料作钎料，将焊件和钎料加热到高于钎料熔点、低于母材熔点的温度，使液态钎料润湿母材填充接头间隙并与母材相互扩散而连接焊件。

钎焊分为硬钎焊和软钎焊。

钎料熔点高于 450 ℃的钎焊称为硬钎焊；钎料熔点低于 450 ℃的钎焊称为软钎焊。

常见的硬钎焊有铸铁件的黄铜钎焊，软钎焊有铸铁件的锡铋合金钎焊。小型铸铁件或大型铸铁件的局部多采用黄铜钎焊。

钎焊时，利用氧炔焰加热母材与熔化钎料，因母材虽处高温但未熔化，所以接头处不会产生白口，也不会产生裂纹。

黄铜钎焊修复铸铁件的缺点是钎料与母材颜色不一致。

## 六、金属扣合工艺

### (一) 金属扣合工艺原理、工艺特点

1. 金属扣合工艺原理

金属扣合工艺是利用高强度合金材料制成连接件，通过连接件材料的塑性变形把零

件上的裂纹或断裂处连接起来，使其恢复使用功能的一种修理方法。目前，金属扣合工艺作为有效地修理裂纹和断裂的工艺被广泛应用。尤其对难于保证焊补修理质量的铸钢件和铸铁件，以及不允许产生变形的零件，均是一种难得的最佳修理方法。

金属扣合工艺的连接件，即扣合键是修理裂纹零件的关键，通过扣合键的变形强化而把裂纹拉紧。所以要求扣合键的材料强度高，塑性和韧性好，冷加工硬化性强，即材料冷变形后强度大大提高。受热零件用的扣合键材料的膨胀系数还应与零件材料的膨胀系数接近。一般扣合键材料多选用镍铬不锈钢：1Cr18Ni9，1Cr18Ni9Ti 等，冷变形后其强度可提高 50%；也可选用普通低碳钢 10 钢，15 钢，20 钢等，冷变形后强度可提高 10% ~ 20%；高温零件可选用含镍量高并与零件材料膨胀系数相近的高温镍基合金：Ni36，Ni42 等（其膨胀系数与铸铁相近），或选用 10 钢，15 钢，20 钢。

金属扣合工艺所用设备和工具极为简单，一般只需钻模板和手电钻、铆钉枪等。

2. 金属扣合工艺的特点

金属扣合工艺修理零件的裂纹和断裂具有可靠的修理质量和较高的经济性，主要具有以下特点：

（1）金属扣合工艺在常温下完成修理，零件不变形，也不会破坏零件原有的形状、尺寸及位置精度；

（2）修理质量可靠，能够保证零件所要求的强度和密封性等；

（3）工艺简单，操作灵活和快速，所以成本低、效率高，经济效益好；

（4）不需特殊设备，只需一般的工具完成修理，并且可以原地（现场）修理，无须拆卸零件。

**（二）金属扣合工艺的种类和应用**

强固扣合法或称波浪键扣合法。它是在零件上垂直裂纹方向加工出一定形状和尺寸的波形槽，将与波形槽相吻合的扣合键 - 波浪键镶嵌其内，使键与槽之间有 0.1 mm 的间隙。常温下铆击波浪键，使之产生塑性变形而充满槽腔。由于波浪键与波形槽的相互啮合将零件裂纹拉紧而成牢固的一体。波浪键和波形槽如图 7-4 所示。此法适用于修理裂纹处壁厚在 8 ~ 45 mm，有一般强度要求的零件。

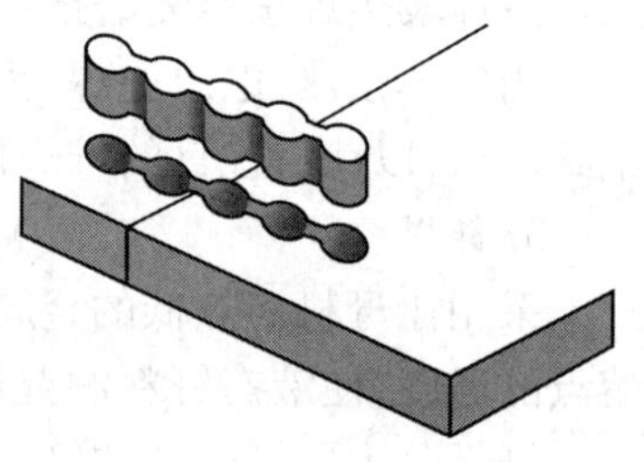

图 7-4　波浪键与波形槽

1. 强固扣合法

（1）在零件上裂纹两端钻止裂孔，防止裂纹扩展；

（2）设计并确定在零件裂纹处的波形槽位置；

（3）利用专用钻模板和手电钻加工出波形槽；

（4）将波浪键镶嵌入波形槽中（可预先在槽中涂抹胶黏剂），用手锤敲击波浪键使之充满槽腔，将裂纹拉紧。

2. 强密扣合法

强密扣合法或称波浪键 - 密封螺丝法。是在上述强固扣合法的基础上再沿裂纹钻孔、攻丝和旋入涂有胶黏剂的密封螺钉。所有密封螺钉彼此重叠，即当第一个密封螺钉装入后，钻削第二个螺钉孔时，使其切入第一个螺钉，两个螺钉有 0.5 ~ 1.5 mm 的重叠。沿

裂纹长度装满密封螺钉后用砂轮打磨平整，如图 7-5 所示。

在裂纹上可安装密封螺钉，也可安装密封圆柱销。前者适用于承受低压的有裂纹的零件，后者则适用于承受高压的有裂纹零件。密封螺钉可选用 M3 ~ M8 规格；圆柱销直径可选用 3 ~ 8 mm，长度均与波浪键的厚度相同。此外，它们的材料亦同于波浪键，但不重要的零件也可选用低碳钢或紫铜等较软材料。

强密扣合法不仅满足零件的强度要求，而且满足零件的密封性要求，所以可用来修理有密封要求的裂纹零件，例如承受高压的柴油机气缸套和气缸盖、压力容器等。

3. 加强扣合法

加强扣合法亦称加强块扣合法。采用一定形状、大尺寸的高强度合金钢块做扣合键镶嵌入机件上垂直裂纹方向加工出的与扣合键相吻合的键槽内，铆击扣合键使之充满槽腔，拉紧裂纹。再于加强钢块与机件交界处，镶嵌圆柱销，要求圆柱销分布在钢块和机件上各半，如图 7-6 所示。

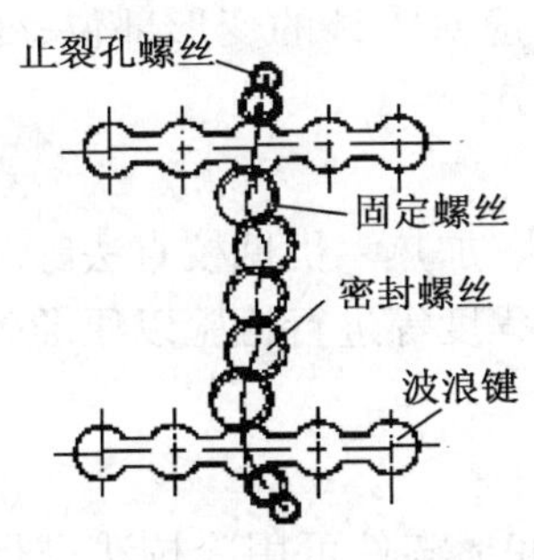


图 7-5　强密扣合法

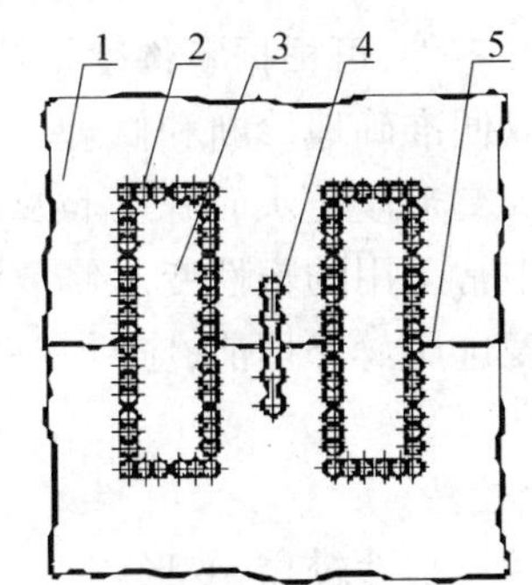


图 7-6　加强扣合法

1—零件；2—圆柱销；3—矩形加强块；4—波浪键；5—裂纹

加强扣合法主要用于承受高载荷的厚壁机件，通常壁厚超过 45 mm。加强块的形状各异，有矩形、十字形和 X 形等，依机件和裂纹的情况选用。

4. 热扣合法

热扣合法是利用金属材料热胀冷缩的特性修复零件裂纹的方法。将一定形状和尺寸的扣合键加热至一定温度后，放入零件裂纹处已加工好相应形状、尺寸的键槽内，当扣合键冷却产生收缩时，将零件上裂纹拉紧形成一体，使零件恢复使用功能。

扣合键的形状、尺寸依机件上裂纹的部位、形状和安装的可能性等进行设计。例如，可设计成圆环形、工字形等。扣合键的加热最低温度可经计算求出，并要求实际加热温度比计算温度约高 100 ~200 ℃。热扣合法应用于修复大型、重型设备，如大型飞轮、齿轮和重型设备的机体等。

金属扣合工艺目前已广泛用于修船厂的零件修理工作中。例如船用主、副柴油机的机座、机架、气缸体、气缸盖和气缸套，各种机械的壳体和螺旋桨等的裂纹均已采用此法修理，并且质量可靠、延长了零件的使用寿命，大大节约了费用和时间。

## 七、塑性变形修复法的原理、种类和应用

1. 塑性变形修复法的原理

塑性变形修复法是利用金属或合金的塑性变形的性能使零件在一定外力作用下改变或恢复零件的原有几何形状和尺寸而不被破坏的修复方法。

塑性变形修复法实质上是一种压力加工的方法，只不过压力加工的对象不是零件毛坯，而是失效的零件，如变形的曲轴、螺旋桨桨叶等。

船机零件在长期使用中，由于受到弯曲、扭转等应力作用产生塑性变形，例如柴油机曲轴的弯曲变形，连杆的弯曲、扭转变形。另外，零件在使用过程中还会由于受到机械碰撞引起变形，如船舶螺旋桨桨叶打在缆绳上或礁石上而使桨叶弯曲变形。零件产生变形将影响其工作性能而失效，但零件产生变形的程度在一定的范围内可以采用适当的方法校正，使之恢复原状后可以继续使用。生产中常采用冷校法、热校法、加热－机械校直法等修复变形零件，可根据零件变形程度选用。修理前，应对零件的变形部位、变形程度等进行检验以便准确地诊断和修理。

2. 塑性变形修复法的种类和应用

生产中常采用的塑性变形修复法有冷校法、热校法、加热－机械校直法等。可根据零件变形程度选用。修理前，应对零件的变形部位、变形程度等进行检验以便准确地诊断和修理。

(1)冷校法

对于材料塑性较高、变形程度不大或尺寸较小的变形零件可用冷校法进行修复。冷校法是基于反变形原理，即使零件变形部位产生相反的变形，从而使之正形。由于材料的弹性变形会使反变形程度减小，所以反变形程度应较原变形程度适当增大，达到消除变形，恢复原有形状的目的。冷校法常用的方法有敲击法和机械校直法。

①敲击法

用锤子人工敲击零件变形部位的背面，使之产生反向变形。根据零件材料性能、形状、尺寸和变形程度等的不同可分别选用木锤、铜锤或铁锤和相应的锤击力度进行敲击。敲击时，不可在一处多次敲击，应移动地敲击，每处敲击 3～4 次。

此法校正变形的效果稳定，对零件的性能（如疲劳强度）影响不大。例如小型曲轴的弯曲变形采用敲击法进行校直。用铁锤敲击曲柄臂内侧或外侧，使变形的曲轴轴线发生变化达到校直。螺旋桨桨叶变形不大时亦可用此法校正。

②机械校直法

机械校直法或称静载荷法，一般是在压床或专用机床上进行变形零件的校直，用于校正弯曲变形不大的小型轴类零件。例如小型曲轴，用 V 形铁在曲轴两端或弯曲部位附近的两个主轴颈处支承曲轴，并将弯曲凸面朝上，用压力机或千斤顶加压使之产生反向变形，且较原弯曲变形量大，保持压力 1～2 min 后卸载。如此数次施压可消除变形，曲轴得以校直。此法也可校正变形不大的螺旋桨桨叶。

经此法校直的零件内有残余应力，采用低温退火也难以完全消除，会在以后的使用中再度变形。此外，由于校直后轴上截面变化处（如过渡圆角）塑性变形较大，产生较大的

残余拉应力,使疲劳强度降低。

(2)热校法

热校法是利用金属材料热胀冷缩的特性校正变形零件。通常是在轴弯曲凸面进行局部快速均匀加热,零件材料受热膨胀,使轴的两端向下弯曲,即轴的弯曲变形增大。当冷却时,由于受热部分收缩产生相反方向的弯曲变形,从而使轴的弯曲变形得以校正。

加热校直轴时,采用氧－乙炔焰或喷灯在最大弯曲变形的轴颈 1/6 ~ 1/3 圆周上加热,使加热温度达 250 ~ 550 ℃,且自变形最大处向两端降温加热。加热后保温、缓冷至室温时,检测弯曲变形的变化。一般需经数次加热才能校直。此法适用于弯曲变形较大的零件,并且对工人的操作技术和经验要求较高。

(3)加热－机械校直法

此法为加热法与机械校直法的联合运用,适用于弯曲变形较大的零件。可先采用机械校直法使零件产生一定的相反方向的变形,再用加热法局部加热校直。也可先加热后加压进行校直。

螺旋桨桨叶弯曲变形较大时,将叶片弯曲变形处加热后再用千斤顶或用上紧夹具螺母加压的方法使桨叶形状慢慢复原。

## 八、黏接修复技术

利用胶黏剂把相同或不同的材料或损坏的零件连接成一个牢固的整体,使损坏的零件恢复使用性能的方法称黏接修复技术。用胶黏剂修复破裂的船机零件成功地解决了某些用其他方法均无法修复的零件的维修问题,从而挽救了大量的零件使之恢复使用,延长了寿命。另外,利用胶黏剂还可以进行装配工作和使相互接触的零件具有密封性能,使修造船工作中的某些装配工艺大大简化,劳动强度大大降低,生产率显著提高。目前,黏接修复技术广泛地应用于修造船生产。

### (一)有机黏接修复技术的特点和应用

#### 1.有机黏接修复技术的特点

有机黏接与传统的铆接、键连接、螺纹连接和焊接等工艺方法相比,具有以下特点:

(1)黏接力强、黏接强度较高,但不如焊接和铆接;

(2)黏接时温度低,固化时收缩小,所以黏接后零件不会产生变形和裂纹,也不破坏零件材料的性能;

(3)黏接后胶缝耐腐蚀、耐磨和具有密封性,有的胶缝还具有隔热、防潮和防震的性能;

(4)黏接技术不受零件材料的限制,相同或不同的金属或非金属材料均可黏接,同时不会增加零件重量;

(5)工艺简单,操作方便、灵活,成本低,生产率高;

(6)胶黏剂不耐热,一般在 50 ℃以下使用,有的也可在 150 ℃以下长期使用,某些耐高温的胶黏剂也只能达到 300 ℃左右;

(7)抗冲击性能和抗老化性能差。

2. 有机胶黏剂的种类

用有机胶黏剂可以黏接各种材料,例如金属与金属、金属与非金属、非金属与非金属等。有机胶黏剂的品种繁多,分类方法也很多,主要有以下几种分类方法:

按原料来源分天然胶黏剂、合成胶黏剂;

按黏接接头强度特性分结构胶黏剂、非结构胶黏剂;

按胶黏剂状态分液态胶黏剂、固体胶黏剂。

3. 黏接工艺

胶黏剂黏接零件的方法是把胶黏剂均匀涂抹在零件断裂面上或两个零件的结合面上,并在接头处施加足够的力,使之牢固黏接在一起。为了保证黏接质量,应按一定的黏接工艺进行操作。只有准确、严格地完成每一道工序,才能获得牢固的黏接。

4. 有机胶黏剂的选用

黏接质量与胶黏剂的选用得当与否关系极大。所以,选用胶黏剂应注意以下几点:

(1)掌握被黏接物的种类、性能、表面状态、裂纹缝隙大小和修复要求等情况。

(2)了解胶黏剂的性能特点,如黏度、黏接强度、使用温度、收缩率、线胀系数、耐蚀性、耐水性、耐介质及抗老化性能等。

(3)根据黏接目的和用途选用胶黏剂。例如,要求密封性,应选用密封胶;要求连接牢固,则应选用高强度胶黏剂。

(4)根据黏接零件工作时的受力情况和工作环境选用胶黏剂。

(5)使用黏接技术修复零件时应考虑这种工艺实施的可能性、经济性与胶黏剂的来源等情况。

5. 有机胶黏剂在船机上的应用

(1)用于修理损坏的船机零件

①修理松动的过盈配合件

具有过盈配合的轴、孔零件,因长期使用产生微动磨损,造成配合松动而影响使用性能。例如齿轮与轴的配合松动将影响传递运动。采用在轴颈表面压花、镶套或电镀的方法都不能有效地修复,而且工艺复杂、成本高。采用有机胶黏剂修理效果好,工艺简单,成本低。采用厌氧胶修理船用发电机轴与滚动轴承的配合松动、离心泵轴与叶轮的松动等。

②修理腐蚀损坏的零件

由于电化学腐蚀造成的柴油机气缸套、气缸体的损坏,各类舱室和隔舱壁的破坏;由于穴蚀造成的螺旋桨桨叶损坏、气缸套外圆表面损坏等,均可在腐蚀面积大,但深度较小并且尚未危及零件强度的情况下采用有机胶黏剂进行修理。

③修补裂纹零件

柴油机气缸盖进气阀孔壁裂纹,船舶管系的裂纹、漏洞,油柜和水柜的裂纹或焊缝开裂等均可采用有机胶黏剂进行修补。

(2)用于船机装配工作

①主柴油机机座的安装

主机机座在机舱中定位后,在机座与底座(底板)之间各要求位置上安装一定厚度的铸铁垫块,并在工艺上要求铸铁垫块上、下平面分别与机座下平面和底座(或固定垫块)

上平面紧贴，色油沾点在25 mm×25 mm 面积上不少于2～3点。然而刮研铸铁垫块劳动强度高，工作量大，耗时多，效率低。

为了改进机座安装工作，采用有机胶黏剂进行机座安装或采用塑料垫块代替铸铁垫块。

②螺旋桨与艉轴的装配

为了简化螺旋桨与艉轴的安装，对于沿海和内河的中、小型船舶的螺旋桨与艉轴可采用环氧树脂黏接，省去键槽和大量的研刮工作。

③用做密封垫片

船舶机械、设备的密封，传统上采用静密封固体材判如紫铜、橡皮、石棉、纸箔及白漆－丝麻等。这些固体垫片与零件之间接触面不平，不能相互吻合，故密封性差，还因固体垫片材质不致密，安装时易错位，过度压缩、老化和腐蚀等造成漏泄，引起油、水、气的外溢。

**（二）无机黏接修复技术的特点和应用**

无机胶黏剂是由无机的酸、碱、盐和金属氧化物、氢氧化物等构成的具有黏接性能、应用广泛的胶黏剂，分为磷酸盐类和硅酸盐类胶黏剂。

无机胶黏剂广泛用于船机修理工作中，如修理断轴、气缸体和箱盖的裂纹，增压器涡轮端壳体腐蚀等。

1. 无机黏接修复技术的特点

(1)无机胶黏剂大多由固、液两相物质混合而成的一种黏性糊状物，且通常是水溶性的物质，毒性小，无公害，不燃烧；

(2)适用温度范围广，可在－183～3 000 ℃范围内工作，耐热性能好；

(3)耐油、耐辐射，不老化，但不耐酸、碱，耐水性差；

(4)可在室温下固化，基本不收缩，稍有膨胀；

(5)采用无机胶黏剂进行套接、槽接黏接时黏接强度高，但不适宜平接黏接；

(6)无机胶黏剂脆性大，不抗冲击，黏接后的零件拆卸困难；

(7)无机胶黏剂的原料易得，价格低廉，黏接工艺简单，使用方便、灵活。

2. 氧化铜无机胶黏剂

氧化铜无机胶黏剂是磷酸盐类胶黏剂的一种，是由正磷酸、氧化铜粉和氢氧化铝按一定的比例和一定方法调制而成的，现用现配。

氧化铜无机胶黏剂的熔点为950 ℃，耐低温可达－183 ℃，可长时间在500 ℃上下工作，短时间在700～800 ℃工作，具有较宽的温度范围，是有机胶黏剂无法相比的，并且具有较高的热稳定性、绝缘性，耐油，但不耐酸、碱，黏接强度较低，脆性较大。

氧化铜无机胶黏剂适用于受力不大，不需拆卸的紧固连接，用于修补高温下工作的零件，可代替焊接、铆接及过盈配合等连接方法。如用于气缸体与气缸套配合面上大面积铸造缺陷（砂眼）的修补，修理船舶管系腐蚀漏洞、增压器涡轮端壳体腐蚀等。

## 九、研磨技术

研磨是精密和超精密零件精加工的主要方法之一，是在精加工，如精车、精磨或精铣加工后的超精加工。研磨加工可使零件获得极高的尺寸精度、几何形状和位置精度，最高的表面粗糙度等级以及提高配合精度。零件的内、外圆表面，平面，圆锥面，斜面，螺纹面，齿轮的齿面及其他特殊形状的表面均可以采用此种方法进行加工。船舶主、副柴油机燃油系统中的三对精密偶件：柱塞－套筒偶件、针阀－针阀体偶件、出油阀－出油阀座偶件的内、外圆表面，圆锥面，平面在制造时都需要采用研磨进行精加工。在针阀－针阀体配合锥面磨损和柴油机的进排气阀配合锥面磨损后均需采用研磨技术进行修复，使配合面恢复密封性能。

进行研磨的零件材料可以是经淬火或未经淬火的碳钢、合金钢、硬质合金，也可以是铸铁、铜及其合金等有色金属材料，或玻璃、水晶和塑料等非金属材料。

灵活的研磨技术是进行精密零件修理的有效方法，尤其是在备件缺乏、时间紧迫的情况下此法尤为重要。例如，主、副柴油机的喷油器故障大多是针阀－针阀体偶件的锥面配合不良引起的，轮机人员须经常进行针阀偶件的研配工作。所以，研磨技术在船上轮机工作中是克服精密设备短缺、延长零件寿命、节省修理费用和保证船舶正常航行的有效工艺。

**（一）研磨原理、工艺特点和应用**

1．研磨原理

研磨是使零件与研磨工具在无强制的相对滑动或滚动的情况下，通过研磨剂的微切削和研磨液的化学作用，在零件表面生成易被磨削的氧化膜，从而加速研磨的过程。所以研磨加工是机械、化学联合作用完成的精密加工。

（1）零件与研磨工具的相对运动

零件与研磨工具不受外力的强制引导，以免引起偏差和缺陷；运动方向周期变换，以使研磨剂均匀分布在零件表面上并加工出纵横交叉的切削痕，均匀研磨零件表面；研磨表面上各点相对于研磨工具表面的滑动路程相等，以达到均匀切削。

（2）研磨压力

在实际应用的压力范围内，研磨效率随压力增加而提高。研磨压力取决于零件材料、研磨工具材料和外界压力等因素，一般通过实验确定常用的压力范围为 0.05～0.3 MPa，粗研宜用 0.1～0.2 MPa，精研宜用 0.01～0.1 MPa。研磨压力过大，研磨剂磨粒被压碎，切削作用减小，表面划痕加深，研磨质量降低；压力过小则研磨效率大大降低。

（3）研磨速度

研磨速度影响研磨效率，一定条件下，研磨速度增加将使研磨效率提高。研磨速度取决于零件加工精度、材质、重量、硬度、研磨面积等。一般研磨速度在 10～150 m/min。速度过高，产生的热量较多，引起零件变形、表面加工痕迹明显等质量问题，所以精密零件研磨速度不应超过 30 m/min。一般手工粗研往复次数为 30～60 次/分 ，精研为 20～40 次/分。

（4）研磨时间

研磨初期，因研磨剂磨粒锋利，微切削作用强，零件研磨表面的几何形状误差和粗糙度得以较快地纠正。随着研磨时间的延长，磨粒钝化，微切削作用下降，不仅零件精度不能提高，反而由于热量增加使之下降。粗研时间取决于研磨剂的切削性能，为提高研磨效

率,当研磨剂磨粒钝化,研磨效果差时应立即更换研磨剂。精研时间一般约为 1 ~ 3 min,超过 3 min 研磨效果不显著。

所以,粗研时选用较粗的研磨剂、较高的压力和较低的速度进行研磨,以期较快地消除几何形状误差和切去较多的加工余量;精研时选用较细的研磨剂、较小的压力和较高的速度进行研磨,以获得精确的形状、尺寸和最高的表面粗糙度。

2. 研磨膏

研磨膏或称研磨剂,是在研磨粉中加入油溶性或水溶性辅助材料制成的一种混合剂。使用时,需用研磨液稀释后才能进行研磨。研磨粉是具有一定粒度的磨料。油溶性辅助材料有分散剂(煤油、机油),载体(柏子油、凡士林油等)及着色剂,防腐剂等;水溶性辅助材料有分散剂(丙三醇等)、载体(十六醇)、(硬脂酸等)及着色剂、防腐剂等。

(1)磨料

常用的磨料有以 $Al_2O_3$ 为主要成分的各种刚玉(棕刚玉、白刚玉和铬刚玉),以 SiC 为主要成分的各种碳化硅(黑碳化硅、绿碳化硅、立方碳化硅),碳化硼和 $Cr_2O_3$ 等。

磨料的粒度是指磨料颗粒的尺寸大小,粒度号是根据 1 英寸长度上有多少个孔的筛网而定。按磨粒的颗粒尺寸范围和粒度号分为磨粒、磨粉、微粉和超微粉四种。

磨料的研磨性能与其粒度、硬度和强度有关。磨料的硬度是指磨料表面抵抗局部塑性变形的能力。研磨加工就是利用磨粒与零件材料的硬度差来实现的,所以磨粒硬度越高,切削能力越强,研磨性能越好;磨料的强度是磨粒承受外力不被压碎的能力。磨粒强度越高,切削力越强,寿命越高,研磨性也越好。

(2)研磨膏

研磨膏分为油溶性和水溶性两大类。油溶性研磨膏使用时需用航空汽油、煤油或机油等碾磨液稀释。油溶性研磨膏可使加工表面获得极高的粗糙度等级和精确尺寸。水溶性研磨膏使用时需用水、甘油等研磨液稀释。研磨液需具有一定的黏度和稀释能力,以黏吸磨料和使之均匀;具有较好的润滑和冷却能力,及具有化学活性和无腐蚀性,以加速研磨的化学作用。

研磨膏是一种重要的表面光整加工材料,除船用外,广泛用于仪表、仪器、光学玻璃镜头、量具、金相试片和精密零件的精研磨和抛光。常用氧化铬、氧化铝、碳化硼、碳化硅、氧化铁等研磨膏。

**(二)船机零件的研磨修复**

在船上柴油机的进、排气阀和阀座、燃油系统精密偶件等的配合面磨损失效后,是由轮机人员进行研磨,自修恢复其使用功能。

1. 平面研磨修复

船机零件工作表面或其他配合面为平面的配合件,当平面发生磨损或腐蚀时,如果零件尺寸较小和研磨要求不太高,可以在高精度的研磨平板上手工研磨修复。

研磨前,先将零件加工表面和平板清洗干净,将研磨剂均匀涂于零件待修表面上,并放于研磨板上;研磨时,用手按住零件,沿“8”字形轨迹运动,使磨痕交叉以提高表面粗糙度等级;研磨一段时间后,将零件转动一定角度再继续研磨。一般圆形零件转 120°,方形零件转 90°,矩形零件转 180°,目的是研磨均匀。研磨平板是带有交叉沟槽(深度为 1.5 ~

2 mm）的铸铁板。

针阀体端面发生腐蚀，套筒端面密封不良均可以在平板上研磨修复。研磨时根据腐蚀、磨损情况，即研磨量的大小确定研磨工序和选用研磨膏。如研磨量大，就需要先进行粗研，再精研。一般选用氧化铝研磨膏粗研，氧化铬研磨膏精研。按“8”字形轨迹在研磨平板上滑动，直至零件端面呈均匀暗灰色为止。清洗后，再与相对应的配合平面互研，使之吻合。互研时，只需加润滑油进行研磨。

2. 锥面研磨修复

喷油器针阀偶件的锥面配合面和进、排气阀的阀面磨损、腐蚀后，在船上条件下采用互研方法进行修复。

针阀偶件锥面磨损后锥面上环形密封带（正常宽度为 0.3～0.5 mm）变宽或中断、模糊不清时，采用互研修复。一般选用极细的氧化铬研磨膏或润滑油进行手工互研。先在针阀锥面上放少量（一点点）研磨膏，准确迅速插入针阀体座面，严防研磨膏黏到内圆表面上破坏内孔精度。一手握针阀体，另一手拿针阀，适当施力使二者相对左右转动，相互研磨，直到针阀锥面上出现细窄光亮的环形密封带为止。研磨中，依针阀锥面磨损情况可先用研磨膏互研，再用润滑油互研，或只用油互研。最后进行雾化试验以检验针阀密封性。

研磨是一项精细的工作，研磨中的清洁尤为重要，并应细心、耐心地研磨，操之过急，效果不良。

## 第四节 船机零件的缺陷检验

船机零件的缺陷是指零件在制造和使用过程中产生的缺陷和损伤。制造中的缺陷是零件材料和毛坯在冶炼、铸造、锻造、热处理和机械加工中所产生的气孔、缩孔、疏松、夹渣和微裂纹等缺陷；磨损、腐蚀和疲劳裂纹等是使用中产生的损伤。零件表面和内部的缺陷是其在运转中产生损坏的内因，导致零件失效和机器损坏。

为了保证船舶动力装置运转的可靠性和船舶航行的安全，检验贯穿于船舶机械的制造、安装和使用过程中。船舶机械在制造、安装中进行严格的质量检验：对零件材料进行的无损检验、实现零件的加工技术要求的检验、机器装配要求和在船上安装要求的检验等。入级船舶在建造过程中按照 CCS（中国船级社）的规范——《钢质海船入级规范》建造和接受验船师的监督与检验。船舶投入营运后 CCS 依规范要求进行保持船级的各种检验。

在船舶条件下轮机员对缺陷零件可进行一般检验；船舶进厂修理时对重要零件的缺陷应进行无损检验。以下主要介绍船机零件缺陷的一般检验。

一般检验是采用一般的、传统的简易方法检验零件的缺陷。在船舶条件下这些简单、方便的检验方法具有一定的精度，故一直被广泛采用。

一般检验采用普通量具检验零件的磨损、腐蚀和运动副的配合间隙等；采用观察法、听响法和液压试验法检验零件表面和内部的缺陷。

1. 观察法

观察法是通过人的眼睛或借助低倍放大镜等辅助工具来观察和判断零件表面有无裂纹和缺陷的方法。用于检验零件表面上的一些细微的和肉眼难以发现的缺陷。检测的准确度取决于检验人员的细心和经验。

2. 听响法

听响法是根据敲击零件时发出的声音来判断零件内部和表面上有无缺陷的方法。声音清脆表示零件完好或零件与其表面上的覆盖层结合良好,无脱壳现象;声音沙哑则表示零件内部或表面有缺陷,或零件与其表面上的覆盖层结合不良、局部脱壳等。例如,检验轴瓦的瓦壳与其上瓦衬(耐磨合金层)的结合情况。

听响法只能定性地判断零件内部和表面有无缺陷,不能定量确定缺陷的种类、大小和部位,检验的准确度有赖于检验者的经验和对缺陷的判断,并且只适用于小零件。此法简便、灵活,随时可以进行。

3. 测量法

测量法是轮机员在船上进行检修和船舶进厂修船时广泛使用的重要检测手段。利用普通或专用量具测量磨损零件的尺寸和配合件的间隙以及腐蚀情况,判断零件的使用性能和确定修理方法。一般采用的普通量具有内、外径千分尺,百分表,内径百分表,塞尺等;专用量具、量仪如专用千分尺、长塞尺、桥规和样板等。

测量法检测精度高,使用方便、灵活,是船上和修船厂不可缺少的检测手段。然而测量精度取决于量具、量仪的精度和轮机员检测技术水平。因此,轮机员应掌握各种量具、量仪的使用方法和维护方法,不断提高测量技术水平和测量精度。

4. 液压试验法

对使用中要求具有较高密封性的零件,通常进行液压或气压试验来检验零件内部的缺陷。新造或修理的零件或重新装配的组件均应进行密封性检查,例如气缸套、活塞等。

液压试验法实质上是在模拟使用条件下对承压零件材料内部缺陷进行检验的一种无损检验方法。

试验前,将待检零件上的孔、洞等堵塞,用专用夹具密封零件形成包括检验部位的封闭空腔,注满液体或气体,按要求加压至规定的压力,保持一定时间后观察零件外表面的渗漏情况,以确定零件能否使用。

试验用液体可选用水或油,也可用空气,依要求而定。试验压力依零件工作条件而定。例如,气缸套上部(1/3 气缸全长)是燃烧室组成部分,试验压力为 $1.5P_z$(最高爆发压力)。四冲程柴油机气缸套内孔全长液压试验,试验压力为 0.7 MPa,保持 5 min 后检验气缸套外表面有无渗漏。液压试验法符合零件实际工作条件,检测准确、可靠,广泛用于新造和修理工作中。

《钢质海船入级规范》、《船用柴油机修理技术标准》或柴油机说明书中对各种零部件的试验压力均有明确规定。

# 第五节　轮机故障诊断技术

## 一、故障诊断和状态监测的概念和应用

对船舶机械进行动态监测和故障诊断是实现船舶现代预防维修的最佳方式即视情维修方式的先决条件,是现代轮机管理的重要内容。

机械故障诊断是近30年发展起来的一门科学,是研究机器运转状态变化在诊断信息中的反映,并依此判断、识别机器运转状态的科学。它是从最早的利用人的感官功能,如听、看、嗅、摸等和人脑的快速思维分析判断故障,逐渐发展形成的独立的、完整的科学体系。诊断技术也从简易、粗略的诊断方法,发展为具有现代科技水平的精确诊断技术。

轮机故障诊断是在应用一般机械诊断技术的同时,针对船舶机械特点研制专门用于船上的故障诊断装置或监控系统。船机故障诊断技术是在船机运转状态下,利用其显示出的一切外部信息来判断、识别其内部状态的技术。例如船舶柴油机运转状态下的性能参数:温度、压力、转速,零件尺寸变化,振动和噪声,润滑油中的磨损产物等均是故障诊断监测和监控的外部信息。分析和处理这些外部信息获得用于识别状态的特征参数,进而对故障的部位、原因和后果等作出正确的诊断。

### (一)故障诊断

1. 船机状态信息

船机状态恶化就会产生相应于状态变化的各种信息并显示出来。这些信息主要有以下三种类型:

(1)机械信息

由于机械状态恶化产生的运转状态变化的信息,其中直接与功能有关的信息有:力、压力、扭矩、转速、电流、电压等;其他运转状态信息有:振动、声音、温度等。

(2)电磁信息

主要有电流、电压、电磁感应密度、部分放电、导磁等信息;

(3)化学信息

机械状态恶化产生的气、液、固体等的信息,例如排烟、磨损产物、润滑油变质等信息。

2. 故障诊断过程

故障诊断过程主要包括以下三个阶段的工作:

(1)信息采集首先要选择易测和准确反映故障的信息,其次是选用采集信息的仪器。通常选用传感器采集信息,依测量信息参数的不同有不同的传感器,如温度、压力或振动传感器。采集故障信息的方式可选用连续监控方式或定期(定时)停机检测方式获取,同时可直接测定或间接测定。

(2)信息分析处理(数据处理)或称特征提取。把原始、杂乱的信息进行处理,获取反映故障最敏感的性能参数。在现代故障诊断技术中,大多采用专门的电子仪器或计算机对所采集的信息进行分析处理,获取反映状态又易于识别的特征信息。

(3)状态识别、判断和预测根据特征参数,参照相应规范,运用各种知识和经验,对机

器状态进行识别,对早期故障进行诊断,对故障的部位、原因和程度作出判断,对其发展趋势进行预测,为确定维修决策提供技术依据。识别的方法主要有对比、分类、聚类、辨识和推理等。

以上是以状态信息为基础进行机械故障诊断,所以称为基于信息的故障诊断,目前大多数的故障诊断技术属于此类。由于采集的信息是针对机器的局部而非整体,诊断过程中应用的检测技术与诊断方法多是简单的组合,信息处理技术与计算机仅用于数据的处理等,所以这种故障诊断是有局限性的,非智能型的。

将先进的传感技术、信息处理技术与船机设备诊断领域专家的丰富经验和思维方式相结合形成船机设备故障诊断专家系统。专家系统实际上是人工智能计算机程序系统,它利用大量专家的专门知识、经验和方法解决实际的复杂故障诊断问题。所以,称这种诊断为基于知识的故障诊断,它是智能诊断,是故障诊断的发展方向。

综上所述可以看出,故障诊断不仅对故障的部位、原因和程度进行精确判断,其所采用的诊断手段也是较精密的电子仪器和专门仪器,对人员素质要求较高,所以是一种精密诊断。但其尚处于发展中,不够成熟和简便易行。

3. 故障诊断技术的应用

根据故障诊断技术特点不同有直观检查法,性能参数分析法,振动、噪声分析法和油液分析法等。

故障诊断技术广泛用于各类机械、工程结构和机械产品、零部件的故障诊断中,其中以旋转机械应用居多。尤其适用于重大关键设备、不能直接检查和不能解体的重要设备、维修困难和维修费用高的设备、无备件或价格昂贵的设备等。船舶机械中主要的大型往复式和旋转式机械,虽也采用故障诊断技术,但由于船舶长期航行在海上和独特的工作条件,致使故障诊断技术应用尚不够广泛。目前主要采用性能监控、振动分析和油液监测等故障诊断技术。

应用轮机故障诊断技术可有效地防止和减少故障,最大限度地缩短停机、停航时间。选用轮机员操作方便、容易分析、诊断迅速和价格便宜的仪器仪表,以便于实现视情维修,有利于提高轮机员技术素质和现代轮机管理技能。目前,船上主要对机舱中的重要设备和那些效能发挥不好经常发生故障的重要零部件采用故障诊断技术,例如,船舶主柴油机气缸、活塞组件和主轴承等。

**(二)状态监测**

状态监测或称设备工况监测。它是通过测定机器某个较为单一的特征参数,例如温度、压力、振动等,来探明机器工作状态正常与否。若特征参数在允许范围之内则状态正常,否则异常,并且依异常程度确定维修对策。通过对机器进行定期或连续监测可以了解故障发展的趋势性规律,从而对机器运转状态进行预测。所以状态监测又称为趋势分析。

一般状态监测所采用的仪器较为简单,易于操作,对人员的技术素质要求也不高,所以是一种简易诊断。若由计算机完成状态监测时,则构成自动监测系统。

## 二、柴油机性能参数分析法及应用

性能参数分析法又称性能监控,是船机故障诊断的核心技术。它是利用传感器或仪器、仪表测定船机设备的各项性能参数(如温度、压力、转速等),经数据处理、比较和分析后判断其运转状态和趋势。

性能参数分析法诊断故障,早在船舶蒸汽机时代就已采用,轮机员用“听、摸、嗅、看”来了解主副机的运转参数,进而通过人脑快速思维分析判断机器的运转状况和运转趋势。至今,这种方法在现代船舶柴油机运转管理中仍被沿用。例如,用手触摸柴油机高压油管,依其脉动情况判断高压油泵的工作状况。

性能参数监控范围广,可监控船上的零件、部件、机器、系统等。根据监控手段和数据处理方法的不同有以下两种:

(1)图示法利用柴油机上的仪表或简单的测量工具,定时定位采集性能参数,并且每次测取数据都在相同的稳定工况下进行,以便对比分析。通常,测取3~4个参数并绘于同一坐标图中,反映某一零部件或运转状态的情况,从中分析判断出问题所在。例如,柴油机气缸内燃烧状况可通过测取燃油消耗量、扫气压力和排烟温度等性能参数,做图显示气缸内各性能参数变化,分析诊断燃烧存在的问题及发展趋向。

图示法性能监控可以有效地诊断故障,对降低维修费用、延长零部件及机器使用寿命和提高轮机员技术素质均十分有益。但此法是由人工采集参数、分析和比较来诊断故障则是一项十分繁重、麻烦的工作,需要轮机员有一定的技术水平。

(2)监测装置和监控系统利用安装在机器上的传感器、计算机等构成监测装置或监控系统,传感器扫描各监测点的性能参数(如温度、压力、速度等),通过计算机记录、处理和显示,进而分析判断故障。

活塞环磨损监测装置(SIPWA)是利用安装在气缸扫气口处的传感器检测特制的顶环——第一道活塞环外圆面上镶嵌一圈非磁性材料的楔形环带。当顶环通过扫气口时,传感器测量楔形环带宽度变化,实现对活塞环径向磨损的监控,并显示于屏幕上,如图7-7所示。当燃油净化不良时,顶环磨损增加,SIPWA给出警示,轮机员可及时采取措施。

应用计算机自动监测和诊断故障的性能监控系统可以对整个柴油机动力装置进行监控,也可以对机器、零部件的工作过程进行监控。例如PAL监控系统可对动力装置中发动机运转、废气涡轮增压器运行、活塞环工作状态、气缸的润滑和磨损、气缸热负荷、燃烧和喷油系统等进行监控,UMC监测系统可对缸内燃烧和喷射过程进行监控。

## 三、振动分析法及应用

船舶动力机械在运转中的振动是故障诊断的重要信息,振动信号的变化反映着机器内部状态的变化。因此,采集振动信号,经过信号处理、状态识别和趋势分析,就可诊断故障。据国内外统计资料表明,利用振动监测可以诊断绝大部分的机械故障,所以振动分析是一种应用广泛的重要诊断技术。

振动监测技术包括以下内容:

(1)振动信号的测取

依振动频率不同配置相应的传感器,并安装在合适的测量点处采集振动信号。对应于低、中、高频振动信号分别选用位移、速度、加速度传感器,一般加速度传感器应用最为普遍。

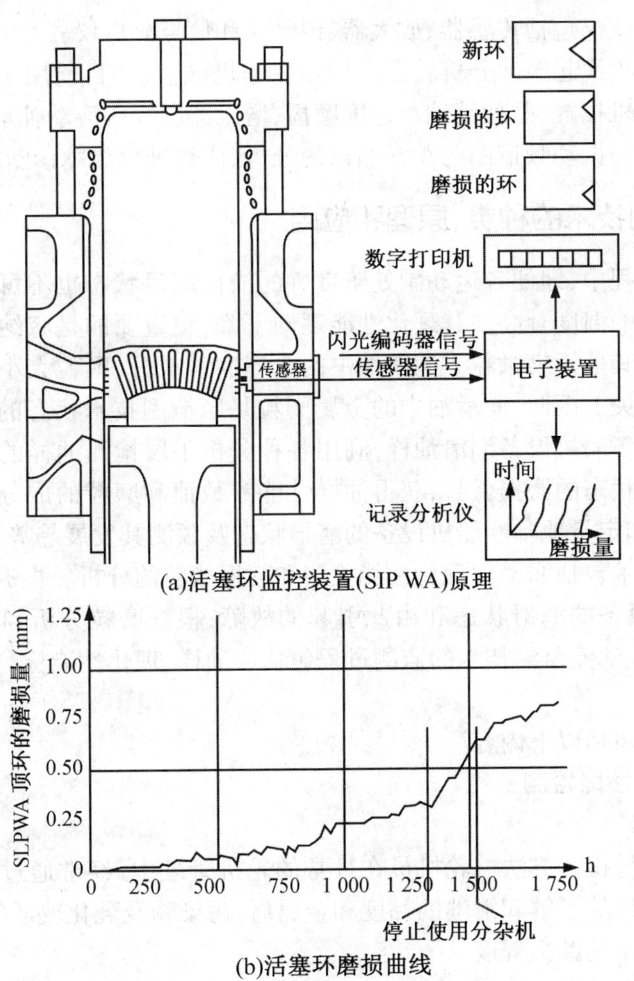


图 7-7　Sulzer 柴油机活塞环磨损监控

(2)信号处理

利用信号分析仪将采集的振动信号进行处理,除掉原振动波形中无意义而又有害的波,并加工成便于精密分析的信号,进而提取机器故障的振动信号。信号处理是振动监测技术的核心。

(3)状态识别

根据提取的故障信息频谱,参考有关故障的振动频谱对机器状态作出判断,并对故障原因进行分析。

(4)诊断决策

依故障诊断的结果确定防止或消除故障的对策,预测机器状态变化的趋向等。

振动监测所用的振动信号测试分析仪种类繁多,分为简易型、半精密型和精密型,并且有通用与专用之分。简易型检测仪为便携式,体积小、重量轻、携带方便、操作简易,并能快速显示测试结果,价格便宜,如便携式测振仪、冲击脉冲计等。精密型测试仪器测量精度高,抗干扰能力强,现场采集信号和进行分析,但不能立即获得测试结果,操作复杂、价格较贵。精密测试仪包括传感器、放大器、记录仪和信号分析仪。

自20世纪70年代起振动分析就已应用在船舶机械上,如目前用于舰船动力装置振动分析和船用柴油机拉缸、曲柄销轴承过度磨损、增压器压气机滑动轴承咬死等的振动分析。通过这些故障的振动频谱图与正常图谱的分析、比较进行故障诊断和原因分析等。

## 四、油液监测技术的种类、原理和应用

柴油机运转过程中,即便各运动副处于良好的液体润滑状态也不可避免地产生摩擦热和磨损。润滑油的温度升高使其理化性能逐渐下降,更重要的是容纳了大量的磨损产物——金属颗粒和其他污染微粒。润滑油中的金属磨粒成分、颗粒大小和多少与摩擦副的工作情况密切相关。因此,润滑油中的金属磨粒是摩擦副技术状态的外部信息。油液监测技术是通过采集船机设备润滑油样,利用各种分析手段检测油样的性能和其所携带的反映摩擦副技术状态的磨损微粒,获得油样性能参数值和磨粒的成分、尺寸、形貌和数量等信息,以定性和定量地判断船机设备的磨损状态及预测其发展趋势。

润滑油监测技术包括润滑油理化性能检测和磨损微粒的分析。根据润滑油理化性能的变化,检测船机设备的润滑状态和由此引起的故障;根据磨粒分析判断磨损部位和程度,诊断磨损故障。油液监测技术的监测过程包括取油样、理化性能检测、磨粒分析、分析和诊断等步骤。

油液监测技术包括以下内容。

### (一)油样理化性能检测

1. 经验法

是一种定性简易检测方法。轮机员在日常的轮机管理中,经常通过观察润滑油的颜色、闻气味、用手捻搓等了解润滑油的黏度和金属屑、污染物及乳化变质等的情况,粗略判断油的质量和摩擦副的磨损程度。

2. 滤纸法

滤纸斑点试验法是测定油品理化性能常用的简易定性分析法。取油样滴于滤纸上,待其充分扩散后观察纸上的油滴斑痕图像,并与新油试样图像比较。油渍越黑表明油越脏。中心黑点较小、颜色较浅和四周黄色油渍面积较大,表明滑油尚可使用;黑点较大,呈黑褐色、均匀无颗粒,表明滑油已变质,应换油。

3. 常规化验法

船机润滑油常规化验法是普遍采用的一种定期、定量指标检测方法。对船用柴油机润滑系统每隔3~4个月取一次油样进行定量分析。主要检验项目有:黏度、闪点、酸值、总碱值、水分和机械杂质等。具体检验方法按有关规定由专门检验部门进行。根据检验指标的变化情况综合分析在用油的质量,并对摩擦副状态进行粗略判断。

### (二)油样磨粒分析

通过监测油样中磨粒的成分、含量、尺寸、形貌等来定性、定量地评价被监测的船舶机械和设备的磨损状态,诊断故障的类型、部位、程度和原因,并预测故障的发展趋势。

1. 磁塞法

磁塞是一种带有磁性探头的检测器,将其安装到滑油管路中适当部位,吸附滑油中磨

损产物、腐蚀产物和疲劳破坏的金属鳞片等。定期取下磁头，收集其捕捉到的金属屑，在光学或电子显微镜下观察金属屑的形貌、尺寸，分析判断故障部位和程度，如图 7-8 所示。

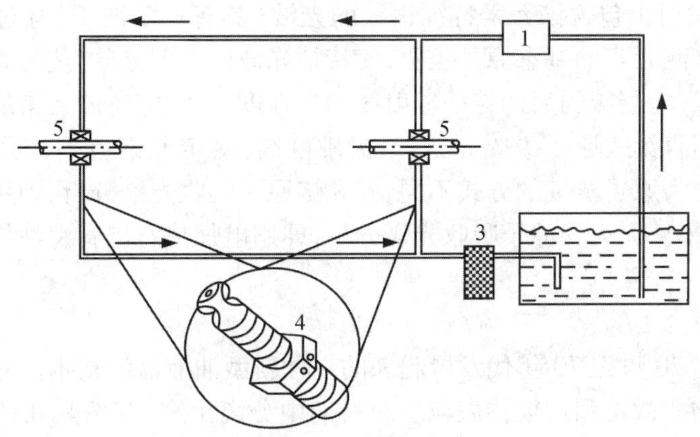


**图 7-8　磁塞及其在润滑系统中的位置**

1—油泵；2—油箱；3—滤器；4—磁塞；5—轴承

2. 光谱分析法

光谱分析油液中的金属磨粒进行故障诊断的技术是一种应用范围较广、历史较长的诊断方法。光谱分析法分为原子发射光谱分析法和原子吸收光谱分析法。

光谱分析是利用原子和分子发射或吸收光谱进行物质化学成分及含量分析的物理方法。由于各种物质的原子和分子都具有自身特定波长的谱线，所以利用光谱的特性进行物质构成的分析是光谱分析的基本原理。油液光谱分析是通过分析润滑油中金属磨粒和污染物微粒的光谱来确定它们的成分和含量，评价船机设备和零件的磨损程度及剩余寿命。

(1)原子发射光谱法。原子发射光谱是利用物质内部原子和分子受到外界激发产生能量变化获得的。原子在正常情况下处于能量最低的稳定状态，称为基态。当受到外界热能、电能或高速粒子能量作用时，核外电子被激发跃迁到较高能级轨道，处于不稳定状态，称为激发态。激发态原子仅存在约 $10^{-8}$ s 的时间就从高能级迁回基态的低能级，同时把多余的能量以光的形式释放。使其通过棱镜或光栅后就可获得按一定波长顺序排列的图谱，即光谱。依光谱谱线的长度、强度可分别判定油液中磨粒的成分和含量。所以，利用物质受热能或电能激发后辐射的特征谱线来测定特定物质的成分、含量的方法称为原子发射光谱分析法。

目前，国际上应用较为广泛的光谱仪有美国 BAIRD 公司生产的 MOA 型油料分析光谱仪，可分析油液中的所有的金属元素。30 s 便可直接测定出油样中所含的全部金属元素及其含量，并且全部分析程序用计算机控制，操作简单，易于掌握，同时油样不需额外进行处理。所以，原子发射光谱分析仪分析速度快、自动化程度高，是一种先进的现代化的监测手段。目前，原子发射光谱仪广泛应用在石油、航空、冶金、铁路、发电厂、船舶机械和军事等方面。

(2)原子吸收光谱法

此法利用热能或电能将含待测元素物质的油样在高温下变为原子蒸气,再用特制光源(空心阴极灯)发射出包含该元素特征谱线的光波(具有一定波长)穿过原子蒸气。其中部分被蒸气中待测元素的基态原子吸收,使特征光波的强度减弱,透过光经单色器分离掉其他波长的谱线,检测减弱后的特征辐射线的光强度,以测定待测元素的种类和含量。

目前广泛使用直读式原子吸收光谱仪,灵敏度高,测定元素范围广,可达70多种元素。根据将元素变为原子蒸气的方式不同,有火焰原子吸收光谱分析,即用火焰将油样分解成自由原子;石墨炉无火焰原子吸收光谱分析,即用电加热石墨管将油样分化和分解为自由原子。

3. 铁谱分析法

铁谱分析法是20世纪70年代发展起来的一种新型油液监测技术。它是利用高梯度强磁场将磨损产物的微粒和污染物微粒从润滑剂中分离出来,并按其几何尺寸大小依次沉积排列于透明玻璃谱片上,再借助光学或电子显微镜对磨粒和污染物微粒的形貌、成分、尺寸及分布进行定性、定量分析和研究。铁谱分析法具有以下特点:

(1)有较宽的磨粒尺寸检测范围,可检测0.1~1 000 μm的磨粒。由于机器、设备的磨损状态与其产生的磨粒尺寸和数量有直接关系,所以磨粒尺寸是反映机器、设备磨损程度的重要参数。例如,当磨粒尺寸大于5 μm时表明机器有严重的磨损。

(2)可以同时获得磨粒的多种信息,既可观察磨粒的形貌、测定磨粒的尺寸、鉴定磨粒的成分,还可以确定磨粒的数量,从而可实现磨粒的定量和定性分析。

(3)铁谱分析法采用的仪器有:直读式铁谱仪、分析式铁谱仪、旋转式铁谱仪等。各类铁谱仪具有各自的特点和相应的使用范围。

直读式铁谱仪操作简单、迅速,可以较快地获得油样中磨粒浓度的分析结果,适于现场使用进行简单诊断。

分析式铁谱仪由铁磁装置,低稳排量的微量泵(或称蠕动泵,排量0.25 $cm^3/min$),输油导管和玻璃基片组成,如图7-9所示。抽取油样并进行浓度和黏度稀释处理后由微量泵将其输送到铁磁装置的高梯度磁场上方玻璃基片上,油样沿倾斜玻璃基片向下流动,油样中的磨粒在磁力、重力和液体黏性阻力作用下,按磨粒尺寸大小依次沉积排列于基片上,润滑油流入容器中。用四氯乙烯溶剂清洗基片,清除残油并使磨粒固定于基片上而成为铁谱片。这样就将磨粒从润滑油中分离出来。在铁谱片上首先沉积大磨粒,然后磨粒依尺寸逐渐减小。大磨粒尺寸≥5 μm,较小磨粒尺寸<1 μm。最后在铁谱显微镜下观察和分析铁谱片上磨粒的形貌、大小、成分等,进而揭示船机设备的磨损形式、原因和程度。

目前铁谱分析作为油液监测技术应用于航天、石化、冶金和交通、军工等行业。在船机设备上也已进行研究和应用。监测对象有柴油机、尾轴承、齿轮箱及燃气轮机等。

## 五、红外监测技术的种类、原理和应用

船机设备在运转过程中,温度是最基本的工作性能参数之一,零部件的温度变化直接与其工况和故障有关,所以进行温度监测可及时判断船机设备工况以保证安全可靠运转。

温度监测方法分为采用温度计的接触式测量和通过接收热辐射能量的非接触式测

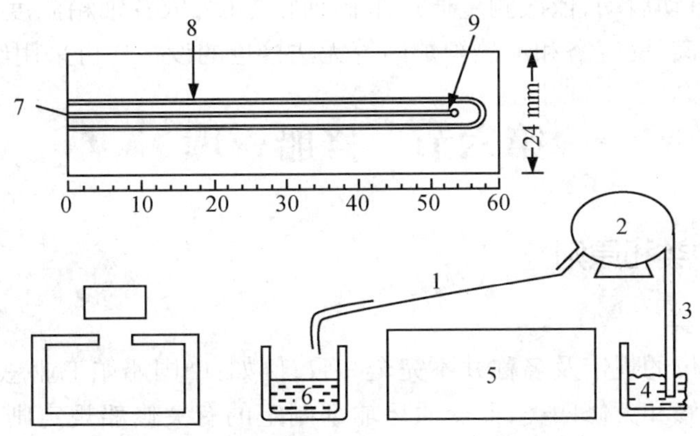


图 7-9　分析式铁谱仪工作原理

1—玻璃谱片;2—微动泵;3—导管;4、6—容器;5—铁磁装置;7—谱片出油口;8—谱片限油挡;9—谱片进油口

量。红外监测就是温度监测中的非接触式测温技术之一。

太阳光是由红、橙、黄、绿、青、蓝、紫七种可见光组成的,波长在 0.3 ~ 0.76 μm 之间。在红光和紫光以外有不可见光红外光和紫外光。可见光与不可见光均是电磁波,红外光是介于可见光与微波之间的电磁波,波长范围在 0.76 ~ 1 000 μm 之间。

从物质结构知,构成物质的原子、分子都在热运动,并且不时地改变其能量状态。当能量状态由高级向低级跃迁时会辐射出电磁波,电磁波以光子形式将能量带走。

物体表面温度与其辐射功率的关系由斯特藩 - 玻尔兹曼定律给出,即物体辐射强度与其热力学温度的 4 次方成正比。所以物体辐射强度随温度升高而显著增加。自然界中,任何高于绝对零度( -273 ℃)的物体都是红外辐射源。通过探测物体的红外辐射强度了解物体表面温度,进而诊断故障。因此,红外检测技术就是利用物体的红外辐射能量与其表面温度的关系实现非接触检测温度的技术,并通过温度变化测定物体内部的缺陷。

红外测温仪是最轻便、最直观、最快速和最价廉的表面测温仪器,分红外点温仪和红外线温仪,可用指针或数字显示。目前国内产品测温范围有 0 ~500 ℃和 800 ~1 500 ℃。

红外热成像系统是利用红外传感器、光学成像物镜和光扫描系统,非接触接收被测物体红外辐射信号,转变成电信号后放大、处理和显示。将人眼看不见的与被测物体表面热分布对应的实时热像图转变成可见的电视图像或照片。国产便携式红外热像仪测温范围为 0 ~ 150 ℃。红外检测技术具有以下优点:

(1)非接触测温,减少影响测温精度的因素和用于因距离、动态、高温、不安全等难于接触物体表面的测温;

(2)测温速度快、显示直观、携带轻便、价格低廉;

(3)测温灵敏度高,能区别微小的温度(0.01 ~0.1 ℃);

(4)测温范围广,可达 -50 ~2 000 ℃。

红外检测技术源于军事领域,现已应用到工业生产领域,不仅可以测温,而且可进行故障诊断。例如运行中车辆车轴箱的在线监测。火车通过布置于铁轨两侧的红外线轴温探测仪时,测温仪自动启动,依次测量通过车辆轴箱温度,依各轴箱温度变化情况诊断和预测故障。大型烟囱、反应塔和加热炉炉门等无法接近的设备均可采用红外监测技术。

# 第六节　修船管理

## 一、修船的种类和原则

### (一)修船的种类

船厂和船舶单位的规定及名称并不完全一致,例如:中国船舶工业总公司的船舶修理分为坞修、小修、中修和大修四类,而交通运输部制定的有关修船规定则分为航修、小修、检修三类。按航运企业规定又可分为航修、计划修理(包括检修)和事故修理。

1. 按交通运输部规定

(1)航修

船舶在营运中发生的零部件的过度磨损或一般性事故或出现损坏等缺陷,影响船舶的安全航行,而船上又难以自行修复,可由船厂或航修站利用在港停泊作业时间进行修理,航修属临时性修理,可以不编计划,临时列出修复项目的工程单即可。

(2)小修

小修是按规定周期结合验船的坞内检验和年度检验所进行的厂修,小修的目的是对船体和主机、副机等主要设备进行不拆开或少拆开的重点检验,通过检查、调整、更换零部件,消除营运中产生的过度磨损,修复损坏件,保证船舶安全营运到下次计划修理期。

小修的间隔期,一般客货船为12个月。若船舶的技术状态良好不需修理时,经验船师检验认可后可以延期6个月,但最多不超过12个月。

(3)检修

检修是修船的最大修理类别。检修的目的是经过2~3个小修以后并结合验船的特别检验,拆开必要的机器设备,对船体和全船的各主要设备及系统进行一次比较全面的检查,修复已经磨损而在小修中不能解决的缺陷,保持船舶的强度并结合以后的小修统一考虑,使主要设备和系统安全运转到下次检修期。

除上述厂修类别外,还有事故修理,是海损或机损事故后的修理,其修理规模、范围等依损坏程度和船检机构的意见而定。

2. 按航运企业规定

(1)航修

属临时性修理,不编修船计划,主要解决营运中的局部故障。影响航行安全而又不能自修的工程,由船厂或修船队等利用船舶在港期间进行修理,不影响船舶营运。

(2)计划修理(包括检修)

一般每5年进行一次,5年中进行一次特别检验和一次计划修理。两次计划修理之间进行一次坞修。

(3)事故修理

船舶发生事故后,应依损坏情况和船舶检验机构的要求进厂修理。

如果事故损坏可通过临时性修理取得适航证书，则采用临时性修理，以降低营运损失；如损坏严重，则依当时当地的条件决定修理方案，当此次事故修理与计划修理时间较近时，则应合并进行。

**（二）修船的原则**

（1）船舶修理必须以原样修复为主，修理是解决营运中船员无力进行的修理工程，一般不进行改建。若要对船舶进行更新和改造，需要进行经济论证，并经上级批准。修理应以恢复机械、设备的原有性能为目的，并以船舶的使用年限为重要依据。船舶的航区和种类不同，其使用年限有很大差异，修船的方针也就不同。船舶种类和船龄不同，对其修理的要求也不一样。

例如，某（集团）总公司对于各类船舶的使用年限规定为：

杂货船、多用途船 20 ~ 25 年；

散货船、木材船、滚装船、集装箱船和客船 15 ~ 20 年；

油船 10 ~ 15 年；

化学品船、液化气船和天然气船 8 ~ 12 年。

上述船舶使用期分别达到 20 年、15 年、10 年、8 年时则称为老龄船。对于不同船龄船舶的修理要求为：

对营运期不到三分之一使用年限的船舶，按设计要求进行修理，修理时应达到保持原设计性能。

对营运期达到三分之一以上，但不到三分之二使用年限的船舶，修理时应在原结构和设计的基础上，按照营运期的要求进行修理，满足入级要求，保证船舶营运安全和保持其计划使用年限。

对营运期已超过三分之二使用年限的船舶、计划在特检期内退役的船舶（老龄船舶）进行维持性修理，维持船级的最低要求，同时采取适当减载和限制功率的措施，以保证船舶的强度和航行的安全。

（2）远洋船舶应按入级标准进行修理。如为达到原入级要求而修理范围过大，经技术经济论证又不合算时，应按改变入级航区或移交沿海使用的要求进行修理。

（3）保证修船的质量。完成修理单上预定的修理项目，修理的项目必须达到质量标准，应满足验船规范、修理标准、技术说明书等有关规定，做到牢固可靠、经久耐用、性能良好。修船厂应对修理的质量负责。修船质量保证期，固定件为 6 个月，运动件为 3 个月。

（4）缩短修船时间。修船时间直接影响船舶营运率，是船舶运力的一个重要指标，应努力缩短修船期，减少对船舶营运和利润造成的损失。

（5）降低修船成本。修理费自接影响运输成本，是运输单位的重要经济指标。修船要勤俭节约，重点把主要设备修好，努力降低各类船舶不同类别的修理费限额。

（6）合理安排修船工程。船舶进厂修理工程对账后，首先要让工程主管排出工程进度表，然后与修理厂签订修船进度合同，明确双方的责任和义务，以免延误船期使公司经济遭受损失。

（7）坚持日常保养与计划修理、船员自修与厂修结合的原则。鼓励船员自修，逐年扩大自修范围和确保自修质量。

船舶重大修理、设备更新和技术改造项目应进行技术和经济论证,并报公司审批。

## 二、修船的组织

### (一)修船的准备工作

1. 编制修船计划

修船计划分为年度、季度、月度计划。

年度修船计划由船技部门在修理年度前的 10 月底编妥报总公司审批。编制年度修船计划须根据修理间隔期、前一年和本年度上半年修船实际情况以及参考过去的修船记录。计划的主要项目、修理类别、进厂月度计划、估计修理费用、计划修船厂及其地址等,此计划不可能很准确,但可作为编制年度财务预算、安排船厂的依据。

季度修船计划根据船舶营运安排、年度修船计划执行情况及船舶状况由船技部门于季度开始前一个月编妥,允许在年度计划的基础上进行必要的修正。对修船日期、地点准确确定,季度修船计划经公司批准,报总公司备查。

月度修船计划是修理船舶的执行计划,根据季度修船计划和实际情况编制。要求有更高的准确性,以便与船厂确定修船事宜。月度计划由船技部门掌握。

2. 修理单的编制与确定

船舶修理单上列出船舶修理工程的项目、程度、范围和要求,是修船的重要文件和船厂修船的重要依据,是保证修船计划顺利完成的关键。编制正确的修理单对节约修船经费、缩短修期和提高修船质量均有决定性作用。所以,编制正确的修理单是非常重要的修船前的准备工作。

(1)编制修理单的依据

编制修理单,确定修理的范围和程度,主要依据以下情况:

①公司的修船原则和修船计划以及规定的修理类别;

②船舶证书上需要船级社检验的项目;

③说明书上所规定的各种设备和部件的检修间隔期;

④船舶在航行中各种机械和设备的技术状况、磨损与损坏规律以及各种测试资料,历次修船记录和有关技术文件等均是编制修理单的重要依据。

(2)修理单的分类和编制

船舶修理单分为坞修、甲板、轮机和电气四个部分。

轮机和电气部分的修理单分别由各轮机员编制,大管轮汇总,轮机长审定(轮机部坞修修理单由轮机长亲自负责,甲板部修理单由大副负责),公司机务部门上船审查核对,进行补充和修正,最后由公司批准。将修理单送有关船厂报价,选择修船厂。

修船厂接到修理单后,必要时可会同机务部门上船核实。船厂对隐蔽工程拆检后提出拆检报告,经机务部门和船上确认后作为补充修理单。核对后的修理单和拆检报告是船厂制定施工单、估价单和签订修船合同的依据。

(3)修理单的内容和编写要求

编写修理单时首先要说明机器类型、功率、气缸直径、行程、转速,或者待修设备的制造厂名称、出厂时间、编号、数量和规格、修理部件的材料和性能等。此外需要注意下列

要求：

①名称和部位。首先要指出如主机、起锚机等，并注明修理机件的名称、规格。

②损坏情况。说明该修理部位的具体损坏情况，如过度磨损、碎裂、腐蚀或变形等。

③修理要求。提出该修理件的具体修理要求，如换新、光车、校准、调整、研磨等。若完工后需要试验者，应在修理单上说明试验要求。

④材料的规格和数量。需要的材料品种繁多，规格复杂，因此对材料的规格要详细说明，并注明数量。对于特别重要的材料，如艉轴、舵杆等需要厂方提出材料的化学成分和机械性能的说明文件时，也要在修理单上标明。

⑤附带工程。凡因为修理施工的需要涉及其他机构需要拆装而又要厂方施工的，必须在修理单中详细说明。

⑥对平时无法拆检的部件或部位，不能确定修理内容的项目，即隐蔽工程要注明“拆检后决定修理内容”字样，但应估计列出需修换部件的名称、规格和数量等。

⑦对要求预制的零部件（包括毛坯），应在修理单上绘制草图，必要时注明“由船上测绘”。

(4)修理单

在修理单上应注明船舶修理类别，因为“航修”、“小修”和“检修”的修理范围不同，并注明船舶检验机构要求的修理工程，以便船厂在修理过程中安排验船师进行监督和检验，对修理工程签证或换发船级证书。

编写的修理单应一式三份，其中两份上交公司机务部门，一份留船。船舶“检修”应在进厂前4个月将修理单送交公司机务部门审核批准；船舶“小修”应在进厂前2个月送交修理单。公司机务部门审核后，将修理单送有关船厂报价，选择修船厂，即“检修”船进厂前3个月、“小修”船进厂前40天将修理单送交修船厂。

3. 修船备件的准备

(1)在编写修理单的同时，根据修船项目的需要，船舶进厂前应备好修船必需的备件。重要部件至少应在半年前提出申请，以便及时订货。对于需要的特殊材料，在选定船厂后应提前通知船厂，以便保证修船进度和节约修理费用。这样在修理单上可写明备件由船方提供。

(2)对于订货困难需要船厂制造加上的配件应提前向船厂提出，由船厂提前安排制造。在修理单上应写明备件由厂方提供。

(3)备件订购除在紧急情况外，一般均由船上提出申请，经公司船技部主管批准后，由公司专门部门进行订购。申请备件时应注意：

①各主要设备的备件存量应保持船级社的最低要求。

②对于船舶辅助设备的标准备件（如轴承、阀件、测量仪表、液压软管、轴封等），尽量按物料申请，可节省大量费用。

③备件申请计划由主管轮机员根据备件存船数量、设备实际情况、维修保养计划和消耗规律等提出，经轮机长汇总并审核后上报公司。

④备件的申请必须使用公司的标准表格。

⑤船员自修项目的备件也应有计划地申请领取。

4. 修船物料的准备

(1)修船中使用的工具、物料等应提前做好准备,有计划地提出申请。

(2)申请物料一般由船上提出申请,经公司船技部主管批准后,由公司专门部门进行采购。申请物料时应注意:

①物料的供应一般每两个月或半年一次。

②申请的物料一定要有计划,提前、集中由船舶向公司统一申请,由公司选定供应商和质优价廉的港口供应。

③对申请单的要求:申请单中申请的物品一定要查准物料手册,写明型号、规格、尺寸、数量,特殊需要的物品要画图及标明材料及用于何处等。

5. 专用工具及资料的准备

(1)进厂前,轮机长应召集轮机员和机匠长,针对修船项目,准备好所需专用工具。尤其是液压工具要提前试好,保持可用良好状态,以免因为工具的原因而影响修船进度。

(2)对于所修设备的技术资料,轮机长也应提前准备好,有条件的船舶可将技术参数从说明书中复印下来交厂方工程主管。如果厂方需要将技术资料带走,一定要让其写借条,以免资料丢失。

6. 交厂工程的现场标示

进厂前,轮机长应会同各主管轮机员和电子电气员对厂修项目进行现场标示,标示序号应与修理单一致,以便同船厂对账时尽快找出修理部位,尤其是管路、阀件、舱底设备,一定要标示清楚、明了。在现场标示的同时,也可在修船账上注明检修设备的位置。厂修账要人手一份,对所有厂修项目,每个轮机员都要知道、了解其具体修理情况,包括不是自己主管设备,以便个别轮机员下船时由在船轮机员进行监修。

**(二)修船的组织工作**

1. 安全工作

为使进厂修理的船舶得以安全、顺利地完成修理工程,船舶进厂后船舶领导人应及时与船厂联系,了解船厂的安全保卫制度,并向船厂说明船舶有关安全保卫的要求,共同结合实际情况制订出防火、防盗、防冻、防污染等各项具体安全措施,签订协议书,共同遵守下列事项:

(1)凡进厂修理的船舶需经工厂安全、生产、消防等部门共同实地检验,认为合格后方可进厂。

(2)船舶进厂前,必须将易燃易爆物品、有毒物品等全部卸掉。视工程范围清洗油舱、柜(箱)和管路,并排除易燃易爆气体和有害气体。

(3)修理的船舶如需留用少量油类和易燃易爆物品,应由双方协商同意。该物品必须集中妥善保管,作出明显标记,并将存放位置通知工厂施工员。

(4)船舶进厂后,船方应负责本船的警卫值班、安全防火、清扫工作和配合工厂施工采取有效的防火措施。在动用明火作业的部位,应派专人看守。

(5)与修理工程无关的设备、零部件等,均由船方自行保管保养。

(6)船舶进厂后,应遵守厂方的有关规章制度,船厂人员也应遵守船上的有关规定。

(7)船舶进厂后的安全平时由工厂负责,船方协助,如遇不可抗拒的自然灾害,其造

成的一切损失由船方负责，或向保险公司索赔。修船中万一发生意外灾害事故时，船员要坚守岗位，首先保卫好本船的安全，然后服从船厂统一指挥，共同保护或抢救其他船舶。

2. 自修工作

船员自修对船员掌握船上的机械和设备的技术状况、及时消除隐患、提高船员修船技能和业务素质十分重要。开展好船员自修工作可使船舶机械和设备经常处于良好的技术状态，减少进厂修理，从而节约修船经费，缩短修船周期，增加船舶营运时间，有效地提高经济效益。为此必须充分发挥船员自修的积极性，在各方面条件允许的情况下尽可能多安排自修工作。不过自修工程应确保符合有关技术标准和验船部门的要求，做好测量记录，实行自检、互检和轮机长负责的验收制度。

船员自修工作可分为营运期间的自修和厂修期间的自修两种。

(1)营运期间的自修工作

船舶营运期间，船员在完成预防检修计划的前提下，根据船员实力和备件情况完成一部分属于厂修范围的工程，如主机主要部件的拆装、检查、测量、调整间隙和更换备件等。自修工程的范围一般根据公司的规定安排。

船员在营运期间自修一般不占用营运时间，而是利用船舶停泊的时间进行自修。当运输任务繁忙、停泊时间短时，或船上船员偏少时，公司可予以一定的停航检修时间，必要时也可申请船厂或航修站的协助。

(2)厂修期间的自修

①厂修期间，船员应尽可能多安排一些属于厂修范围的自修工程，对不停航无法解决的项目，如重要的发电柴油机海水管系、锅炉清洗等应在厂修期间完成，配合船厂共同完成修船任务，缩短厂修期，节约修理费用。

②厂修期间的主要自修项目应在船舶进厂前编制修理单时编入修船计划，并由船技部门审核和检查修理质量。

③船员自修时应充分利用船上已有的设备和工具，机务、供应部门要有计划地给船舶配备必要的电动、风动和小型机械化工具。

④船员自修所必需的备品、配件和物料，各主管部门要给予优先安排并及时供应。

⑤船舶进厂时船员要基本固定，尤其是高级船员，必须调动时要征得机务部门的同意以保持自修力量。

⑥船厂要为自修安排必要的协助和加工任务。

⑦自修工程与厂修工程配合，按厂修预计的时间完成自修工程项目。

厂修期间的自修工程与厂修工程不应相互干扰，应保证自修工程的质量和按期完工，并由船舶领导或监修代表予以验收。

**(三)修船时的监修与验收**

1. 监修

船舶进厂修理时，公司机务部门应派监修代表，负责与船厂联系、制订和签署文件，确定修船工程和处理修船中发生的问题，办理结账等事宜。船上负责具体修理项目的监修和验收，一般工程由大副、轮机长分别组织人员进行监修，重要工程由监修代表亲自监修。在不指派专人监修时，应由轮机长负责监修轮机修理项目。监修内容主要有：

(1)监修人员应监督船厂按修理单的修船项目、范围、进度和要求施工。

(2)监督材料、工艺和安装质量等是否符合技术要求。

(3)监督施工中有无由船厂责任引起的机器部件和设备的损坏。

(4)监督施工中有无不安全因素等可能引起火灾或其他的危险，必要时有权停止施工并及时报告有关人员。

(5)做好必要的修理数据与情况的记录。

(6)监修人员应配合船厂工作，为施工提供方便条件。

(7)修船期间监修人员要保持稳定，负责主管设备的轮机员，原则上不予工休和更换。

2. 验收

验收工作是检查船舶修理质量是否达到技术要求。船厂完成修理工程后交付给船方必须进行验收。验收时应有厂、船双方代表在场，验收后由验收人签字，以结束该项工程。具体项目的验收应是：

(1)对船检机构检验的项目，厂修工程应由厂方申请验船师检验，自修工程由船方申请。

(2)单项工程修理完工或试验合格后，由轮机长检查认可。凡不符合要求的项目，应由船厂负责解决。双方如有争议，首先进行协商，必要时可申请船检部门仲裁。

(3)全部修理工程完工后，根据修理范围决定试航和码头试车。试航时由双方共同提出试航大纲，并按船检的标准进行，明确试航时的安全责任。

(4)全部修理工程完工后（包括各种试验结束后），由双方代表签署本船“完工验收单”作为交船的依据。对质量未达到要求的应用文字注明，并需双方签字。

(5)在试验、试航和工程验收中，船检及船方提出属船厂修理工程中的缺陷和遗漏，船厂应及时消除和负责修理；如不属船厂修理工程范围而又需船厂修理时，则按追加工程处理。

(6)船厂应对承修工程的质量完全负责，厂修期间主修工程师不可随意更换。船厂修理工程的保修期，固定部件为 6 个月，运动部件为 3 个月。

(7)在保修期间，如属船厂工程项目的质量问题，由船厂及时免费修复。如该船在其他港口船厂不便前往修理时，船方可将船厂应负责的项目修妥，然后将其账单交船厂审核，并由船厂支付修理费用。如双方对问题发生的原因有分歧时，应在听取船检部门意见后协商解决。

## 三、坞修工程

船舶长期航行，船体水线以下的表面，特别是船底会生锈和生长海藻、贝类等，致使船体水下部分和船底表面脏污和粗糙，这种现象称为污底。显然，船舶污底将会增加船舶航行的阻力，降低航速，损耗功率。此外，船舶发生海损事故时还会产生船体变形或破损，并且还要定期检修海底阀箱、海底阀和舷外各排出阀等。所以，坞修工程主要是船体的除污、除锈和涂漆、船体损坏部位的焊补修理以及各海底阀、轴系、桨和舵的拆检、修理等。

1. 轮机坞修工程的主要项目

轮机坞修工程主要是船舶推进装置、舵和水线下的船舷阀件等的检修。具体项目如下：

(1)海底阀箱的检查与修理

拆下格栅，检查连接螺栓和螺帽；钢板敲锈出白，涂防锈漆2~3度，箱内锌块换新；如钢板锈蚀严重，必要时应测厚检查；钢板换新后必须对海底阀箱进行水压试验。

(2)海底阀的检查与修理

海底阀、船舷排出阀、海水出海阀、锅炉排污阀等水线以下的各阀应解体清洁、除锈。阀体在除锈后涂防锈漆2~3度；阀及阀座应研磨密封，如锈蚀严重时可光车后再研磨；阀杆填料换新；检查海底阀与阀箱的连接螺栓，锈蚀严重时应换新。

(3)螺旋桨的检查与修理

拆下螺旋桨进行检查，桨叶表面抛光，测量螺距；桨叶如有变形应予矫正和做静平衡试验。如发现桨叶有裂纹和破损，需按螺旋桨修理标准进行焊补和修理。

(4)螺旋桨轴及轴承

当抽轴检查时，应对螺旋桨轴的锥部进行探伤检查，检查铜套是否密封，对滑油密封装置应换新密封圈；锥部的键槽和键应仔细检查，换新时必须与键槽研配；测量轴承下沉量和轴承间隙，检查轴承的磨损情况。

(5)舵系的检查和修理

对舵杆、舵轴承、舵叶、舵梢、密封填料装置进行检查，如发现缺损、碰撞等缺陷，及时进行修复。

对具有中国船级社(CCS)船级的船舶为了保持船级还应按照《钢质海船入级规范》要求定期进行坞内检验、螺旋桨轴和艉轴的检验，检验间隔期一般不超过5年。以上两项保持船级检验均需船舶进坞完成，船级检验可以与船舶坞修结合进行。

2. 坞修的准备工作

(1)坞修的准备

坞修工程修理费用高、时间短，为了顺利完成各项坞修工程项目和不误坞修期，要求船舶在进坞前做好下列各项准备工作：

①认真编制坞修项目修理单，并将修理单提前报公司船技部门审核、报价，以选定坞修的船厂。

②船方应预先订购好坞修所需之重要备件，如艉轴密封等备件，以免延误坞修期或者不能进行抽轴检查。

③准备好坞修所需的专用工具，如拆装螺旋桨帽的专用扳手、液压工具，拆装中间轴法兰螺栓的专用扳手，移动中间轴和螺旋桨轴的滑道滚轮，测量螺旋桨下沉量的专用测量工具等。

④准备好有关图纸资料，如船体的进坞安排图、螺旋桨图、螺旋桨轴及其轴承图，以及上次坞修的测量记录和检验报告等，提供给船厂和验船师参考。

⑤油船应预先做好烘舱清洁工作，一般船舶的油舱在进行明火作业的修补工作前应事先将油料抽尽，并经过洗舱和防爆安全检验。

⑥如需在坞内进行锅炉检验,进坞前应将炉水放尽,以免在坞内烫伤工作人员和影响坞修工程。

⑦与坞修工程师商洽坞修事项,如进、出坞日期,岸电的供应,淡水的供应,空调和冷藏装置冷却水的供应,临时追加项目的可能性等,以及注意事项和内部规则。

⑧所有可移动的物件,如锚、舢板等应放置牢固,必要时可用绳索捆绑牢靠。进坞后松开轴系连接螺栓,防止受力变形,用紧固装置将艉轴固定,以防进坞拖船时艉轴向后移动。

(2)坞修时轮机部应注意的问题

船舶进坞后,为确保坞修工作顺利进行,应做到下列要求:

①船体搁置在墩木上时,倾斜度不得超过 10°~15°。检查墩木、撑木是否牢靠,船体是否均匀地平卧在墩木上,不允许船体搁置处有悬空现象。发现不正常情况应立即向坞修工程师提出,以便及时改正。

②坞水泵干后,必须对水线以下的坞修工程项口逐项认真检查,如有增减项目,应报告坞修工程师。

③船员必须遵守船坞内部的规章制度,没有坞长同意,不得将物品、水或燃润料随意移动,不得擅自移动墩木和木撑;不得自行将船上的电线、蒸汽管或水管与厂方接通;不得自行搭跳板和使用炉灶;不得使用船上的卫生设备和将垃圾倒入坞内。

④注意防火,各舱室进行明火作业时应指派专人看守。

⑤冬季进坞时应打出不必要的舱内存水和主、副机存水,以防冻裂机器设备。机舱等某些必须保温的场所应按需要保温。

⑥在艉轴或螺旋桨拆卸期间应特别注意不让无关人员乱动有关机件,特别是螺旋桨的锁紧螺帽。

⑦所有脚手架要牢靠无误,必要之处应设置安全网,冬季增设防滑设施。尤其在检修海底阀时要特别留心各阀及格栅的安装要符合规范要求。

3. 坞修工程的验收

(1)质量检查与验收

坞修中的各种海底阀和出海阀必须解体清洁,研磨完好的阀与阀座的密封面要经轮机员检查认可后才能装复。

安装艉轴和螺旋桨时,轮机长应在场监督进行。

对坞修中的各项修理项目,应按修理单的要求检查修理质量,必要时应做水压试验和运行试验。

(2)测量记录的交验

坞修的测量记录(如艉轴下沉量、螺旋桨螺距测量和静平衡试验、艉轴承间隙、舵承间隙、轴系找正等)和其他年度检验的测量记录,应一式两份提交给轮机长。

(3)出坞检查工作

出坞前,轮机长应对下列修理工程仔细检查、认可后方可允许出坞:

①检查海底阀箱的格栅是否装妥,箱中是否有遗忘的工具、杂物,所有海底阀和出海阀是否装妥。

②检查舵、螺旋桨和艉轴是否装妥，保护将军帽是否涂好水泥，艉轴密封装置装妥后作油压试验、转舵试验。

③检查船底塞及各处锌板是否装好，如有临时孔洞检查是否焊填好。

④坞内放水前应关闭全部通海阀，坞内进水后应检查各通海阀及管路，然后分别开启各阀检查所有管路是否漏水。

⑤坞内进水后对海水系统放空气，使其充满海水。

⑥冷却系统、燃油系统和滑油系统正常工作后，启动柴油发电机，切断岸电，由船上自行供电。

⑦出坞后，待船舶静漂 24 h 以上使船舶恢复弹性变形后，进行轴线检查并连接轴系各道法兰螺栓。

## 四、交船试验

船舶动力装置进厂修理完工之后，应进行交船试验：系泊试验和航行试验。交船试验的目的是检验船舶动力装置的修理质量及其技术性能，以确保船舶机械符合 CCS 保持船级的要求和船舶安全可靠地航行。

船舶在下列情况下应进行试验：

①特别检验需要时；

②较大范围或重要项目进行修理后；

③临时检验项目的要求或者验船师认为必要时。

此外，新造船舶和更换国籍、更换船东、更换航区及长期停航后启用的船舶均应进行系泊试验和航行试验，只是各自的要求和内容不同。

船舶动力装置修理后进行系泊试验和航行试验，其试验大纲是由船和船厂双方共同拟定，并经验船师同意。轮机员作为船方代表参加试验。由船方、厂方和验船师共同对试验进行鉴定和验收。对试验中发现的问题共同分析研究，协商解决。重大缺陷应在修复后重新试验，局部小缺陷可在使用中观察情况，或限期修复使之符合要求。

试验前，应进行以下技术准备：

①船用主柴油机的零件修理、部件装配、总装调试、系统安装和仪表检验等质量均应检验合格；

②舵叶应在正舵位置，辅机、推进装置、舵机与驾驶台的联系均处于正常状态；

③舵机及其操纵系统（包括应急舵）均应经性能试验并合格；

④遥控及自动化系统试验合格：按设计要求，柴油机启动、调速、换向、紧急停车等效用试验各进行 2 ~ 3 次；操纵时主柴油机自动工作的程序必须准确可靠；按照主机说明书要求试验各控制站之间转换及连锁装置的功能，动作应灵活、准确可靠；

⑤安全装置试验合格：主机的安全装置（紧急停车），超速保护，防爆门，油、水、气的压力保护，油、水、气的温度报警均须在系泊试验前完成效用试验，要求动作灵敏、准确和可靠，并且试验次数均应不少于 2 次。

试验内容主要包括：

①检查主机在各种工况下的运转情况；

②检查主机、副机运转中有无异常现象;

③检查为主机服务的各种系统、辅助设备的运转情况;

④检查扫气、增压装置及排气系统的工作情况,检查调速器、操纵和换向装置的灵活性,检查各保安装置的可靠性和各种仪表的准确性等;

⑤检查减速齿轮箱、离合器、轴系等的运转情况;

⑥检查可调螺距桨的可靠性与灵活性;

⑦发电机、空压机、甲板辅机和锅炉以及消防、压载、舱底水系统等的检查与试验。

**(一)交验项目**

根据我国行业标准《民用钢质海船修船交验项目》的规定,为了保持船级和营运安全,船舶经修理后须交验和验收。凡船厂修理项目,船厂、厂修期间的自修项目,均由船方分别向验船师提交检验,对于海损修理项目则由验船师依具体情况决定应提交检验的项目。为了保证船舶修理质量,所提交检验项目的验收依据是业已颁布的有关修理技术标准。

**(二)系泊试验**

系泊试验,又称码头试验,是修船过程中一个重要环节,其目的是检查船舶的完整性和可靠性。船舶在修复完工后,应在码头进行系泊试验。它是船舶航行试验前的一个准备阶段。

系泊试验目的是检查船体、机械设备、电器设备及动力装置的制造、安装的完整性和可靠性,以便对不符合要求的地方重新调整,使船舶具备适航条件。

船舶在修理结束后,为了确保船舶具备出海试验的条件,对船舶动力装置在验船师监督下进行一次安装、修理质量和工作效用的试验。如在系泊试验过程中发现有不正常现象,应由船厂重新修复后再作系泊试验。

(1)主机启动试验。对修理的船舶主机连续启动 3 次。

(2)主机换向试验。连续换向 4 次,包括遥控操纵主机在内。

(3)主机运转试验。

系泊试验的最高转速为额定转速的 80% ~85%。如果螺旋桨露出水面而影响主机功率时,应尽可能压载或适当增加试验所用的转速。试验要求如下:

正车 50% $n_H$ 连续运转 0.5 h;

正车 70% $n_H$ 连续运转 1 h;

正车 80% ~85% $n_H$ 连续运转 2 h;

倒车 70% ~80% $n_H$ 连续运转 0.5 h;

在各种转速下要测取主机各种参数。

**(三)航行试验**

船舶主柴油机系泊试验合格后方可进行航行试验。不具备系泊试验条件而未作系泊试验的主机,必须进行航行试验。船舶主柴油机修理后进行航行试验是为了在航行条件下对船舶主柴油机的修理质量作最后的考查,以保证修理、安装的质量和运转的可靠性。主要进行以下项目的试验:

1. 启动试验

按照系泊试验的要求进行。

2. 运转试验

(1)主机运转试验时转速 $n_H$,应尽量达到额定值,对于旧船主机(有12年以上机龄)难以达到时,可适当降低,但不低于航行中常用最大负荷时的转速。

(2)因受航道限制主机不能按航行试验要求的时间进行时,可在系泊试验中适当增加80%工况下的时间,但在100%工况下试验时间应不小于规定值的70%。

(3)在100%工况下测取各项参数值。各缸工作参数的不均匀度应符合规定要求。

3. 最低稳定转速试验

航行试验时应做最低稳定转速试验,试验时间为15 min,记录转速值。一般低速机最低稳定转速不高于额定转速的30%,中速机不高于额定转速的40%,或按说明书规定。

4. 换向试验

按系泊试验要求进行。此外,必要时进行主机遥控和自动化功能检验,做好航行试验记录。

**(四)综合要求**

(1)主机系泊试验、航行试验中的运转试验(或称负荷试验)应连续进行,因故停机不得超过30 min,否则应重新试验。

(2)主机系泊试验、航行试验结束后,应按说明书要求检查主轴承、连杆轴承、十字头轴承等的温度。

(3)主机航行试验后,应检查曲轴臂距差,其值应符合CB/T3533的规定。

(4)系泊试验和航行试验中发现缺陷时,对较重大的缺陷应在检查、修复后重新进行试验。

# 第八章 船舶油类、物料及备件管理

了解燃油、润滑油、备件、物料及工具的基本特性,并进行正确选择、使用和管理是轮机管理的一项重要工作。

## 第一节 船舶燃油

### 一、燃油的种类和规格

我国的燃油分为三大类:轻柴油、重柴油、燃料油(又称重油)。

(1)轻柴油。我国生产的轻柴油有 10、0、-10、-20、-35 和 -50 六个牌号,并且还分为优级品、一级品和合格品三种质量标准。各种牌号的命名都以凝固点的数值为代号,如 -10 号轻柴油的凝固点为 -10 ℃。

(2)重柴油。我国生产的重柴油有 10、20、30 三个牌号,它们也是以凝固点的数值为代号的,如 20 号重柴油的凝固点是 20 ℃。

(3)燃料油(重油)。燃料油按 80 ℃时的运动黏度分为 20、60、80 及 200 四个牌号,可供船舶锅炉使用。

### 二、燃油的特性指标

表征燃油理化特性的指标有十几个。根据其对柴油机工作的影响,可以分为以下 3 类:

(1)影响燃烧性能的指标有十六烷值、柴油指数、馏程、发热值和黏度。

(2)影响燃烧产物成分的指标有硫分、灰分、沥青分、残炭值、钒和钠的含量。

(3)影响燃油管理工作的指标有闪点、比重、黏度、凝点、倾点、浊点、铝的含量、水分和机械杂质。

1. 十六烷值

十六烷值是衡量燃油在柴油机中自燃性能的指标。

燃油在喷入气缸后必须经过一段时间后才能发火燃烧,这段时间称为滞燃期。不同

品质的燃油在同一台柴油机和相同的工作条件下，滞燃期的长短也不同。显然，滞燃期与燃油的自燃性能有关。

燃油的自燃性能常以十六烷值来衡量，十六烷值反映了燃油滞燃期的化学准备时间。燃油的十六烷值是把燃油和标准燃油作比较而测得的。取一种纯烷属烃十六烷（$C_{16}H_{34}$），它的自燃性能最好，规定其自燃性能为100；又取一种纯芳香烃$a$-甲基萘（$C_{11}H_{10}$），它的自燃性能最差，规定其为零。将两者以不同比例的容积相混合作为标准油，通过专门的试验机，测定所用燃油与某一混合比例的标准油的自燃性能，若具有相同的滞燃期，即取此标准油中十六烷所占的百分数为所用燃油的十六烷值。

燃油的十六烷值越高，燃油的自燃性能越好，但对十六烷值的要求应该适当。若十六烷值过高，不但燃油价格高，而且容易使燃油发生高温裂化而生成游离碳，致使柴油机排气冒黑烟，经济性下降。若十六烷值过低，会使燃烧过程粗暴，特别是启动和低负荷运转性能不好，对于高速柴油机，由于燃烧过程时间极短，对燃油的自燃性能要求较高，所用燃油的十六烷值在40~60之间。对于低速柴油机，由于燃烧过程所占时间相对较长，一般燃油的自燃性能均可满足。因此在燃油规格中，除轻柴油以外，重柴油、燃料油和内燃机燃料油均不作出规定。

2. 馏程

馏程是反映燃油挥发性能的指标，它反映了燃油滞燃期的物理准备时间。对油品在规定条件下加热蒸馏，第一滴馏出油时的温度称初馏点，全部蒸发完毕称终馏点或干点。从初馏点到干点这一温度范围称油品的馏程。通常用在某一温度下蒸发掉的百分数表示，并且把在某一特定温度下的馏出物称馏分。燃油在低温下蒸发的百分数越高，说明所含有的轻馏分越多。轻馏分的沸点低，蒸发速度快，能与空气较快地混合，燃烧速度也较快，柴油机冷车启动性能好，重馏分不容易蒸发，容易不完全燃烧而生成积炭。因而高速柴油机要使用轻馏分含量多的轻柴油。而中低速柴油机则可使用含重馏分多的燃油。但从燃烧质量来看，馏出温度也不宜过低，否则馏分太轻，蒸发速度太快，一旦火焰出现，所有喷出的轻馏分几乎同时参加燃烧，气缸压力升高速度过快，柴油机运转粗暴。因此，并不是轻馏分越多越好，而是各馏分组成的温度范围尽可能的窄，不应同时有很多轻馏分和重馏分。例如，零号轻柴油就规定50%的馏出温度在30 ℃以下。而其余50%的馏出温度应为300~350 ℃。低速柴油机可以燃用以渣油为主的低质燃油，因而重油规格中对馏程没有规定，但为了便于启动，其中也掺入了少量的柴油馏分。

3. 黏度

黏度表示燃油流动时的内部阻力。它对于燃油的输送、过滤、雾化、燃烧都有很大影响，因而它是燃油质量的一项重要指标，通常都用它来对燃油进行分类。所谓“重”油就是指常温下高黏度的燃油，而“轻”油则是低黏度燃油。燃油黏度过高，不但输送困难，而且雾化不良，使燃烧不良；黏度过低，则会造成喷油泵柱塞偶件、喷油器针阀偶件润滑不良而加快磨损。从这两方面考虑，必须将燃油在喷射系统中的黏度限制在一定的范围之内。

黏度的大小可用绝对黏度和相对黏度来表示。前者表示内摩擦系数的绝对值，后者是在某一条件下的相对值。其数值随测定仪器的不同而异。属于绝对黏度的有动力黏度和运动黏度，属于相对黏度的有恩氏黏度、雷氏黏度和赛氏黏度等。

(1)动力黏度。它表示面积为 1 $cm^2$,相距 1 cm 两个流体薄层,以 1 cm/s 的速度做相对运动时,该流体所产生阻力的达因数。在国际单位制中,动力黏度的单位为帕斯卡·秒,用 Pa·s 表示。

(2)运动黏度。运动黏度是动力黏度与密度的比值,单位是 $m^2/s$,过去常用的 1 cst 为 $10^{-6}m^2/s$。

(3)恩氏黏度。某一油品在测定温度下,从恩氏黏度计流出 200 $cm^3$ 所需的时间与 20 ℃时同体积蒸馏水从该黏度计流出所需时间的比值。它是一个无因次量,用符号$°E_t$表示。我国和欧洲一些国家以前常用恩氏黏度。

(4)雷氏黏度。某一油品在 100 ℉(37.8 ℃)时,从雷氏黏度计中流 50 $cm^3$ 所需的时间,单位为 s。雷氏黏度又有雷氏 1 号黏度(符号为 Red $NO_1$)和雷氏 2 号黏度(符号为 Red $NO_2$)两种。

(5)赛氏黏度。某一油品在 100 ℉时从赛氏黏度计中流出 60 $cm^3$ 所需的时间,单位为 s。赛氏黏度又分为赛氏通用黏度(SSU)和赛氏重油黏度(SSF)两种。美、英等国家以前采用雷氏黏度和赛氏黏度。

运动黏度规定为国际通用黏度表示法(cSt)。航运界也经常用雷氏 1 号黏度(s)。温度对黏度影响很大,温度升高,黏度降低。所以,船用燃油只要适当加热,就可以将黏度降到合适的数值,以便柴油机正常工作。在说明油品的黏度时要注明燃油的温度。国际上使用在 50 ℃时的运动黏度作为燃油黏度的衡量标准。大型低速柴油机的喷油设备,最适宜的黏度范围为 10~25 cSt (50 cSt),相当于雷氏 1 号黏度 60~110 s。

4. 发热值

1 kg 燃油完全燃烧时所放出的热量,称为燃料的发热值,单位为千焦/千克(kJ/kg)。燃油的发热值分为高热值和低热值。在柴油机热计算时要用低热值,不同燃油的发热值不同,但相差不是很大,如重油的基准低热值为 42 000 kJ/kg(10 030 kcal/kg)。轻油的基准低热值为 42 700 kJ/kg(10 200 kcal/kg)。

5. 硫分

燃油中含硫的重量百分数叫做硫分。硫是燃油中的有害成分,其燃烧产物对于柴油机和锅炉的部件有腐蚀作用。

燃油所含的硫燃烧后生成二氧化硫($SO_2$)和三氧化硫($SO_3$),它们与燃气中的水分结合形成硫酸蒸气,当金属的表面温度低于其露点时(160 ℃),硫酸蒸汽便冷凝成液体,对金属表面产生强烈的腐蚀作用,这种腐蚀称之为“低温腐蚀”。

为了减少硫酸的腐蚀作用,对高速柴油机所用的轻柴油是通过精炼过程将含硫量尽可能减少,对含硫量高的燃料油,可以采用两种措施。首先应根据含硫量选择高碱性气缸油,对硫酸进行中和;另一个措施是适当调节冷却水温度,使气缸壁温度保持在硫酸的露点之上,以减少硫酸的凝结,减少腐蚀。除上述措施外还可在结构上进行了一些改进等。

6. 灰分

灰分是在规定的条件下燃油完全燃烧后所剩下的残留物,用重量百分数表示。灰分主要是金属氧化物、金属盐类和机械杂质等无机物。灰分在气缸中主要起磨料作用,加剧机件的颗粒磨损,因而燃油规格中对灰分含量都有严格规定。

7. 残炭值

燃油在隔绝空气的条件下加热干馏，以形成一种鳞片状的焦炭残余物，称为残炭。残炭占试验油重量的百分数叫做残炭值。残炭值表示燃油在燃烧过程中形成炭渣的倾向。气缸中的积炭会使热阻增大，磨损加剧，严重时会引起活塞环卡死和折断，以及喷油器喷孔堵塞和气阀咬死。重油的残炭值比柴油大得多，残炭值大小和原油产地有关。一般低速柴油机用的重油残炭值控制在不得超过18% ~20%。

8. 闪点

闪点是衡量燃油产生火灾危险程度的指标。燃油蒸气与空气的混合气同火焰接触而闪火的最低温度称为燃油的闪点。

根据不同的测量器具，有闭口闪点与开口闪点之分。所谓闭口闪点，是指将燃油在一特定密闭容器中加热所测定的闪点；开口闪点则是指将燃油在开启的器具中加热所测定的闪点。显然，闭口闪点比开口闪点为低（因为油气不容易逸出），常用的是闭口闪点。为保证船舶安全起见，船舶柴油机所使用的燃油闪点不应低于环境温度。一般要求船用燃油的闪点大于65 ℃。除汽油外，其他燃油均能满足这一要求，重质燃油的闪点较轻质燃油为高，这说明使用重质燃油的火灾危险较少。

9. 密度

燃油在温度t(℃)时单位体积的质量称为密度$\rho_t$。常用单位是$kg/m^3$或$g/cm^3$。在20 ℃时的密度称为标准密度$\rho_{20}$。燃油的密度随温度而变，其温度修正公式如下：

$$\rho_t = \rho_{20} - 0.000\,672(t - 20)$$

10. 凝点、浊点和倾点

凝点、倾点、冷滤点和浊点都是反映油料低温流动性和泵送性的重要指标。

燃油的凝点是在规定的试验条件下燃油降温后失去流动性的温度。凝点主要与燃油中的石蜡含量有关。燃油中的石蜡在温度降低时逐渐结晶析出，当燃油失去了流动性，这时的温度就是凝点。在凝点之前燃油开始变得混浊时的温度称为浊点。

燃油的温度降低到浊点时将使滤器堵塞，供油中断。从使用的观点看来，浊点是比凝点更为重要的指标。燃油的浊点至少应比使用温度低3 ~5 ℃，以防止在使用中析蜡。对于浊点较高的燃油，使用中应进行预热。

在燃油低温性能中，也常用冷滤点来衡量流动性，它指冷过滤堵塞时的温度点。冷滤点大于倾点，小于浊点。

11. 水分和机械杂质

燃油中所含的灰尘、沙子和熔渣等的重量占总油量的百分数叫燃油的机械杂质。

这些杂质大多数是在运输和储存过程中混入的，它们是燃油中的有害成分，对含量要加以限制。对所含的机械杂质和水分可以用沉淀、过滤和分离等方法除去。

## 第二节　船用润滑油

润滑油一般采用桶装，也可由油船通过甲板上的注入孔直接泵入储油舱。近海小型船舶所使用的润滑油种类有：曲柄箱油、液压油、冷冻机油和润滑脂。

## 一、滑油的种类与规格

根据使用场合的不同，润滑油有多种的规格与型号。目前，船舶动力机械所使用的润滑油主要有以下几种：

（1）柴油机润滑油。用于润滑柴油机，主要包括气缸油和柴油机油（即曲轴箱油）。

（2）汽轮机油。用于润滑汽轮机与涡轮增压器。

（3）液压油。用于液压机械。

（4）冷冻机油。用于冷冻机润滑。

（5）齿轮油。用于齿轮箱润滑。

这些润滑油具备不同的性能，可以满足不同的使用要求。

### 1. 柴油机曲轴箱油

（1）柴油机曲轴箱油（也称系统油）的使用要求：

①良好的抗氧化安定性。曲轴箱油是循环使用的，和空气接触的机会多，油冷活塞的柴油机曲轴箱油温度也较高，如果气缸中的污物落入曲轴箱，污物中的铁末等又是滑油氧化的强烈催化剂，这些因素都能加速滑油的氧化变质。为了延长滑油使用寿命，要求曲轴箱油抗氧化变质的性能要强。

②抗腐蚀性能好。曲轴箱油中易落入燃烧产物和易混入海水，因此要求曲轴箱油应具有一定的碱性，并能抵抗由于海水等漏入而引起对轴承和其他机件的腐蚀。

③良好的清洁、分散性能。气缸中的燃烧产物会成为黏稠的颗粒，这些颗粒不应形成硬的积垢，而应让滑油带走。这就要求这些颗粒在滑油的清洁作用下，不聚积成块，而是形成均匀胶体悬浮液分散在油中，以便在分油机中分离出去。

④足够的载荷能力。高增压发动机的轴承负荷已接近所采用轴承合金的安全极限，因此要求在轴承润滑中形成足够的油膜，以提高轴承的承受负荷能力。

⑤较强的抗水或含水酸乳化的能力，若混入水或含水酸能及时地通过离心式分油机除去。另外，还要求曲轴箱油黏度要适中（SAE 30 左右），闪点要高，凝点要低，黏温性能较好。

（2）曲轴箱油的规格。由于润滑油的品种、牌号很多，性能又各有不同，为了保证良好的润滑，必须选用合适的润滑油。

### 2. 液压油

液压油是利用液体压力能做液压传动的工质。液压油在进行液压传动的同时，本身要承受压力、温度、剪切等作用，同时又起到润滑、防锈等保护作用和冷却作用。

液压油用于船舶舵机、起货机、起锚机、绞缆机等液压系统的主、副油路。液压油的性能直接影响到液压传动的工作。一般液压油应符合下列要求：

（1）良好的黏温性。黏度指数应不小于 90；特种液压油黏度指数甚至高达 200 以上。

（2）良好的抗氧化安定性。

（3）良好的抗磨性。

（4）良好的抗乳化性和抗泡沫性。

（5）良好的防锈性。

(6)工作环境温度较低的液压机械,如甲板机械,要求油品有较低的凝点。

液压油可分为普通液压油、抗磨液压油和低凝液压油等几种。

普通液压油使用性能好,但凝点为 -10 ℃,比较高,只适用于室内的中、低压液压系统。

抗磨液压油的抗磨性能好,凝点 -25 ℃,可用于 -15 ℃以上地区的中、高压液压系统中。

低凝液压油的特点是凝点低达 -35 ℃,黏度指数高达130,具有在低温条件下的良好启动性能,适用于甲板机械的液压油。而舵机液压油的凝点更低达 -40 ℃,保证了船舶在寒冷季节航行时舵机工作的可靠性。

3. 冷冻机油

冷冻机油用于润滑和冷却制冷压缩机的气缸、活塞、曲柄等运动部件,并在气缸与活塞环间起密封作用。

冷冻机油的工作条件有如下特点:

(1)与制冷剂接触,存在着与制冷剂互相溶解的问题。如果油中溶入制冷剂,不仅黏度会大大降低,而且油中的石蜡将在比凝点高的温度下析出。

(2)温度变化大。曲轴箱中的油温一般在70 ℃以下,冷剂压缩时可达130 ℃($F_{12}$冷剂)或150 ℃($F_{22}$冷剂);而部分润滑油被冷剂携带到蒸发器中时,温度将低达 -20 ~ -30 ℃。

(3)封闭式或半封闭式制冷压缩机的电动机浸于油中,要求冷冻机油有良好的绝缘性。

为此,对冷冻机油的要求是:

(1)有良好的抗氧化安定性,以保证较长的使用期限。

(2)与冷剂种类、机型和排气温度相适应的黏度。如氨、二氧化碳冷剂基本上不溶于冷冻机油,它们对滑油的黏度无明显影响,因而冷冻机油的黏度可选得较低。$F_{12}$能大量溶于冷冻机油,使油的黏度下降,因而应使用较高黏度的冷冻机油。对于在较高温度下能与冷冻机油全部互溶的冷冻剂之中,所用的冷冻机油黏度应当更高。

(3)凝点低,应比制冷装置的蒸发温度低3 ℃以上,浊点也应低,并不应析出大量石蜡。

(4)较高的闪点,应比最高排气温度高25 ~ 30 ℃,以免排气阀积炭。

(5)电绝缘性较高。

(6)不含水分,以免腐蚀金属和造成冰塞。

船上常用的为18号或25号冷冻机油。

4. 齿轮油

齿轮油用于汽轮机、起货机、锚机、绞缆机、离心式分油机等设备封闭齿轮箱的润滑。大型强压循环润滑的齿轮箱油也有用柴油机滑油替代的,但一般封闭式齿轮箱均采用齿轮油。

对齿轮油的要求是:

(1)良好的抗磨性能,在齿轮表面形成牢固的油膜以抵抗极高的压力与滑动速度的联合作用。

(2)良好的氧化安定性。

(3)能抗乳化和抗泡沫。

(4)适当的黏度指数,以利于温度变化时保持润滑。

## 二、润滑油的性能指标

1. 黏度和黏度指数

黏度是润滑油最重要的性能指标,因为它在很大程度上决定着两个摩擦表面间楔形油膜的形成。

黏度表示法有多种,而黏度大小又和温度有关,因此,若不加以规定必定造成混乱,给选用带来极大的不便。国际标准化组织(ISO)推荐从 1979 年 1 月 1 日开始采用 ISO 标准。该标准规定:黏度采用运动黏度表示,除发动机润滑油按 SAE 分类法划分外,其他润滑油都按 40 ℃时的运动黏度的厘斯数分级,从 2 ~ 1 500 共分 18 级,每一级的黏度较前一级增加约 50%,每一级的黏度范围为中心黏度的 ±10%。

例如 ISO 15 级,其 40 ℃时的运动黏度为 15 cSt,比 10 级高 5 cSt,其黏度范围为 13.5 ~ 16.5 cSt。我围 GB 3141—82 规定,从 1983 年 3 月 1 日起,工业润滑油采用 ISO 黏度分级。

SAE 分类法是将发动机用润滑油分为 7 个等级。每一等级的号码表示出它的黏度范围。冬用润滑油(SAE 5W,10W,20W),是按 0 ℉( -18 ℃)时的黏度划分等级。夏用润滑油(SAE 20,30,40,50)则按 210 ℉(98.9 ℃)时的黏度划分等级。

船舶要在不同的季节航行于不同的纬度,环境温度变化很大。此外,柴油机在冷车启动和正常运转时,滑油的温度也不同,滑油的黏度都随温度变化,但不同的滑油其黏度随温度变化的程度不同,仅以测定温度下的黏度来判定滑油的品质还是不够的,还应考虑滑油的黏温性能。表示滑油的黏温性能的指标,一般用黏度指数,它是通过与两种标准油相比较而得出的。

黏度指数大的油黏温性能好,当温度变化时,其黏度变化小。对于柴油机用的滑油,一般为高黏度指数,黏度指数为 89 ~ 100 已足够。

我国过去用 50 ℃和 100 ℃时滑油运动黏度的比值表评价其黏度性能,称为黏度比。黏度比小,表示滑油在规定的温度范围内黏度变化小,油的品质高。

2. 总酸值(TAN)

中和 1 g 滑油中的酸所需 KOH 毫克数,称滑油的总酸值,单位为 mgKOH/g。

滑油中的酸有有机酸和无机酸。新鲜滑油中有机酸来源于原油和抗腐蚀添加剂。使用中的滑油由于氧化也会产生一些有机酸。有机酸含量多时,就会对一些轴承材料特别是铅产生腐蚀作用。

滑油中的无机酸是硫酸,属于强酸,它的含量用强酸值(SAN)表示。硫酸是滑油精炼过程中经酸洗和中和后残留下来的,或使用过程中由燃烧产物混入。硫酸有很强的腐蚀性,滑油中一般不允许硫酸存在。

我国用“酸值”表示滑油中有机酸含量,用“水溶性酸或碱”表示无机酸或强碱的有

无。“酸值”也用中和 1 g 滑油中的酸所需 KOH 的毫克数来表示。“水溶性酸或碱”只定性说明油品呈酸性或碱性。

滑油中含有酸会对金属产生腐蚀作用,因而必须控制滑油的总酸值。此外,更重要的是要掌握总酸值的变化情况,因为变化值更能说明润滑油是否有迅速恶化和产生沉淀物的倾向。

3. 总碱值(TBN)

总碱值表示 1 g 滑油中所含碱性物质相当于 KOH 的毫克数。单位为 mgKOH/g。

大多数发动机润滑油因加入碱性添加剂而呈碱性。它表示中和燃油中硫分燃烧后产生酸的能力。适当的碱性储备,能有效地防止酸对机件的腐蚀。

4. 油性和极压抗磨性

油性和极压抗磨性,是指滑油在边界摩擦或半干摩擦情况下,能降低摩擦系数,减少磨损和防止摩擦而烧结的性能。滑油吸附于金属表面的性能叫“油性”。当负荷增加,转速降低时,常处于边界摩擦或半干摩擦状态,此时,油膜与金属结合愈牢固,就愈能避免干摩擦,油性和极压抗磨性就愈好。

5. 热氧化安定性和抗氧化安定性

滑油在循环系统中不断地与空气接触,并被逐渐氧化而变质。滑油的温度对氧化速度有很大影响,油温每升高 10 ℃,油的氧化速度约增加一倍。温度在 82 ℃(180 ℉)以下时,氧化速度较慢,油的氧化不显著。但当温度超过 82 ℃时,氧化速度很快,油的氧化严重。滑油氧化后会生成有机酸、胶质和沥青状物质,有机酸使滑油酸值增加,胶质和沥青状沉淀物使油色变深,黏度增加。这些物质能附着在金属表面上(例如在活塞表面上形成漆膜)或堵塞油路和滤器。

热氧化安定性和抗氧化安定性都用来表示滑油抵抗空气氧化的能力,只是试验方法和应用的对象不同,前者称为巴包克法,是在较高温度(250 ℃)下对薄油层进行氧化试验。用形成漆膜所需要的时间(min)来评定油的热氧化安定性,时间越长,油的热氧化性能越好。因这种试验方法是模拟气缸壁上油膜的工作条件,因此用于柴油机润滑油。后者是在较低的温度(250 ℃)下对厚油层进行氧化试验,经过规定时间后,测定油氧化后生成的沉淀物越少,酸值越小,油的抗氧化性能就越好。因这种试验方法模拟了液压系统中滑油的工作条件,因此用于液压油和汽轮机油等油种。

我国常采用“腐蚀度”这个指标来衡量滑油热氧化安定性和抗氧化安定性的能力。

6. 抗乳化度

抗乳化度是用来衡量油和水均匀混合的程度。油和水不易均匀混合则抗乳化度高,它用破乳化时间来表示。在规定的条件下,滑油变成乳浊液,静置后油与水达到安全分离所需要的时间(min),即为滑油的破乳化时间。破乳化时间短;说明滑油的抗乳化性能好。除切割金属时用的滑油外,其他滑油均需要有良好的抗乳化性能,以便易于和水分离。若滑油的抗乳化性能不好,滑油易于生成泡沫,影响滑油压力,致使润滑表面缺油而损坏,还会使不溶性杂质悬浮在油中,污染摩擦面,使部件磨损加剧。

7. 浮游性

浮游性是表示含添加剂滑油清洗零件表面上的炭渣和胶质,使之分散为小颗粒而悬浮携带能力的指标。通常是在专用试验机上,在规定的条件下进行一定时间的试验,然后根据活塞上的漆膜情况进行分级评定,级别越低,活塞越干净,滑油浮游性越好。

滑油的其他一些性能指标,如闪点、凝点、残炭、灰分、水分及机械杂质等与燃油的相应指标类同。

## 第三节　燃油加装及管理

申请加油前应预先测量、计算各燃油舱的实际存量;确切掌握存油的品种、牌号;根据货载和航线,由轮机长提出加油数量和规格,与船长商定后提出加油申请,电告公司主管部门。

油料一般通过装油管系由甲板装入油舱。根据造船规范规定,船上甲板两舷都应设有燃油注入法兰接头,两舷均可将轻重燃油直接注入油舱。注入管应有防止超压设施。如安全阀作为防止超压设备,则该阀的溢油应排至溢油舱或其他安全处所。注入接头必须高出甲板平面并加盖板密封,以防风浪大、甲板上浪时海水灌入油舱。

装油前应尽量并舱,以免因新旧燃油不相容而引起沉淀,并与大副商定,配合吃水安排好加油舱位、数量。二管轮准备好管系,正确开妥有关阀门。冬季应用蒸汽将重油管系先扫通。对不同的装油接头应检查是否封死。事先准备好木屑和接油用的桶,通知木匠将甲板疏水孔堵住,关好通海阀,以防溢油流出舷外污染水域。

装油船来后,二管轮应前去核实油种和数量,以免误装。并应共同核查流量计读数或油尺读数。用验水膏检查燃油中未含大量水分。

加装前和供油人员商定供油速度和联络信号,以船方为主,双方切实执行以免发生跑油事故。加油期间严禁气、电焊明火作业并严禁在现场吸烟以防火灾。

装油时应有专人负责值班,做到勤测算,及时调换舱位。换油柜时要先开后关阀门,防止油管破裂。要根据加油速度估算加油量,若发现油位上升过慢等异常情况,应立即通知停装,待查明原因后才能通知继续装油,严防跑油和错装。

油舱不能装得过满,以免加热温度升高后油液膨胀而发生溢油事故。

停止装油后,应关闭有关阀门。拆卸输油软管前要事先用盲板将管口封妥,倒吸管内存油或采取其他措施,防止管内存油倒流入海。要重新测算各柜实际存油量,并上供油船测量油位,核对加油数量。索取油样,油样应具有代表性,应双方在场时取,取妥后当场铅封,双方各留一瓶,以备有问题时交有关单位化验,进行交涉索赔,封妥的油样要妥善保存至该油品留船数全部用完为止。

燃油一般都储存在双层底油舱内。油品不同,要分舱储存。

重油舱中设有蒸汽加热管,可以将重油加热,以便驳运。双层底燃油舱不必全部加热保温,使用那个舱燃油预先加热至驳运黏度即可,但必须保持其中有一个舱在加热保温,以备随时调驳,严寒季节,其他不加温的双层底舱的乏汽阀必须开足,进汽阀微开以免管系中存水结冻堵塞。燃油舱的驳运温度应加热到其油品的浊点以上,但不要太高,以免加油时体积膨胀溢出及油气挥发产生其他不良后果,低质燃油不要长期储存,以免氧化变质,产生淤渣。

燃油的密度随馏出温度的增高而增大。因此,在加装燃油过程中如果忽略了密度修正的概念将使加油量不足,导致经济损失。

机舱值班人员要注意各油柜的油量。当油柜中的油量不足时应进行驳运补充。数量较大的燃油驳运应事先通知驾驶台,以免影响船的平衡。

驳油时要正确开关有关阀门,随时注意驳油情况,防止驳油过多而损坏设备或发生溢油事故。

因燃油质量问题所造成的柴油机故障日益增加,降低了船用柴油机的工作安全性,对航运企业十分不利。因此有关各方都纷纷要求对船用燃油的质量加强控制,要求燃油规格标准化,并以此作为买卖双方统一的质量指标。

(1)首先根据柴油机的机型、转速,中、高速机转速高,油品选用好些。

(2)考虑工作环境,如室内还是室外,室外油品选用好些。

(3)系统有否加温设备,有加温设备,可以选用差些。

为主机选用燃油一般可遵循以下次序:黏度→硫分→密度→钒和钠的含量。

MARPOL 73/78 附则 VI 对船用燃油的含硫量也作出了限制:

(1)自 2005 年 1 月 19 日起,船上使用的所有燃油硫含量不应超过 4.5%(m/m)。

(2)在 $SO_x$ 排放控制区内,船舶使用的燃油硫含量不应超过 1.5%(m/m),或者安装经认可的废气滤清系统,将船舶主副推进机械产生的硫氧化物排放量减至 6.0 g/kW · h 及以下。

现在尽管已经有了统一的国际船用燃油标准,但即使是同一个石油公司生产的同一种型号的燃油,由于原油产地不同,各种烃类的种类、比例的不同,以及轻、重成分调和比例的不同,在性质上往往会有相当大的差别。

重质燃油在使用前必须经过预热和净化处理,以降低其黏度和除去其中的水分和杂质。油料的预处理包括加热、沉淀、过滤和离心分离。海船上大多用蒸汽加热燃油,为确保安全应按规定使用饱和蒸汽,并正确选择加热温度。加热温度随燃油的黏度和加热场合而异,一般采用分段加热法。燃油舱中的燃油加热是为了便于驳运,因此应确保油管出口附近燃油的流动性,将油舱的油加热至 15 ~ 20 ℃,出口附近为 35 ~ 40 ℃即可。在沉淀油柜中,要加热到 50 ~ 70 ℃(应比闪点低一定的温度)以提高沉淀效果。为了提高离心分离效果,分油温度不能太低,但也不能太高,最高温度不准超过 98 ℃。在日用油柜中,燃油温度应保持在 70 ~ 80 ℃。为使喷入气缸中燃油有最合适的黏度以确保燃烧完善,对喷油泵前的燃油加热是十分重要的,对中、低速柴油机来说,一般加热到100 ~ 150 ℃。以上各处的加热温度可以通过改变蒸汽量来调节。

系统中各种泵的泵前一般都设有滤器,常见的有驳油泵滤器、分油机供油泵滤器、流量计滤器、燃油增压泵(低压燃油输送泵)前的粗滤器和泵后的细滤器,这些滤器都应经常定期清洗,特别是风浪天,应增加清洗次数。在重要滤器的进、出口两端安装有压力表,可以根据燃油流经滤器的压降来判断滤器的工作情况。若压降超过规定值,表示滤器已经变脏,应立即进行清洗;若无压降或压降过低,则表示滤器滤网破损或滤芯装配不对,应立即拆卸检查。

燃油在沉淀油柜中经加热和沉淀分离,大颗粒杂质可以除去。剩下悬浮在油中的小颗粒杂质由设在系统中的粗、细滤器除去。粗滤器能过滤颗粒直径大于 0.1 ~ 0.2 mm 的杂质,细滤器可将颗粒直径大于 0.05 mm 的杂质滤掉。日用油柜、沉淀油柜和滤器处都设有放残阀或旋塞,应定期打开检查油质情况。特别是风浪天更要增加放残次数。它的作用是放水放污渣,统称为放残。它的目的是将燃油系统中最低处的积水和污渣及时放掉,否则会直接影响燃油的供给和燃烧,严重时将会引起停车事故。

## 第四节　备件订购保管及使用

### 一、备件的数量要求

船舶储备必要数量的备件,是保证主机、副机等机电设备正常运转的重要条件,也是保证船舶的航行安全的重要条件。

备件分为固定备件和零配件两种。固定备件是船级社规定的最低限度携带数量的备件。这种备件作用重要,价格昂贵,一般由造船厂或造机厂供应,如轴承、气缸套、气缸盖、活塞、连杆及其总成等。零配件是经常使用的磨损件,应该加强管理,减少消耗量,避免浪费,如活塞环、各种橡皮密封圈等。由于最佳备件数量涉及船舶的技术状况,航行的区域、航线、货种和船员的技术水平和公司的经营方针等多种可变因素,因此难以有统一的规定,通常是在以往经验的基础上确定。

船级社制定的《钢质海船入级规范》中,对船舶主要机械设备如主柴油机、副柴油机、锅炉、舵机和制冷机等的备件最少限额做了明确规定,作为船舶是否适航的条件之一。

### 二、备件的订购

1. 备件的申请

备件管理是一项重要而复杂的技术工作,它不仅关系到备件费用的多少,而且也涉及航行安全和船期。备件数量过多会积压资金,而缺少备件甚至是很小的零配件,有时也会影响安全。

公司每年都给船舶一定的备件费,各船必须结合本年度修船的需要和备件的库存情况,及时提出备件申请。公司船技处审核后向供应商进行报价。

临时检修所必需的备件,应向公司另行申请,报批后可由轮机长在国外自己购买。500 元以内的备件,轮机长有权决定购买,不需审批。

但不经审批,盲目地购置备件是不允许的。

2. 备件的订购

备件订购的方式有两种,即船舶订购和公司订购,我国大多采用公司订购的方法。

订购备件是项十分细致的工作,必须向供应商或备件制造厂提供船舶和机型的详细资料,以便船舶供应商查找到你所需要的备件。如果缺乏这些详细资料,可能购不到需要的备件。

如订柴油机备件,订购单应提供下列资料:

(1)船名(包括原船名);

(2)柴油机型号及规格;

(3)柴油机制造厂;

(4)柴油机出厂系列号;

(5)柴油机制造年月;

(6)所需要零件名称;

(7)所需要零件编号;

(8)所需要零件数量。

备件编号册对迅速正确地购到备件是十分重要的,因此要熟练地使用编号册。

订购备件时还应注意下列事项:

(1)备件改型后是否可以通用。有的柴油机型号和备件编号不变,但某些备件如喷油器等的结构作了新的改进,所以应注意到它的适用性。适用性与柴油机出厂年月和编号密切有关。

(2)备件质量有时差别很大,因为备件来源不同,有原制造厂生产的,有备件厂加工生产的,还有翻修的备件,所以要严格把好质量关。

(3)为了节约开支,必须向船舶供应商做好报价工作,以便选购到价格低廉质量可靠的备件。

(4)对急需的备件,要求交货迅速,按期送上船。

(5)做好备件验收工作,对型号不对、质量不合格、不能使用的备件应及时退货。

## 三、备件的管理

轮机备件管理是公司船技处和船舶轮机部的重要工作,过去备件管理都是依靠人工备件管理,目前一些航运公司正有效地结合 CWBT(船舶维修保养体系)及 PMS(船舶机械计划保养系统),应用电子计算机进行管理,提高了备件管理水平。

1.备件管理系统

(1)人工备件管理系统

人工备件管理系统适用于分散管理的船舶,也适用于集中管理的船舶。在分散管理的船上,往往由轮机长负责备件管理的各项事务,如购置和收货,各类备件订货和备件控制,档案文件。这种系统适用于长时间与岸上人员机构缺乏联系的船舶。

所有备件的资料都可在备件表查到,如备件存放位置,订货资料(正常库存、订货时间、订货数量等),技术规格和备件名称。

每个设备应按分类编码给出编号。在各备件表格中应填写最小备件库存量,记录备件的消耗和订购。每个月轮机长应在相应表格中记录备件的收货和消耗情况。

(2)计算机备件管理系统

对于集中经营几个船队的庞大船舶公司,采用计算机备件管理系统是更有效的,不仅易于管理,备件资料也能互相补充。计算机既可用于船上,也可用于公司,或者两个地方都有,这取决于通信设备的能力。

计算机备件管理系统既能用于备件管理,又能用于维修保养系统,以便利用共同的技术资料。这种系统应具有备件供应的各种功用,如掌握整个船队的备件数据;控制备件的订货、接收和发送,当备件到了最小存量时,计算机具有自动订购的能力;计算机打印出船上和仓库里现有备件和应订购的数量,以及消耗情况和费用情况。

计算机定期打印单船备件表格并送上船,还打印备件标签。每当从公司的中央备件库提取备件送上船时,就要打印备件标签,一个备件对应一个标签,然后将标签、备件清单和相应的备件一并送上船。

计算机备件管理系统的主要优点为:

①易于得到所有有关的备件技术资料;

②便于备件的成本控制(对资金影响较大的特殊备件的消耗数据);

③有利于备件标签的打印;

④具有备件自动订购系统;

⑤可进行备件消耗的预测。

2. 备件保管

(1)备件到船时,各主管船员应认真检查核对,若发现型号、规格不符或质量不佳,应立即退还供应单位。

(2)各种备件应有专人保管并按所属设备分类整齐地存放在固定处所,不同设备的备件不要混放一起。

(3)各种备件,尤其是大的、重的和精密的重要备件应妥善放置,做好衬垫、绑扎工作,防止翻倒、震动和碰撞。

(4)各种备件应挂识别牌号(包括机器名称、型号和备件编号),以便准确地判明其名称、规格和所属设备。

(5)凡使用过的仍可继续使用的零部件,除识别牌号外,还应记载如下内容:

①更换下来的原因;

②更换以前已累计使用的时间;

③如已经过加工,加工时间和项目;

④目前质量或规格(尺寸等情况);

⑤今后再使用时应注意的问题。

(6)各种更换下来的零部件,除重大者需请示公司或明显无使用价值作废处理外,一般均应妥为保管并积极开展修旧利废,如经济上合理应送厂修理(或与修理厂调换已经修好的旧件)。

(7)非正常损坏的零部件,应尽可能原样保存好,以便日后分析研究其损坏原因,避免重复损坏或提请索赔。

(8)根据备件保存的要求,定期进行清洁保养,防止锈蚀、变质和变形。使各种备件随时处于可用状态。

3. 备件登记和清点

(1)船舶应建立备件清册,一式两份,一份由轮机长填写并保管,另一份由主管人员填写保存,记载各自主管设备的备件账目。两本清册的账目应该一致。船存备件数量每半年应送公司机务主管。

(2)填写备件清册要认真,字迹清楚、数量准确。备件存放的箱柜要有牌号、型号和

数量等，要账物相符。

(3)尚可使用的旧备件也应登记入册，并注明质量规格和新旧程度(百分比成色)，若经过加工，则应填注加工后的尺寸。

(4)凡领到或使用备件，均应在备件清册中增或消，每半年应清点统计，以书面形式报轮机长。轮机长应登记入册，并上报公司主管部门。

(5)清点备件要认真细致，既要清点数量，也要注意备件的质量。

(6)新造船和新购船在接收之后，轮机长应督促各主管船员在最短时间内清点船存备件，建立清册，根据备件定额(中远制定的备件储存定额与 CCS 备件的数量要求基本相符)和船舶实际状况提出申购计划报公司审批。

## 第五节　物料与工具管理

### 一、轮机部物料管理

1. 物料的种类

船舶物料种类繁多，一般可分为：

(1)燃润料及水，包括各种燃油、润滑油、润滑脂和蒸馏水；

(2)黑色金属，包括各种型钢、钢板、上缝钢管、接缝钢管、镀锌钢管、优质碳素钢材和合金钢材；

(3)有色金属，包括有色金属原材及合金、紫铜材、黄铜材、青铜材和铅、铝、锌材等；

(4)金属制品，包括各种阀门、管接头、螺栓、螺母、垫圈、开口销、焊接材料和其他金属制品等；

(5)化学品，包括各种化学原料、试剂、油漆和清洁剂等；

(6)电工材料；

(7)各种工具；

(8)仪器仪表；

(9)安全设备、劳保用品；

(10)垫料、橡胶及纤维品；

(11)各种杂品。

2. 物料的申请与供应

许多国家的船舶供应商和船公司都编制有船舶物料手册，手册中有各种物料的编号、规格、性能和材料等，以便指导对物料的选用和订购。

根据工作需要，每月或每航次由大管轮填写物料申请单，经轮机长审查后交公司供应处审核和供应。

在国外购买物料需事先经供应处批准。

为了节省物料开支，目前有些公司还试行物料费分船包干的办法或节约有奖。

船舶物料应由专人负责保管，杜绝浪费现象。远洋船舶一般由一名轮助负责；沿海船舶由机匠长负责。

3. 物料的管理制度

中远、中海等公司都有自己的物料供应体系和管理制度,充分发挥本系统物料供应公司和驻外机构的作用。

(1)船舶物料管理,实行计划费用指标与物料消耗定额、储备定额相结合的管理办法。

(2)船舶物料管理,实行年度单船计划费用指标包干的管理办法。

(3)要建立物料账册,重点物品、技术性物料还要建立档案。

(4)物料管理工作要科学化、规范化、现代化和制度化,要应用计算机进行管理,提高管理水平。

(5)船舶购买物料,应按年度计划指标、消耗定额、储备定额计划申购,经公司主管部门审批后,公司安排供料,船舶无权自行购买物料。

(6)船舶物料申请单,应填清物料的名称、规格、型号和数量,经船舶部门长和船长同意签章后报公司船技物管部门,未经船舶领导同意,公司不予安排供料。

(7)影响船舶生产且急需的物料,在无法请示公司的情况下,船长可视情况决定购买。但事后应书面向公司申明理由,由公司主管部门检查核实。

(8)对油漆,垫舱物料,集装箱紧固、绑扎工具,国内气瓶和气体,废旧物资回收等分别有具体的管理办法。

## 二、轮机部工具管理

1. 工具的分类

机舱使用的工具种类繁多,一般可分为三类:标准工具、推荐的专用工具和可租用的大型专用工具。

标准工具是机舱日常保养维修工作所需的通用工具及装置,如活络扳手、梅花扳子、开口扳手、六角扳手、套筒扳手、吊环螺钉、钳子、手锤、提升工具、应急处理工具、各种量具、油枪、电焊、气焊、虎钳、车床、钻床和刨床等。

使用推荐的随机器配备的专用工具进行有关保养工作要比使用标准工具简便而省时间。缺乏专用工具不仅难以完成某些保养维修工作,而且还可能损坏设备。为了提高设备的可维修性和寿命,各种设备都随机推荐专用工具,因此专用工具的种类和数量越来越多,一般都随设备一起供应或订购,如各种专用扳手、专用拉具、专用吊环螺钉、专用顶丝、专用液压工具、专用气动工具、专用测量工具、清洗工具和研磨工具等。

可租用的专用工具是指可向制造厂租借的、用于柴油机和重要部件的运输和安装的大型专用工具,如吊运横梁、托架、导轨和加固支架等,安装结束后应归还给制造厂。

2. 工具的管理与使用

(1)工具清单

大管轮应编制好上述各类工具的清单,并根据工具清单每年清点一次,向公司物资供应部门报告。

如果需要订购附加的专用工具或者需要更换工具时,应查明工具的名称、代号以及设备的型号。这些资料一般都附在设备说明书的工具表中。

(2)标准工具的使用和管理

每天的保养工作都离不开各种工具,大管轮应根据船舶实际情况制订工具使用和管理制度,通常有下列措施:设专人保管工具,负责工具的保管和借还;常用工具发放给个人保管使用;在不同地点架设工具板,将常用工具悬挂在板上固定位置,用后放回原处。

(3)专用测量工具的管理

专用测量工具应保持良好的精度,否则会对机器的技术状况和维修计划造成影响。一般由轮机长或大管轮使用和保管。

(4)液压工具的使用和管理

为了减轻体力劳动和提高安装质量,液压工具得到越来越广泛的应用。液压拉伸器由一个千斤顶和一个间隔环组成。使用时应按照说明书规定的压力数值泵油,无论何时均不得超过规定压力的10%,切不可超负荷或敲打碰撞,也不可超过最大拉伸量。使用后释放油压并使拉伸器活塞复位,以备再用。万一超过了"最大拉伸量",滑油由特殊设计的泄油孔泄放,在多数情况下,下密封圈容易损坏,因此要检查这道密封圈,必要时换新。

液压工具不使用时,应仔细地涂上油脂,放在干燥清洁的地方,防止损坏。长期存放或频繁使用后,密封圈会老化变硬,从而失去良好的密封作用。因此应储存一定数量的符合规定尺寸和质量要求的密封圈备件。安装新的密封圈时,应十分小心,不能损伤,不能过分拉紧而造成变形。

所用的滑油,必须是洁净的液压油或透平油(如SAE 20等),绝不可使用系统滑油或气缸油,因为这些滑油除黏度较大外,通常都是碱性的,会损坏密封圈。

(5)专用工具的使用与管理

各轮机员所分管设备的专用工具由负责轮机员分管和使用;专用工具应在使用后清洁干净,涂上油脂防止生锈,损坏后应及时补充,应放在固定的地方或专用工具箱内。

# 第九章 机舱资源管理

## 第一节 概 述

海上事故所涉及的因素有很多,包括自然因素、航道因素、船舶因素、交通因素、船员因素、管理因素、信息因素、货物因素、文化因素等。在这些因素中,其中船员因素、管理因素、文化因素等都是和"人"有关联的。大量海难事故的统计分析表明,海上事故中有80%以上与人为因素有关。这说明了人为因素是导致海上事故的主要原因。

随着现代科学技术的发展,船舶的结构安全性与综合性能有较大程度的改进,船舶设备的可靠性有较大提高。但是,人为差错在先进的设备下仍然出现,并且,这种情况没有得到很好的控制,人的失误对船舶安全构成的威胁更为严重,这就使得在提高船舶安全方面的关注更多地集中在人的身上。

### 一、人为因素与机舱资源管理

国际海事组织(IMO)在《海事调查员示范教程》第八部分"人为因素"中指出,人为因素在事故的初发阶段起着十分重要的作用。因此,为了消除和减少人为因素对海上安全的负面影响,科学地考虑人为因素已是现代机舱管理的一个重要组成部分。

所谓人为因素主要是指船员的错误操作、责任心不强或人员素质不高等造成安全事故。国际海事组织所发布的关于"人为因素统一术语",将海上事故中人为因素的主要表现归纳为五点。

(1)人的行为能力的降低:主要体现在易激动(冲动)、恐慌、焦虑、个人问题、精神创伤、酗酒、服用药物或吸毒、注意力不集中、伤害、思维疾病、身体疾病、消极、故意误操作、疲劳、士气低落、缺乏自律、视力障碍、工作负荷过大。

船舶航行中影响操作人员的行为有以下几个重要方面:第一,船员心理状态。当船员在船舶航行中处于不良的心理状态,比如紧张、激动、孤独等情绪时,就很容易造成感知错误,继而产生错误判断,再者就会直接导致操作失误。第二,船员生理状态。这方面主要包括船员身体健康程度和疲劳程度两个方面。由于船舶长期在海上航行,船员不仅要长

时间工作,还要承受不同航区气候的变化,故船员的身体健康与否会对船舶航行安全构成直接影响。船员的大脑疲劳在生理上表现为感觉迟钝、动作不准确且灵敏性降低;在心理上表现为注意力不集中、思维迟缓、反应慢、心情烦躁等。因此,疲劳会使不安全行为增加,船舶操纵质量下降,导致船舶安全事故或潜在安全事故增加。

(2)海上环境:环境因素是指航区天气、海况以及船舶自身等因素,主要体现在自然环境险恶、机舱设计方面的不良情况对人为因素的影响。

影响海运安全的气象海况条件包括能见度、风(浪)、洋流和潮汐等。例如:在大风浪中航行,船员必须争取并充分利用一切的有利因素,努力避免船舶陷入被动而形成险局。一旦出现险情,不要惊慌失措,要齐心协力战胜困难,树立战胜大风浪的信心。轮机部门要尽全部力量保障主机、副机和舵机处于良好可使用状态,保证船舶动力正常,只有这样才能掌握主动权,使船舶在大风浪中不致失控。另外,海域交通环境因素也非常重要。在近海岸最容易发生海上事故,原因不仅仅是由于航道狭窄,还包括这一地区有大量的浅滩、暗礁和沉船等阻碍正常航行的障碍物,还有就是在这一海域的船舶通航密度增大,进而造成船舶发生碰撞事故的概率增大。

(3)安全管理:主要体现在操作知识不足、对相应局面的认识不足、缺乏联系和协调、对规则和标准的认识不足、对船舶操作程序不了解、对岗位职责不了解、缺乏语言技能。

统计分析表明,人为因素中约有 80% 可以通过有效的管理加以控制,即通过强化公司的内部管理和船舶的安全管理加以控制,海事检查发现,地方和民营船舶公司所属船舶的安全缺陷明显多于国家骨干航运企业所属船舶。只有积极而且有效地管理,才能使航运公司的各个部门、船上各个环节和不同的个体有机地联系在一起,进而减少事故的发生。

(4)营运:主要体现在不遵守纪律、指挥失败、监督不足、协调或联系不足、硬件资源管理不善、配员不合适、没有足够的人力资源、工作计划不良、规章或程序实践不良以及错误应用。

(5)脑力劳动:主要体现在缺乏对局面的认识、缺乏洞察力、辨认错误、识别错误。

综合分析造成船舶严重事故的深层次原因,可以看出影响船舶航行安全的因素主要有人的行为能力、环境因素、安全管理、营运和脑力劳动等方面。

实际上,除了上述这些重要的因素外,船员的工作态度和日常的团队工作技能在船舶安全和营运效率上也有不可替代的作用。

综上所述,国际海事界和航运界意识到,对于船舶安全和防污染的管理,必须正视人为因素和管理机构的职能。为此,IMO 和相关组织进行了大量研究,并制定了一系列的规则和标准,其中包括 IMO 对相应公约的修改。国际船级社协会(IACS)针对船舶安全问题采取了一系列行动,发布了重要的统一要求以及货物装卸、检验和维修方面的指南文件,并与航运业的发展相互依存。尽管这些公约修正案对改善船舶安全发挥了重要作用,然而从总体上讲,在船舶机舱安全系统中,人为因素问题并没有得到很好的解决,为此,国际海事组织将与人为因素相关的工作列为 21 世纪的工作重点之一。

为了确保船舶在海上的安全,瑞典、挪威、芬兰等欧洲国家的交通与海事安全主管部门、船东协会、航运公司等开设了船舶驾驶人员安全教育与技能课程,如“驾驶台班组工作/驾驶台班组管理(Bridge Team Work/Bridge Team Management)”,同时借鉴北欧航空公司(SAS)成功地为航空飞行人员举办飞行班组管理和控制课程的经验并结合各自实际情况,共同开发了“驾驶台资源管理(Bridge Resource Management,简称 BRM)”培训课程。而船舶机舱的资源远比驾驶台丰富,且工作环境也恶劣许多,机舱资源管理的好坏,直接影响着船舶营运的安全和经济效益,直接影响着一个航运企业的对外信誉。所以搞好机舱资源管理,也是搞好整个航运企业的一个重要环节。

机舱资源管理(Engine Room Resource Management,简称 ERM)也因此应运而生,期望成为解决机舱人为失误的重要途径。STCW 公约马尼拉修正案把机舱资源管理列入 STCW 规则 A 部分,作为操作级和管理级轮机人员的适任强制要求。在表 A-Ⅲ/1 操作级的“保持安全的轮机值班”适任能力项下新增了“机舱资源管理”培训要求。

机舱资源管理以“改变不安全的理念(Concept)—改变不安全的态度(Attitude)—改变不安全的行为(Behavior)(C-A-B)”为宗旨,从管理理念上对轮机员和公司机务管理人员进行安全教育。

## 二、“资源”的定义与内涵

广义的资源指人类生存发展和享受所需要的一切物质和非物质的要素,所以资源包括物质和非物质的要素。

狭义的资源仅指自然资源,是指在一定的时间、地点的条件下能够产生经济价值的,以提高人类当前和将来福利的自然环境因素的总和。

现在,在资源概念的解释和使用上有多种情况。总的来讲,资源是指在一定历史条件下按人类开发利用以提高自身福利水平或生存能力的,具有某种稀缺性,受社会环境约束的各种环境要素或事物的总称。

通常我们将资源按以下几种情况分类:

(1)按资源的基本属性分自然资源,社会资源;

(2)按利用限度分可再生资源,不可再生资源;

(3)按其性能和作用的特点分硬资源,软资源;

(4)按资源的更替特点分可更新资源,不可更新资源;

(5)按自然资源的固有属性分可耗竭性资源,可更新性资源,可重复使用性资源等。

## 三、“管理”的定义、特点与内涵

长期以来,许多中外学者从不同的研究角度出发,对管理作出了不同的解释。到目前为止,管理还没有一个统一的定义。西方各个管理学派,按照其各自的管理理论,对管理的概念有不同的解释。其中主要有以下几种解释:

(1)管理是一种程序,通过计划、组织、控制、指挥等职能完成既定目标。

(2)管理就是决策,决策程序就是全部的管理过程,组织则是由作为决策者的个人所组成的系统。

(3)管理就是领导,强调管理者个人的影响力和感召力对管理工作的重要意义。

(4)管理就是做人的工作,它的主要内容是以研究人的心理、生理、社会环境影响为

中心,激励职工的行为动机,调动人的积极性。

综合各种观点,对管理的比较系统的理解应该是:管理是管理者或管理机构,在一定范围内,通过计划、组织、控制、领导等工作,对组织所拥有的资源(包括人、财、物、时间、信息)进行合理配置和有效使用,以实现组织预定目标的过程。

这一定义有四层含义:

第一,管理是一个过程;

第二,管理的核心是达到目标;

第三,管理达到目标的手段是运用组织拥有的各种资源;

第四,管理的本质是协调。

## 四、管理的基本职能

管理任务的实现,需要发挥各项管理职能的作用。管理职能是对管理职责与功能的简要概括。管理有多少职能,不同的管理学派认识不一,一般认为把计划、组织、领导和控制是管理的四大基本职能。

### (一)计划和程序

首先,确定组织某项工作的方向和目标;然后,充分分析组织内部资源和外部环境,揭示环境变化中可能提供的机会或造成的威胁以及组织在资源拥有和利用上的优势和劣势;最后,编制行动计划,即详细分析为了实现这个目标,需要采取哪些具体的行动,这些行动对组织的各个人员和环节在未来各个时期或某个时刻的工作提出了哪些具体的要求。

工作计划和程序的实质是将工作在时间和空间上进行分解,对各个成员、各个时段的工作提出具体的要求。这既可以反映在机舱设备维修保养计划的制订和执行,也可以反映在应变部署及平常的演习之中,机舱部门及轮机员个人的日常工作和作业活动充分贯彻"计划和程序"的习惯也能有效提高工作效率。

1. 计划的含义

从狭义来讲,计划是一种管理文件,是指组织在未来一定时期中,用文字和指标等具体形式表达的,关于组织成员的行动方针、行动目标、行动内容及行动安排的管理文件。

从广义来讲,计划可以泛指计划工作或计划职能。计划的主要内容包括5W2H,计划必须清楚地确定和描述这些内容:What——做什么(目标与内容),Why——为什么做(原因),Who——谁去做(人员),Where——何地做(地点),When——何时做(时间),How——怎样做(方式、手段),How much——需多大代价。

2. 计划的作用

计划职能在管理中的作用主要为:计划是为实施决策和实现目标服务的;计划是管理活动的龙头,是组织、指挥、协调、控制等各项管理活动的基础;计划贯穿于组织系统的各个方面,贯穿于组织活动的全部过程。

3. 计划的类型

根据实际工作需要,采用不同的分类方法,计划可以划分为很多种类。一般常用的有以下几种分类方法:按计划的时间可分为长期计划、中期计划、短期计划;按计划的重要程度可分为战略性计划和战术性计划；按计划的强制程度可分为指令性计划与指导性计划；按计划的专业内容可分为生产计划、财务计划、供应计划、销售计划、劳动人事计划等各种业务计划。

4. 计划的编制

计划的编制有多种方法，较为普遍适用于各类组织的计划编制方法是滚动计划法。所谓滚动计划法就是在制订计划或调整计划时，根据本期计划的执行情况和客观环境的变化情况，逐期往后推移，连续滚动编制计划的方法。它是运用规划论的原理编制弹性计划，使组织在适应环境变化的同时，保持组织运作的稳定性和灵活性，是二十多年发展起来的一种现代科学管理方法。

由于计划工作是对组织未来的行动进行谋划和安排，而对未来的环境因素的变化可能给组织带来的影响是很难预测和把握的，随着计划期的延长，这种不确定性带来的风险将会越来越大。为了避免未来环境变化的不确定性可能造成不良的后果，就必须把静态计划变为动态计划，实行计划分段，往后推移，连续滚动。

滚动计划法的主要特征就是以滚动形式来编制出具有弹性的计划，集中反映在一个"动"字上，编制滚动计划的基本原则是"近细远粗"，即把计划分为若干段。前段是比较详细的实施计划（也叫执行计划），后段是比较粗略的预定计划（或称展望计划）。在执行一个计划期的计划以后，根据实施计划的完成情况及滚动期内各种内外环境因素的变化情况，对预定计划进行调整，并续编一段计划。这样，整个计划的长度仍未改变，而每一间隔期滚动一次，就能保持计划前后衔接和相互协调。

滚动计划模式既可是长期计划，也可短期计划。如 5 年计划，可以按年滚动每年编制一次，每次向前滚动一年。年度计划则可考虑按季滚动，即每季编制一次，每次向前滚动一季。

5. 计划的组织实施

计划编制完成后，就要把计划所确定的目标任务从时间和空间两个角度展开，落实到组织各个单位和个人，规定他们在计划期内应该从事什么活动，达到什么要求，这个过程就是计划的组织实施过程。其行之有效的方法主要有目标管理和 PDCA 循环等。

（1）目标管理

目标管理是指在计划内，组织以目标作为一切管理活动的出发点、归宿点和手段。它要求把组织的总目标分解为下属单位与成员的分目标。一切活动的进行以目标为导向，活动的结果用目标来评价，管理者通过目标－责任链对下级进行领导，并以此来保证组织总目标的实现。

目标管理的程序一般包括三个阶段：实施、成果的检查与考核，即目标的制订与展开；目标的组织与实施；成果的实施与考核。

第一阶段，目标的制订与展开。组织目标的制订是目标管理的中心内容。一般应由组织的领导决策层首先制订出组织的总体目标，然后由组织下属各单位依据组织总目标制订出分目标，再由组织各成员依据单位分目标制订出个人目标。在目标制订过程中，首先，要求分目标必须保证总目标的实现，个人目标必须保证组织目标的实现。其次，要求在上、下级之间进行目标协商，各部门之间的目标要相互协调配合。组织对整个目标体系

要进行综合平衡。组织的总体目标这种从上到下、层层分解、逐级落实的过程，就叫做目标展开。在目标展开的过程中，除了必须做好目标分解工作，还要抓好目标责任的落实。以工厂企业为例，在企业目标确定之后，首先要把企业总目标逐级分解为各部门、车间、班组和个人岗位等各个层次的分目标，构成企业目标体系。同时，也将目标责任逐级分解落实到各部门、车间、班组和个人岗位，形成企业目标责任体系，整个企业的目标责任体系，则通过“目标－责任链”这条纽带连接起来。

第二阶段，目标的组织与实施。“自我控制”是目标管理的组织实施过程中一个十分重要的指导思想。所谓自我控制，就是组织的下属机构和全体员工都按照自己单位和个人所承担的目标责任，在实现目标的过程中，充分发挥主动性和积极性，进行自主管理，即不断进行自我分析、自我检查、自找差距、自我激励、自我完善。上级的管理则要表现在指导、协助、授权、提供情报、提出问题、创造条件、纵横协调、改善环境等工作上。此外，就是做好检查和考核工作，实施奖惩。

第三阶段，成果的检查与考核。为了保证目标的实现，对目标实施的全过程必须进行控制和检查，其基本做法是通过信息反馈系统，将组织所属各级单位和全体员工的目标实施情况定期逐级反馈到上级单位，从中发现差异，查清原因，以便及时采取措施，纠正偏差。若在检查中发现预定目标与实际情况不符，或因不可抗拒的原因造成无法实现预定目标，则应对原定目标进行调整修改。在检查工作中，可以把自我检查与上级检查相结合，把专业检查与全面检查相结合，把定期检查与经常检查相结合。

在对目标实施过程进行检查、控制的同时，还应对检查结果作出评价和考核，并与经济责任制联系在一起，实施奖励和惩罚。具体做法就是按月份或季度和年度定期组织管理人员对组织下属各级单位和全体员工的目标责任完成情况进行检查考评，并据考评结果决定工资、奖金的发放水平，组织行政的嘉奖、惩罚和岗位职务的升降调动。

一个计划期的目标管理过程结束之后，可根据检查考评资料发动广大群众进行总结，以推广成功的经验，吸取失败的教训，并用以指导和改善下一个计划期的目标管理工作，进行新的、更高水平的目标管理循环。

(2)“PDCA”循环

“PDCA”是 Plan Do Check Action 四个英语单词的缩写，P 是计划，D 是实施，C 是检查，A 是处理。“PDCA”循环就是按照计划、实施、检查、处理的顺序进行计划管理，并周而复始地循环下去的一种科学管理方法。“PDCA”循环的创始人是美国的企业管理学家戴明博士，因而也叫戴明循环(Deming Cycle)，如图 9-1 所示。

“PDCA”循环有以下的特征：

①“PDCA”循环是大循环套小循环的循环。

“PDCA”循环是大循环套小循环，小循环套大循环，一环扣一环的综合体系。大循环是指整个组织的计划管理活动的“PDCA”循环，小循环是指组织下属各级单位和部门的计划管理活动的“PDCA”循环。上一级循环是下一级循环的根据，下一级循环又是上一级循环的保证。通过“PDCA”循环，使组织各个方面、各个环节的计划组织实施工作有机结合起来，形成一个相互制约、相互促进的整体，更有利于实现组织的计划目标。

②“PDCA”循环每循环一次，就提高一步。

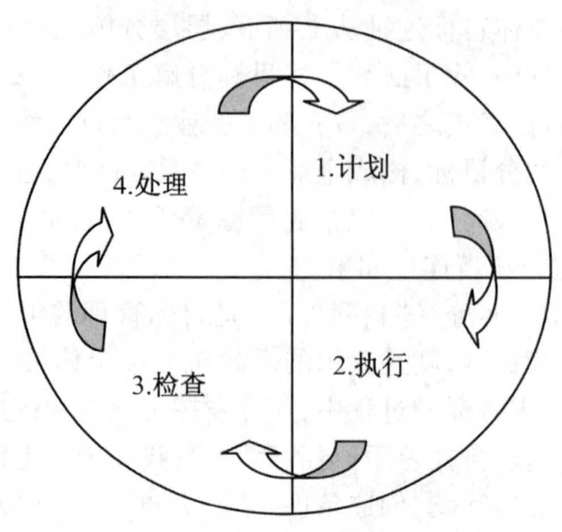


图 9-1　戴明循环

“PDCA”循环不是对原有水平的重复,而是螺旋式的上升,每循环一次,就前进一步,使计划管理水平和组织目标水平上升到一个新的高度,并在新的高度基础上,制订更高的组织目标,不断提高管理水平,开始进行新的更高一级的循环。

③“PDCA”循环是综合性的开放式的循环。

“PDCA”循环是包含组织内部各种资源要素(人力、财力、物力、信息等)和各个职能部门管理活动以及各级下属单位的全方位的、综合性的循环。在循环过程中,要不断根据客观环境的变化,不断适应新情况,解决新问题。在动态管理过程中,进行新的综合平衡。因而循环的四个阶段不是绝对的,各阶段之间不能截然分开,而是紧密相连的,有时还需要一边计划,一边实施,一边检查,一边处理,各个环节交叉进行。

“PDCA”循环体现了计划管理过程是一个从实践到认识,再从认识回到实践,并且不断地通过再认识、再实践,从而使主观认识和客观实际逐步趋于统一的事物发展过程,这正是辩证唯物主义的认识论和方法论在计划管理工作中的具体应用。

“PDCA”循环的运转程序一般要经历四个阶段、八个步骤。

第一阶段:计划制订阶段(P)。编制组织计划可分为四个步骤:

第一步,对组织现状进行分析,找出组织运营中存在的主要问题;

第二步,对组织存在问题的产生原因和影响因素进行分析;

第三步,从影响组织活动的各种可控因素中找出主要因素,以便抓住主要矛盾,解决主要问题;

第四步,针对组织存在的主要矛盾和问题及其产生的主要原因制订出组织计划和对策措施。

第二阶段:计划实施阶段(D)。这一阶段就是按照计划的要求,切实执行计划,努力实现目标,这是第五步。

第三阶段:计划检查阶段(C)。检查,就是把执行计划的结果与计划预期的目标进行对比,对实施计划的效果进行考核与评价,这是第六步。

第四阶段:计划处理阶段(A)。处理阶段,是在计划执行完毕之后的善后阶段,这一阶段包含两个步骤:

第七步,总结经验,吸取教训,巩固成绩,处理问题,这项工作主要通过发动全体员工,上下一起来进行。

第八步,修订计划,克服偏差,协调平衡,以利再战。修订计划可采用滚动计划的方法,使组织计划更适合新的环境变化的要求,更切实可行。

在"PDCA"循环的运转过程中,旧的问题解决了又会产生新的矛盾,随着"PDCA"循环的不停运转,矛盾和问题不断地出现又不断地解决,计划管理水平也就不断地得以提高,组织也因而不断地发展和壮大。

**(二)组织和协调**

要把计划付诸行动,就必须有组织和协调活动。

组织活动决定组织要完成的任务是什么、这些任务怎么分类组合、谁去完成这些任务、资源如何调用、部门内及部门内外如何协调、和谁联系、向谁报告等。

1. 组织的含义与类型

在管理学中,组织的含义可以从静态与动态两个方面来理解。从静态方面看,指组织结构,即反映人、职位、任务以及它们之间的特定关系的网络。这一网络可以把分工的范围、程度、相互之间的协调配合关系、各自的任务和职责等用部门和层次的方式确定下来,成为组织的框架体系。

从动态方面看,指维持与变革组织结构,以完成组织目标的过程。通过组织机构的建立与变革,将生产经营活动的各个要素、各个环节,从时间上、空间上科学地组织起来,使每个成员都能接受领导、协调行动,从而产生新的、大于个人和小集体功能简单加总的整体职能。

组织的类型,一般有正式组织和非正式组织。其中,正式组织一般是指组织中体现组织目标所规定的成员之间职责的组织体系。我们一般谈到组织都是指正式组织。在正式组织中,其成员保持着形式上的协作关系,以完成企业目标为行动的出发点和归宿点。非正式组织是在共同的工作中自发产生的,具有共同情感的团体。非正式组织形成的原因很多,如工作关系、兴趣爱好关系、血缘关系等。非正式组织常出于某些情感的要求而采取共同的行动。

2. 划分组织部门的原则

目标任务原则:企业组织设计的根本目的,就是为了实现企业的战略任务和经营目标。组织结构的全部设计工作必须以此作为出发点和归宿点。

责权利相结合的原则:责任、权力、利益三者之间是不可分割的,必须是协调的、平衡的和统一的。权力是责任的基础,有了权力才可能负起责任;责任是权力的约束,有了责任,权力拥有者在运用权力时就必须考虑可能产生的后果,不致滥用权力;利益的大小决定了管理者是否愿意担负责任以及接受权力的程度,利益大责任小的事情谁都愿意去做,相反,利益小责任大的事情人们很难愿意去做,其积极性也会受到影响。

分工协作原则及精干高效原则:组织任务目标的完成,离不开组织内部的专业化分工和协作,因为现代企业的管理工作量大、专业性强,分别设置不同的专业部门,有利于提高管理工作的效率。在合理分工的基础上,各专业部门又必须加强协作和配合,才能保证各项专业管理工作的顺利开展,以达到组织的整体目标。

管理幅度原则:管理幅度是指一个主管能够直接有效地指挥下属成员的数目。由于受个人精力、知识、经验条件的限制,一个上级主管所管辖的人数是有限的,但究竟多少比较合适,很难有一个确切的数量标准,同时,从管理效率的角度出发,每一个企业不同管理层次的主管,其管理幅度也不同。管理幅度的大小同管理层次的多少成反比的关系,因此在确定企业的管理层次时,也必须考虑有效管理幅度的制约。

统一指挥原则和权力制衡原则:统一指挥是指无论对哪一项工作来说,一个下属人员只应接受一个领导人的命令。权力制衡是指无论哪一个领导人,其权力运用必须受到监督,一旦发现某个机构或者职务有严重损害组织的行为,可以通过合法程序,制止其权力的运用。

集权与分权相结合的原则:在进行组织设计或调整时,既要有必要的权力集中,又要有必要的权力分散,两者不可偏废。集权是大生产的客观要求,它有利于保证企业的统一领导和指挥,有利于人力、物力、财力的合理分配和使用;而分权则是调动下级积极性、主动性的必要组织条件。合理分权有利于基层根据实际情况迅速而准确地作出决策,也有利于上层领导摆脱日常事务,集中精力抓大事。

3. 人员配备

人员配备是组织根据目标和任务需要正确选择、合理使用、科学考评和培训人员,以合适的人员去完成组织结构中规定的各项任务,从而保证整个组织目标和各项任务完成的职能活动。

人员配备的任务是:物色合适的人选;把具备不同素质、能力和特长的人员分别安排在适当的岗位上;通过适当选拔、配备和使用、培训人员,充分挖掘每个成员的内在潜力,实现人员与工作任务的协调匹配,做到人尽其才,才尽其用。

人员配备的程序:制订用人计划;确定人员的来源;对应聘人员根据岗位标准要求进行考查,确定备选人员;确定人选,必要时进行上岗前培训,以确保能适用于组织需要;将所定人选配置到合适的岗位上;对员工的业绩进行考评,并据此决定员工的续聘、调动、升迁、降职或辞退。

人员配备的原则:经济效益原则;任人唯贤原则;因事择人原则;量才使用原则;程序化、规范化原则。

**(三)领导和决策**

人是组织活动中唯一具有能动性的因素,管理的领导职能是指带领和指导组织中的成员,包括对其进行教育、培训和激励,选择有效的沟通渠道,解决组织成员之间和与外组织成员之间的冲突等,从而使全体组织成员以饱满的热情和高昂的士气投入到组织活动中去。领导者的能力、领导技巧和领导艺术更多地影响着一个组织的活力和效率。

一般来说,领导者的任务有两项:一是实现组织目标,即完成上级和组织交给的任务;二是尽可能满足组织成员的需要,这种需要包括物质的和精神的两个方面。

这两项任务是相辅相成的。只有满足组织成员的需要,才能调动其积极性,保持旺盛的士气,并且维护领导的影响力,从而保证组织目标的实现。同时,组织目标中包含着组织成员的利益,只有实现组织目标,才能更好地满足成员个体的需要;组织目标实现不了,成员个体需要的满足也必然得不到保障。

具体地说，一个领导者主要应做好以下几方面工作：

(1)制订组织目标和发展战略；

(2)协调组织下级间的工作，协调组织与外部的关系；

(3)塑造组织文化；

(4)培育组织的核心竞争能力；

(5)培育并开发组织的人力资源。

决策是指在两个或多个方案中作出选择，所有的组织成员都会面临制订决策，但决策更是领导者和管理者的重要职责。

决策在管理中的地位和作用主要表现在：决策是决定组织管理工作成败的关键。决策是实施各项管理职能的保证。

决策过程包括八个基本步骤：识别决策问题、识别决策标准、分配标准权重、开发备选方案、分析备选方案、选择备选方案、执行备选方案、评估决策效果。

**(四)控制**

控制工作过程包括组织成员的绩效评价、发现偏差和采取纠正措施三个步骤。

控制不仅是对以前组织活动情况的检查和总结，而且可能要求对组织业务活动进行全部或部分的调整。控制在整个管理活动中起着承上启下的连接作用。

## 五、船舶资源的构成、特点、分配与排序

在绝大多数海损事故是因人的失误造成的观点已形成共识的今天，很多人都认为只要船舶驾驶和轮机人员具有良好的知识与技能，并制订了相关的操作程序与规定，就能保证船舶航行与操作的安全和营运效益。实际上，除了上述这些重要的因素外，船员对待自己工作的态度和船舶资源管理方面的技能在船舶安全和营运效益工作中发挥着更为重要的作用。为此，采取措施来端正船员的工作态度，提高其安全意识和船舶资源管理的水平是十分重要的。

1. 船舶资源管理的定义

船舶在海上的航行或靠、离泊位等作业的过程中，船员必须通过自身的智慧，在充分利用船舶自身的各种不同设备，综合考虑外界自然环境对船舶的作用与影响的基础上，驾驭和控制船舶按照预定的计划和其他相关的要求，安全地完成货物的运输或人员的转运工作。实际上，船舶所有的运输环节的安全管理就是一种对以上多种可用资源合理应用和配置的过程。

严格地讲，资源管理是人们对可利用的资产或维持财产的控制和组织，也可以认为对可利用的资产或维持财产的管理技艺、行为或处理。因此，船舶资源管理可以定义为：“为达到船舶安全营运的目的，运用和协调好全部船员所具有的技能与经验、船舶设备和其他外界相关的各种资源”。

2. 船舶资源管理的内容

根据船舶资源管理的定义和结合船上的实际工作情况，“船舶资源”本身可包括以下内容：

(1)人力资源

涉及船舶安全营运工作中的所有人员。其中包括船舶管理级中的船长、轮机长、大副;操作级中的其他驾驶员和轮机员;支持级中的水手、机工等普通船员,还包括在特定港内作业中来自他方的引航员、港作拖船及码头带缆等工作人员及其所具有的知识、技能以及协作能力。人力资源是船舶营运工作中最为重要的资源。

(2)物质资源

涉及确保船舶本身正常营运操作所需要的设备、仪器、物品、工具、备件等。物质资源是指船舶航行中所需要的物质性条件,物质资源是确保船舶正常营运与操作的基本资源。

(3)信息资源

涉及确保船舶本身正常营运和操作所需要的信息与资料,包括电子海图、AIS、命令簿、操作手册、使用指导书、海图、航行计划、航海出版物、港口信息等。信息资源是确保船舶正常营运与操作的必要资源。

(4)其他资源

涉及确保船舶本身正常航行和操作所需要的时间、空间、技能、经验和与有关部门(如主管当局与机关、公司、团体、人员等方面)的合作及支持的程度与广度。其他资源将有助于船舶正常营运和组织目标的实现。

从事船舶安全营运的管理工作的有关人员所涉及的船舶资源管理内容,也就是指合理应用和配置好以上不同类型的资源。这些管理人员应掌握现代管理的基本知识与技能,在实施管理工作职能(计划、组织、控制、指挥和协调)的过程中,对上述 4 种不同的船舶资源加以正确的应用和配置,真正做到事先周密地计划、实施中有效地组织和控制,通过正确的指挥和合理协调相关各方之间的关系及工作,最终达到顺利完成船舶安全营运任务的目的。

*3. 船舶资源管理中的时间管理与优先顺序*

在管理工作中,要能对时间作出客观准确的估计,强调准时;工作注重轻重缓急、优先顺序,合理安排、分配、利用自己的工作时间;工作有节奏,办事有条理,讲究效率,能充分地利用时间、精力;善于把握各种时机,遇到各种紧迫任务能当机立断,并具有严格的时限观念。

(1)时间管理的步骤

要想轻松地把时间管好,成为自己的时间管理大师,一切要从简单的计划开始。以下是时间管理的五个步骤。

第一步:列单。首先要养成良好的习惯,把要做的事情一项一项地记录下来。如果记性不太好,最好及时记下想做的事情。记事本有很多种,借助于记事本、笔记本等把你要做的事情记下来。

第二步:组织。组织是根据列好的清单分门别类,再依据重要性安排次序,想清楚每项事情应该怎样来处理。

第三步:删除。完成组织以后,看看排在最后的事情是否必要,如果没有必要,就把它删掉。

第四步:习惯。将上述的三个步骤变成日常生活的习惯。

第五步:成就感。当以上的步骤完成以后,你就会发现,自己比没有计划的日子完成的事情多了,人也感觉到有成就感了。这个成就感就是优质计划的回报。而这个回报,会让你感觉到所付出的努力并没有白费。

可见,要管理你自己,成为一个出色的时间经营者,并不是一个非常困难的工作。但是缺乏一个良好的时间管理系统就坏处多多。很多人因为不会设定计划,不会评估每天工作的重要性以及加以调配,而感到自己的工作非常沉重,压力很大。缺乏时间管理的人,容易感到灰心、愤怒和焦虑,而且没有多大的成就,甚至缺乏自尊,没有办法真正地享受生活。

时间管理跟你的情绪管理有直接的关系。很简单的一件事情,就是每天你要诚实地面对你自己。如果你这样做,情绪自然会变得更热忱。如果你是诚恳的,是积极的,你的生活会更轻松,更富有活力。能成为自己时间管理大师的人可以享受快乐的心情和丰收的成果,周围的人也会因为你做得很好而受惠。

(2)时间管理的策略

①确定明确的目标。确定明确的目标,如你的工作目标。

②分割、量化目标。把你所有的目标分割、量化。

③方向大于效率。时间管理着重的是一种自然的法则,也就是你必须要有一个人生的方向,才能够引导你做得更好,你所设定的目标都不要背离你的方向,所以在时间管理的策略里永远找你的正确方向。要知道,方向大于效率。

④目标要与价值观吻合。如果目标不能够与你的价值观吻合,你就是一个失败的时间管理者,因此你所设定的目标一定要与价值观吻合。

⑤明确详细的计划。要有明确详细的计划,必须白纸黑字地写下来。如果你没有计划,你的很多事情就不太容易完成。一个有成就的人,他永远是先做计划,有了计划再去执行,即管理循环里的PDCA。

⑥每天的目标必须完成。你每一天的目标都要想尽办法去达成。因为所有的大目标都是由小目标累积而来,一天一天地、逐步地去完成,你才能够最终完成你的目标。

⑦辅助方案。有些事情,有时候会受到客观因素的不良影响,所以制订时间管理策略时,一定要制订一个辅助方案。当你有A方案以后,还应有一个辅助方案。当A方案不能达成的时候,应立即有一个补充行动方案。

⑧固定的时间做计划。一日之计在于昨天,也就是你每一天的行动都在前一天晚上就已经计划好了。你要养成一个很好的习惯,每一天晚上睡觉之前,必须习惯性地安排你第二天的工作,甚至有哪些可能会遇到障碍的也要列到你的计划里面。如果你能够养成一个很好的习惯,相信你就能找到成就感。

⑨每一件事情都要设定期限。在设定目标的时候,有一个SMART原则,即设定的目标是具体的,可以计量的,可以达成的,还是合理的,同时又是有时间性的。每一件事情都要设定期限,如果你的目标没有期限,那就不叫做目标。

⑩马上行动。积极的人,脑袋里面永远是四个字:马上行动。所有有成就的人,他们的思路都非常清晰,永远知道一件事情,就是把时间用在最有价值的地方,或者是把时间用在高效益活动的事情上面。

⑪辨清事情的轻重缓急。辨别清楚事件的重要性和紧迫性。把事情分为 ABCD 等级，辨清什么事情重要，什么事情紧急，什么事情既重要又紧急，什么事情是重要不紧急，什么事情是不重要可紧急，又有什么事情是不重要不紧急。所以重要紧急的事情，你要在有限时间内去处理；重要不紧急的，你应该安排适当的时间去处理；紧急但不重要，你必须马上做。

⑫把重要的事情办得很紧急。当你能量最足或者说是精力旺盛的时候，永远要去办最重要的事情，或者说是最紧急的事情。一定把重要的事情办得紧急。

⑬改变自我的意向。在时间管理的策略上，永远要注意到自我的意向。你要让自己知道你永远是一个有目标导向的人，做的每一样事情都让你离你未来的目标更近一步。

⑭专心专注于每一件事情。某一段时间要专心处理某一件事情。在工作的时候，永远培养的是一种专心与专注的状态。甚至当你休息的时候，你也要专注地放松自己，要养成专心专注于每一件事情的好习惯。

⑮遵循“40/30/30 法则”。40/30/30 法则：40% 是被动的事情，30% 是主动的事情，30% 是突破的事情。你在每一天里，永远把 30% 的时间去做最有价值的事情，有 30% 是在做一些突发性的事情，有 40% 是在做一般性的工作。

⑯第一次就把事情做对。做事情时，脑袋里面要有一种非常专注的意识，第一次就要把它做好。从很简单的事情做起，若一开始就专注，之后你就可以把大事情一次做好。

⑰检讨是成功之母。可以这么说，检讨是成功之母。一日之计在于昨天，每一天你都要去检讨你今天所做的每一样事情，在工作上、家庭上、人际关系上、理财上等，有没有离你的目标很近。

⑱做最有价值的事情。根据我们生理的节奏，我们可以这样做：在我们脑子最清醒、精力最充沛的时候做最有价值的事情，一定要清楚自己注意力集中的时间有多长？在此时间内解决问题。该休息的时候一定要休息，感到疲倦之前就休息，第二天就会多增加 1 h。

⑲每天 30 min 的独处时间。在每一天都要有自己一段单独的思考时间，这个单独的思考时间可能是 20 min，也可能是 30 min，聆听一下自己的声音，我今天哪些事情离目标更近了，或者我达成了目标；今天我有哪些事情或者哪些行为做错了，我明天不再犯。

⑳注意行动的姿势。随时注意自己的行为语言。当你走路速度快，你就会显得积极；当你面带微笑，你心情就会很好；当你衣服穿得很整齐，你就会感觉到自己很自信。这也是一种时间管理。

(3)时间管理的途径

我们都能够认识到时间管理对我们自身有很大帮助。那么时间管理是通过哪些途径来实现的呢？一般可通过优先计划管理、自我组织管理和沟通管理三方面途径来实现高效的时间管理。

第一个途径是优先计划管理，就是把事情按照目标来进行优先设定，即按照事情的重要程度来确定优先顺序。优先计划管理可以使事情井井有条，不忙不乱。

如何确定优先顺序？我们根据事情的重要和紧急程度的不同，将事情划分成为四种类型：第一类是既重要又紧急的事情。第二类是重要但不紧急的事情。第三类是不重要

但是很紧急的事情。第四类是非重要又非紧急的事情。从这四种类型的事情可以看出，如果不把时间投入在重要但不紧急的事情，就一定会吃苦头，大量无意义的事情会使你的工作不能正常进行。

"二八"原则。划分事情的紧急程度时，我们应该遵循的原则是首先应该是分清轻重，再就是分清缓急。"二八"原则由一个意大利的经济学家帕雷托提出，他在1897年观察19世纪英国社会财富和人的关系时，发现国家80%的财富聚集在20%的人手里。把精力集中在能获得最大回报的事情上，而不要花费在对成功无益的事情上。所以我们不要在琐碎的小事上投入80%的精力，最后却产生20%的成效，而应该把精力专注于那20%的重要事情上，才会达到事半功倍的效果。

第二个途径是自我组织管理，主要是通过调整自身的工作方式和方法来实现工作效率。因为人是社会组成的一部分，不可避免要同其他人打交道。而工作方式、方法很重要，调整好自己的工作方式就能够解决时间管理中的一些问题。

第三个途径是沟通管理，强调的是与人沟通过程中控制时间的能力。

沟通管理是指通过注意和别人交往过程中的一些事情，从而达到提高效率的目的。

懂得说"不"。沟通管理的第一条原则就是要懂得说"不"，中国人大多是比较中庸的，非常不好意思对别人说"不"。懂得说"不"要注意以下四点：

①时间结构的暗示。话要说在前面，比如你跟别人会面之前，先告诉对方，我们这次会谈大约要用30 min的时间。这样就可做到大家都心中有数。

②肢体的暗示。比如会谈的时间就要结束了，你会下意识地看一下手表，暗示对方时间快到了。通过这些肢体的暗示，大家都能够明白你的想法，又能够做到不得罪人。

③在拒绝别人的时候，附以理由并提供其他途径。比如说你正在工作的时候，你的朋友打来电话，这时候你一定要告诉他，你正在上班，下班以后再聊。这样回答，不仅告诉了他理由，而且提供了下班以后再聊的其他方式，既得体又解决了问题。

④做到对事不对人。告诉对方，自己只是对这件事情发表观点，并不是对人，所以请不要生气。切忌通过第三者来做这个事情。

善用电话。沟通管理的第二条原则是善用电话。电话可以节约时间，也可能浪费你的时间，这完全取决于你的态度和行为。要学会管理电话，学会管理自己，善用电话进行沟通。电话沟通中需要注意以下三个方面：

①要避免开头的题外话。如：最近好吗？最近过得怎么样？假期是怎样度过的？这样的话题避免提。

②善用结束谈话的技巧。不懂得结束谈话的技巧，是造成电话冗长的原因。如与客户可以以闲聊的话题开场，谈一段时间，觉得比较融洽时，就进入正题。

③尽量集中回复电话。

会议沟通。很多人经常抱怨，开会时间太长，讨论了半天，最后也没有结果，不相关的会议太多等，说明在日常会议中存在着许多的弊病，如何避免呢？可以从下面五个方面考虑：

①制订清晰的目标，就是这次开会一定要达到什么目的，比如说一定要拿出一个成熟的市场方案等，这就是目标清晰。

②尽量减少与会人数。邀请那些可提出建设性建议的人员。对于只会泼冷水的人尽量不让参加。因为这些人不但不会提建议,还会延长会议的时间。所以一定要减少参会人数,该参加的一定要参加,不该参加的最好不要来。

③选择适当的开会时间和地点。时间不要定在下午,最好定在上午,这时大家的思维比较活跃。开会地点要通风良好。时间和地点选择好了,有利于会议的进程。

④提前准备议程,先把资料分发给与会者。这样做大家都非常清楚要做什么事情,提前了解资料会促进会议的正常进行。

⑤避免长时间的会议、会议开的时间越长效率越低,对时间一定要加以限制,会议时间不宜超过 2 h。

## 六、机舱资源管理概念

机舱资源管理,属于管理科学的范畴。它是管理科学的一个具体的分支和应用。

所谓管理,是指组织中的管理者,通过实施计划、组织、人员配备、领导、控制等职能来协调他人的活动,是他人同自己一起实现既定目标的活动过程。因此机舱资源管理就是轮机人员充分利用船舶机舱人力与物力资源,组织船舶轮机人员进一步地学习和明确各自在日常机舱组合工作中的义务与责任,端正思想和工作态度;正确使用并维护机舱的各种设备保持船舶正常安全航行,减少和杜绝潜在的人为失误;全面做好各种应急工作以在突发的紧急情况下能有序地积极采取有效的应急措施,以防止事故的发生。

### 1. 机舱资源的构成

机舱资源管理的工具是机构,没有机构也无法实现管理。机舱配备的一定编制的技术管理人员组织形式就是机构。管理的手段是“法”。所谓“法”,不仅包括有关法规、规范和公约,也包括航运企业内部和船舶的各种规章制度。机构是由人员组成的,“法”是靠人员制订和执行的。人除了制订和执行“法”以外,还要传递信息了解情况,同时又运用信息进行联系。机舱资源管理的对象,有物、财、时间和信息,同时也包括人。机舱所属的各种设备、备品、燃油、物料、材料以及工具仪器等就是物;在管理中达到某些经济指标,如节油、节水以及节省修理费用等就是财;提高船舶装卸效率,取决于船舶周转(其中也包括其他因素的影响,如自然条件、调度、货源等)就是时间;各种形式的交流经验,互通情报,就是信息,而所有这些,都离不开人,都要通过人去完成。所以人是主导因素。机舱资源涉及的范围甚广,具体内容也相当复杂,基本内容如图 9-2 所示。其中人力资源管理是整个机舱资源管理的核心。

机舱资源管理体系中人是主体,机舱的各项工作都要落实到人,所以机舱管理很大程度上是人员管理。很多事例说明,在其他条件相同的情况下,不同的人由于在管理上的差异所表现出来的生产能力是截然不同的。所以搞好人力资源管理,提高人的责任意识,提高人的技术业务能力,调节好人与人之间的关系,是搞好机舱资源管理的关键。

### 2. 机舱资源管理的目的

“机舱资源管理”的目的就是结合船舶机舱可能发生或遇到的紧急情况,要求机舱值班人员通过机舱组织和程序的执行,根据应急计划对人为因素进行管理,有效地利用船舶机舱现有的各种机械动力设备、安全设备,发挥每个人在团队工作中的作用,从而严格而

有条不紊地执行与完成相关工作的操作程序，以保证船舶的安全航行，减少和避免潜在的事故。

3."机舱资源管理"的内容

国际海事组织(IMO)在2010年6月召开的菲律宾马尼拉外交大会上通过了STCW (Intenational Convention on Standards of Training Contification and Watchkeeping for Seafarers)公约2010年修正案。该修正案将机舱资源管理的知识和技能作为轮机部高级船员的强制性适任标准。要求掌握的知识点主要包括资源的分配、分派和优先顺序;有效地交流;果断力和领导力;情景意识的获得和保持;团队工作等。根据马尼拉修正案的规定并结合机舱资源的实际情况，机舱资源管理的内容主要有七方面，如图9-2所示。

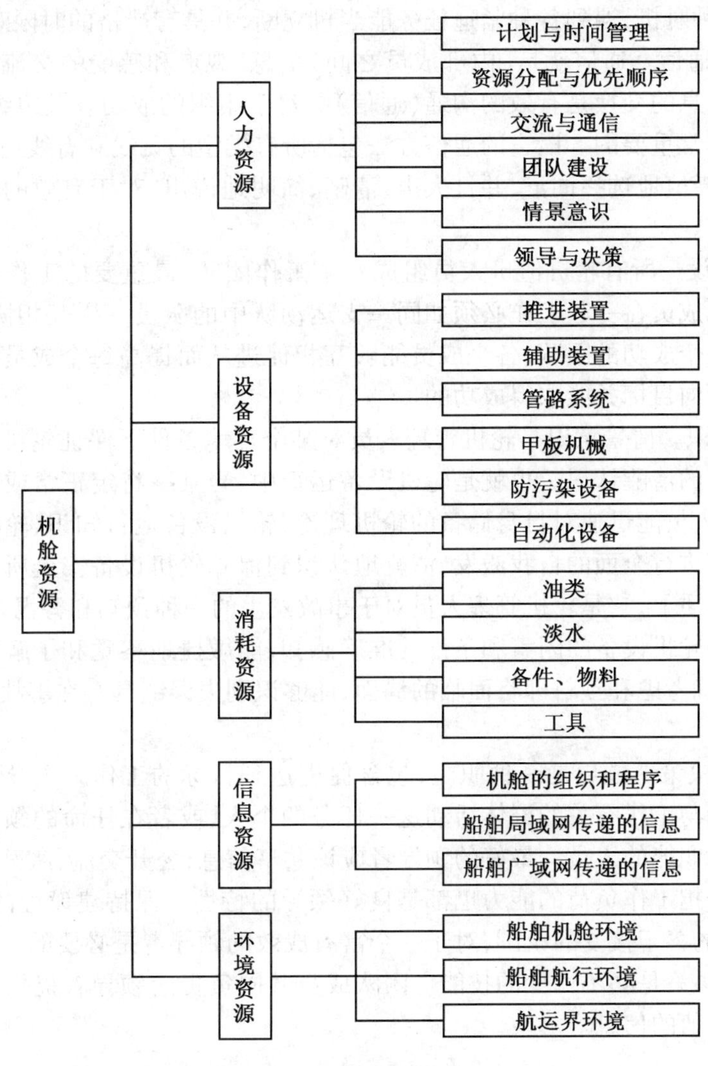


图9-2 机舱资源的内容

(1)机舱组织和程序。为了实现正确而有效的轮机值班，按照机舱的要求制定明确的操作程序是非常重要的。为确保轮机职责能够清楚明确并且分配给专人，必须建立操

作(管理)程序。有效的管理程序能够减小由于某人失误而引起灾难和相关事故的风险。STCW 公约指明了必须遵守、保持和执行正确轮机值班的基本原则。

(2)计划与任务分配。计划是指对未来的活动进行规定和安排,是管理的首要职能。在工作实施之前,预先拟定出具体内容和步骤,它包括预测(分析环境)、决策(制定决策)和制订计划(编制行动方案),在分配任务时,不应分配超出某人技能的任务,值班轮机员应该保持警醒,不能再接受其他任务。在诸如到港或离港等重要操作环境下,分配任务时应考虑到集控室人机工程方面的输出能力。

(3)时间管理与优先顺序。管理工作中,能对时间作出客观准确的估计,强调准时;工作注重轻重缓急、优先顺序,能合理安排、分配、利用工作时间,有节奏、有条理,讲究效率;善于把握各种时机,遇到各种紧迫任务能当机立断,并具有严格的时限观念。

(4)交流与通信。通信就是(内部成员之间)信息、观点和感受的交流。使用清晰易懂的方式进行信息的交换是有效的沟通(通信)。对于组织的成功以及组织目标的实现,有效的通信是非常重要的。语言的通信方法包括所有类型的无线和有线通信。由于缺乏视觉刺激,小心谨慎地选择词汇,并且大声、清晰、简明地说出,对于有效的通信是非常重要的。

(5)团队建设。所有轮机值班人员组成一个工作团队,最重要的工作是完成团队的目标任务。团队成员在一起工作必须如同一支运动队中的队员一样互相协作,这是每个成员的责任。一个成功的团队,各个成员能够互相促进从而提高每个成员的技能。成功的团队是共同面向目标并能取得成功的。

(6)情景意识。情景意识是轮机管理人员对某个环境条件下保证轮机设备安全运行所需的全部因素的清醒认识。也就是轮机设备运行中,当某一特定正常或非正常情况发生时,轮机管理人员能迅速对自身储备的轮机理论、轮机设备运行知识、轮机设备故障判断及故障排除等进行全面的自我激发,清醒地认识到保障轮机设备安全所需采取的一切手段和方法。本质上,它是轮机管理人员对于事故发生的一种预知和警惕,是指在一个特定的时间对影响轮机设备的因素和条件的准确感知,能敏捷地察觉和了解周围情况的变化及影响,能正确考虑和预料即将面临的局面,能够识别失误链具有在事故发生前将其破断的能力等。

(7)领导与决策。领导是一种职能,包含促进达到目标的工作。领导者是群体中被赋予指导和协调与工作有关的群体活动这一任务的个人,或者在任命的领导者缺席时主要负责执行这些职能的人员。最好的领导者应该共享信息,公开交流,激励参与。获得其他人的尊重和分担工作负荷的能力也都是良好领导的特性。保持建设性的、积极乐观的态度,保持诚恳的善于接受的氛围,对于一个富有成效的领导者是必要的。对于经营团队的领导者,制定决策是必不可少的技能。团队成员共同负责向领导者提供有利于解决问题的及时和有价值的信息。

# 第二节　船舶与轮机部的组织

## 一、船舶与轮机部组织结构

1. 船舶组织结构

远洋货船一般都在万吨以上，全船人员一般定员 19～24 人。除船长、政委外，高级船员 8 人，普通船员 10 人，厨师 2 人。船员组织结构分为甲板部（包括事务部）、轮机部。每个部门内部都有明确的岗位分工。

（1）甲板部。主要负责船舶航海、船体保养和船舶营运中的货物积载、装卸设备、航行中的货物照管；主管驾驶设备包括：导航仪器、信号设备、航海图书资料和通信设备；负责救生、消防、堵漏器材的管理；主管舱、锚、系缆和装卸设备的一般保养；负责货舱系统和舱外淡水、压载水和污水系统的使用和处理。

（2）轮机部。主要负责主机、锅炉、副机及各类机电设备的管理、使用和维护保养，负责全船电力系统的管理和维护工作。

（3）事务部。主要负责全船人员的伙食、生活服务和财务工作。

2. 轮机部组织结构及成员的基本职责

轮机部人员分为三个级别：管理级、操作级和支持级。

（1）管理级

①轮机长

轮机长在船长和政委的领导下，熟悉和执行公司的安全和环境保护方针，对全船机械、动力、电气设备（无线电通信导航和由甲板部使用的电子仪器除外）的操作和维护负总责，确保全船机电设备的适航；全面负责轮机部的生产和行政管理工作；检查轮机部各项规章制度的执行，以使各种设备保持良好的运行技术状态。

②大管轮

大管轮在轮机长的领导下，熟悉和执行公司的安全和环境保护方针，履行轮机值班职责，主管船舶推进装置及其附属设备，协助轮机长进行轮机技术管理和轮机部日常工作，确保主管设备适航，当轮机长不能执行职务时临时代理轮机长职务。

（2）操作级

①二管轮

二管轮在轮机长和大管轮的领导下，熟悉和执行公司安全和环境保护方针，履行轮机值班职责，主管发电原动机等设备，确保主管设备适航。

②三管轮

三管轮在轮机长和大管轮的领导和监督下，熟悉和执行公司安全和质量方针，履行轮机值班职责，主管锅炉、甲板机械等设备，确保主管设备适航。

（3）支持级

值班机工，即轮机部日常营运和工作中的支持级人员。在轮机员的领导下，熟悉和执行公司安全和环境保护方针，执行机炉舱和机械设备的检修、保养工作。

有关轮机值班应遵守的原则以及详细职责分工请见第六章的相关内容。

## 第三节　轮机部团队与团队工作

现代船舶管理中常把一条船上工作的人员看做一个有共同目标的团队。这个团队应该有严明的组织纪律、同舟共济的团队精神，有一个大家认可的领导核心，船员有良好的服从意识，他们通过团结协作来完成船舶共同目标。

船舶的团队精神是船舶有效利用资源、协调整体工作、船舶安全环保运营的保障。国际海事组织在“STCW 78/10”公约中将领导力和团队工作技巧纳入到功能适任表中，并作为强制要求，充分体现了船舶团队精神在现代船舶工作中的重要性。

### 一、团队与团队管理

1. 团队的定义

团队，又叫工作团队，是近年来西方组织中广泛采用的一种管理形式，指的是由为数不多的员工根据功能性任务组成的工作单位。团队有几个重要的构成要素，总结为5P：目标、人员、团队及个体的定位、权限、计划。

团队的主要特征是团队成员承诺共同的工作目标和方法，相互积极配合协作，相互承担责任的工作单位。

团队与我国现在工厂企业里的班组、学校里的教研组是性质不同的两种基层单位。团队与群体是有区别的，澄清群体与团队之间的不同之处，对于准确把握团队概念是十分有益的。它们之间有根本性的区别，汇总为以下六点：

（1）领导方面。作为群体应该有明确的领导人；团队可能就不一样，尤其团队发展到成熟阶段，成员共享决策权。

（2）目标方面。群体的目标必须跟组织保持一致，但团队除了这点之外，还可以产生自己的目标。

（3）协作方面。协作性是群体和团队最根本的差异，群体的协作性可能是中等程度的，有时成员还有些消极或有些对立，但团队中是一种齐心协力的气氛。

（4）责任方面。群体的领导者要所负很大的责任，而团队中除了领导者要负责之外，每一个团队的成员也要负责，甚至要一起相互作用，共同负责。

（5）技能方面。群体成员的技能可能是不同的，也可能是相同的，而团队成员的技能是相互补充的，团队把不同知识、技能和经验的人综合在一起，形成角色互补，从而达到整个团队的有效组合。

（6）结果方面。群体的绩效是每一个个体的绩效相加之和，团队的结果或绩效是由大家共同合作完成的产品。

团队成员要接受一定的训练，要掌握团队工作技能和习惯，特别是每个成员都要掌握多种技能，以便在工作中相互支援。团队成员要具备解决问题和作出决定的能力，并且要进而能确定问题与提出解决问题的方法，因此，并不是群体中的每一个人都能成为团队成员，同时，也不是每一个既定组织都可以引进团队组织和团队管理的。

2. 团队组织形式的起源和发展

团队这种工作组织形式起源于20世纪50年代的工作设计与社会技术理论。1948年至1958年英国煤矿的系列研究和原来瑞典沃尔沃公司的工作丰富化和自主化研究，证明组织的功能是组织的社会心理过程(企业文化、个人动机等)与组织的生产技术和运行相互作用的过程。组织被理解为是一个把投入(人、财、物)转化为产出的社会-心理-技术系统，经济手段和社会心理影响各自作用于个人的工作绩效，从而对组织整体的运行产生作用。20世纪60年代末至70年代初，西方的一些大跨国公司开始采用团队的组织形式，这在当时还是十分新鲜的做法。发展到今天，优秀的大公司都不同程度地运用着团队这一组织形式来提高效率。在国内，也有少数企业依据国情引进和修订了国外的团队管理模式为己用，并且取得了可喜的成绩。

在国外，团队有多种类型："问题解决型"是最早的一种团队类型。一般由来自同一部门的5~12个员工组成，组织比较松散，活动也不多，成员每周只用几个小时碰碰头，讨论如何提高产品质量、生产效率和改善工作环境等问题。但它除了根据讨论向组织提出建议以外，几乎没有权力按讨论结果和所拟建议独立和单方面采取什么行动。然而80年代以后，这种情况就有了很大的改观，问题解决团队不仅是提出问题解决建议，并且能按照团队讨论结果，采取有效的行动。但是，鉴于问题解决型团队在调动职工参与组织决策的积极性上的不足，随之又出现了"自我管理(自主型)型"团队。这种类型的团队由10~15人组成，他们承担以前自己上司承担的责任：包括控制工作的节奏与速度；决定工作任务的分配；安排工间休息。一些彻底的自我管理型团队甚至可以挑选自己的成员。并让成员进行相互质量评估。这样，主要管理人员的重要性就大为下降，如某厂有100多个团队，它们负责工厂的大多数决策：有权安排检修；决定工作日程；常规性地控制设备采购(花1 200万美元不打报告)；解雇与聘用员工；设置生产目标；建立与能力相应的工资标准等。

此外，"攻关型"团队也是今天十分盛行的一种团队形式，它是横向跨部门的任务攻坚队，是聚集各路精英，专门解决各种重要的关键技术问题的团队，能使组织(甚至跨组织)不同领域员工交换信息，激发出新观点，解决面临问题，协调复杂的项目。

3. 团队的作用

这里，需要说明的是不应当将工作团队等同于工作群体。在工作群体中，成员只是通过相互作用，共享信息以帮助成员更好地承担起自己的责任，并不一定要参加到需要共同努力的集体工作中去，也不存在成员间的积极协同作用，群体的工作绩效仅仅是个体工作绩效的总和。然而，工作团队则不同，它要求成员参加到需要共同努力方始能够完成的集体工作中去，通过协同作用，使团队的绩效大于个体绩效的总和，并为组织创造出潜力，进一步提高组织绩效。所以，可以认为工作团队是群体发展的一个新阶段，它源于群体又高于群体，具有群体不具备的许多新特点。比如在工作群体中内聚力与工作效率之间并不成线性关系，即内聚力大的工作群体并不一定工作效率就会高。在工作团队里则遵循着内聚力与工作效率成正比的规律。

团队这种组织兴起的主要原因是：

(1)创造团结精神。群体成员在与组织一致目标下的团结，是保证群体存在与发展的重要前提。组成工作团队的成员都能意识到这一点,因此,他们希望同时都要求相互之间能帮助和支持,以团队方式工作以促进成员之间的合作和提高士气,借助团队组织形式创造一种增进人际关系和增加工作满意度的氛围。

(2)使管理层有时间进行战略性思考。采用团队形式,特别是自我管理的团队形式,可以使管理层从繁杂的一般性工作中解脱出来,有更多的时间考虑战略问题。

(3)提高决策的速度。团队管理模式是将一些决策权下放给团队,使得组织在决策上有更大的灵活性,这必然能大大地提高决策的速度。

(4)促进员工队伍多元化。由于不同背景与经历的人组成了团队,使得分析问题和解决问题时的视野更加开阔,决策更有创意。

(5)提高工作绩效。

实践证明,团队可以在下述几个方面发挥积极作用,促成工作绩效提高:

①激励员工;②提高生产效率;③提高职工的满意度;④促进员工之间的沟通与合作;⑤促进员工多元化发展,拥有多种技能;⑥增强组织的灵活性与应变能力。

很显然,正是由于团队管理具有如此之多的积极作用,才使得这种管理形式迅速普及发展。但是,团队形式的存在并不能自动地提高工作绩效,不具备条件的团队可能会让管理者失望。

组织在组建团队之前,必须明确组建团队的目的,团队只是手段而不是目标。团队的功能主要表现在两个方面:一是更好地完成组织任务,二是更好地满足个体人员的心理需求。在完成组织任务方面,团队与传统的部门结构或其他形式的稳定性团体相比所具有的优点主要在于:

(1)它可以使不同的职能并行进行,而不是顺序进行,从而大大节省了完成组织任务的时间;

(2)当完成某项任务需要综合技能、判断力和经验才能时,团队明显增加个人产出;

(3)在应对不断变化的环境时,团队要比传统的部门或其他形式的固定了的部门更具弹性,反应速度也更快;

(4)它可以由团队成员自我调节、相互约束,促进员工参与决策过程,增强组织的民主气氛,并且削减组织中的某些中层管理职能;

(5)团队不仅仅可以使组织提高效率,改进工作绩效,还可以提高工作的满意度,因为团队加强了员工的参与度,提高了员工的技能,也促进了员工工作的多元化。

团队主要通过以下途径满足成员的心理需求:

(1)获得安全感。个体在团队中可免于孤独、寂寞、恐惧等。

(2)满足自尊的需要。个体在团队中的地位,如受人欢迎、受人尊重、受人保护、承认他的存在价值等,都能满足个体自尊的需要。

(3)增强自信心。在团队中通过成员交换意见得出一致的看法,可使个体将某些不明确、没有把握的看法弄明白,从而增强自信心。

(4)增强力量感。个体在团队中与其他成员相互支持、相互帮助、相互依存,能使个人具有力量感。

(5)团队还可以成为进行有效信息沟通的窗口。在团队里,人们可以利用各种正式

和非正式渠道,互通信息、交换情报,沟通与各方面的联系。

(6)团队还能协调人际关系,促进成员之间的相互激励。团队可以有针对性地做好成员的思想工作,化解隔阂和矛盾,促进成员间思想和感情的交流,激发成员你追我赶,奋发向上,团结互助完成组织目标。

(7)团队还有制约个体行为的功能。有关心理学家的研究指出,改变个体的不良行为,如果单纯从个体出发,往往效果不佳。要改变一个人的行为,可以借助团队的影响和压力,从外在舆论、环境上改造人的行为。

4. 高效的团队的条件

那么,一个有效的团队需要具备哪些条件呢?研究发现,如下条件是形成高效团队管理所不可缺少的:

(1)对共同目标的承诺。有效团队有一个大家共同追求的、有意义的目标,它能够为团队成员指引方向,提供推动力,让团队成员愿意为它贡献力量。成功团队的成员通常会用大量的时间和精力来讨论、修改和完善一个在集体层次上和个人层次上都被大家接受的目的。这种共同目的一旦为团队所接受,团队就会具有清晰的目标。

(2)成员的能力。团队要想有效地运转,需要有三种不同技能类型的人。第一,需要具有技术专长的成员。第二,需要具有解决问题和决策技能,能够发现问题,提出解决问题的建议,并权衡这些建议,然后作出有效选择的成员。第三,团队需要若干善于聆听、反馈、解决冲突及其他人际关系技能的成员。如果一个团队不具备以上三类成员就不可能充分发挥其绩效潜能。

(3)承担不同角色的成员。一个高绩效的团队需要有能承担不同角色的成员,而成员能承担什么角色,又是与他的人格特质有关的,因此,团队在挑选成员时,应当以职工的人格特点与个人偏好为基础。

一系列研究证明,在团队中人们喜欢扮演9种潜在的团队角色,这些角色的存在对塑造高绩效团队意义重大。

①创造者——革新者:这种角色定位在产生创新思想。这种人富有想象力,善于提出新观点和新概念。

②探索者——倡导者:这一角色定位在倡导和拥护产生的新思想。这种人乐意接受、支持新观念。在创新者提出新创意之后,他们擅长利用这些创意,并找到资源支持新创意。

③评价者——开发者:这一角色意在分析决策方案。

④推动者——组织者:这一角色的作用在于设定目标,制订计划,组织人力,建立起操作程序和种种制度,以使新创意成为现实。

⑤总结者——生产者:这一角色的作用是提供指导和坚持必须按时完成任务。

⑥控制者——核查者:作用是关心具体细节,核查所有事实与数据,避免出现任何差错。

⑦支持者——拥护者:作用是处理外部冲突与矛盾,保护团队不受外来者的侵害,增强团队的稳定性。

⑧汇报者——建议者:这类角色的作用在于使团队在决策前充分搜集信息。

⑨联络者：这一角色与上述 8 种角色是重叠的。

(4)相互信任。高绩效团队成员之间必须高度信任，即是说，团队成员要彼此信任各自的正直、个性特点、工作能力。

此外，高绩效团队还需要有领导和结构来提示方向和焦点，需要有适当的绩效评估与奖酬体系使团队成员在集体和个人两个层面上都具有责任心。

5. 团队管理的理论基础

团队管理为什么会取得极佳的效果，其理论基础是什么，近年来的研究倾向于下述理论：

(1)合作竞争理论。这一理论认为，人们如果各自为战，认为双方目标没有关系，就会漠视他人福利或困难，对之袖手旁观，组织也会一盘散沙，士气低落；如果人们处于竞争关系，相互之间就会封锁信息和资源，甚至相互攻击和破坏。因此，一个组织应当形成共同目标和合作气氛，在共同目标下合作，人们会相互尊重，共享信息和资源，互相交流，取长补短。

(2)建设性冲突理论。团队虽然着力使成员形成合作关系，但这并不意味团队中不允许存在不同意见。不同目标是形成高质量决策的前提。只要团队真正形成了合作关系，人们就会坦诚地交换意见，吸取对方意见中有价值的成分，在充分交流的基础上达成共识。所以，通过建设性冲突的处理，团队的成员会更加认同团队的目标，团队的合作关系也就会更加巩固。

(3)员工卷入理论。员工卷入理论是让员工对那些关系到他们切身利益的决策发表意见，增加员工的自主化和对工作的控制程度。员工卷入的具体措施是实行员工参与决策和管理。人在组织中有决策权，就会更加认同组织的目标，并积极主动地去执行决策。

## 二、船舶轮机部门的团队建设

1. 团队类型

团队可以根据不同的方式进行组建,所以团队的类型也有很多种。西方管理学者对团队的研究也往往具体在特定的团队类型。早期针对团队本身类型的研究并不多。近年来较多学者才开始关注团队的类型问题,例如 Sundstrom 等人把团队分为建议参谋团队、生产服务团队、项目发展团队、行动谈判团队。其中 Suan 和 Diane 的观点最具代表性并被西方主流文献广泛引用,他们总结了以往大量文献中的团队研究,划分了四种团队类型:工作团队(work team)、并行团队(parallel team)、项目团队(project team)和管理团队(management team)。

工作团队就是为完成产品和服务由较为稳定的成员组成的长期的组织单元,内部成员通常全职并且经过挑选。工作团队一般由上级领导,不过近年来也出现了一些更受欢迎的形式,例如自我管理团队、自主或者半自主、自我指导或授权型团队。

从不同部门和岗位抽调工作人员完成正常组织之外的任务,这种团队与正常的组织结构并存,被称作并行型团队。并行团队是为了解决问题或者为了促成有针对性的提高,例如质量提高团队、员工参与团队等。项目团队具有时间界限,往往制造一次性的“产

品”,例如一个市场定位公司的某个新产品或者一个新的信息系统等。

项目团队的任务一般是非重复性的,并且需要大量知识、判断和专业技术的应用。团队的成员可能从需要具体技术的不同部门选取,例如新产品发展团队,成员可能来自营销、工程和制造部门,当任务完成后团队成员又返回各自的岗位。

管理团队对所属的子部门在各自权限之下进行协调并进行指导,同时在关键的商业流程中对相互依赖的各部门进行整合。管理团队一般对于包括各个部门的总体绩效负责,它的权威来自于成员的行政等级差别。它的成员一般包括各个部门的管理者,例如负责研发或者营销的副总经理。高层的管理团队一般考虑公司的整体战略发展和绩效,管理团队可以运用整体的智慧帮助公司赢得竞争优势。

2. 轮机部团队

现实中团队的表现形式总是多种多样的,我们在构建团队时,一般从以下三方面的思维来思考。

(1)思维一:问题与方案

国外一些专家把团队分为:策略型的,例如消防团队、军事团队和生产团队;问题解决型的,例如绩效提高团队、项目团队和研究团队;创造型的,例如生产设计团队、创新团队和战略计划团队。对于那些问题已知和解决方案已知的情况,构建策略型团队;对于问题已知而应对方案未知的情况,则构建问题解决型团队;至于对于问题未知和应对方案未知的情况,则需要创造型团队发挥变革的作用。

当组织面临问题需要构建团队时,我们应当关注每个团队类型的需求是不同的。策略型团队的主要需求是每个人知道如何去做;问题解决型团队中,成员需要知道问题所在并且被授予自治权力或者拥有有限的自由度去解决问题;而创造型团队可能需要完全的自由度。

机舱的工作和任务是多种多样的,面临的问题也千变万化,有时是一些日常工作,问题和解决方案都已知,例如主机吊缸、应急演习等,这时轮机部团队就是一种策略型团队;有时是故障处理,故障已知而应对方案未知的情况,例如主机不能正常工作,这时轮机部团队就是一种问题解决型团队。因此问题和解决方案的不同组合,就有不同的团队类型。问题已知,解决方案从未知演变成已知,团队就从问题解决型演变到策略型。

(2)思维二:成员与任务

团队成员构成了团队的客观实体,而任务则把团队成员聚合在一起使其有了协作。团队内部的成员拥有特定的角色,在构建团队时,成员主要体现在三个纬度:团队周期、成员稳定性和成员工作时间配置。静态的团队由稳定的成员构成,并且保持一致的未来的期望和共同的参与活动。动态的团队成员的在职时间往往较短,成员的加入和离去依据任务需要而定,成员可能同时参与团队内部和其他的不同任务。团队接受的任务通常有两个纬度方面:惯例性任务与非惯例性任务。惯例性任务是指人们预料中按照通常的规则便可以完成的任务;而非惯例性任务是突发的,事先不能定义的,需要多种知识技巧综合才能更好解决的任务。根据以上的思维和组织的具体情况,我们可以得到不同类型的团队。

从成员纬度来讲,轮机部成员都有特定的角色,例如轮机长、大管轮、二管轮、三管轮以及值班机工等,并且在一定的时间内,他们很少变更,成员稳定地参与团队的工作,他们往往具有近似的技巧,所要完成的任务也往往是标准化的,共同完成机舱的工作,因此,可以看做是静态的团队。从任务纬度来讲,有些是惯例性任务,例如机舱值班,这时,可以看做是工作服务团队;有些是非惯例性任务,例如机舱各种突发故障的紧急处理,这时,可以看做是问题解决团队。因此成员与任务的不同组合,就有不同的团队类型。

(3)思维三:授权与自治

在组织中构建团队时,对不同类型的团队授权程度和管理模式可能是不同的。来自不同部门组成的并行团队一般从事的是兼职的任务,并且团队的存在期间有限,因此这种团队往往具有低度的自治性。项目团队往往在有限的期间内需要解决一个具体的任务,此时需要一定的团队独立管理和自治。工作团队则拥有较为稳定的成员和固定的任务,因此需要更多的自我管理和自治权。

轮机部的成员和工作任务较为稳定,符合工作团队的特征,因此具有更多的自我管理和自治权。

综上所述,我们发现轮机部团队的类型并不是固定不变的,不同的问题与解决方案,不同的成员与任务,就有不同类型的团队,有时是策略型团队,有时是问题解决型团队,有时是静态的团队,不管哪一种类型的团队,只是面临的问题与任务不同时所表现出来的形式不同,但都是工作团队,具有更多的自我管理和自治权,这和并行团队、项目团队是有区别的。

3. 团队建设

团队建设除了相应的硬件资源外,相当一部分都是比较活的"软"资源,这里主要说明一下团队建设所需的比较有弹性的部分。

(1)团队目标

建立工作团队的目的是为了实现一个既定的目标,进行团队工作也是为了更快、更好、更有效地完成这个目标。团队目标是凝聚团队成员相互合作、相互支持的黏合剂,也是团队积极工作的内动力。即使是团队目标不明确,也会严重影响团队的工作效率和效果,更何况假如没有目标,团队也就没有存在的必要了。团队只有设立了一个目标,并且只有参与的各方都全力以赴,实现一个目标,才会集中员工的注意力,统一努力方向,形成更加紧密团结的团队。

(2)分工和授权

传统团队组织是通过分工和授权给别人制定义务、权利和责任再达到目的,其结果产生了一个运作等级。每一组织的组织方法和运作手段都不尽相同。传统的组织设计有其优点,也有其缺点。传统组织提供了很多工作支持,如专业化的帮助、适当的资源以执行工作、提供担保和相当可靠的工作条件等。然而,它却对精神支持不甚在行。在组织系统里既需要提供工作支持,也要提供精神上的支持。

(3)团队领袖

分工和授权做好以后,形成了一个复杂的关系网,将人们联结成一个运作平稳的组织。每一级别的职能团队都与其直接上层和下层有联系。这时,需要一个团队领导,不仅要把他的团队与组织中的其余部分联系起来,而且还要指挥和协调团队工作。如果所有

的联结点都能发挥作用，那么组织就能运作得如同一个整体。相反，如果联结点链条上任意一处有缺陷的话，整个组织就会降低效率。

然而，团队领袖经常犯的一个错误就是把团队本身的利益看得太高，没有很好地把团队利益和组织利益的关系摆正。因此，团队领袖自身的能力和素质是团队建设的一个非常关键的因素。

(4)团队结构

就像组织为了实现目标必须在有效的结构下运行一样，团队为了提高效率，弹性应变，也必须建立一套适用于团队发展的团队结构。影响结构设计选择的主要因素包括组织的战略、技术水平、规模，甚至于高层经理的偏好。环境条件也会有所不同，所以适用于一种环境下的结构设计不一定在另外一种环境条件下也适用。既然环境因素因时而异，那么就尤其需要灵活的结构设计，以便及时改变，以更好地适应变化的环境。

(5)团队成员

对团队成员的要求包括他们的技能、能力和素质，更主要的是他们的团队精神。当然，这些都与他们在团队工作中所处的地位和角色密切相关。团队成员必须适当地胜任工作，并且有合作的意向。除了这些要求以外，只有在所有成员都清楚他们要与之打交道的所有其他人的角色时，成员才能作为一个团队工作。只有做到了这一点时，成员们才能根据工作的需要自发地作出反应，采取适当的行动来完成团队的目标。

4. 培育团队精神

在远洋船上工作生活过的人大概都有这样的经历，当身体不适的时候，特别渴望同事给予关心和安慰。并不是说关心和安慰对身体的康复有多么神奇的疗效，重要的是让船员感觉到个人受到了重视，感觉到这个集体的温暖，有了困难会得到帮助，从而有安全感；若这个集体遇到了问题，需要他的时候，他也会毫不犹豫地挺身而出。这就是团队精神。这样的团队精神对于我们这种工作和生活环境相对封闭、独立、危险的人而言是大有裨益的，对企业而言更是十分需要的。

所谓团队精神，简单来说就是大局意识、协作精神和服务精神的集中体现。团队精神的核心是协同合作，反映的是个体利益和整体利益的统一。良好的团队精神可以充分发挥集体的潜能。当然，团队精神并不是以牺牲自我为前提的，相反，团队精神尊重个人兴趣和成就，培养和肯定每个成员的特长，从而充分发挥每个成员的作用。

有团队精神的团队，团队成员的个人智商可能是100，但加在一起的团队智商可能会达到150甚至更高；而反过来缺乏团队精神的团队，即使个人智商达到120，但团队组合到一起的智商只有60~70。出现这种情形的关键要素就是团队中的文化成分，也就是所说的团队精神。

(1)团队精神包含的内容

①团队的凝聚力。团队的凝聚力是针对团队和成员之间的关系而言的。团队精神表现为团队强烈的归属感和一体性，每个团队成员都能强烈感受到自己是团队当中的一分子，把个人工作和团队目标联系在一起，对团队表现出一种忠诚，对团队的业绩表现出一种荣誉感，对团队的成功表现出一种骄傲，对团队的困境表现出一种忧虑。

当个人目标和团队目标一致的时候，凝聚力才能更深刻地体现出来。

②团队合作的意识。团队合作意识指的是团队和团队成员表现为协作和共为一体的特点。团队成员间相互依存、同舟共济,互敬互重、礼貌谦逊;他们彼此宽容、尊重个性的差异;彼此间是一种信任的关系,待人真诚、遵守承诺;互相帮助、互相关怀,大家彼此共同提高;利益和成就共享,责任共担。

良好的合作氛同是高绩效团队的基础,没有合作最终就达不到很好的业绩。

③团队士气的高昂。这一点可以从团队成员对团队事务的态度体现出来,表现为团队成员对团队事务的尽心尽力及全方位的投入。

(2)团队精神在船舶上的体现

良好的团队精神在船舶上主要体现在四个方面:

①良好的团队精神可以预防事故的发生,有益于安全工作。事故的发生有多方面因素,人的因素占很大的成分,大家相互协作,取长补短,彼此提醒,事故就一定会大幅度减少。

②良好的团队精神有助于增加船员之间的互相沟通、交流,实现船舶的准班、节能增效目标。降本增效不是一句空洞的口号,需要大家共同努力、共同钻研才能够取得显著效果。

③良好的团队精神可以促进船员个人事业的发展。每个人在工作上都可能遇到这样或那样的问题,如果和周围的人经常沟通,就会及时化解一些矛盾,解决相关的问题,对自己的个人业务也会有促进和帮助,一旦有了发展的机遇也能很好把握。

④良好的团队精神可以健全人格,完善提高个人素质。集体中的每个人各有各的长处和缺点,只有融入这个团队,才会发现对方的长处,同时也能在比较中看到自己的不足,逐步培养自己求同存异、与人为善的素质,形成良性循环。在日常生活中,培养良好的与人相处的心态,并在日常生活中运用,这不仅是培养团队精神的需要,而且也是获得人生快乐的重要方面。

(3)团队精神的培育

在船舶上打造良好的团队精神,其特殊性要求我们每一个人都要承担起责任,齐心协力,众志成城。

首先要营造一个相互信任的氛围。彼此信任是最坚实的基础,它会增加我们对船舶的认可,让大家在心理上有充分的安全感,从而才能真正把“以船为家”的观念落实下来。

其次要建立合理有效的沟通机制。多一些沟通、交流,始终抱着合作的心态,多理解别人的苦衷,多设身处地为别人着想,要懂得以恰当的方式同他人合作,用恰当的方式让别人接受,学会被别人领导和领导别人,这样工作起来就会得心应手、事半功倍。

第三是强化关于业务知识、敬业精神的学习。态度并不能解决所有的问题,我们远洋船员不仅要有高度的责任感,良好的敬业精神,同时还应该有丰富的技能,成为某方面的专家,能够帮助别人解决问题。帮助别人的同时也是在帮助自己,使别人快乐的同时也使自己快乐。

第四是船舶管理人员的带头作用。“火车跑得快,全靠车头带”。管理干部的行为有着极强的示范意义。他们应该注意自己的言行举止,有宽广的胸怀和长者的风范,懂得关心和体恤下属,有包容之心,能够营造大家庭的环境。

船舶大部分时间远离陆地,各项工作需要船舶人员协同完成,如果仅仅抱着“各人自扫门前雪”的态度,是远远不够的,尤其是在特殊情况下,各自为政,互不买账,不仅“门前雪”扫不好,还会造成整艘船的工作任务完不成,甚至会出现危情和险境。在现实生活中,因只顾“自扫门前雪”而造成各种事故和灾难的事例不胜枚举。良好的团队精神,可以融洽船舶气氛,消除各种压力所带来的负面影响。远洋船舶上每个人的个性和具体情况不同,工作生活中难免会出现各种问题,很容易产生一些消极的想法,严重的甚至以生命为代价。以前曾经发生的一些海上事故,让人痛心。倘若这些船舶团队精神强,这些船员能够很好地融入这个团队,那么悲剧就可以避免或减少。“人心齐,泰山移”,我们应该吸取既往的教训,相互体贴,彼此关心,从各个渠道用各种方法培养船员良好的团队意识,打造船舶良好的团队精神。

5. 团队的沟通与激励

(1)加强船舶团队成员的沟通与协作

沟通是船员协同合作,树立共同目标的必然途径,是形成一个优秀团队不可或缺的重要条件。船舶团队成员沟通应掌握以下原则:

①船舶领导之间的沟通,掌握相互尊重、相互理解、相互支持的原则。船长、大副和轮机长应互相信任,要有全局意识,将船舶目标与部门目标联系起来。

②船舶领导与船员之间的沟通,掌握爱心加关心的原则。由于每个船员都有经济的、社会的、心理的、精神的等不同的内在需求,船舶必须给予船员生活和工作各方面的关心。船舶领导必须营造一种公开的非正式的集体气氛或称为家庭式氛围,使船员感到置身于集体中犹如置身于自己家庭中。

③船员之间的沟通,掌握尊重的原则。船员之间以坦诚、开放的方式来交流,交流时鼓励倾听,积极回应他人观点,尊重他人兴趣。在船舶这个大家庭中,只有通过船员之间、船员与船舶领导之间、船舶领导之间的相互沟通、团结协作,才能增强船舶凝聚力,保证船舶的安全环保运营。

(2)建立船舶团队激励机制

一位心理学家曾说过:“人在无激励状态下只能发挥自身能力的10% ~30%,在物质激励状态下能发挥自身能力的50% ~80%,在得到适当精神激励的状态下,能将自己的能力发挥到80% ~100%,甚至超过100%。”从中我们可以看出,物质激励到一定程度就会出现边际递减现象,而来自精神的激励则更持久、更强大。

现实中可采取多种多样的激励方法满足船员的需求:

①建立开明的船员职务晋升制度。每一个船员都关心自己的晋升道路,晋升道路直接影响到船员的工作积极性,船舶领导对于能胜任工作的船员应大胆地向公司推荐,对业务能力较差的船员应积极指导,提高他们的业务能力,防止整个团队出现“木桶效应”。

②工作制度化,建立开明的奖惩制度。工作中做到奖惩有依据,对于在工作中作出突出贡献的,应大胆表扬和奖励,并向公司推荐。对违反组织纪律的应适当的批评。但在批评船员时要注意掌握分寸,一定要秉承对事不对人的原则,谨记不要进行人身攻击。

③建立船员关怀制度。船员远离家庭,船舶领导及同事之间的关心很重要。船员如果生病了,船舶领导应亲自看望,调整值班安排,到港口尽早安排看病。船舶领导应随时

注意船员的思想动态,发现船员情绪低落,应查找原因,妥善解决,让船员充分地体会到船舶团队的温暖,增强船舶凝聚力。

激励制度是团队建设的保障条件,在一个团队中让每一位船员都感受到自己被认可、被关怀。这样才能发挥每一位船员的力量,形成一个优秀的团队。

如某远洋船,一次船长上驾驶台发现二副心情很沮丧,同二副聊天后,发现是他家里出了点事情,没办法解决。船长得知这种情况后,主动打电话到公司,请公司帮他把家里的事情解决了。第二天,当二副得知自己家里的问题已经解决后,又重新振奋精神,全身心地投入到工作中。这样通过各种物质、精神上的有效激励,对每一个船员心理产生影响,保持船舶整体利益和个人利益的和谐一致,使每一个船员对工作尽心尽力,以实现船舶安全环保运营的最终目标。最终,该船连续 3 年被公司评为“华铜海”式的船舶。

# 第四节　人为失误与预防

## 一、人为失误

实践证明,世界上所有事故的发生都具有共性与特性,其中最为突出的共性就是绝大部分事故均与人的因素有密切的关系。

人的因素是指人在完成某一特定任务时,人的行为对这一系统的正确功能或成功性能的不良影响。人的因素涉及心理学、行为科学、管理学、系统安全学、人机工程学等广泛领域。个人远远不只是一种因素。

人的因素对安全的影响最终是由人的失误所体现出来的。这些人的失误的产生和人们在工作中的不安全行为有着不可分割的关系,而这些不安全的行为是在与物的某些不安全状态发生交叉时导致事故发生的。

### (一)人的失误

人的失误是指在某一特定系统中的操作人员在完成任务的过程中因意识、判断或行为等出现疏忽,从而不能根据当时环境和情况进行适当的操作,最终致使其无法正确处理面临的情况而发生系统运行的失常。

从通俗的意义而言,它就是通常人们认为的该做的未做,不该做的却做了。在这种所谓的失误中,也存在着操作人员水平不高和缺乏必要的学习与训练等因素。

众所周知,80% 以上的船舶事故是由于人的失误造成的。人的因素与船舶事故之间具有非常密切的关系。从事船舶航行和安全管理的所有人员都必须深刻认识人的失误产生的原因、特点及其后果,及时发现已产生的人的失误与形成的失误链,果断采取有效措施来避免人的失误,中断失误链的继续发展,从而达到船舶安全的目的。

1. 失误链与事件链

实践证明,海上事故或灾难很少是由一种人的失误或单一事件所造成的,它们几乎都是由一系列不严重的失误或事件的叠加、互为因果导致的。

也就是说,这些事故或灾难都是失误链或事件链发展的最终结果。换言之,一系列失误链或事件链的连续发展,将导致事故或灾难的发生。

这些失误链或事件链可能是顺序地发展，也可能是无序地发展；它们之间可能有联系，也可能没有联系；它们之间的联系可能是明显的，但也可能是不明显的。无数事故证明，在事故发生以前，实际上已经存在了正在不断发展的失误链。这种失误链客观上也就形成了事件链（也有人称其为事故链）。在常规情况下，由潜在因素而形成的失误链通过一定时间与条件的发展而进入增长期，在特定条件下，当不安全行为发生后，又发展进入了临界期，直至最后的工作差错而导致事故的最终发生，如图9-3所示。

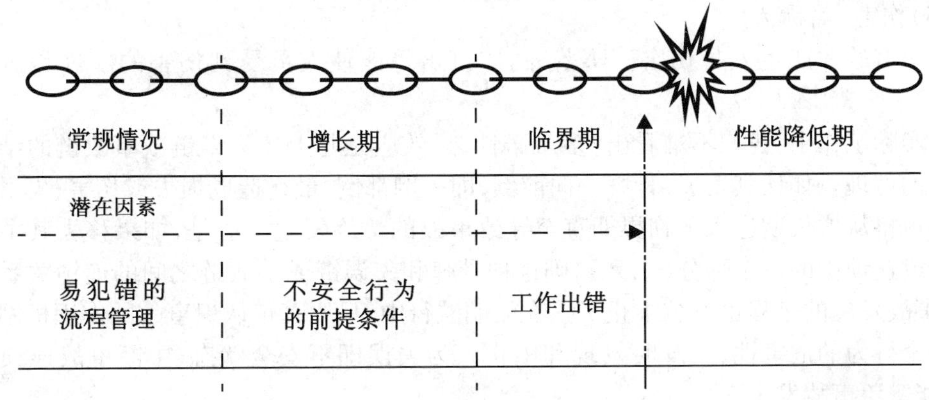


图9-3　失误链的发展过程

从表面上看，很多船舶事故都发生在船舶航行中与他船会遇或靠、离泊位等作业的过程中突发紧急情况和/或主机、副机、舵机等主要船舶设备发生故障时的实际操纵之中。实际上，导致这些紧急情况和故障发生的原因往往是与船舶航行与作业中的人的失误紧密联系在一起的。客观地讲，失误链或事件链的发展导致最后事故的发生就是一种因果的连锁反应。

2.“多米诺骨牌”效应

1936年美国人海因里希（H. w. Heimieh）首先提出了事故因果连锁的理论，用以阐明导致伤亡事故的各种原因和伤害之间的关系。该理论认为，伤亡事故的发生不是一个孤立的事件，尽管伤害可能在某瞬间突然发生，却是一系列原因事件相继发生的结果，并用5个竖立的骨牌（骨牌效应）来形象说明这种因果关系，即当第一块倒下后，会引起连锁反应而导致其余的骨牌倒下。因此，这一效应也被称为“多米诺骨牌”理论。

海因里希提出的事故因果连锁过程包括5个因素，认为伤害事故的发生、发展过程为5个具有一定因果关系的因素。发生事故的因果关系如下：

（1）遗传以及社会环境（简称M）

人的性格上缺点是由于遗传因素及社会环境而产生的。遗传因素可能造成鲁莽、固执等不良性格；社会环境可能妨碍教育、助长性格上的缺点发展。

（2）人的缺点（简称P）

人的缺点是使人产生不安全行为或造成机械、物质不安全状态的原因，它包括鲁莽、固执、过激、神经质、轻率等性格上的先天的缺点，以及缺乏安全生产知识和技能等后天的缺点。

（3）人的不安全行为或物的不安全状态（简称H）

事故的发生是由于人的不安全行为或物的不安全状态造成的。所谓人的不安全行为或物的不安全状态是指那些曾经引起过事故,或可能引起事故的人的行为,或机械、物质的状态,它们是造成事故的直接原因。

(4)事故(简称 D)

事故是由于物体、物质、人或放射线的作用或反作用,使人员受到伤害或可能受到伤害的、出乎意料的和失去控制的事件。

(5)伤害(简称 A)

由于事故才产生人身伤害。坠落、物体打击等能使人员受到伤害的事件是典型的事故。

在实际工作中,我们不难看出"多米诺骨牌"效应是与上述失误链或事故链的结论具有相同的道理。如任其发展,骨牌一向前倒,即一倒都倒,最终造成损失或伤害;失误链或事故链也将从增长期进入了临界期直至导致事故的最终发生。但是,如果移去其中的一块骨牌或连锁中的一个部分(因素),则这种骨牌和失误链或事故链之间的连锁关系即被破坏,事故发展的过程也就被中止了。在船舶航行中,只要真正认识事故的作用机制和人的不安全行为的危害性,并及时发现和中止人为失误即不安全状态,中断事故连锁的进程,就能避免事故发生。

3.人的失误的类型

人的失误可以发生在正常工作或发生特殊情况的不同的环境之中。在船舶事故中,经常涉及两种主要的情况,一是由于船舶的技术性故障引起的事故,二是完全由人的失误造成的事故。前者主要涉及影响船舶运动的 3 个主要技术系统发生的故障,它们包括动力系统、操舵系统和导航系统。这些系统产生的故障可能是完全性故障或间歇性故障,但是它们在船舶航行过程中所导致的后果都是非常严重的。必须注意的是,有些因船舶动力系统、操舵系统和导航系统导致的船舶事故中也常掺杂着一些人的失误的因素,例如在发生这些故障后的应急措施不当或不力等。由人的失误造成的船舶事故中,往往涉及不同因素的人的失误。由于人不同于机器,具有自己的头脑和思维,且每个人的智商、知识、技能等都因各自的智能、身体、受教育与学习情况、工作与生活环境等背景而各不相同。所有这些特点都会在实际的工作及发生的事故中加以体现。另外,虽然人擅长于应用知识来分析局面,解决问题,但是人不擅长于长时间进行重复工作和长期不间歇地保持精神高度集中,容易因厌烦、疲劳和枯燥而产生迟钝。以上这些不同因素也反映出以下几种人为失误的不同类型。

(1)疏忽或差错

由于疏忽或差错而导致的失误是最为常见的。它们的产生往往是与人本身对待工作的态度和自己在工作所处环境中的实际情况密切相关的。例如由于自己对工作掉以轻心而注意力分散,或是对船舶的安全工作重视不够而未能保持高度警惕性,或是在实际工作中因工作压力太大和过度的疲劳等,而造成对正常可预见环境的变化不能采取适当而有效的行动而导致失误的发生。这类失误在轮机管理人员的实际工作中是经常发生的。

另外心理上注意力的不稳定和分配不当也会造成疏忽和差错。注意力是一种常见的心理现象。它是指一个人的心理活动对一定对象的指向和集中。注意力受到很多主、客

观因素的影响，如需求、兴趣和爱好、知识和经验、情绪状态、人的精神状态以及受到的训练。注意力的稳定性指注意力长时间保持在某种事务或活动上的特性。

心理学家们通过很多实验和调查，得出了一个基本结论：任何人的注意力不能以同样强度维持在 30 min 以上，超过 30 min，作业效率将明显下降，错误率上升。这就是"三十分钟效应"。注意力的分配是指在同时进行两种或两种以上活动时，把注意力指向不同对象的特征。严格地说，在同一时刻，注意力不能分配，即所谓"一心不能二用"。

(2)基于知识的失误

基于知识的失误主要是指因本身的无知而犯错，即由于自己缺乏足够的相关知识或错误理解了船舶航行或作业中的一些关键性原则，而无法或不能正确应对或处理相关的局面或情况而导致的失误。这种失误在当今受过良好教育的船舶轮机员中间并不多见，但客观上因自己对工作的知识理解不深和运用不当的错误还是存在的。

(3)基于法规的失误

基于法规的失误主要是指因本身没有正确或充分考虑相应的法规而草率决定并采取行动，或是没有注意到法规的适用性而错误地执行了法规、或是凭主观意念错误地应用被"简化的"法规而导致的失误。它也包括了由于对相关法规的信息不明确而犯错的现象。从现有的一些船舶事故来看，这类失误在客观上是经常发生和存在的，它与船舶事故有着非常密切的联系。

(4)基于技能的失误

基于技能的失误主要是指因本身缺乏从事本职工作的操作技能而导致在实际工作中发生的失误。它往往是由于缺乏足够的训练或缺少实际工作的实践经验而发生的，当然这也和自己与同事间相互交流经验过少有关。这类失误在一些担任轮机管理工作时间不长或工作经历还不多的人员中还是屡有发生的，并与船舶事故也有着非常密切的联系。

(5)基于文化制约的失误

基于文化制约的失误主要是指因本身工作环境中，团队人员由于文化意识与背景的不同而产生的局限性所引发的失误。它可以包括团队人员中由于不同语言的使用与理解、或缺乏上下级人员之间的交流与质询、或可能对意图的误解和毫无疑问地服从等具体原因而产生的失误。

(6)基于违反安全惯例的失误

基于违反安全惯例的失误是指本身因未能严格遵守实际工作中形成的通常的安全习惯做法所引发的失误。这类失误的发生常与自己的过于自信或自满、对工作中良好的通常习惯做法与安全之间的关系不够重视、喜欢凭个人经验办事、不注重团队工作的作用、忽视别人的建议、查阅的书或出版物有误以及背离原定的计划有关。

**(二)人的行为**

人的行为是复杂和动态的，它具有计划性、多样性、目的性、可塑性，并受个人安全意识水平的调节，也受到理智、情感、意志等心理活动的支配；同时，它还受到道德观、人生观和世界观的影响。人们的工作态度、意识、知识、认知往往决定了人的安全行为水平，因而人的安全行为表现出差异性。为了达到抑制不安全行为的目的，有必要了解掌握影响人的行为的因素，并从安全行为科学的角度来认识和解决这一问题。

1.影响人的安全行为的因素

(1)个性心理因素的影响

情绪为每个人所固有的,它是受客观事物影响的一种外在表现。这种表现是体验又是反应,是冲动又是行为。从安全行为的角度看,当情绪处于兴奋状态时,人的思维与动作非常敏捷;处于抑制状态时,思维与动作则显得迟缓;处于一定的紧急局面时,往往会产生反常的举动,这种情绪可能导致思维与行动不协调、动作不连贯,所以这是不安全行为的一种反映。

①气质对人的安全行为的影响。气质是人的个性的重要组成部分,它是一个人所具有的典型的、稳定的心理特征。气质使个人的安全行为表现出独特的个人色彩。例如,同样是积极工作,有的人表现为遵章守纪,动作及行为可靠安全,有的人则表现为蛮干、急躁,安全行为较差。

②性格对人的安全行为的影响。性格是每个人所具有的最主要的和最显著的心理特征。它表现为对某一事物稳定和习惯的方式。性格表现在人的活动目的上,也表现在达到目的的行为方式上。人的性格表现为多种多样,有理智型、意志型、情感型。理智型用理智来衡量一切,并支配行动;情感型对情感体验深刻,安全行为受情感影响较大;意志型有明确目标,行动主动,安全责任心强。

(2)安全行为自觉性方面性格特征的影响

这种影响表现在从事安全行动的目的性或盲目性、自动性或依赖性、纪律性或散漫性。在安全行为的自制方面,表现为自制能力的强弱、约束或放任、主动或被动等。安全行为果断性方面的特征,表现在长期的工作过程中,安全行为是坚持不懈还是半途而废,严谨还是松散,意志顽强还是懦弱。

2.社会心理因素的影响

(1)社会知觉对人的行为的影响

知觉是眼前客观刺激物的整体属性在人脑中的反映。客观刺激物既包括物也包括人。人在对别人感知时,不只停留在被感知的面部表情、身体姿态和外部行为上,而且要根据这些外部特征来了解他的内部动机、目的、意图、观点、意见等。

(2)价值观对人的行为的影响

价值观是人的行为的重要心理基础,它决定着个人对人和事的接近或回避、喜爱或厌恶、积极或消极。因此,要使相应的人员具有合理的安全行为,首先要使他们具有正确的安全价值观念。

(3)角色对人的行为的影响

在生活与工作中,每个人都在扮演着不同的角色。每一种角色都有一套行为规范,人们只有按照自己角色的行为规范行事,社会生活才能有条不紊地进行,否则就会发生混乱。从某种程度上讲,这也是工作中是否和谐的一种体现。角色实现的过程,就是个人适应环境的过程。在角色实现过程中,常常会发生角色行为的偏差,使个人行为与外部环境发生矛盾。在安全管理中,需要利用人的这种角色作用来为安全服务。

3.环境与物质的影响

人的安全行为除了内因的作用和影响外,还有外因的影响。环境、物质的状况对劳动

生产过程中的人也有很大的影响。环境变化会刺激人的心理,影响人的情绪,甚至打乱人的正常行动。物的运行失常及布置不当,可影响人的识别与操作,造成混乱和差错,打乱人的正常活动。

除了以上所述的影响因素外,还必须考虑到从事不同工作的人员在生理或心理方面的局限性,如警惕性、注意力、适应性和其他与这些局限性相关的各种因素。从人的行为矩阵图(见图9-4)中可以看出与轮机管理人员行为相关的警惕性、注意力和适任性与其他各种制约因素也具有非常密切的关系。

船舶轮机人员在实际工作中经常遇到高强度的工作负荷和压力,休息时间的不足和过于疲劳导致一些生理方面的问题,或因缺乏足够的技能、经验或教育与培训等而带来心理方面的问题,所有这些问题都会对他们的行为带来一定的影响。

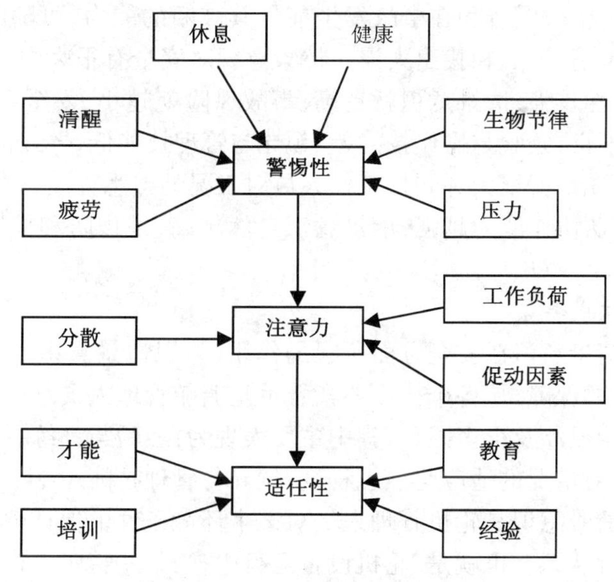


图9-4 人的行为矩阵

## 二、情景意识

情景意识,是安全意识的一个重要组成部分,在船舶安全中起着相当关键的作用。许多事故的经验教训表明,在故障的预防、先兆的处理上具备良好的判断力、注意力、心理素质和突出的领导能力,即具备良好的情景意识。是预防和控制事故发生的有效措施。

1. 情景意识的定义

情景意识(有的译作"局面意识"、"警惕性"等)是指在一个特定的时间对影响船舶设备的因素和条件的准确感知,能敏捷地察觉和了解周围情况的变化及影响,能正确考虑或预测到即将面临的局面,能随时知晓与团队任务相关的将发生的事情,能够识别失误链和在事故发生前将其破断的能力等。它是人们对于事故发生的一种预知和警惕,属于思维和思想活动的范畴。

恩斯特·波佩尔等的《意识问题的研究与展望》将情景意识在理论上划分为四个要素:A(awakening)为情景意识觉醒要素,C(content)为情景意识内容要素,P(pointing)为情景意识指向要素，S（sensibility）为情景意识情感要素。

情景意识不是一种特定的行为，而是工作态度和思维的产物，它决定着人的行为与动作。同时，情景意识具体指由理解力、注意力、判断力和适应性所组合而成的一种表现。对于船舶安全而言，良好的情景意识表现为：

（1）正确地感知船舶条件实际状态与变化趋势的理解力；

（2）能敏捷地察觉船舶周围的实际情况与变化趋势的注意力；

（3）能全面地了解周围情况变化对船舶运动影响的判断力；

（4）能正确地预测船舶即将面临的局面和安全状况的适应性。

2. 情景意识对安全的影响

情景意识是安全意识的一个重要组成部分，在船舶安全中起着相当关键的作用。情景意识是指识别过一个失误链和在事故发生前将其破断的能力，可随时知晓与团队任务相关的将要发生的事情，识别和找出失误。情景意识对安全有很大的影响：工作人员的理解力、判断力和适应性越强，情景意识就越高，事故风险就越小，安全系数就越高；工作人员身体和心理状况不良、经验与操作技能差、领导与管理技能低，导致情景意识低，安全性就低，发生事故的可能性就很大；同时，工作人员对工况的熟悉程度越高，对局面和条件的感知越清晰准确，团队协作能力越强，情景意识自然越高，是预防和控制船舶机舱事故发生的有效方面。

3. 情景意识的构成要素

为了充分理解情景意识在安全方面所起的作用，认识情景意识的构成要素是十分必要的；作为船舶安全的保障，从各个构成要素着手是船舶管理人员培养情景意识的有效手段。而情景意识的构成涉及很多因素，其中主要表现为：经验与训练；操纵与操作技能；身体情况与心理状态；对情况的适应与熟悉程度；领导与管理技能。

机舱管理中的情景意识是轮机管理人员对某个环境条件下保证轮机设备安全运行所需的全部因素的清醒认识。也就是，轮机设备运行中，当某一特定正常或非正常情况发生时，轮机管理人员能迅速对自身储备的轮机理论、轮机设备运行知识、轮机设备故障判断及故障排除等进行全面的自我激发，清醒地认识到保障轮机设备安全所需采取的一切手段和方法。本质上，它是轮机管理人员对于事故发生的一种预知和警惕，是指在一个特定的时间对影响轮机设备的因素和条件的准确感知，能敏捷地察觉和了解周围情况的变化及影响，能正确考虑和预测到即将面临的局面，能够识别失误链和在事故发生前将其破断的能力等。

保持良好的情景意识是预防和控制事故发生的有效措施。良好情景意识的保持表现在以下六个方面。

（1）身心状况

情景意识是属于思维和思想活动的范畴，是工作态度和情感的产物，身体和心理状况是思维与情感的基础，良好的身体和心理状况是良好的情景意识的基本条件。很难想象一位没有充分休息、健康状况不良的轮机管理人员会有足够体力去学习和灵活应用自己的知识和技能，会适应海上多变的自然条件以及机舱繁重、恶劣的工作环境，会保持良好的情景意识。同时强烈的责任心、充分的安全意识、优秀的职业道德水准、顽强的意志、忠

于职守的热忱与执着及临危不惧巧于应变的能力等，也都是轮机部人员具有良好情景意识应有的心理表现。

(2)经验与训练

经验与训练是获取知识的重要途径。知识越丰富，理解力、判断力和适应性越强，情景意识自然越高。虽然不同级别的船舶要求轮机员知识的深度、广度有所差别，但随着机舱自动化程度越高，所要求的知识水平就越高。轮机部人员日常工作中的传统习惯和适任性的操作训练，即当值人员应具有的知识、经验、技能和在各种情况下所要求的戒备以避免危险的做法，都可以作为有效应付不同条件和局面的经验，这些经验可以认为是良好情景意识的基本表现。

(3)理解力与操作技能

理解力和操作技能是良好情景意识的重要表现，理解力与操作技能越强，情景意识越高。机舱是轮机部人员操作和控制的重要场所，机舱是船舶的心脏，其对船舶安全有着重要的影响。理解力是指对于动力装置的实际状态与变化趋势能正确地感知，并对轮机各种设备适航状态的完全理解。操作技能是指通过实际技术的训练才能获得的能力，特别是机舱实际操作与维修技术，必须能够适应经常不断变化的各种工况的要求，又能够及时跟上不断更新的现代技术与设备的发展。

(4)适应性与熟悉程度

海上环境千变万化，有时风平浪静，有时狂风恶浪；有时海域宽阔，有时水道狭窄；加上船舶昼夜航行，机器长时间连续不断地振动，噪声使船员得不到充足的睡眠。特别是在机舱的恶劣工作环境中，轮机员必须在短时间内处理这些迅速多变的航行工况。这就要求轮机人员具有良好的适应性，此时稍有不慎就可能发生意外，造成重大损失；同时，轮机人员对轮机工况的熟悉程度越高，认识过程中对局面和条件的感知就越清晰明白，在思考、分析和判断上会达成与实际情况的一致性，情景意识也就越高。

(5)注意力与判断力

注意力是指轮机部人员能敏捷地察觉各自负责维护和保养的设备的实际运行情况与变化趋势。发扬团队精神，同事间及时善意提醒和知识技能互补，能增加失误链破断的能力，确保轮机设备安全高效运行。信息输入是轮机人员进行判断的前提，这些信息包括：船舶驾驶台信息，如船舶位置、航向、航速、载货状态、风或流的方向及强弱、航道环境和交通状况等；轮机部信息，如主机、副机、锅炉、甲板机械和其他设备的信息等。

为了实现有效而正确的决策判断，轮机人员还必须对信息进行整理、分析，以便确定其真伪。因此，轮机人员具有良好的注意力与判断力也是情景意识的重要表现。

(6)领导与管理技能

船舶作业是一项多部门多人员协同配合的工作：轮机长、电子电气员、轮机员、机工是常见的一种工作组合，单凭个人的力量是很难保持高水平的情景意识的。在轮机部工作的领导与管理中，要获得良好的情景意识，在注意物的不安全状态的同时，还要密切注意人的不安全行为。充分发挥每一位轮机部成员的作用和相互间的支持与监督是十分必要的。良好的轮机部领导与管理技能是保证该团队所有成员具有良好的情景意识的关键，也是预防和控制轮机事故发生的有效措施。

4. 机舱管理中情景意识的培养

(1)轮机知识的积累是情景意识培养的基础

知识是一切文明意识产生的根源。没有相关的轮机知识,对轮机管理中情况和条件的变化就缺少联想的基石,甚至熟视无睹,更谈不上灵活运用轮机知识来推断变化的原因或预料即将发生的结果,轮机情景意识就成了无源之水、无本之木。作为轮机人员应自觉地进行系统性的轮机理论知识的学习,将设备说明书研究透彻,弄清各种运行参数的具体内涵,结合公司安全管理体系搞清方方面面的规定标准和安全裕量;并随着新科技在船舶上的广泛应用,不断更新专业知识与技术,从而使自己储备足够的专业知识。同时,要重视专业知识间的联系,有意识地沟通书本与实际、不同知识点之间的纵横交叉联系,使自己所获得的专业知识不是一个孤立的点,而是能够融会贯通、有机配合的一体化的知识结构,以提高轮机知识的质量。只有这样,掌握了足够专业知识的轮机人员才具备产生相应情景意识的基础和作出相应专业判断的前提条件。

(2)加强轮机管理的关联研究是培养情景意识的关键

轮机管理本身就是一个多学科的共同结晶,设备种类纷繁芜杂,运行环境变化多端,这些便造就了各船有各船的情景,不同时段有不同时段的情景。轮机人员工作在这样一个不断变化的情境当中,要把握这样一个庞大系统的种种变化,必须靠轮机人员对整个系统进行关联研究,能“窥一斑而知全豹”,形成对应的情景意识。具体的关联包括轮机内部系统间的关联、轮机与运行环境间的关联,轮机设备与人的干预之间的关联等。如排气温度高,从内部关联考虑,要检查喷油设备是否发生异常,气缸状态有无变化,排温表有无失灵等;从外部关联考虑,要核查是否由于航行工况改变导致了负荷增加,抑或是环境温度变高了等;从人的干预的关联考虑,油门是否被人为增加了,是否更换了不同品质的燃油等。只有充分地加强轮机管理的关联研究,对人、机、环境三者内部关系有清楚的了解,才能“以不变应万变”,使得轮机人员在任何时候都能对轮机参数的变化产生相应的“条件反射”,形成良好的情景意识,从而进行全面认识和预见,对这一系统进行妥善的管理和控制。

对关联的研究方法通常有两种途径。其一,寻根求源法。很多表象的参数有其根源作用,以此来进行推断。比如,主机各缸缸头出水温度高,应首先对照脑海中存储的参数,先考虑主机缸头进水温度高不高,从而判断是否是主机负荷变化引起的;若进水温度也高,要结合海水温度或海水流量的变化,再检查淡水的循环量及淡水冷却器的冷却能力如何。其二,内外联系法。轮机设备运行参数的变化经常受到外部环境变化的影响,如船舶由深水区向浅水区航行情景出现,就要与船舶阻力变大、主机负荷增加相联系,与海水水质、海水流量相关联等。

(3)良好工作态度的形成是培养情景意识的保证

工作态度包括轮机人员对轮机管理工作的认知要素、情感要素以及行为倾向要素。当轮机人员认识到自身工作的重要性和对轮机管理安全的意义时,就会对工作充满热情和兴趣,表现出工作认真踏实、责任心强、积极主动的特点,能够迅速地注意到异常信息,形成相应的情景意识,便于及时发现问题和解决问题。反之会缺乏主动性,对异常信息和潜在的问题就不能形成相应的情景意识,结果造成事故隐患。轮机人员是否具有良好的

工作态度，将直接影响到轮机人员对情景的感知状态，其情景意识的高低与工作态度良好与否密切相关。因此，对轮机人员工作态度的培养是一项不容忽视的任务。

培养轮机人员良好的工作态度，可从以下三方面入手。

第一，应提高轮机人员对轮机管理工作的认识，使其明确轮机管理工作的重要性及意义，并使之内化为自我的认知观念。第二，应充分调动一切积极因素，激发轮机人员对轮机管理工作的兴趣。第三，应严格管理制度，借助公司安全管理体系等使轮机人员在工作中形成良好的行为习惯，养成对工作兢兢业业、认真负责、一丝不苟的作风。

(4)重视注意力的分配是情景意识培养的重要环节

情景意识形成的整个映射过程是由轮机人员感官所收集的信息触发的，并且感官收集的信息的数量及其质量对形成的情景意识正确与否有着决定性的影响。这些信息可能包括船舶驾驶台信息和轮机部信息。收集的信息太少，可能遗漏判据，难以形成相应的情景意识；质量不高的信息太多，可能产生干扰，影响情景意识的形成质量。而收集的信息太少或太多本质上均是由于注意力分配不合理引起的。实践证明，每个人的注意力的容量是有限的。某位轮机人员将注意力集中于某一个点，他必然会忽略其他信息的收集；注意力分散，没有集中到对应的关键信息，收集的信息质量自然就不会高。可见，合理分配注意力是情景意识形成的重要环节。因此，轮机人员在管理工作中要清楚地了解信息资源与情景意识及管理工作的关系，充分认识注意力的有限性，始终跟踪环境和状态的发展变化，加强对轮机管理信息，尤其是发生变化的信息的警示，提高对信息的掌控能力，有效防止疏忽重要信息或“贪多嚼不烂”现象的发生，而导致情景意识的丧失或错误。

(5)做好轮机管理中特殊情景的预想是培养情景意识的助推器

情景意识其实是一种触景生“情”的反应能力，只是掌握了大量的知识还不够，从“知道”到“做到”看似咫尺之遥，却是两重境界。例如，在机动航行时驾驶台突然由全速前进转换为全速后退，或主机存在部分参数越限等非正常情况时，一些轮机人员脑子就懵了，根本不能按车钟指令及时给出相应的转向和转速。这是因为这些轮机人员没有对紧急倒车、参数越限时操车等情景做任何预想，而当这个情景突然到来时，便感到手忙脚乱不知道先做什么，后做什么，思维暂时停顿，情景意识出现短路，待克服慌乱，重新镇定下来，想起紧急倒车、参数越限操车的程序时，船舶的状态和速度等现实情景早已超越起始的情景，错过根据现实情景采取“应景措施”的机会了。所以，轮机管理人员在平时不但要做好正常情况下的情景预想，还要对在轮机管理关键阶段可能出现的特别情况进行情景预想，有备无患，从容应对轮机管理中情景的不断变化。

(6)加强对轮机管理案例的学习研究是情景意识培养的捷径

轮机运行下情况变化多端，影响轮机安全的因素很多，两公司安全管理体系、设备说明书等只能提供有限的程序帮助，其中大多还是基于其他系统、外部环境都正常的逻辑基础之上建立的；另外，单靠自己的经验，不但许多特殊情况个人体验不到，而且由于经历局限于某些常用的情况，还会使某些思维通道因频数效应而畸形发展，导致思维定势的缺陷。所以要想更多地获取各种情况下的情景意识，学习和研究别人的轮机管理案例不失为一个快捷而有效的途径。

这样，在遇到某个类似的意外事件后，轮机人员会对该事件涉及案例中的那部分情景特别地清醒,并给予极大的关注,通过吸取他人所长、总结他人教训来积累自己的经验,“踩着巨人的肩膀”,更好更快地培养出真正属于自己的情景意识。

## 三、疲劳与压力

多年来,人们并没有把疲劳与压力问题看做是人为失误的潜在原因或因素。形成这种误解的一个原因是人们一直信奉多种特性都可以防止疲劳与压力:个性、智力、教育、培训、技术、补偿、动机、体格、力量、吸引力或职业精神。然而,最近的事故数据以及研究指出,事故是由于疲劳与压力对人体机能所产生的影响所致。本章就疲劳与压力所引起的人为失误的起因、特点与预防的措施问题进行说明。

### (一)疲劳

IMO 海上安全委员会(MSC)在其 1999 年 5 月 19 日至 28 日举行的第 71 次会议上审议了有关人员疲劳的问题以及 MSC 对此应努力的方向。会议认为应制定切实可行的指南,向所有相关各方提供有关疲劳的适当信息。因此,MSC 在 2001 年 5 月 30 日至 6 月 8 日举行的第 74 次会议上以附则的形式通过了《减轻和管理疲劳指南》(MSC/Circ. 1014)。

疲劳之所以危险还因为无论一个人的技术、知识和培训水平如何,都会受到疲劳的影响。它不是人的缺点,而是人所处的状态。疲劳所产生的负面影响对人类生命安全产生了灾难性的危险,损害了海洋环境和人类财产。由于航运业是一个技术性和专业性都非常强的行业,使得这些负面影响又呈指数级的上升,所以要求船员应保持持续的警觉性和高度的注意力。

1. 疲劳的定义

疲劳是人的一种生理规律,是为避免机体过于衰弱,防止能量过度消耗的一种保护性反应。产生疲劳的原因很多,受到生理、心理及社会等因素的影响。

疲劳的定义有许多种。然而,疲劳通常被描述成一种感觉疲劳、萎靡不振或困乏的状态。这种状态是由于长时间的脑力或体力工作、长时间的焦虑以及艰苦的环境或失眠所引起的。疲劳的结果是损害了身体机能,降低了警觉性。

目前,对于疲劳还没有形成普遍接受的技术性定义。然而,所有定义中最普遍的说法是人体机能的降低。IMO 通函(MSC/Circ. 813、MEPC/Circ. 330)中的“人的因素普通术语列表”提出,疲劳是由于体力、脑力或情绪的消耗,造成体力或脑力的下降,使得几乎所有的机体能力、力量、速度、反应时间、协调性、决策性或平衡性都受到削弱的现象。

人在连续劳动或从事其他体力活动一定时间以后,会自然地发生劳动机能衰退现象,这就是由疲劳引起的。这时,在人体内发生了生理活动变化、机能变化和物质变化。分解代谢和合成代谢难以维持,肌肉收缩变弱,中枢神经系统产生抑制作用,全身感到精疲力竭,渴望休息或睡眠。

人疲劳以后,意志减弱、注意力分散、反应迟钝、对信息输入方向性的选择能力降低、处理信息缓慢、信息的输出形式混乱、动作缺乏准确性,甚至出现失误,难以保证生产安全。

产生疲劳的原因很多,受到生理、心理及社会等因素的影响。因而在对疲劳类型的划分上也存在着不同的分类方法。但是,大体上可以分为生理疲劳和心理疲劳两类。

(1)生理疲劳

生理疲劳,即肌肉疲劳,包括全身疲劳和局部疲劳,急性疲劳和慢性疲劳,静态作业疲劳和动态作业疲劳,以及姿势疲劳等。

全身疲劳是由于全身承受繁重的体力劳动而引起的。表现为全身性肌肉和关节性酸痛,疲惫乏力,具有全身的广泛性,以劳动器官为甚。全身疲劳又分为急性疲劳和慢性疲劳。心理疲劳、营养不良、供氧不足等也可引起全身疲劳。

局部疲劳是个别器官或肢体承受紧张作业,使局部肌腱过度紧张或局部血液循环不良而引起的疲劳。短时的局部疲劳,一般不会影响其他部位的功能;长期的局部疲劳,由于体内物质的弥散作用,会转化为全身疲劳。局部疲劳与劳动者所从事的职业性质有关。它主要是由不良姿势和体位引起的。

(2)心理疲劳

心理疲劳,即精神疲劳,具体表现为体力不支、心情不安、怀有畏惧退缩心理、对于干扰作业的刺激十分敏感、情绪不稳定等。

引起心理疲劳的因素主要有工作单调、缺乏兴趣;劳动效果欠佳、困难较多、技能不熟练;劳动条件较差、心里感到不舒服;人际关系紧张、精神负担重;不愉快;事业上压力过大等。

心理疲劳可加重生理疲劳。疲劳使注意力分散,适应能力降低,身体机能衰退,导致事故的增加。

*2. 疲劳对于船舶作业的影响*

对于包括海运业在内的需要一天 24 h 运行的连续运输方式和行业来说,疲劳被认为是一个关系到船员职业健康和安全的重要问题,它的存在使得在船上工作场所发生事故和伤害的可能性有了极大的提高。

疲劳使人体生理节奏遭到破坏,从而导致睡眠质量差、消化系统失调、妄想症、精神错乱、嗜眠症、呼吸问题、抑郁症、易怒、神经病以及间歇性精神病等。疲劳对船员的工作产生不利的影响,它会干扰船员的注意力,降低船员身体和大脑的反应能力,减弱船员作出各种合理决定的能力。

IMO 通过对 1995 年上半年所发生的事故进行评估显示,在 16% 的重大船舶事故及 33% 的伤亡事故中,有船员疲劳的因素在里面。显然,解决疲劳问题会对船员的安全产生积极的影响,它会通过减少对贵重财产和环境的破坏及损害,潜在地削减船舶所有人、经营人或管理者的营运成本。

人类出现疲劳现象主要是因为没有得到充足的休息,无法从长时间的不睡觉或沉重压力的影响下恢复。除了受不睡觉的时间长短影响以外,疲劳程度还受到其他因素的影响。所从事工作的类型、工作和生活的环境、白天工作的时间等都能影响到疲劳的程度。减少疲劳影响的最好方式之一是储存充足的恢复性睡眠。然而,由于诸如工作安排、生理节奏以及外在环境等因素的存在,获得充足的恢复性睡眠可能会存在一定的困难。

根据人体生理节奏,人类正常的睡眠周期受体温节奏的控制。这种节奏在夜间会积极促进睡眠,在白天则会使人保持清醒。因此,夜间工作可能会使人更加疲劳,一个人更不可能在白天休息的时间里获得宁静的睡眠,所以在同样长的时间里,人们在白天将会比晚上获得较少的睡眠。此外，人在白天睡觉不踏实，容易受到嘈杂声、温度等因素的影响。显然，在管理过程中必须对这个因素予以考虑，以对船员疲劳问题进行有效的处理。

然而，航海的特殊性又将海运业与其他行业区分开来。必须认识到船员属于被“禁锢”在工作环境里的一类人。首先，船员每年平均离家 6 个月以上，在一艘移动的、受到各种不可预料的外部环境因素影响的船上工作和生活，例如，天气条件。第二，在船上工作时，工作和娱乐活动没有明显的分别。第三，现在的船员来自世界各地，国籍和生活背景不同，他们往往需要在一起工作和生活很长一段时间。

同一些标准化的行业相比，航运方面的船舶操作变得越来越复杂，原因在于船舶类型、航线类别和长度、港口的变化以及船舶在港停留时间长短的多样性，所有这些因素构成了疲劳潜在起因的独特组合。

3. 疲劳的原因

疲劳属于人的生理、生命现象的一部分。研究疲劳对合理设计、改善环境、加强管理、提高工作效率、增加安全性具有重要的意义。引起疲劳的原因包括生理、心理两个方面。

引起船员疲劳的最普通原因是缺少睡眠、休息质量差、压力和工作量大的工作。此外，还有许多其他原因，并且会根据具体情况的不同而有所不同，例如，工作与环境中的情况引起的疲劳。

疲劳原因的分类有许多方式。为确保分类的完整性，并且保证其中包括大多数原因，将疲劳的原因分成以下 4 种基本类型。

（1）船员因素

船员因素与船员生活行为方式、个人习惯以及个人的特性有关。然而，每个人感觉疲劳的情况各有不同，疲劳对每个人的影响通常与这个人所实施的特定行为有关。主要包括：

①睡眠和休息；

②生物钟或生理节律；

③心理和感情因素；

④服用药物；

⑤工作量。

（2）管理因素

管理因素与船舶的管理和营运有关。这些因素会潜在地引起船员压力和工作量的增长，最终导致疲劳。这些因素包括：

①组织性因素，比如有关员工的政策及其持久性、船上和岸上人员的角色、计划改变、加班加点、中断、船舶保养、船员的培训和选用等。

②航程和计划因素，比如靠港的频率，港口之间航行所需时间，航线上的天气和海况，航线上的通航密度，在港工作性质和工作量等。

（3）船舶特有的因素

船舶特有的因素可能会致使船员产生疲劳，主要包括以下内容。

①船舶设计：船舶本身容易影响、引起船员疲劳的设计特点；

②会影响到船员的工作量：船舶自动化、设备可靠性等；

③检查与维护:船舶不同设备的日常性与突发性修理及维护保养;

④影响到承受压力的大小:在船舶生活与工作环境中的噪声、振动、居住空间等。

(4)环境因素

受到过度的环境因素影响,例如温度、湿度、过度的噪声等会引起或产生疲劳感。长期处于这种环境甚至会使一个人的健康遭到损害。此外,考虑到环境因素会使人体产生不舒适的感觉,因此它们还能破坏人的睡眠或对其产生一定的影响。

船舶自身的运动也被认为是一种环境因素。船舶自身的运动情况会影响一个人保持身体平衡的能力。这是由于人体需要使用更多的能量保持身体平衡,尤其是船舶在恶劣的海况下航行的时候。船舶自身的运动和一个人的工作能力之间存在着直接的联系。船舶运动过度也会引起晕船和呕吐的现象。

环境因素还可以被分为船舶内部环境因素和船舶外部环境因素。在船舶内部,船员面对的环境因素有:噪声、船体振动以及温度、潮湿等。外部因素则包括码头、天气条件以及船舶的通航密度情况。

为了解除这些引起疲劳的原因,需要做许多工作。针对不同的因素,所采取的应对措施的时机也不同,比如噪声问题最好在船舶设计阶段解决;休息问题可以由船员个人解决;船员的培训等问题可以在船员雇佣阶段解决。

4.疲劳的特征

在最近的研究中发现,疲劳对人体机能的负面影响可以与酒精的作用相比。研究发现,连续18 h不睡觉对人体机能造成的影响相当于人体血液中酒精浓度达到0.05%时的影响。当连续没有睡觉的时间达到24 h,此时疲劳的影响与人体血液中酒精浓度达到0.10%时的影响相同。更需要注意的是,此次研究的对象是一些得到了很好休息的学生,他们在整个研究期间没有被要求从事任何繁重的体力劳动。对于其他的人群,可能会受到相似的影响。

因为人们难以正确判断自己的疲劳程度,所以发生疲劳后是危险的。疲劳会对一个人的机能产生不利的影响,它可以降低船员个人和群体的行为的有效性和工作效益,并可能导致错误的发生。除非采取措施减少疲劳,否则在注意力持续集中一段时间之后,疲劳感觉会长时间的存在,从而引起对船舶安全的损害。以下是疲劳对人体机能产生的影响因素:

①不能集中注意力。不能组织有效的活动,注意一些琐碎的小事而忽略了重大的问题,警惕性降低。

②记忆力降低。遗忘掉某一项任务或任务的一个部分,工作程序错漏,工作不认真等。身体疲劳的人在注意力和记忆力方面更容易犯错误。例如,身体疲劳的人经常会忽略连贯性工作程序中的一些步骤。

③决策能力降低。错误地判断和理解,没有注意应该做的事情具有冒险倾向。身体长时间疲劳的人为了节省精力,常常会选择一些具有高风险的工作策略。

④对正常、非正常或紧急情况的反应迟钝。疲劳能够影响一个人对刺激的反应、感知、领会或理解的能力,一旦出现这些刺激,疲劳的人需要更长的时间对它们作出反应。疲劳还会影响到解决问题的能力,而这种能力是处理新出现或新任务的组成部分。

⑤活动失去控制。不能保持清醒,提重物时用不上力,语言发生障碍。

⑥行为改变。沉默寡语,沮丧易发怒,具有反社会的行为。

⑦态度改变。估计不出危险,观察不到警告信号,具有较高的冒险倾向。

这些影响中的每一项都会对船上的任何职位产生威胁,特别是对于那些具有重要安全责任的职位。如果一名船员因疲劳问题而没有完成被分配的工作任务,该船员无形中就造成了伤亡或事故的危险。任何危险管理策略都必须将重点放在消除疲劳产生的原因上,以减少此类危险的潜在发生。船上各种管理系统和工作程序都应受到严格的检查,以找出其中能够造成船员疲劳的设计上的缺陷。

5.疲劳的预防与消除

虽然引起疲劳的原因很多,但有研究表明睡眠问题是造成疲劳的主要原因。美国的一个研究睡眠问题的小组在 1993 年的一份报告中指出:睡眠不足将导致疲劳和工作能力变差。

1996 年一份提交给 MSC 第 67 次会议的报告中也指出:疲劳主要与睡眠的连续性持续时间和质量有直接关系,没有足够睡眠时间的人很容易产生疲劳。日本海事研究学会 1993 年的一份报告指出:50% 搁浅和 38% 的碰撞事故是由于疲劳和缺少睡眠引起的。1994 年一个法国研究小组的一份报告也表明:41.6% 的交通事故源于睡眠原因。而 IMO 专家们认为对付疲劳有效的方法是保证船员获得高质量和足够的睡眠。毫无疑问对船员尤其是值班人员而言,有效的睡眠是保证航行安全的前提。

睡眠是解决疲劳的最有效的策略。一个有效的睡眠必须同时具有以下 3 个条件:

①合适的持续时间。每个人所需睡眠时间不尽相同,通常认为平均 7 ~ 8 h 是合适的。

②高质量的睡眠。每个人保持自己的睡眠处于深睡的过程中。

③较好的连续性。睡眠不应被打断。实践证明,一个持续 7 h 的睡眠其效果远胜于 7 个持续 1 h 的打盹。

但是,还要注意到失眠和嗜睡都会使人各方面的机能下降,如决策能力、反应时间、判断力、手眼协调能力及其他技能。

人们需要深度睡眠。睡眠的质量并不都是一样的,也并不都能收到完全恢复体力的效果。

仅仅疲劳还不能足以保证获得一次好的睡眠。一个人开始睡眠的时间必须与其生物钟保持同步,以确保睡眠的质量。如果睡眠的时间与生物钟不同步,将很难获得彻底的睡眠。睡眠不应受到打扰。

对睡眠的要求因人而异;然而,普遍认为每天应保证平均 7 ~ 8 h 的睡眠。一个人所获得的睡眠数量应能够使其精神焕发并且保持警觉性。连续几天睡眠不充足将会使警觉性降低。只有睡眠才能够保持或恢复人体的机能状况。

能影响疲劳和体能的另一个重要因素是休息。除了睡眠以外,可采用中断工作或改变工作的形式来休息。对于维持人体机能来说,休息或小憩是必需的。影响休息需要的因素是在休息前进行的工作持续的时间和工作强度、休息的时间、新工作的变化和性质。

研究表明,“短暂的小睡”作为短时间的缓解措施可以帮助在较长时间的清醒中保持

身体机能。小睡最有效的时间是 20 min。也就是说,如果有机会就应该小睡。但是小睡也有某些缺点,一个潜在的危险是小睡如果长于 30 min,将会导致睡眠惯性,而情景意识将会受到影响,醒来之后的 20 min 内将会头昏眼花和迷失方向。小睡也可能会干扰后来的睡眠,在应该睡眠时可能感觉不困。

IMO 非常关注人的因素,尤其是人为失误。作为人为失误的主要原因之一,疲劳因素也得到了特别的重视。在 STCW 公约Ⅷ/1 中要求各主管机关为了防止疲劳应制订和实施值班人员的休息时间,并且要求值班制度的安排能使所有值班人员的效率不致因疲劳而削弱,并且班次的组织能使航次开始的第一个班次及其后各班次的人员均已充分休息。相应地,在 STCW 规则 A-Ⅷ/1 节中强制要求所有分派作为负责值班的高级船员或组成值班部分的普通船员应在 24 h 内具有至少 10 h 的休息时间,休息时间可以分为至多不超过 2 个时间段,其中一个时间段至少要有 6 h。

**(二)压力**

1. 压力的定义

“压力”这个名词在人的生活中可谓是高频率的出现,是现代社会普遍使用的名词之一。随着社会生活节奏的不断加快,压力也不断侵入人的生活,影响着人的身心健康。

“压力”一词包含许多不同的因素。可以表现为:扰乱人体自然平衡的任何影响;人和环境之间的一种特殊关系,这种环境在个人看来已给他的应付能力带来负担或超出个人应付能力,并且危害到他的健康;对环境变化的普遍反应;处理问题失败而带来的心理反应;持续焦虑时间过长导致疾病和对身体的任何要求的不具体反应。

关于心理压力的定义有许多不同的说法,没有一个人们普遍接受的定义。一个现行的较为合理的定义是“压力是人对刺激因素的普遍反应”。这个定义既强调了环境的刺激,也考虑了个体反应方式的差异性。将可能产生压力的环境和事件称为压力源。压力是一种主观的感受,伴随着对压力情景产生身心反应。一般认为,压力是个人的对具有威胁性的刺激情境而一时又无法摆脱时的被压迫的感受。压力源本身是非特异性的,具有客观性,只有通过个体感受才形成压力感。压力源可分为四类。

(1)心理性触发

心理性压力的发生,简单来说就是“要与不要”的问题。在每个人的心中都有满足基本需求,与达成愿望的想法。如果这些需求的追寻遭受压力,就会产生心理压力。如恐惧感和危险感会产生压力。

(2)物理性刺激

对躯体产生直接性损害的刺激,如各种疾病、环境的噪声、温度变化(太热或太冷)等。缺乏睡眠和工作太久会产生压力。

(3)社会性触发

社会性触发指社会生活中所发生的变化。广义如政治动乱、战争、社会经济制度的变革等;狭义如工作环境的变动、家庭成员的重大生活事件。现代社会发展迅速,地区人口密集、人类互动频繁,新的工作要求方式等原因,使得社会性压力成为人们主要的压力来源。比如,工作困境会产生压力。政策和程序,文化和工作风格可成为产生压力的原因:工作量所需的职工数不足,过多的空缺岗位,部门间配合不好,缺乏足够工作的培训,信息不充分,没有控制工作负荷,呆板的工作程序,没时间来适应变化等。

(4)文化性触发

文化性触发是指迁徙、移民或是跨国旅行时,因为生活方式、语言的不同而产生的变化。比如:船员外派,加入一个完全陌生的团队开始工作。

在实际生活和工作中,压力源有 3 个特征:

①不可控性。压力不仅是一些负面事件的影响,非常平常,甚至正面事件也可造成压力。比方说结婚、变老、得到一份工作、工作太多或太少、独居禁室或置身于过度嘈杂的环境。

②不确定性。几乎人们所能想到的任何事,开心的或不开心的,都可成为压力的一个来源。压力在不同的场合是多样化的,对一个人产生高压的事件可能不会对另一个人产生同样的影响。这意味着因人而异。

③挑战极限。压力也可简单地理解为生活造成的身体系统的耗损。人对压力的反应程度受多种因素影响,人的身体素质、心理承受力、对局面的控制程度、人实际感知潜在压力事件的情况。

压力具有明显的情景性、高度的个体化和间接性的特点。压力对人的影响可以是非直接的,通过一些中介变量起作用。如认知评价、人格因素、社会支持因素等。

2. 压力模型

拉扎罗斯认为,当人们遭受压力时,首先对压力作出评定,然后根据评定作出情绪上或行为上的反应。

(1)初级评定。涉及压力事件对个人的意义。事件是积极的,中性的,还是消极的。

(2)二级评定。个体思考如何开发自身的应对能力,减少压力事件带来的危险、破坏或损失等后果。

实验心理学者们在 1908 年的研究给出了激励(或行为)与压力之间的关系,并总结出一条经典定义:工作压力与工作行为之间的关系可用倒 U 曲线形象地表现出来,如图 9-5 所示。该研究结果表明,人的行为受到压力大小的影响。压力太小则使人感到厌烦,提不起精神;如果经常处于一种过重负荷的环境中,比如要进行大量的交涉和工作,压力太大会导致不良行为。

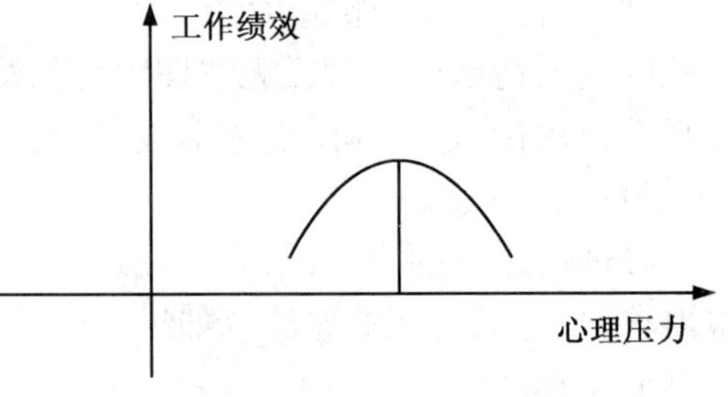

图 9-5 激励(或行为)与压力之间的关系

只有在压力适度的情况下,才能产生最佳行为。按照这一见解,当工作的挑战性适中时行为的效果最好。挑战性太低(导致厌倦情绪)和挑战性太高(导致恐慌情绪)都将导致拙劣的行为。在压力之下,如果人们不能适应,就会导致身体损耗、虚弱和与压力有关的疾病,并导致更加无法适应以后在生活中遇到的压力。另一方面,成功的适应会导致成长、愉快、安全,对以后的压力更具抵抗力。因此,压力并不完全是一件坏事情。

生活中,人都需要一定量的刺激,并且多数人会在某些形式的压力下兴奋起来。在心理学上也有人认为:任何需要人去适应的改变就叫压力。

正常的压力反应会有焦虑与忧郁症状,并伴随着身体相对应的症状反应。这样的反应可见于患身体疾病的病人、即将接受手术的病人,以及面对其他生活重大事件时人们的反应。通常,在人面临压力时,总是依着人过去经验所形成的习惯,自主性地选择“应对策略”,或是在潜意识层面使用一些“心理防卫机制”,以减少反应的强度。只是有些人会潜抑这些刺激,将心理压力转成自己或他人较能接受的身体问题。当对工作的要求达到或超出人的能力时,工作压力就会加大。应付紧急情况的人会受工作压力的影响。

3. 压力与事故

压力是指人从事有目的活动遇到障碍或干扰时产生的一种心理或生理的紧张状态或情绪反应。压力与事故的发生是密切相关的,而且彼此是互为因果的。压力可以诱发事故,而事故的发生又会造成人的压力。

在日常生活中,发生过多的不悦事件或生活环境的频繁变化,不仅会使人心绪不宁、烦躁不安,损害人的身心健康,还会迁怒于他人,迁怒于自己,迁怒于设备,严重地影响工作的稳定,甚至导致事故发生。例如,亲属的不幸或死亡、离婚或失恋、受到处分或不公正的批评等,都会造成感情上的痛苦,出现精神疲劳,使观察力、注意力和理解力下降,这种情况下发生事故最多,所谓祸不单行是绝对有道理的。迁居、睡眠习惯等的改变,会使生活习惯反常;环境的变化也会使人体新陈代谢活动受到影响,情绪容易波动等。当生活变化所造成的影响超过了人的心理承受能力,且令人难以自制时,就可能发生不幸,并导致事故的发生。

压力反应可从以下 6 方面来做说明。

(1)情绪反应

人们面对危险时的情绪反应是恐惧,面对胁迫事件的反应是焦虑,而面对分离或失落的情绪反应则是忧郁。此外,还会表现为缺乏兴趣、烦躁、疲倦、消沉、紧张、不安等。也可以是紧张与忧虑、担心、内疚、不安全感共同表现出来的一种状态,是恢复轻松状态的经常性需要。它伴有一些身心症状,如大量出汗、呼吸困难、肠胃紊乱、心跳迅速、尿频、肌肉紧张或高血压。

(2)身体反应

面对危险或胁迫所产生的身体反应为自主神经系统的警醒,这时常可见有心跳变快、血压变高、肌肉张力增加以及口干的现象。而面对分离或失落时,身体的反应是感到疲倦,并且减少身体的活动。

(3)健康反应

压力最易引起原来就比较脆弱或敏感的器官或系统发病,气管敏感的人,压力可引发气喘;血压本来就不稳定的人,面对巨大压力,血压可能会陡然增高;一连串的压力都有可能会降低人的免疫力。比如:头痛,偏头痛,背痛,眼睛和视力问题,皮肤过敏反应,睡眠紊乱,消化失调,心跳加速,血液胆固醇增加,肾上腺激素增加等。

(4)精神反应

压力给人精神上带来的影响是更为直接的。其中忧虑就是压力最容易引起的一种心理反应。其他常见的压力反应还有认知功能失调、思考困难、失去自信及无助感、绝望感等。比如:对工作不满,沮丧,易怒,失落等。其特征是感觉颓废和消极等其他情况,如感觉没有希望,无用和内疚。它也被描述为丧失对事件逻辑发展认知的一种悲伤。它可轻可重,轻微时可导致工作关系出现危机;严重时表现出管理混乱;极端时可能导致自杀。

(5)行为反应

压力也会给人带来的行为上的影响。主要表现为:家中或单位人际关系破裂,酗酒和吸毒,过度吸烟,语无伦次,严重失眠,事故频繁等。因此,当人出现这些反应时,一定要认真思考是哪些压力引发了这些反应的产生。

(6)思维反应

压力给人造成的思维反应是深层次的。主要表现为:难以作出决定或决策,解决问题缺乏创造性,记忆力下降,反应缓慢,对批评过于敏感等。

4.压力对工作的影响

人只要活着就要面对不同的压力。虽然每个人遇到的压力各不相同,人的个性也各不相同,但是面对压力仍然有一些基本原则可以参考的。

(1)人的一生是由各种大小不同的生活事件所串连成的,有的事件很平常,有的事件则会给人带来或多或少的压力,需要去适应。人们在从事各项活动时,总是按照预先的计划向着预定目标前进,并期望得到预想的结果,在遭受压力时,有的人能泰然处之,有的人却一蹶不振、精神崩溃。这是由人们对压力的适应能力不同来决定的。

(2)对人的身体而言,压力会被看成是一种外来的巨大威胁,一种敌对状态。如果人的应对技巧较为丰富,并且具有可塑性,使人在面临压力环境下有进退自如的余地;如果人使用的心理防卫机制是成熟的、健康的,那么在正常的压力反应之下,人将会学习到成长与进步,且能预防它转变为不正常反应,避免精神疾病的发生。

(3)压力其实是渐渐形成的,没人能事先警觉,因为一点点的压力不会伤害人,或许还有一些好处。但当有一天,人发现受到的压力已经超过负荷量时,甚至不知道是从什么时候开始的。

(4)有些积极事件,如考上大学、升职、结婚和第一个孩子出生等也会产生一定的精神压力。

(5)在一定条件下,保持相对的压力状态,对人的健康和事业不仅无害,反而有益。

(6)并不是所有的压力都会对人产生影响,有的压力对人是无关紧要的。但有的压力却会对人的身体构成极大的伤害,甚至可能会引发各种身心疾病,这就是压力所产生的生理效应和心理效应。一个人遭受过大压力后,可能产生的反应对工作上的影响有如下几种形式:

①不想工作。

②压抑,不愿交流。人处于压力状态一段时间后,变得易怒,对批评过于敏感。这是紧张与忧虑、担心、内疚、不安全感共同表现出来的一种状态。

③抵触情绪浓厚。失去对自己的控制,理智感降低,出现一种与自己的年龄、身份不相称的行为。

④固执己见。不肯改变自己的行为,坚持自己的态度。

⑤妥协或逃避。用让步的办法避免冲突,以求得心理平衡和矛盾的解决。有时也会表现为不愿承担责任。

⑥个人外表不正常。一个人在生活和工作中变得反常。这可能是处于压力状态的普遍表现。

(7)对群体而言,超负荷的压力会对工作组织上的影响有如下几种形式:

①不想工作的情绪增加。尤其在周一早上或早餐或加餐休息时产生不想工作的情绪是压力的典型表现。

②易发生事故。压力是判断错误的根本原因,判断错误容易引起事故、消耗、抵制。许多事故的发生与压力有间接的联系。

③工作表现不稳定。生活中充满压力的事件常导致人们注意力不能集中,因而人容易心烦意乱,或不能及时完成工作。

④同事关系紧张。团队人员相互不交流和沟通,相互猜疑,致使人际关系不正常。

⑤个人流动性高。团队成员的离开非常频繁。

⑥生产效率降低。

5.对压力的处理

从科学的角度看,缓解压力,提高生活质量可以通过综合压力管理来实现。综合压力管理理论认为,人类只能缓解某些压力,而不能完全消除压力。

压力所产生的原因不同,缓解的方法也不尽相同。压力的产生不外乎有生理的、心理的、认知的、人际关系的、社会的、文化的和制度的等原因。只有找准压力产生的原因,干预工作才能做到有的放矢,对症下药。

研究表明,近年来港口生产与通航条件的不断变化,特别是船舶工作的难度与风险的大为增加,对船员的工作环境与心理都带来了很大的影响。目前,绝大多数船舶驾驶员都深感驾驶工作的风险和本身心理压力过大,而这些船舶航行风险和本身心理压力负担的增大往往是导致船舶事故发生的潜在因素。

为了保证船舶工作的安全和正常进行,无论从短期还是长期的目标出发,须注重船舶通航环境对船舶驾驶员心理的影响这一问题,并积极采取有效的应对措施。

(1)船舶安全工作的思想教育

针对目前船舶驾驶员因工作风险与精神压力而产生的一些思想和心理方面的问题,应加强思想工作,帮助他们克服心理与生理方面的困难,以稳定他们的工作情绪和确保工作的安全。通过奖励与教育为主,惩罚与处理为辅的方法,在严格处理事故责任人,积极教育其他人的同时,认真做好船舶驾驶员安全工作的正面思想教育。对多年无事故的船舶驾驶员,要认真总结他们的经验,树立榜样,让其他船舶驾驶员,特别是一些青年船舶驾驶员少走弯路,或少付出不必要的代价。

(2)缓解船舶驾驶员的心理压力

通过采取多种方法与措施引导船舶驾驶人员正确对待工作中的风险与压力,以缓解这些因素对他们心理上造成的压力。这些方法包括:

①学习心理学基础知识

学习管理学与心理学的基础知识,认清压力与工作的关系,积极应对工作压力,掌握自我调整工作压力与心理的方法等;另外,还应重视通过相应的思想与技术性工作做好船员心理素质的培养工作,包括良好的工作态度、心情和信息接受能力、高度的情景意识与警戒性、对突发事件的快速反应、适度的自信心、在特殊情况下心理与感情的平衡能力等。

②进行心理咨询和心理疏导

为了做好船舶驾驶员的心理工作,根据实际的需要,可以定期或不定期地为他们进行心理咨询和心理疏导。特别要注意防止单个船舶驾驶员发生船舶事故后影响其他船舶驾驶员致使连续发生船舶事故的现象。

③开展文体娱乐性活动

积极开展文体娱乐性活动,以改变个人与社会活动过于单一的情况。在确保船舶工作正常进行的条件下,船舶驾驶员可积极参加诸如球类与棋类活动,观看电影或其他文娱节目,以及参观与旅游活动等,以便通过以上活动调节生活与工作节奏,丰富生活内容,有利于调整心理状态。

(3)心理与生理科学的学习与运用

可通过对船员体力、智力和情绪方面的研究,探索自身在体力、智力和情绪方面的波动变化情况(即人体生理节律对船舶工作的影响),以便根据不同的生理节律,对处于临界期的对象加以控制,尽力避开易出现事故的不利时机,使工作时间适应其人体的生理节律,调整好人体的生物钟,最终达到科学安排工作的目的。

(4)开展船舶驾驶员安全意识的教育

为了使船员强化和保持安全意识,应持续性地加强安全意识方面的教育。同时,为了提高安全意识教育的效果,应注意改进这种教育的方式与方法。

①除了应继续在船员中进行以往采用的案例分析、现场指导和宣传教育外,管理部门还应强调让他们共同讨论和研究船舶事故中人的因素的问题。端正思想认识,理顺安全理念,培养提高团队工作的领导与协调能力,改善与船长或驾驶员之间合作关系,始终保持良好的安全工作态度,谨慎做好船舶工作和保证船舶工作的安全。

②船员在相互的工作中应谦虚谨慎,相互尊重,强调船舶驾驶员团队合作精神,积极提倡相互谦让、协作和配合。鼓励他们在必要时,相互多加提醒与督促,共同为船舶安全工作而努力。

③共同研究分析和探讨船舶航行困难与事故多发航段处的安全航行技术与经验,持之以恒地加强和做好对在航行高风险区域必须谨慎安全航行的宣传工作。

④正确认识船长与引航员之间复杂的法律关系,认真注意各自所具有的优势与不足,切实改善船长、引航员和其他驾驶台工作人员之间的合作关系,使他们始终保持良好的安全工作态度,谨慎地做好船舶航行工作,以保证安全航行。

⑤加强团队合作与协作精神。发挥榜样的作用,对航行中发生的船舶驾驶员之间的行动不配合以及言语上的纠纷要进行有效的整改和教育,树立全体船舶驾驶员的整体观念,发扬团结合作,互帮互助的优良作风。培养员工对自己团队和企业的认同感和归属感。加强与其他航运单位的协作,树立良好的企业形象。

(5)努力消除压力的负面影响

在船舶安全工作中防止压力产生的负面影响,主要应考虑良好的个人时间管理,保持良好的健康状况和充足的睡眠;按已建立的标准操作程序来开展每项工作;即使在紧张的工作中,应用幽默和愉快作为防止压力增大的良药,使自己与团队成员放松;按团队管理

方式工作,所有的过失可被其他组员发现。岸上办公室保持船上有足够的适任人员进行工作;熟悉潜在的压力局面;开展良好的培训工作,对团队进行关于压力的教育,以保持身体健康。

## 第五节　通信与沟通

在船舶工作中,交流是船舶航行与作业的重要环节之一,由于有许多事故是与缺乏良好的通信和交流相关的,因此,保证有效的通信与交流不仅是做好管理工作的需要,也是预防航行事故和终止失误链的有效措施。

### 一、通信及沟通的定义

(1)通信的定义

通信是一种发送和接收信息的方式。例如:说话、演讲、电子通信、书信、视觉等。

通信是通过各种媒介将信息从一个地点、一个人或一台设备传送到另一个地点、一个人或一台设备。

(2)沟通的定义

沟通是向他人清楚地传达一个人的意见和感受等。

沟通是指有效地使用词语并优雅地传授某人的思想和技巧的说话艺术。

(3)船上通信与沟通的特殊性

由于船上的操作许多是具有特殊的甚至临界性的操作,每项操作都需要团队成员清楚地知道操作各个阶段各自的职责。因此,船上的通信与沟通具有极其重要的准确性、有效性、严肃性。船上通信与沟通是轮机资源被团队成员充分共享的重要手段。在通信和沟通时产生任何障碍都将导致不可估量的后果。

海员具有来自不同国家、不同地区的特点,他们在船舶上工作使用的语言会有所不同,或使用不同的方言。

### 二、通信与沟通的过程及程序

一个完整的通信过程包括以下内容:

(1)需求。请求向接收方发送消息,发送方收集和安排消息的内容。

(2)发送。有效传送信息。

(3)应答。接收方回答消息,并确认媒介和干扰情况。

(4)接收。接收方理解消息,如果不能完全理解,请求发送方作进一步澄清。

(5)反馈。确认收到消息,并必要地反馈给发送方。

(6)完成。通信完成并终止。

### 三、通信的基本信息

通信中的信息是交流的主体。信息的内容应包括 6 个 W 和 1 个 H,它们分别是:

(1) Why——信息的原因,以表明通信的意图。

(2)Who——信息的受体,以识别通信的对象。

(3)What——信息的内容,按易于理解的方式,收集和安排内容。

(4)How——信息传递的效果,以确认通信有效实现。

(5)Which——信息传递的方式,以确认通信正常实现。

(6)When——信息传递的时间,应选择适宜的时间,不要在充满压力的时候。

(7)Where——信息传递的地点,应选择适宜的地点,在外部干扰最小的地方。

## 四、通信与沟通的方式和特点

通信是人与人之间建立联系。"讲话",是联系的主要方式,但不是唯一的方式。比如,嘴巴口头语音、文字书面语言、表情动作身体语言、音乐图画艺术语言等,都是交流的方式。以下为一些常用的交流方式和其特点。

(1)语言交流

在生活和工作中时刻都在进行着语言的交流。现在又可以用移动电话进行交流。利用口语面对面的进行交流是最常用的形式,有效的口语交流对信息的输出者而言,需要具备正确的编码,以有组织有系统的方式传递信息。

优点:节省时间;交流方便,可辅以非语言沟通技巧。

缺点:受外界影响严重;有时会被曲解;沟通内容有时较为随机;难以长时间保留被查。

有关研究表明,知识丰富、自信、发音清晰、语调和善、诚意、逻辑性强、有同情心、心态开放、诚实、仪表好、幽默、机智、友善等都是有效交流的保证。

用语言交流的时候,同样一句话,你用了这种语气:或者用了另一种表达方式,可以达到不同的效果。

(2)文字交流

在工作中,事情完成都要写总结报告,在实施一个项目的时候,需要提供一个方案,这都是文字的交流。当组织或管理者的信息必须广泛向他人传播或信息必须保留时,报告、备忘录、信函等文字形式是口语形式所无法替代的。

优点:适合传达复杂和难记的资料;能准确表达内容,内容正规;可复查。

缺点:需要组织、书写和阅读;耗时较长;需要接受者具有一定的阅读和理解能力;不能及时反馈。

采用文字进行交流的原则有以下几个方面:

①文字要简洁,尽可能采用简单的用语,删除不必要的用语和想法。

②如果文件较长,应在文件之前加目录或摘要。

③合理组织内容,一般最重要的信息要放在最前面。

④要有一个清楚明确的标题。

(3)非口语交流

非口语交流可以强化口语所传递的信息,也可以混淆歪曲口语所传达的信息,因此了解非口语的交流十分重要。非口语的信息可以用多种方式表达,肢体语言、多媒体技术等。

人在传达信息的时候,语言表达实际上只占表达方式的35%,而65%是靠你的肢体语言去传达的。说同样的一句话,如果加上手势和表情,会带来不同的效果。

在会议中或者做报告的时候,除了文字以外,更直观的一种表达方式是用图表、图像,这些可以使你的意图更直观形象地表达出来。

## 五、正式沟通与非正式沟通

正式沟通是指在组织系统内,依据一定的组织原则所进行的信息传递与交流。例如组织与组织之间的公函来往,组织内部的文件传达、召开会议,上下级之间的定期的情报交换等。另外,团体所组织的参观访问、技术交流、市场调查等也在此列。

正式沟通的优点是,沟通效果好,比较严肃,约束力强,易于保密,可以使信息沟通保持权威性。重要的信息和文件的传达、组织的决策等,一般都采取这种方式。其缺点是由于依靠组织系统层层的传递,所以较刻板,沟通速度慢。

非正式沟通渠道指的是正式沟通渠道以外的信息交流和传递,它不受组织监督,自由选择沟通渠道。非正式沟通是正式沟通的有机补充。在许多组织中,决策时利用的情报大部分是由非正式信息系统传递的。同正式沟通相比,非正式沟通往往能更灵活迅速地适应事态的变化,省略许多烦琐的程序;并且常常能提供大量的通过正式沟通渠道难以获得的信息,真实地反映员工的思想、态度和动机。因此,这种动机往往能够对管理决策起重要作用。

## 六、有效沟通的原则

### 1. 确定目的

明确目的可以确保沟通的充分性和有效性。根据目的收集相应信息,最好形成文件。

### 2. 选择有效的方式

不同的方式有不同的利弊。如发出舵令时辅以手势,交接班的重要内容形成文字等。

### 3. 正确的态度

根据发信人对信息的控制程度和接收人的参与程度,态度可分为:

①告之。指令性的信息,不需要接收人的见解。

②说明。试图说明接收人去做某些与其意愿相悖的事情。

③协商。通过商榷的方式,试图与接收人交换某种信息。

④参与。需要与接收人共同完成某项行动。

即使是相同的沟通和通信,往往在不同的阶段需要选择不同的态度。

### 4. 打破沟通的障碍

障碍即任何干扰、束缚沟通及降低其有效性,甚至造成通信中断的因素。

障碍可能是物理的(如噪声)或人为的(语言、语气、语调、清晰度、速度、节奏以及工作负荷、注意力分散、压力、疲劳等问题)。

### 5. 注意通信中信息的表达问题

一个好的信息要符合“4C”原则,即:Complete(完整性)、Coherence(连贯性)、Conciseness(简洁性)、Correction(准确性)。

## 七、沟通与通信的方式及要点

船舶通信的手段多种多样,由于船舶作业的情况和条件差异和变化很大,通常涉及的船舶通信的手段可分为内部通信手段和外部通信手段。

1. 内部通信手段

口头是通信与交流的最常用的手段,通常在船舶上表现在会议进展过程中面对面的口头交流。除此之外,还有使用设备,比如电话、对讲器等媒介的口头交流。在此需强调工作前安排说明和工作后情况小结两个关键问题。

工作前安排说明是团队内部交流的一个重要方式。要求在做每项工作前安排时间做简要的安排说明。这种说明是公开的、友好的,并能在轮机部团队工作中产生积极影响。在工作前安排的说明会上,说明和公布建立的标准、指南与团队检查计划,识别薄弱的环节,以营造有效的工作氛围。征求建议,总结共同达成的合成计划,查核理解情况,制定监督指南,获得承诺。监督合成计划的进展,评估进展情况,必要时修改,更新计划。

工作后情况小结是团队内部总结的一个重要方式。利用一切可得到的资源(人员、时间、硬件),要求在每项工作结束后尽快安排时间作情况小结,考虑所有组员的意见,包含否定意见并相信肯定意见,积极吸取经验,鼓励为将来的改进提出反馈,纠正错误的行动计划。在工作后情况小结会上,不宜采取责备个人的形式进行,使团队关注于问题(而不是个人),不要让讨论变成争论。不是每个决定都会得到所有人的赞同,观点的分歧是常见的。鼓励"提主张"和"询问"。

书面是稳定而准确的通信与交流手段。利用可存储的媒介来记录通信的基本内容,从而避免因时间变化而造成口头信息的遗忘或丢失。船舶书面通信的手段常见的有值班命令、船舶手册、公告、海报符号和标签等。

重要的船内通信方式有:船舶会议,如航前会议等;简要提示、总结报告;值班命令;船舶手册;通函公告;海报、符号和标签;航海通告;无线电天气警报;驾驶台值班沟通;轮机部值班沟通:包括轮机长与轮机员间的沟通和轮机员间的沟通。

轮机部常有的内部通信有:驾驶台/机舱间联系制度;船舶报警系统;其他船内通信系统。要求保持通信简短准确,把多余的通信降到最少,及时使用"提出主张和询问"并作坚持。如果情况允许,使用辅助通信媒介。保持与驾驶台的密切联系和及时沟通,尤其是发生特殊情况时,更应及时通报,并协调对策。进出港口时若主机临时故障需要减速或停车,必须立即报告驾驶台,由船长根据航道、港区情况,果断决策并通知机舱,避免引起其他事故。

2. 外部通信手段

船舶工作的特点,造成船舶外部通信是一种远距离通信。因此,设备的工作频率的使用成为外部通信的关键问题之一。在船岸之间和船与船之间,广泛采用的是甚高频无线电话(VHF),它是一种通信方便、传递信息迅速可靠的近距离通信工具,船用话机的输出功率一般不超过 25 W,岸用话机一般为 50 W,通信有效范围一般在 30 ~ 60 n mile,岸台则更远些。

书面方式的通信手段包括通函、电子邮件 E-mail、传真 Tele-fax、电报 Telex。

外部通信过程中的一个重要部分是通信设备。船员同他人有效通信时，十分熟练地使用船上通信设备是很重要的。

## 八、机舱人员常用通信与沟通

### （一）机舱值班人员的通信与沟通

1. 值班期间

①值班轮机员应告示其他值班人员有关机器的潜在危险情况，以及危及人命和船舶安全的情况。

②值班轮机员应将保证安全值班的一切适当指示和信息告知值班人员，日常的机器保养工作应纳入值班日常工作制度之内。

③在进行一切预防性保养、损害控制或维修工作时，值班轮机员应与负责维修工作的轮机员合作。

④值班轮机员应记住，为使船舶和船员的安全免遭任何威胁，在船舶推进系统发生故障引起速度变化或停止运转、舵机瞬间失灵或失效、机舱发生火灾、电站发生故障或类似这种威胁安全的其他情况时，应立即通知驾驶台。这种通知如有可能，应在采取行动之前完成，以便驾驶室有最充分的时间采取一切可能的措施来避免可能发生的海难。

⑤在下班前，值班轮机员应将值班中有关主副机发生的事情完整记录下来，并提醒接班人员注意。

⑥出现紧急情况而需要时，拉响警报并采取一切可能的措施避免船舶及其货物和船上人员遭受损害。

2. 值班交接

（1）在交接班前，值班轮机员应向接班轮机员告知以下事项：

①当日的常规命令，有关船舶操作、保养工作、船舶机械或控制设备修理的特殊命令。

②所有机构和系统进行修理工作的性质、涉及的人员以及潜在的危险。

③使用中的舱底污水或残渣柜、压载水舱、污油舱、粪便柜、备用柜的液位高度及状态以及对其中贮存物的使用或处理的特殊要求。

④有关卫生系统处理的特殊要求。

⑤移动式或固定式灭火设备以及烟火探测系统的状况和备用情况。

⑥获准从事机器修理的人员，其工作地点和修理项目，以及其他获准上船的人员和需要的船员。

⑦有关船舶排出物、消防要求，特别是在恶劣天气即将来临时船舶的准备工作等方面的港口规定。

⑧船上与岸上人员可使用的通信线路，包括万一发生紧急事件或要求援助时与水上安全监督机关的通信线路。

⑨其他有关船舶、船员、货物和安全以及防止环境污染等重要情况。

⑩由于轮机部造成环境污染时，向水上安全监督机关报告的程序。

（2）接班轮机员在承担值班任务前，应对交班轮机员告知的上述事项充分满意，同时还应：

①熟悉现有的和可能有的电、热、水源及其情况。

②了解船上的燃油、润滑油及一切淡水供给的可用程度和情况。

③尽可能地将船舶及机器备妥，以便在需要时备车或应对紧急状况。

3. 通知轮机长

在遇到下列情况时，值班轮机员应立即通知轮机长：

①当机器发生故障或损坏，可能危及船舶的安全运行时。

②发生失常现象，经判断会引起推进机械、辅机、监视系统、调节系统的损坏或破坏时。

③发生紧急情况或对于采取什么情况和决定无把握时。

**（二）机舱与驾驶台的通信与沟通**

1. 开航前

①船长应提前24 h将预计开航时间通知轮机长，如停港不足24 h，应在抵港后立即将预计离港时间通知轮机长；轮机长应向船长报告主要机电设备情况、燃油和炉水存量；如开航时间变更，须及时更正。

②开航前1 h，值班驾驶员应会同值班轮机员核对船钟、车钟、试舵等，并分别将情况记入航海日志、轮机日志及车钟记录簿内。

③主机冲车前，值班轮机员应征得值班驾驶员同意。待主机备妥后，机舱应通知驾驶台。

2. 航行中

①每班下班前，值班轮机员应将主机平均转速和海水温度告知值班驾驶员，值班驾驶员应回告本班平均航速和风向风力，双方分别记入航海日志和轮机日志；每天中午，驾驶台和机舱校对时钟并互换正午报告。

②船舶进出港口，通过狭水道、浅滩、危险水域或抛锚等需备车航行时，驾驶台应提前通知机舱准备。如遇雾或暴雨等突发情况，值班轮机员接到通知后应尽快备妥主机，判断将有风暴来临时，船长应及时通知轮机长做好各种准备。

③若因等引航员、候潮、等泊位等原因须短时间抛锚时，值班驾驶员应将情况及时通知值班轮机员。

④因机械故障不能执行航行命令时，轮机长应组织抢修并通知驾驶台速报船长，并将故障发生和排除时间及情况记入航海日志和轮机日志。停车应先征得船长同意，但若情况危急，不立即停车就会威胁主机或人身安全时，轮机长可立即停车并通知驾驶台。

⑤轮机部如调换发电机、并车或暂时停电，应事先通知驾驶台。

⑥在应变情况下，值班轮机员应立即执行驾驶台发出的信号，及时提供所要求的水、气、汽、电等。

⑦船长和轮机长共同商定的主机各种车速，除非另有指示，值班驾驶员和值班轮机员都应严格执行。

⑧船舶在到港前，应对主机进行停、倒车试验，当无人值守的机舱因情况需要改为有人值守时，驾驶台应及时通知轮机员。

⑨抵港前，轮机长应将本船存油情况告知船长。

3. 停泊中

①抵港后,船长应告知轮机长本船的预计动态,以便安排工作,动态若有变化应及时联系;机舱若需检修影响动车的设备,轮机长应事先将工作内容和所需时间报告船长,取得同意后方可进行。

②值班驾驶员应将装卸货情况随时通知值班轮机员,以保证安全供电。在装卸重大件或特种危险品或使用重吊之前,大副应通知轮机长派人检查起货机,必要时还应派人值守。

③若因装卸作业造成船舶过度倾斜,影响机舱正常工作时,轮机长应通知大副或值班驾驶员采取有效措施予以纠正。

④对船舶压载的调整,以及可能涉及海洋污染的任何操作,驾驶和轮机部门应建立起有效的联系制度,包括书面通知和相应的记录。

⑤每次添装燃油前,轮机长应将本船的存油情况和计划添装的油舱以及各舱添装数量告知大副,以便计算稳性、水尺和调整吃水差。

**(三)轮机部与公司职能部门的通信与沟通**

1. 轮机部向公司主管部门送报

①各种机务报表和维修保养计划执行情况报告。

②机舱备件、物料的申领、入库、消耗和库存报表。

③机电动力设备事故报告。

④有关船机状态的报告。

⑤有关设备安全和性能的特殊情况报告。

2. 公司机务部与轮机部的沟通

(1)审核、确认机舱的备件、物料、油料、修理、检验等申请,批注要求的供船时间、地点和其他相关的要求。

(2)收集最新生效的公约、规则、规范和船旗国、港口国等外部组织的最新要求,及时通报船舶,提示船舶注意相关的营运安全问题。

(3)确认以下方面是否需提供岸基支持:

①备件、物料、油料。

②临时修理或计划修理。

③证书/检验。

④PSC 检查。

(4)在登船时,听取轮机长的工作汇报,对提出的问题在职权范围内作出合理的解释,阐明本人登船的工作任务和需要船方配合的事项。

(5)调查了解主要干部船员的技术状况和人员的配合情况、思想状况。

(6)检查船舶维修保养情况,根据船舶的实际状况,布置下阶段工作,并提交轮机长书面确认。

(7)收集船舶应报送的各种机务报表,在可能情况下审阅并提出意见。

(8)检查船舶的 SMS 运行情况,尤其是各种档案、报表、报告的归档与保管情况。

### (四)轮机部与加装燃润料人员的沟通

1. 加装燃油

(1)加油前

加油开始前,轮机长应携同主管轮机员与供油方代表联系,商定如下事项:

①燃油的规格、品种、数量是否符合要求。

②确定装油的先后顺序。

③最大泵油量(添装过程中泵油速度)及其控制方法。

④装油过程中的双方联系方法。

⑤加油泵应急停止方法。

⑥装油开始前,轮机长应亲自或指派主管轮机员检查油驳或油罐的检验合格证和规范图表,弄清油驳的舱位分布及数量;与供油方代表一起测量并记录供油油驳的所有油舱或油罐的油位、油温和密度;计算出储油量;审核驳船装单,如发现不一致,需当即弄清;要核对并记录流量计的初始读数,如为油罐车供油则应检查其铅封是否完好;双方确认后,轮机长在供方提交的装前状况确认书上签字。

⑦装油开始前,应提请供油方按正确方法提取油样,并监督取样装置的安装及调整。

⑧检查本船各有关阀门开关是否正确,各项工作准备妥善后,即可通知供方开始供油,并记录开泵时间。

(2)加油中

①在装油过程中,监督装油速度是否符合约定速度,必要时与供方联系调整。

②轮机长或主管轮机员应使用油样提取装置,在加油全过程中点滴取样,加油完毕后摇匀(约30 s),均分成2~3份,由双方代表现场铅封瓶口,再将有双方签字的标签贴在瓶上。

(3)加油后

若受油发生争议,轮机长与供应代表交涉,并告知船长,待解决后再在加油收据上签名。

若现场双方不能通过协议解决,轮机长不要在加油收据上签字,也暂不要让供方代表及油驳等离开现场。如果船期允许,可以通过代理申请第三方实施公证检验,对双方的油舱、油舱的容积、标尺、油泵的流量计及泵油管油路等进行检验、测算,作出裁决,同时将此情况报告公司。公证检验时,轮机长及主管轮机员须在现场。如果船期不允许,则轮机长必须在加油收据上加批注(供方不同意加批注时,可书面声明并由双方代表签字),并将此情况通知油公司,同时上报公司,验船费用将由败诉方负担。

2. 加装润滑油

(1)加油中

①轮机长与供油方代表确认加油品种和数量。

②在散装情况下,轮机长应同供油方代表确定加油量计量方式,并由主管轮机员与供应方代表一起记录供油驳的流量表初始数值和船舶相关油舱初始存油量,如果供油驳没有流量表,一般由主管轮机员与供油方代表一起测量供油驳的相关油舱的初始存油量。

③监督油样的采取,并在油样瓶上做好相关的标记。

(2)加油结束

①等油舱(柜)中的油稳定后,主管轮机员与供油代表一起测量船方的加油舱(柜)的加油量,同时测量供油驳的供油量,确认一致后,由轮机长在供油收据上签字。

②如果发生争议,轮机长应与供油方代表协商,一般应以船方的测量记录为准,如果协商不能达成一致,轮机长应告知船长,由船长决定下一步的措施,如果船期不允许,轮机长可以签署书面声明(抗议),并由轮机长与供油方代表签字。

**(五)轮机部与备件物料供应人员的沟通**

首先是确保供应人员准确无误地理解采购内容,包括型号、色泽、数量、质量要求、供货进度等。其次,与供应人员的沟通一定要充分并形成文字记录,既然是沟通,就切忌将自己的主观意识强加给供应人员,所以协商时,要善于引导供应人员积极配合。与供应人员打交道,最忌“以为”两字。很多时就犯在“以为”上,“以为”他听懂了、“以为”他收到了、你“以为”他知道、他“以为”你知道、“以为”没有问题、“以为”不会出事、“以为”能按时交货,不是吗?一解释起来,全是“以为”。就是没有确认,最终不能确定,怎么讲也讲不清,而充分有效的沟通,才能保证主观上出错的概率最低。把能讲的事讲完、讲到位,并形成双方确认的书面记录,出了事,是谁犯错一目了然。

## 九、通信与沟通的障碍与改进措施

1.通信与沟通的障碍

通信的障碍,指任何干扰,阻碍或影响通信的因素,如通信中断。障碍可能是物理的或人为的。

物理障碍在船舶通信中通常表现有噪声,比如在VHF通信中,来自其他船舶的非正常业务交流干扰,在船舶内部通信中,电话机的电流声,对讲机的电流声等;另外还会碰到设备的物理场所所带来的物理障碍,比如船舶设备工作的干扰,船舶震动,风浪声响,驾驶台设备同频干扰等。因此,要保障船舶通信正常进行,应尽力减少或排除物理干扰。

人为障碍指信息的传递者和接收者个人的障碍。通常地,双方应选择共同语言,即在SOLAS公约中规定的使用工作语言。而英语应作为驾驶台的工作语言。在我国港口的通信中,往往存在地方语言、普通话、英语等语言载体的选择。

语言通信中,还有语气、语调、清晰度、速度、节奏等问题,而在肢体语言通信中,也会有眼神、面部表情等问题,这些都会表现为信息的传递者和接收者个人的障碍,基于船舶人员的多语言和多文化特性,或多或少存在一些通信干扰。

当然,在通信中的人为障碍还会表现为工作负荷、注意力分散、压力、疲劳等问题,这些因素在港口船舶流量和运转周期加快的情况下,更加明显。

2.改进措施

必须努力克服通信中断的困难,否则团队工作和相互理解会出现问题。避免该情况的发生应注意以下要素。

①通信一定要有一个明确的目标。这是通信最重要的前提。因此,理解了这个内容之后,在和别人通信的时候,第一句话应该说:“这次我找你的目的是……”。通信时说的第一句话要说出所要达到的目的,这是非常重要的,也是通信技巧在行为上的一个表现。

②通过设计改善设备的物理处所,根据实际用物理方法减少干扰。

③增强文化意识,通过资源管理避免注意力分散。船上的海员具有多国籍性,他们共同工作在世界各地的船舶上,讲着不同国家的语言。即使船上所有的船员来自同一国家,他们也是来自不同的地区或省份,有着不同的方言。增强文化意识,减少和避免语意的理解不同而造成的人为障碍的产生。

④通信技能培训,合理安排时间减少压力和疲劳。

⑤使用共同语言,使用标准航海用语。

⑥达成共同的协议。通信结束以后一定要形成一个双方或者多方都共同承认的一个协议,只有形成了这个协议才叫做完成了一次通信。如果没有达成协议,那么这次不能称之为交流。通信是否结束的标志就是:是否达成了一个协议。在实际的工作过程中,常见到大家一起通信过了,但是最后没有形成一个明确的协议,大家依旧各自干各自的工作。由于对通信的内容理解不同,又没有达成协议,最终造成了工作效率的低下,双方又增添了很多矛盾。

⑦交流信息、思想和情感。通信的内容不仅仅是信息,还包括更加重要的思想和情感。

## 第六节　船舶各种应急预案及案例分析

### 一、救生

#### (一)案例一

(1)事故概述

2008 年 6 月 28 日约 0325 时,某公司所属"HP"船在黄海南部 33°11′.4N,122°38′.8E 附近海域沉没,该船从出现险情到完全沉没经历了将近 1 h,船员在释放救生艇筏失败后,各自跳水逃生,该事故造成 6 名船员死亡,4 名船员失踪,仅有 4 名船员获救。

(2)事故原因

根据现场搜救情况,6 名死亡船员都因逃生时救生衣穿着方法不正确,救生衣下部系带松脱,仅上部系带拴住落水者颈部,在水中救生衣上浮而把落水者压在水下,救生衣由于使用不当变成了索命衣,船员落水后没有在水中进行有组织自救而是各自逃命,减少了在水中的生存概率。通过现象分析可知,产生这种情况的根本原因就是船上没有组织有效的救生行动,最后船员各自跳水,如果可以有组织地进行自救,相信可以有更多的船员幸存下来。另外,船舶没有按照有关规则的要求组织高质量的救生演习,没有通过演习来锻炼船员的应急救生能力,也没有通过对救生设备的试验和使用,发现设备的缺陷,并及时消除缺陷。

(3)关于船舶救生演习的几点建议

为提高演习质量。达到救生演习的目的,提高船员海上求生能力,保障救生应急设备的可靠性,建议采取以下几个措施:

①加强船员海上求生意识教育。船公司、船长应鼓励船员摒弃迷信思想,利用影像资

料、书籍、典型案例学习等手段提高船员对救生设备和救生演习的认识，鼓励船员积极主动学习海上求生知识，利用业务技能竞赛等有效手段锻炼船员海上求生技能。

②按时认真组织船员开展救生演习。救生演习是提高船员求生技能的重要途径，每艘船舶必须按要求定期开展船舶救生演习。每次演习务必要求气氛逼真，要求船员必须在规定的时间内穿好救生衣，按应变部署表要求携带各自必须携带的装备及物品到达集合地点；每次演习必须按应变部署要求有序展开。只有这样才能真正锻炼船员处变不惊的心态和精湛的海上求生技艺。

③加强海事监管，督促船舶做好救生演习。强有力的外部监管可以从另一个侧面督促船舶做好救生演习。主管机关对船舶实施的港口国监督和船旗国检查中，不仅要检查船舶救生设备的配备是否符合规则，还应检查设备是否可用；并应通过演习等手段检查船员的实操能力以及在紧急情况下的应变能力，从而防止船员在演习记录方面的作弊现象，促进船员救生及求生能力的提高。

**（二）案例二**

（1）事故经过

1983 午 10 月 6 日 1830 时，“大庆 236”号船自秦皇岛满载 15 449 t 原油驶往黄埔港，11 日 6 点 20 分，该船正航行在广东汕头附近海面上，此时，该海域正刮着 6 级大风，海面上海浪滔天。“大庆 236”船的驾驶员注意到了在“大庆 236”船后面偏左方向，有两艘船正在驶近，其中一艘集装箱船很快就超过“大庆 236”船驶远了，另一艘船名为“克拉巴特山”的印度尼西亚货船 0935 时驶到“大庆 236”船左舷正横 0.3 n mile 处。

1017 时，这艘船驶到“大庆 236”船左前方 1 000 m 处时，忽然向右转向，正横在“大庆 236”船的前方，“大庆 236”船三副立刻拉响一长声汽笛，但该船仍然继续向右转向，两船的相对位置已经处于危险状态。“大庆 236”船三副拉响五短声警告汽笛信号，并命令舵工打满舵紧急避让。

“大庆 236”号船长听到五短声警告信号，立刻登上驾驶台，他发现“克拉巴特山”船有横越本船首部之势，采取紧急停车，后退四的措施，可是该船继续向右转向，似乎是追着“大庆 236”船冲来，船长为了摆脱本船艉部被撞，采取左满舵，前进四等措施。

尽管船长采取了一系列的紧急避让措施，依然摆脱不了这艘反常转向的船舶，1020 时，“克拉巴特山”船的船头还是撞在了“大庆 236”船左舷艉部，这个部位正是机舱，猛烈的撞击使机舱舱壁被撞破，大量海水瞬时涌入机舱，导致艉部开始迅速下沉。

（2）“大庆 236”号船采取的措施

这艘印尼货船对“大庆 236”号船的撞损之严重，使“大庆 236”号船已不可能采取堵漏、排水等措施自救，根据这种情况，船长果断地下达了弃船命令，得到命令的船员们有条不紊地展开了行动。

按照紧急救生原则，在弃船救生时，高级船员在第一时间内应该抢出工作文件并携带走，这些文件对日后调查事故经过，事故原因及判定事故责任非常重要。其次是采取措施避免发生更大的损失。“大庆 236”号船的三副带出了“航海日志”并记录了事故发生位置：22°32′.5E。在机舱，为避免发生爆炸，二管轮与机工长关闭了锅炉油柜出口阀，熄灭炉火，值班机工将“轮机日志”携带出。在电报房，电报主任、电报员镇定地用备用发报机向外拍发"SOS"信号,将本船遇险的情况及时地通知了外界。

在艉部生活区,管事打开保险柜将公款取出随身携带。

在救生艇甲板上,高级船员们清点登上救生梯甲板的船员人数,当他们发现一位加油工还没有踪影时,几位船员立刻自告奋勇返回生活区寻找。这位船员在撞击发生时正在自己的舱房内,而他的舱房正处于被撞击的部位,撞击使这个舱房被削去了一半,卷曲的钢板、损毁的家具将这位船员死死地困在一个角落里不能脱身。赶来寻找他的几位船员趟着没膝盖深的海水找到他时,海水依然在不断地涌来,如果不迅速将被困的同事救出,这几位前来救援的船员也会被困,大家齐心协力搬开家具、杂物,有的船员撬开钢板时手臂被划破了,鲜血流淌出来,在大家的努力下,这位被困的船员被救出,几个人在齐腰深的海水中一起奋力返回救生艇甲板。

船即将沉没,此时每一分每一秒都是宝贵的,"大庆236"号船的船员们在这短暂的时间内表现出了大无畏的勇气和团结一致的精神是令人赞叹的,他们的行为表现出了良好的海员素质。

艉部已经沉入海面,海水开始扑向船中部,大船沉没时往往会产生巨大的旋涡,必须在旋涡产生之前远离大船。三艘救生艇顺利放入水中,船员们依次登上救生艇,有动力的救生艇启动了马达,船长命令电报主任、电报员停止拍发"SOS"信号,这两位船员这才携带"电报日志"离开报房。

船长、二副再次搜寻是否还有人没有离开大船,当救生艇离开大船时,船长大声呼喊:"船上还有没有人"当他们确认其他船员都登上了救生艇后,船长、二副、电报员已经无法登上救生艇了,他们挺身跃入大海。

(3)搜救过程

35位乘坐有动力救生艇的船员登上了肇事的印尼货船,这艘货船在中国领海内撞船肇事,事发当时没有向当时的我国海事部门报告,也没有在海面上继续搜索是否还有其他待救的船员,而是驶向香港。21位船员乘坐的救生艇没有动力,只能在海面上漂泊,而3位最后离船的船员还在与风浪搏斗,由于"SOS"信号的及时发出,"大庆236"号船所属的单位及时地得到了消息,随着消息的迅速传递,原交通部,广州救捞局,驻粤空军、海军,陆丰县有关部门迅速行动起来,两架飞机,多艘商船、救助船、军用船、拖船和渔船赶往出事海域,香港海事处的一架直升机也参加了搜救。

首先赶到的"陆丰25049"渔船发现了漂泊在风浪中的救生艇,渔民们试图拖带这艘失去动力的救生艇,他们几次甩出绳索,因为风浪太大,救生艇上的船员们接不住绳索。两位渔民在身上绑上绳索冒着风浪跳入水中,绳索系上了救生艇。救生艇与渔船并在了一起。渔民的衣服穿到了在寒风中瑟瑟发抖的船员身上,热气腾腾的姜汤递到了船员手中,"陆丰25049"拖曳着救生艇驶向褐石镇,船靠上码头,受伤的船员立即被送往医院。

"陆丰53011"船长朱某发现有大船出事时立刻停止了捕鱼作业,驾驶着船驶向出事地点,当他的船到达时,海面上只有一个随风漂流的救生筏,李某仔细地查看了筏子,发现里面空无一人。他想到可能有人落水,随即在海面上四处搜寻,很快他们就发现了在水中的船长,船长接住了渔民们抛出的救生绳,船长获救了。

被风浪折磨得筋疲力尽的二副和电报员被"陆丰25048"渔船发现,船长张某命令手

下抛出救生绳,可是水中的两位船员已经没有力气接住了,更没有力气爬上近在身边的渔船。一位渔民跳入水中,双手将二副、电报员托上船。

59 名遇险船员全部获救脱险,在事故中表现突出的二副、二管轮、船长等人受到表彰。

(4)事故原因

造成这场事故的主要责任是"克拉巴特山"船违反国际避碰规则,追越、横越"大庆236"号船。该船驶到香港后向香港海事局报告,它本航次是从日本驶往香港,在离开日本不久其舵机就失灵了,它带着这样的隐患继续航行,当它追越"大庆 236"号船时,正在修理试验操纵系统,因为舵被咬死了才使船忽然反常地转向撞向"大庆 236"号船,引发了事故。

(5)经验教训

海上两艘大船发生碰撞时,往往只有在驾驶台的船员有时间知道即将发生危险,而在机舱和房间内的船员大多是被撞击惊吓,人在惊吓之中本能作出的反应当然是寻求安全。只有训练有素、心理素质好的人才能作出正确的判断。

尤其是弃船求生时,有组织有领导地采取行动才是最有效的脱险行动。

由于"大庆 236"号船员及时拍发了"SOS"信号,关闭了机舱锅炉,所有的船员安全撤离难船。携带文书登上了救生艇,由于船长等高级船员组织得力,使全体船员把自救行动做到最好状态。

虽然"大庆 236"船的所有船员都脱险了,但是"大庆 236"号船底朝上沉在海水中,有原油开始溢出,为保障过往船舶航行安全,海事部门在沉船位置设置浮标,发出航行警告,但污染海洋的危险仍然存在。1984 年 8 月,在广州救捞局的努力下,"大庆 236"号船中的15 000 t 原油被安全吸出,该船被打捞上浮,拖回黄埔港。

肇事船造成的损失是巨大的,但在中国海员的自救、渔民的救援与打捞人员的努力下,这场事故的损失被降低到了最小。

## 二、消防

### (一)案例一 "THH"船机舱火灾事故

船舶概况:船长 189.94 m;船宽 32.2 m;型深 16.6 m;载重 47 377 t

主机型号:D&W 6L67 MCE

副机型号:WARTSILA 6R22/26

出厂日期:1991 年 7 月

(1)事故经过

2000 年 4 月 28 日,"THH"船第 53 航次从南非德班港开往伊丽莎白港装货。

0548 时,副机燃油压力低报警,约 30 s 后发生火警警报,显示机舱 No. 1 副机顶部及排烟管着火。

0549 时,机舱报告驾驶台,船位显示 33°46′S、026°47′. 2E;随即驾驶台发出火警警报,并向全船广播了机舱着火的消息。

0553 时,副机跳电,主机停车。

0554时,船长命令机舱人员撤离,机舱人员切断风、油应急切断装置,关闭通风装置。

0557时,在确认机舱人员全部撤离后,向机舱释放二氧化碳,同时启动应急救火泵向烟囱及机舱风机层的舱壁喷淋降温。

0600时,108瓶二氧化碳释放完毕。

0630~0638和0650~0657进行两次探火,确认火情全部熄灭后,打开天窗、机舱门进行自然通风,清理现场。

0830时,启动副机供电。

1125时,启动主机复航。

这次火灾损坏情况:

①No.1、No.2发电机主电缆、控制电缆、保护系统电缆、报警装置电缆烧损;发电机输出主电缆外层有碳化物溢出;No.3发电机主电缆局部也有碳化物溢出。焚烧炉、机舱风机、机舱天车电缆等烧毁。

②No.1副机调速器、涡轮增压器和副机一套液压工具全部烧毁,燃油滤器螺栓断裂,副机机旁仪表板烧毁,副机安全保护装置、自动调节装置、预润滑油泵等烧毁。

③No.1、No.2副机各压力、温度传感器及发送器烧毁。

④副机上方的照明电缆、插座、开关及三个火警探测器烧毁。事故发生后,公司派人员随船指导船员自己修复,没有船期损失,损失备件费40万元人民币。

(2)事故原因

4月26日"THH"船驶离德班港,空船开航后,遭遇恶劣天气,风力8~9级,船舶剧烈颠簸,振动强烈,使No.1副机燃油滤器的紧固螺栓(材质强度有限)断裂,燃油喷溅到增压及排烟管上引发火灾。

(3)事故教训

①清洗拆装滤器时,要按说明书的规定上紧螺栓。发现漏油要认真检查密封面及垫片,不可采用加大收紧力的办法除漏。一旦发现使用中的螺栓存在缺陷,应及时更换。

②定期检查副机排烟管等高温部件的隔热包扎和遮挡板情况,如有缺陷要及时修复纠正。

③加强对船员的安全教育,提高安全意识。船舶航行在狭窄水道,或遭遇恶劣天气期间,机舱要加强值班,当值人员要认真巡视检查,发现问题及时处理。

④加强对船员的心理素质锻炼与技能培训,提高船员的应变处事能力。

**(二)案例二　机舱火灾的扑救**

1.机舱底部起火

(1)初期阶段

舱底某个部位刚开始燃烧,过火面积不大时,救火人员可顺机舱梯道迅速下到机舱底部,用手提灭火器(泡沫、干粉)或雾状水枪灭火。当机舱梯道被烟火封锁下不去时,可以从机舱后部艉轴隧向机舱进攻。

(2)发展阶段

当机舱内火灾难以控制,开始向机舱上方蔓延时,可采用封舱灭火。立刻发出信号,迅速撤出舱内人员,关闭机舱通风机、出入口、通风孔、天窗和烟囱两侧的百叶窗等,减少

机舱内的空气流通,为封舱灭火创造条件。船上机舱的动力通风机和天窗都装有可在机舱外部关闭的设施,当机舱内出现浓烟时,灭火人员可在舱外将其关闭。

开启船上固定灭火装置,向机舱内释放高倍泡沫或二氧化碳灭火剂进行封舱灭火,如果采用船上固定灭火系统未能扑灭机舱火灾,可使用陆上消防队的高倍泡沫发生器进行扑救,将发生器摆放在机舱两侧出入口处,同时向机舱内灌注高倍泡沫。

在灭火的同时,应在与机舱毗连的船楼舱室内和天窗口等处,安排灭火人员用喷雾水枪进行冷却保护,防止因热传导和热对流等引起新的燃烧。

2. 机舱中部、上部起火

(1)初期阶段

先用手提式、推车式灭火器灭火,也可从机舱下部用泡沫或喷雾水枪向上喷射灭火。为防止火势向下蔓延,可继续使用舱内通风设备和通风孔,保持空气流通,使火势向上蔓延。

(2)发生阶段

当火势无法控制并向下蔓延时,可采取隔绝空气,开启固定灭火系统封舱灭火的方法。

3. 机舱灭火时的进攻路线

灭火人员应根据机舱起火部位所在的层次,选择最近、最有利的进攻路线,进攻路线主要有:

①船楼内各层走廊通往机舱的左右舷出入口,一般进出机舱都有两条通道。

②船甲板上的天窗口。

③烟囱上部的出入口。

④艉部的艉轴隧逃生孔。

## 三、堵漏

### (一)案例一

某船在2008年1月在秦皇岛港受载后,船员发现在机舱部位,水线以下5~6 m处,该船机舱右舷F30和F31肋骨严重腐蚀,肋骨腹板靠船体外板处已脱开,F30肋骨根部脱开长约2 500 mm,F31肋骨根部脱开长约1 500 mm。船体外板(G3列板)在机舱右舷位于F30~F31肋位之间板发现一裂纹,长约100 mm。海水渗入机舱,使船舶处于不适航状态,此时,该船已满载,由于秦皇岛港口没有条件将煤炭从船上尽快卸下,使损坏处露出水面进行修理;同时南方受冰灾,急需煤炭,时间也不允许卸货。该船只能靠码头进行临时性修理,将漏洞处进行处理。

当时,该船已采用了“Fast Steel”(快干铁)在船体外板堵漏,机舱内部在裂纹处两边打止裂孔,用小电流将裂纹补焊后,用覆板作临时修理,再更新部分肋骨的方法进行修理。可是潜水员在水下工作了几个小时,几次下水,也无法将裂纹处堵上,由于裂纹处漏水、水压较高(水下5~6 m)无法完成最后的焊接。该修理方法一直持续了10 h,原交通部和船公司几次来电话询问修理进展情况。经现场研究发现,所谓的“快干铁”只能是在理想的条件下使用,即损坏表面进行清洁处理后采用“快干铁”,可以迅速将漏洞堵上。水下用该方法,损坏表面不能达到施工条件,同时由于水下条件有限,潜水员不能很准确找到损坏地方,故也无法很好处理漏洞,延长了修理时间。

经多方研究,确定采用一水密箱焊接扣住裂纹处,在水密箱上方打一个孔,该孔处焊接一个适当螺母或该孔攻一个适当尺寸的螺纹并配好螺栓,如图 9-6 所示。

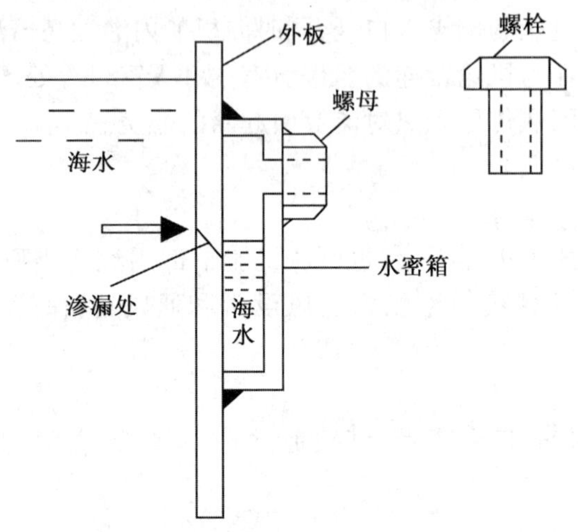


图 9-6　水密箱焊接堵漏法

在焊接水密箱过程中,只有在没有水压的情况下,才能将水密箱完好焊接在损坏处,焊接过程中当箱中海水渗漏满时,从开孔处流出,形成不了水压,有利于焊接。焊接完成后,将螺栓安装完后焊死,这样将渗漏处堵上,后续工程可以顺利完成。这种堵漏方法仅用一个多小时就完成了,给船期节省了时间。从现场施工中,这种简易可行的堵漏方法在损坏临时应急修理中是较好的一种,后经跟踪调查,没有发现异常,效果良好。这种堵漏方法也可以应用在散货船顶边舱锈蚀渗漏的临时修理,因为在作顶边舱水压试验过程中,在货舱内很容易发现渗漏处,但在顶边舱内部由于视线较差,就很难发现渗漏处。当顶边舱压水时,货舱内发现顶边舱下斜板的渗漏处,由于水压较高,直接补焊修理、很难完成,这时可以采用上述方法,在货舱内,将适当尺寸螺母焊在渗漏处,用螺栓拧上,再焊接好,就可以将渗漏临时修理完毕。

**(二)案例二**

(1)事故概要

2006 年 4 月 12 日 0300 时。浙江象山县某公司所属“浙象机 807”船在牛鼻山水道红生礁触礁,造成船体破损,强行脱礁后,0545 时航行至四角山附近海域沉没,船上 6 名船员全部获救。

(2)事故经过

2006 年 4 月 10 日 1600 时,“浙象机 807”船装载水泥 320 t,艏吃水 2.4 m,艉吃水 2.6 m,从嘉善驶往石浦。

4 月 11 日 0100 时,该船抵达金汇港等待出闸。1400 时过闸。1800 时该船锚泊于舟山桃夭门,2230 时起锚续航,开启航行灯、雷达(雷达量程设置在 3 n mile 挡)、GPS、VHF,当时驾驶台由船长指挥。4 月 12 日 0200 时,该船航行至双屿门,值班驾驶员上驾驶台接

班。当时能见度良好,无风浪,落潮顺流。船舶按航向195°、航速10 kn(前进三)航行。0240时,该船航至小东屿左正横0.5 n mile处,转航向180°。当时海上起雾,视距不足200 m,值班驾驶员将雷达量程转换至1.5 n mile挡,仍采取10 kn航速航行。0255时,海上雾增浓,视距不足100 m,该船航至道蓬山东侧附近处,转航向190°,航速未变。0300时,艏部触碰红生礁,值班驾驶员随即采取停车。船长听到触礁响声后,随即从其卧室赶到驾驶台,了解简要情况后令值班驾驶员、轮机长等到艏部检查。经查,船体前部搁置在礁石上,艏部朝向南偏西,船体搁置较平整;艏尖舱内非水密锚链舱底部右侧有一处10 cm×25 cm的破口,并伴有海水涌入;整个艏尖舱内水位升高较快。0305时左右,船长接到报告后,即派值班驾驶员等3名船员用棉被等实施堵漏,轮机长等2名船员动用2台水泵排水,同时,船长采取慢倒车、快倒车尝试脱礁,约10 min后船舶脱礁。船舶脱礁后,艏尖舱进水量明显增大,船长决定向西抢滩,调整船位后,采取前进二的车速向西航行。0325时左右,虽有2台水泵排水,但艏尖舱积水越来越多,艏部下沉至与海面相平,船舶行驶困难,船长采取减速航行。0330时,该船航经四角山西南水域,船体主甲板基本淹没,机舱尚未进水,船舶停滞不前,但主机仍在运转,船长与轮机长等商量后关闭主机。之后,船体缓速下沉。0540时左右,海水淹没至驾驶台甲板附近,船长下令弃船,组织施放救生筏,随后6名船员登乘救生筏离开本船。0545时左右,船舶沉没(概位29°34′200N/121°59′450E),驾驶台顶部和桅杆尚露出海面。0600时,船上6名船员被附近锚泊的"浙象机866"船救起。

(3)事故原因分析

①该船雾航时违反有关规章、操作不当,是导致船舶偏离计划航线而触礁的主要原因。

②事后处置不当,扩大损害。该船触礁后,船长虽安排船员对船舶受损部位进行了检查,并实施堵漏和组织排水,但没有充分研究当时环境、潮汐和船舶本身抗沉性能等的各种客观情况,未制订比较完善的脱礁方案。在当时低潮情况下,船长比较仓促地采取强行倒车脱礁措施,致使船体在非正常起浮状态下脱礁,导致艏尖舱底部破口加剧;在船舶脱礁后,向西航行抢滩过程中,船长未能根据当时情况,谨慎地驾驶船舶及采取延迟船舶下沉的有效措施,造成船舶抢滩失败,扩大了损害。

## 四、溢油

### (一)案例一　某船污染事故

船舶概况:1985年5月上海沪东船厂建造,载重70 000 t

主机:MAN B&W 5S60 MC 功率9 000 kW

(1)事故经过

2000年5月24日,某船离开荷兰港口。约0300时,燃油溢油柜高位报警。检查发现主机燃油自清滤器在自清时,因泄放阀没有关严而向燃油溢流柜跑油。船员随即转换滤器,关闭有关阀门,制止跑油。但机舱舱底有一半面积及主机四周、主机下部污水井都已被燃油严重污染,机舱后部污水井也有燃油进入。

为了迎接第二天的PSC检查,船员对机舱的污油进行了清理,但因时间紧,后污水井的污油没有完全清理干净。

5 月 25 日 1540 时开始使用 No. 2 通用泵排艉尖舱压载水。1700 时,甲板值班水手和驾驶员发现排出的水中有油,立即通知三管轮停泵。机舱人员在检查管系阀门时发现通用泵管系通往机舱后污水井的腰节阀有漏泄问题。为防止再次污染,船员紧急封死该阀,并把所有被污染的管系拆下,进行清洁。

按照"油污应变部署表"要求,船长通知租家代理上船,并通过代理向当地主管当局报告这一不幸事件,同时通知中远驻汉堡代表处并向公司汇报。

2000 时,P&I 验船师及港口检查人员上船,船上轮机长和三管轮把事故前后经过,详细地向检查官作了汇报。检查官经过认真核查后,确认了船上对事故的分析结果和所采取的措施属实,按照该国规定对该船罚款 3 624.77 马克(折合人民币 13 411.6 元);清除费 23 000 马克(折合人民币 85 100 元)。

(2)事故原因

①通用泵连通机舱污水井的腰节阀,阀面有轻微不平,造成轻微漏泄。漏泄的油集结在管路和阀的死角处,当集结到一定程度时被水带出舷外。

②通用泵处机舱海水阀及污水阀标记不清,无禁止排污警示牌。容易在排压载水时,错开污水阀,造成污染。

(3)事故教训

①机舱污水排放管路上的有关阀门,必须设置为经过油水分离器处理的状态。

②通用泵连通污水系统的阀门,要用规定油漆标记清楚,并悬挂"严禁排污水"的警示牌。

③加强对各污油柜、污水柜的管理,保持舱底清洁。

**(二)案例二**

2005 年 3 月 18 日 0823 时,Z 船与 Y 船在途经台州温岭石塘以东海面时,因雾航中双方瞭望疏忽等原因发生碰撞事故。致使 Y 船艏部右侧碰撞在 Z 船左舷驾驶台前,导致 Z 船左侧四舱破损,发生了溢油事故。事故发生后,船方一边采取堵漏措施,一边向当地海事部门报案。海事部门接到报案后,立即抽调执法人员赶赴现场组织清污工作,但由于辖区无专业清污队伍,也无专业救助船舶,在调集相关清污人员、清污材料、船只上花费了大量时间,导致海面污油在风流作用下进一步扩散,给清污工作带来了一定的难度,加上清污人员临时组建,在清污材料的使用上有盲目投放,造成了清污材料在一定程度上的浪费,所幸现场指挥人员熟悉海况气象,在对污油围控上方法得当,有效地阻止了污油的进一步扩散,经过近 3 天紧急处置,海面大部分污油得以及时围控,没造成严重后果。

## 五、海盗袭击

1. 案例:中远香港航运公司"富强"船

2009 年 11 月 12 日 0545 时,大副在雷达上发现 12 n mile 处有一回波,通知防海盗值班人员加强戒备。0615 时,用望远镜发现回波是一条渔船大小的白色小船(在左前方 6 n mile 处),旁边有一快艇以 20 kn 左右的速度向"富强"船逼近,大副马上通知机舱开消防水,广播通知所有船员全力防海盗。0628 时,小艇接近到左正横 0.5 n mile 并转向艉

部,“富强”船用 VHF 发出警报,呼叫中国海军请求援助。海盗向“富强”船右舷七舱靠拢并鸣枪开火。船员带着防海盗用品匍匐前进,向小艇扔火把、汽油弹、煤油弹、石灰粉等。海盗登船失败后,就在离船舶 0.1 n mile 观察。3 min 后快速向右舷六舱靠拢并不停向船员扫射,试图将铁梯挂上船舷,被船员用力拔出。僵持约 10 min 后,海盗又暂时离开船舷观察船上的动态,随后再一次快速向三舱右靠拢并向船员开火,船员匍匐前进至三舱右阻止其登船,对抗约 5 min 后,海盗船放弃了进攻。所有船员伏在甲板进行反击,小艇缓缓驶向艉部,并企图寻找攻击时机。船员集合在后甲板观察,并准备防海盗工具,以防海盗再次进攻。10 min 后,小艇离开约 1 n mile 并减速。“富强”船全速前进,慢慢甩开海盗船。1 h 后海军直升机到达“富强”船上空。船舶相对安全,在整个对抗过程中有 2 名船员手臂受伤,经请求得到了海军的医疗援助。事例证明,船员防海盗意识和技能的提高是成功的前提,船员自防自救能力与外部救援相结合是击退海盗劫持的有效途径。

2.防海盗的措施

为避免、阻止和拖延海盗进攻,应承认船长在任何情况下都对船舶和船员的安全具有指挥决策权,同时建议船舶采用以下措施:

①在船舶保安计划中制订并执行防海盗程序,注意采纳国际海事组织和相关行业指南。

②对受到海盗和武装劫船行为威胁的海区和港口有充分认识。

③制订应急计划,在进入危险海区前演练应急计划,修订应急计划,使全体人员明白其职责,熟悉警报系统。

④制订应急通信计划,在通信装置中提前输入重要的应急通信号码和通信信息,将重要通信号码张贴于通信装置面板。

⑤进入危险海区前,船长应向船员全面介绍可能面临的风险和应对的方案。

⑥如果可行的话,航经东非的船舶应考虑在马达加斯加东部航行,或保持与东非海岸线距离 450 n mile 以上的距离。

⑦建议使用推荐的航行走廊。

⑧在黑夜通过最危险的海区。

⑨任何情况下,船舶都应遵守《1972 年国际海上避碰规则》,夜晚不要关闭航行灯,按照船旗国的指南行事。

⑩以最高或接近最高的航速航行,关键设备保持可用,任何保养应在进入危险海区前完成。

⑪船长应适当安排日常工作以保证自己和船员得到足够休息,确保在任何情况下都能够有效组织全体船员应对海盗袭击。

⑫目前绝大多数海盗袭击来自艉部,航行中应加强瞭望,特别是艉部方向的瞭望。

⑬使用灯光、警报汽笛和船员的活动警示海盗。

⑭采取防止海盗登船的措施时,应首先保证船员的安全。

⑮在保证航行安全的前提下,尽可能多地使用甲板照明。

⑯准备一个供船员集合的安全处所,比如封闭的舱室或机舱。

⑰进入危险海区前向有关机构报告。

⑱按照推荐的航向、航速航行,以受到最好的保护。

⑲除非安全需要,尽可能减少与外界通信(无线电、手机、AIS 等)。

⑳不进行室外活动。

㉑在最危险的方位,放置消防水龙,并做好向外喷水的准备。

㉒检查并确保备用发电机、舵机等辅助设备随时可用。

㉓增加驾驶台瞭望和值班人员。

㉔机舱有人值守。

㉕锁闭、控制进入驾驶台、机舱、操舵间、生活区的通道。

㉖紧急情况下使用 VHF 16 频道与军舰联系,备用频道是 8 频道。

㉗确保所有梯子(包括引航员软梯)收藏在甲板上。

㉘在保证船员安全和逃生的前提下,考虑在艉部或较低的登船点设置障碍物。

㉙考虑加宽船舷上缘,增大海盗抓爬的难度。

㉚其他非致命自卫手段,可由公司评估其优缺点后,在特定船舶上使用。

㉛调整船期,尽量参加护航编队。如难以加入护航编队,进入亚丁湾海域前,及时向我国军舰报告,以便紧急情况下寻求帮助。

## 六、碰撞

案例:“海陆航海家”船与我国舰艇“东运 615”号舰碰撞事故

(1)事故经过(简述只和轮机有关的)

1998 年 9 月 16 日晚上约 2230 时(本报告中涉及的时间,均为当地时间),“海陆航海家”船从长江口锚地起锚,拟驶往上海港,此时,轮机长、大管轮和二管轮在机舱,船长、三副和一名舵工在驾驶台。约 0040 时,引航员殷某、朱某上船。在船长与引航员经过简短的会面之后,由引航员朱某指挥操船。二副记录车钟命令并应答引航员朱某的车令。值得注意的是,这时,由驾驶台的车钟命令控制主推进发动机的运转。

“海陆航海家”船直到驶至黄浦江河口,没有出现任何意外。然而,该段水域中有许多小船。引航员叫了许多车令,约 0350 时,大副接班换下二副,并让二副在 0400 时叫醒船员,准备在 0430 时系泊后值班。约 0430 时,所有船员到位,准备靠泊。船长命令在船头的大副和水手长备好左右锚,以防万一。约 0438 时,引航员下令停船,以让清航道。约 0443 时,引航员又开始用车。约 0504 时,两条协靠拖船中的一条到达艉部。约 0508 时,在进入黄浦江河口时,第二条拖船驶至左舷艏部。约 0513 时,“海陆航海家”船失去所有电力和推动力。

“海陆航海家”船配备 4 套基本的发电装置,2 台额定值为 450 V 交流电、1 625 kVA、60 Hz 的主柴油发电机,1 台额定值为 450 V 交流电、812.5 kVA、60 Hz 的辅发电机,1 台额定值为 450 V 交流电、1 125 kVA、60 Hz 的涡轮发电机。所有的发电机都安装在主推进柴油机之上的那层甲板的后部,它们大致在发电机平台上排成一排,这一地方被称为发电机平台。从平台的右边向左依次是涡轮发电机、辅发电机,1 号主发电机及最左边的 2 号主发电机。在失去所有动力前,1 号主发电机和辅发电机处于并行工作状态,共同向主配电板供电。2 号主发电机处于自动备用状态,涡轮发电机不在工作。

约0500时，轮机长回到集控室，准备接大管轮的班。在接班之前，轮机长决定启动辅发电机和1号主发电机并行。轮机长从集控室遥控启动辅发电机。约0505时，轮机长接班开始值班，约0507时，大管轮离开集控室。在大管轮刚刚离开不久，二管轮决定到机舱里去巡视一圈，便离开了集控室。

全船失电时，二管轮离开集控室去机舱巡回检查，刚到发电机平台就断电了。二管轮一直待在那儿直至应急发电机启动供电，然后二管轮回到了集控室。二管轮回到集控室，轮机长正在打电话，无意中听到轮机长让驾驶台将车钟归“零”。差不多同时，大管轮进入集控室。断电的时候，大管轮正走在回他房间的主楼梯口，一直待在那儿直至应急发电机启动恢复应急照明。在断电以后到应急柴油机开始向应急线路供电，全船有30～60 s没有电能。

大管轮一回到集控室，轮机长就让他去启动2号主发电机。当大管轮走到发电机平台时，发现控制面板上的2号主发电机“启动失效”指示灯亮着。大管轮于是按下控制面板上的重新启动键，2号主发电机立即重新启动。在大管轮试图启动2号主发电机时，轮机长已经从集控室遥控重新启动了辅发电机，这样主配电板上就恢复了所有的电能。

约0515时，轮机长已恢复了全部的电力。他试图将车钟由驾驶台控制转为机舱控制。不控制车钟，轮机长就无法重新启动主机。因为在驾驶台的车钟位于全速后退的位置，所以轮机长无法将车钟切换由机舱控制。如要重新设置车钟控制，机舱和驾驶台上的车钟都必须处于零位。当机舱和驾驶台上的车钟操纵杆都归零后，轮机长重新设置了车钟并将其转换回机舱控制。之后他就重新启动主机。约0516时，轮机长再次打电话到驾驶台询问大副是否要恢复驾驶台控制，大副告知轮机长船舶正处于危险情况，需要全速倒车，轮机长就将车钟操纵杆调至全速倒车。

约0517时。在主机被开至全速后退的几秒钟内，“海陆航海家”船的艄部碰上靠泊于岸边船舶中一船的艉部。后证实被“海陆航海家”船碰撞的船舶是我国的军舰“东运615”舰。

在机舱，轮机长、大管轮和二管轮没有意识到已发生了碰撞，在重新启动2号主发电机之后，大管轮回到集控室，发现轮机长正在回答车钟命令，二管轮正在使辅发电机和2号主发电机并行。轮机长命令大管轮回到发电机平台去重新启动1号主发电机。大管轮回到发电机平台，通过控制面板重新启动了1号主发电机，然后回往集控室。然而，在大管轮就要到集控室时，1号主发电机又停止运转了。大管轮一进集控室，轮机长就通知他1号主发电机又停止运转了，并指示他去查明1号主发电机停止运转的原因。大管轮回到发电机平台，开始重新启动1号主发电机，这次1号主发电机刚启动就停止运转了，并在该处的控制面板上显示“滑油低压”。大管轮继续检查1号主发电机，发现滑油压力感应器线路的连接阀脱掉了，使感应器失去油压，致使1号主发电机停止运转。

可以推定，造成这一事故的明显的根本原因是1号主发电机的滑油压力感应器线路的连接阀出了故障。然而，这只是用于保护船舶电力系统及最终保护船舶人员的安全系统发生一系列故障的开始。在推定可能发生了什么和探究已发生了什么时，造成本事故的一系列故障开始明朗。

安全系统的第一个故障是滑油压力感应器线路上的连接阀。这一故障可归为人为

过失。

通过对该连接阀的调查,可以确定连接该连接阀线路中的压力促使该连接阀与线路脱离。在对该阀门进行检查时,可看到连接感应器线路的连接阀主体部分和螺帽上的螺纹严重磨损。

压力线路从连接阀主体部分脱离看似有理。然而,很难相信从连接处没有漏油,而且,对修理好的感应器线路和该处附近进行检查时,有迹象表明该线路已经漏油了一段时间,假设感应器线路事实上过去就一直在漏油,这就产生了一个问题,为什么该线路一直没有修理。如果在线路开始漏油时就换下该连接阀和螺帽,感应器线路也许就不会脱离。

第二个缺陷是 2 号主发电机。在 1 号主发电机感应到失去油压并开始停止运转时,这时处于自动备机状态的 2 号主发电机,本应自动启动并与辅发电机并行,而在本案中,2 号主发电机却启动失败。2 号主发电机启动失败的原因很多。然而,在对船员的询问中得知,2 号主发电机在碰撞前的最后一次运转,是为迎接年检而于 1998 年 9 月 21 日测试各种发电机的关闭装置时启动的。有一种可能是 2 号主发电机在最近的测试中,是使用其中一种自动关闭保护装置使机器停止工作的,然后没有重新设置自动关闭装置就将机器处于自动备机状态。所有发电机在该处的控制面板上只有一个"重新设置"按钮,当按下"重新设置"按钮时,所有发电机的自动关闭装置都被重新设置。在对大管轮的询问中,他讲当他按下该控制面板上的"重新设置"按钮时,清除了所有发电机的关闭装置,而且在他按下"重新启动"拨钮时,2 号主发电机就立即启动了,并且,在碰撞发生后对 2 号主发电机所做的几次测试中,在同样处于 1 号主发电机滑油压力低的情况下,2 号主发电机都能够从自动备机状态启动。尽管没有确凿的证据证明 2 号主发电机在使用一种自动关闭装置时是安全的,然而,船员未进行重新设置自动关闭装置这一步骤也能够比较容易地解释 2 号主发电机启动时的最初故障,以及为什么在同样情形下那种故障没有再次发生。

本事故中第三个也是最令人感到迷惑的故障,也许是最重要的,即为辅发电机故障。尽管 1 号、2 号主发电机出了故障,但在正常情况下,辅发电机也应有足够的能力来承担电力负载。

辅发电机为什么出故障有两个原因,或者为原动机的机械故障,或者为空气断路器的异常跳电所致。

没有证据表明,辅发电机的故障是由于柴油机原动机的机械自动停止装置所致。有三种情况可导致辅发电机内燃机牵引车自动停止:滑油压力低、冷却水温度过高以及超速。随后的测试证明,上述三种情况都不可能存在,而且,被询问过的轮机员都认为,辅发电机没有发生机械故障,即只要有一个保护装置,辅发电机就不会自动停止。他们还认为,辅发电机发生故障是突然的,即突然断电而不是部分停止供电或者逐渐失去电力而导致断电。

调查主要集中在导致辅发电机突然断电的情形上。有五种电力情况可能造成辅发电机空气断路器的异常跳电:过电流、短路、电压不足、逆功率或者空气断路器机械故障。在调查官的见证下,来自于辅发电机空气断路器生产厂家的机械师在日本神户对空气断路器进行了现场测试,但测试并未使辅发电机再次发生故障。空气断路器所有上述异常跳

电情形都进行了测试，发现其是按设计运行情况运行的。因此能断定，当失去电能的情况发生时，空气断路器是按设计运行情况运行的。

当然这些测试不能再现事发当时的所有可能情况。船舶工程师 Mr. Rambeau、制造商的技术人员以及 Baldinelli 上尉对几种可能造成辅发电机故障的不同情况进行了复审，经过仔细研究认为，空气断路器异常跳电的原因不可能确认，因为空气断路器一旦被重新设置，实际原因的所有证据将会丢失。

(2)结论

证据表明：

①1998 年 9 月 27 日当地时间约 0510 时，"海陆航海家"船失去所有的电力和推进力。

②尽管"海陆航海家"船的船员尽力去恢复电力和推进力，但该船还是于当地时间约 0517 时与系泊船"东运 615"舰发生碰撞。

③在恢复电力和推进力的过程中，有关可能出现的机械和电力系统故障的证据已经丢失。

④在船舶跳电船长命令全速后退时，已经错过了关键时机。在轮机长指示大副将车钟归零时，他却延误了恢复推进力的时机。

## 七、恶劣海况

### (一)案例一

1998 年 2 月 7 日约 2240 时，某船在从印度驶往我国过程中，在恶劣天气和海况下前舱进水，沉没于中国南海海域 09°30′N，100°30′E 处。

1. 损失情况

某船沉没导致 34 名船员中 30 人失踪，直接经济损失 3 163 226.99 美元。其中：

船舶价值 200 万美元；

货物价值 854 532 美元；

运费 253 403.29 美元；

油水价值 55 291.7 美元。

2. 原因分析

由于某船船长、轮机长、驾驶员及事故发生时的当班人员均已遇难，生还人员有限且不了解事故发生前后的全部主要情况，事故原因的调查分析十分困难。调查组经认真调查分析，结合有关理论计算认定：

某船在航行期间受到 6 ~7 级东北风、3 ~4 m 大浪及东北季风长期作用下形成的东北－西南的涌浪的影响，由于船舶老化及可能存在的潜在缺陷，致使艏部一舱或一、二舱结合部船壳破损，船舱大量进水，并向后波及邻舱，船舶迅速失去浮力，艏部向下急剧沉没。

综上所述，这是一起非责任重大事故。

3. 教训及建议

(1)调查组认为，根据调查，尽管这是一起非责任事故，但教训是比较深刻的。

①发现险情太晚,对于险情的发展估计不足,没有意识到险情的极端严重性和紧迫性,采取措施不果断。当机舱发现险情时,一、二舱都已进水,情况已比较紧迫。从机舱发现异常到船舶沉没约有 1 h 的时间,但在弃船前,只采取了“准备排水”的措施,没有证据表明采取了减速、转向等有效措施,即使在 16 频道上发出求救呼叫后,仍没有作出准备弃船的决定,致使可供船员逃生的时间太短。

②大风浪中航行操纵措施不当。据调查,该船在大风浪中航行并没有采取减速、转向等措施,也未按公司关于老旧船管理的规定,在大风浪中(3 m 涌浪)采取减速和报告公司的措施,说明公司规章制度在该船执行不严格。

③遇险时,通信方式选用不当,该船遇险后,船上未使用遇险呼叫,一直是常规通信。甚至在几次采用常规呼叫不能接通和接通后又拆线的情况下,仍然采用常规呼叫方式,说明船舶对应急通信及应急计划不熟悉。

④船舶救生设备使用和管理不当。船上配有 4 只救生筏,其中 3 只配有静水压力释放装置。在搜救过程中,只发现 2 只(1 只打开、1 只未打开),说明救生筏系绑不当。船舶沉没后,应急无线电示位标本应自动发射,但没有任何证据表明已经发射,说明应急无线电示位标放置或所处状态不当。

⑤公司安全管理体系(SMS)运行存在不足。该船所在公司已通过 SMS 审核,该船也已拿到 SMS 证书。但调查发现公司的文件控制、船岸应急反应及船岸联系等方面未能完全按 SMS 运行。

(2)鉴于该船沉没事故中存在的教训,为避免类似情况重复发生,提出如下建议:

①建议公司及有关方面加强对船员遇险通信及应急计划方面的培训,提高广大船员的应急应变能力。

②对超老龄散货船,建议公司在航区的选择、货种的限制以及加强检查等方面采取更为严格的安全措施。

③老龄船,特别是老旧散货船的管理还需改进。建议加强对有关公司及其所属船的 SMS 审核,促进其完善并严格按 SMS 运行,全面提高安全管理水平。

**(二)案例二　狭窄航道航行**

1. 事故简介

某船在船厂坞修结束后离开船厂起航,刚离开码头进入狭窄航道航行,机舱主机缸套水高温报警;两台并联运行副机中的一台,相继出现滑油、淡水高温报警以及滑油低压报警(但没到极限停车值)。5 min 后,另一台副机也发生同样情况。此时情况万分危急,由于在狭窄水域航行,一旦跳电有可能碰撞或搁浅,后果不堪设想,必须立即采取果断措施。

2. 原因分析

(1)经验与熟练程度不够

①修船中海水管换新后,大管轮没有仔细验收海水管内是否有棉纱等异常物,船出入坞也没有检查海水系统是否畅通,备车时仍没有检查主海水压力是否正常。

②二管轮没有发现副机滑油、淡水温度持续上升,也没有发现副机滑油压力持续下跌,此时已形成副机即将跳电的紧急情况,导致出现本例首段提到的措手不及的危险局面。

(2)轮机长具有良好的情景意识,领导与管理技能强

①当听到大管轮、二管轮汇报主副机高温报警时,先询问驾驶台,主机能否做减速处理,然后对主副机减油、减速,既保证了船舶安全,又保证了设备的安全。

②根据设备的参数变化,思路正确、应对到位,作出中央冷却器脏堵需解体处理的决定。

③考虑好替代方案,一旦在解体中央冷却器过程中发生副机跳电,即在船头备双锚抛锚,应急发电机随时投入使用。

④操作时主机开低速,既保持有一定船速,也保证了舵效。最终将危险局面化解。

以上案例说明在机舱资源管理中,情景意识对轮机安全管理有巨大帮助。情景意识薄弱会干扰轮机人员的注意力与判断力,使他们对周围情况感知不全面或混乱。随着压力和疲劳的增加,进一步降低了他们的身体和大脑的反应能力、信息接受能力及综合处理问题的能力。而提高情景意识能有效地应对突发事件,敏捷地察觉和了解周围情况的变化及影响,增强轮机人员识别失误链和在事故发生前将其破断的能力等。

## 八、PSC 检查

1. 概况

某船 4 月 18 日,在荷兰鹿特丹港接受 PSC 检查,共被查出 11 项缺陷,其中导致滞留的缺陷有 3 项:应急发电机不能电启动(0945);应急发电机空气瓶无空气(0945);固定灭火装置到机舱、货舱和油漆间的管道接头松动(0725),造成船舶被滞留的重大责任事故。

2. 造成船舶被滞留的主要原因分析

①个别干部船员综合素质、业务水平低,技术差。轮机长在船工作 9 个月,对应急发电机系统的正确操作方法依然一知半解,未能有效组织各主管人员按检查官要求有序地进行设备的试验。大管轮在拆检主机系统的过程中,切断了应急发电机启动气瓶的气源供给后,又开启了该气瓶的进口阀,导致应急发电机无启动空气。在该船连续工作了 14 个月的电子电气员,对该船应急发电机的自动启动、自动并电系统的试验方式和正确操作程序也不甚了解,对电助拆除电瓶连接线未作指导,事后又未进行启动试验,在 PSC 检查过程中,电启动不工作,还不知道原因何在。

②个别船员工作责任心不强,敷衍了事。轮机长在没有检查或抽查电子电气员的自查项目的情况下,竟向公司报告抽查结果优良。

③船舶领导对 PSC 检查不重视,思想认识不足,现场指挥不力、组织混乱。船上没有按照公司的要求组织船舶认真学习 SMS 有关文件,执行公司的管理制度,没有切实做好陪检工作,在检查官开出检查结果为 30 时,未能及时向公司有关部门报告,错失补救机会。

## 九、全船跳电

1. 事故简介

某船航行于印度洋,1800 时机舱副机缸套冷却水高温报警。轮机长和当班轮机员下机舱处理警报,期间副机缸套水温度继续上升,结果导致电网的两台副机相继跳闸,应急发电机自动启动并提供照明电源。机舱立即启动第三台副机，并电工作，但没有多久也由于缸套水高温跳电。此时轮机长又多次启动副机想尽快恢复供电，结果把两个气瓶的空气全部用完，副机无法再次启动。此时，由于应急发电机的风门挡板没有打开，导致应急发电机过热故障。船上由于条件局限无法恢复供电，造成整船完全失电，且没有恢复的可能，船舶只能漂航，等待公司安排拖船救援。最后公司安排远洋拖船把该船拖至斯里兰卡，由岸基协助船上把气瓶补足空气，启动副机恢复供电，船舶恢复航行。这次事故给公司造成了巨大的损失。

2. 原因分析

本例可从机舱资源管理中情景意识方面的失误来找解决的办法，防止此类事故的再次发生。

（1）判断力、注意力与理解力差

轮机长和当班轮机员在副机缸套冷却水高温报警下，没能正确考虑可能面临的跳电局面，判断与理解能力差，仅把注意力集中到副机上，在特定的时间对影响副机正常运行的因素和条件的准确感知能力不强。

（2）适应性与心理素质欠佳

海上环境多变，机舱工作繁重，船员身心容易疲劳，需要很强的心理适应能力，在故障处理中对事态的发展缺乏掌控，在原因尚未查清前多次启动副机，导致两个气瓶的空气全部用尽，完全属于非正常行为，心理与适应能力差。

（3）轮机长操作与领导技能差

由于应急发电机的风门挡板没有打开致使电机过热，同时没有及时安排电子电气员参加故障排除，结果造成没有恢复供电的可能。

（4）经验与训练不足

值班轮机员（二管轮）对自己的主管机舱设备熟悉程度不够，操作技能差，没有预计到由低温冷却器脏堵引起的冷却水高温可能导致全船跳电。

所以该事故的根本原因是轮机长和当班轮机员缺乏足够高的情景意识，由此造成判断和决策失误不可避免。

## 十、主机故障

### （一）案例一　主机活塞环断裂引起的故簿

某船申请加装 IFO 380 cSt，由于长滩及西雅图无 IFO 380 cSt 燃油，就于 1996 年 1 月 5 日在长滩加装 IFO 180 cSt 燃油 1 904 t。

（1）事故经过

1 月 21 日开始使用 IFO 180 cSt 燃油以来，便出现以下异常现象：

①燃油滤器严重脏堵。

②燃油自动清洗滤器冲洗次数过多，根本无法使用。

③最后一级燃油细滤器每天要清洗 3 ~4 次。

④清洗燃油滤器时发现很多细小不坚硬的颗粒。

⑤当班轮机员和轮机长知道以后，只是认为因换油而引起少量混油，并未采取措施。

⑥全部使用 IFO 180 cSt 燃油后情况并未好转。

1 月 30 日，船抵天津新港抛锚时，主机 No. 4、No. 5 缸进行常规吊缸检查，当时 No. 4、No. 5 缸吊缸时间分别为 7 255 h、7 763 h。吊缸时未发现明显异常情况，此时只使用 IFO 180 cSt 燃油约 36 h。

2 月 17 日该船抵长滩前 3 天，主机 No. 2 缸活塞环出现断环现象，即采取应急措施，减小单缸油门，加大 No. 2 缸气缸油注油量。2 月 21 日抵长滩吊缸抢修。No. 2 缸活塞环第 1、2、3 道断裂，第 4 道环弹性失效。环宽仅 19 mm，磨损量在 5 mm 以上。

2 月 26 日抵西雅图时检查，发现 No. 1 缸活塞环第 1、2 道断，即吊缸检查，另三道环也磨损极严重。

3 月 1 日在温哥华至横滨航行途中，又发现 No. 6 缸断环。随即停车漂泊，吊缸抢修，于 0845 时停车，1240 时启动续航，在抢修时第 1、2 道环断外，第 3 道环已弹性失效，这三道环的环宽情况为 18. 50 mm、18 mm、20. 50 mm（标准环宽为 25 mm），同时检查其余各缸情况，发现 No. 3、No. 4、No. 5 缸第 1 道环均断，但当时船上已无活塞环备件，只得维持使用。

3 月 2 日中午，轮机长召开轮机部门会议进行故障分析，根据主机活塞和活塞环的严重磨损情况和清洗滤器时发现的异常现象，初步确认为燃油质量的问题，并采取如下措施：

①停用 IFO 180 cSt 燃油，调用于 2 月 26 日西雅图新装的 IFO 380 cSt。

②加大主机各缸的气缸注油量。

③降低主机转速至 78 r/min 航行。

④改为有人机舱值班，加强巡回检查。

⑤对燃油品质进行化验。后经实验室化验结果证实是燃油质量问题，主机活塞环断环故障解决。这次事故不仅延误班期，增加劳动工作量，增加备件费用，给公司造成了巨大的损失，而且给船舶的安全航行造成严重威胁。

（2）事故原因分析

本例可以从机舱资源管理中情景意识方面的失误来找到解决的办法，防止此类事故的再次发生。

①判断力、注意力和理解力差

使用 IFO 180 cSt 燃油以后，当时发现燃油滤器的异常现象，轮机长和当班轮机员只是简单认为少量燃油造成的，没能正确考虑异常现象产生的可能原因，判断力和理解力差，只把注意力放在混油概念上，没有想到新装燃油是否也有问题。在当时特定时间和环节下对影响因素和条件的准确感知能力不强。

②适应性与心理素质欠佳

海上环境多变，机舱工作繁重，船员身心容易疲劳，需要很强的心理适应能力。在故障处理过程中对事态的发展缺乏掌控，在原因尚未查明前只是简单吊缸更换活塞环断环，一而再，再而三，完全属于非正常行为，心理与适应能力差。

④轮机长操作与领导技能差

2 月 17 日主机 No. 2 缸发生断环现象以后，先后有 No. 1、No. 6、No. 3、No. 4、No. 5 缸

的活塞环出现严重磨损和断环,同时没有及时申请备件供应,最后造成船舶主机活塞环备件不够。

⑤经验与训练不足

轮机长和值班轮机员对燃油滤器的异常现象不够熟悉,操作技能差,没有预计到燃油异常会造成活塞环断环故障,并造成船舶活塞环备件短缺。

所以,该事故的根本原因是轮机长和当班轮机员缺乏足够的情景意识,由此造成判断和决策的失误。

**(二)案例二**

某船的主机型号 MAN B&W 6L70MC,主机额定功率 15 720 kW,额定转速 106 r/min,常用转速 95 r/min,主机增压器型号 VTR564-32。

1. 事故概述

该船某航次靠新加坡,次日离港,在离港不久主机还未达到海上转速时,发现主机 No.6 缸排气阀高压油管振动,主机转速越往上加振动越强烈,排气阀和排气阀伺服油缸敲击声很大,单缸扫气温度随主机转速上升而上升,达到 100 ℃左右,并伴有 No.2 增压器喘振,主机不得不减速至 66 r/min 以下运行。

2. 船舶组织的检查

故障发生后多次停车,对主机做了以下工作:

①更换了 No.6 缸排气阀。

②打开凸轮箱道门检查排气阀凸轮及驱动滚轮的工作状况。

③解体了 No.6 缸排气阀伺服油缸及驱动装置。

④更换了 No.6 缸油头。

No.6 缸故障现象仍然存在。轮机长请求公司给予岸基支持。

3. 公司对情况的了解和分析

除船舶汇报的检修情况外,还知道该船在港停泊期间未对主机做任何检修工程。进港前无任何异常的现象。

分析:燃气下窜上窜引发主机增压器喘振,然而造成燃气下窜的可能原因是排气阀启阀定时错乱或活塞与气缸间漏气,排气阀高压油管强烈振动又可能是造成排气阀定时混乱的元凶。

公司把以上可能出现的故障因素及相互关系与轮机长进行沟通交流,要求轮机长对可能造成排气阀启闭的部件进行拆检并确认无误,包括排气阀的空气缸安全阀、伺服油缸进油单向阀、排气阀顶部节流气阀、回油管、排气阀高压油管两端接头端面间隙以及排气阀定时等。在完成了上述检查确认无误,主机 No.6 缸故障仍未能消除。

公司要求轮机长将主机 No.6 排气阀伺服油缸总成、排气阀高压油管以及排气阀总成与 No.5 缸逐一对调做试验,每完成一项进行一次试车,将三个部分的工作状况加以确认。

完成上述工作后,No.6 缸故障还是依旧。

轮机长又组织船员对主机 No.6 缸进行了吊缸检查,同时检查主机凸轮轴靠联轴器的连接状况。检查一切正常。

主机重新启动运行，观察 No. 6 缸排气阀油管仍然振动。通过调整各缸油门，减少 No. 6 缸喷油量，主机转速可达 82 r/min ，其他参数正常。但主机运行不过几小时，主机 No. 2 增压器就发生频繁喘振，主机只好减速到 72 r/min。经过观察发现只要听到排气阀混杂的声音，或当外界负荷变化，主机增压器就随时发生喘振现象。纵观前后几天对主机 No. 6 缸故障查找，尽管船员们付出大量的劳动，但还是未能根本解决故障。

几天后，公司接到轮机长报告，在提高了凸轮轴油泵出油压力后主机故障现象消失了。主机恢复正常，查找真正的故障原因也就暂时停止了。

4. 新任轮机长上船

了解到 No. 2 凸轮轴油泵压力比 No. 1 低，不能用，无意中将 No. 2 凸轮轴油泵调换 No. 1 使用，运行没多久，机舱值班人员就报告说，主机 No. 6 缸排气阀异声没有了，经检查 No. 6 排气阀工作正常，油门恢复，主机加速，增压器也不喘振了。

检查记录结果：在新加坡码头时，大管轮将 No. 1 凸轮轴油泵换用 No. 2 凸轮轴油泵。记录还显示 No. 2 凸轮轴油泵已很久未用了。

5. 故障原因

主机 No. 6 缸故障的罪魁祸首是 No. 2 凸轮轴油泵油压过低。

No. 1 凸轮轴油泵：出口压力 0.39 MPa，集控室表压力 0.33 MPa。

No. 2 凸轮轴油泵：出口压力 0.37 MPa，集控室表压力 0.31 MPa，差 0.02 MPa。

检查 No. 2 凸轮轴油泵的调压阀已调到极限，无法再调高，观察 No. 1 凸轮轴油泵的运行无其他异常情况。

为什么 No. 2 凸轮轴油泵比 No. 1 凸轮轴油泵压力低 0.02 MPa，就会导致 No. 6 缸排气阀故障呢？

报警值为 0.20 MPa。

经解体 No. 2 凸轮轴油泵，检查机械密封已经失效。

将机械密封解体、清洁，更换密封圈后装复，油泵出口压力达到 0.40 MPa，集控室表压力 0.34 MPa，比 No. 1 油泵还要高 0.01 MPa。

经运行观察，主机 No. 6 缸排气阀未发现异常。

6. 故障原因分析

(1) 设备方面

当机械密封失效，空气吸入造成油泵压力下降排量减少（凸轮轴油泵在运转中，密封腔具有负压力，泵在机械密封失效情况下也不出现滑油外泄）。

因为吸入的空气进入系统后，首先空气集结在最近 No. 6 缸排气阀高压油管内，导致排气阀伺服油缸的活塞在泵油时，高压油管内空气被压缩并产生强烈波动，造成了排气阀高压油管的剧烈振动。

高压油管内的空气被压缩后产生强力波动使排气阀启阀定时出现混乱，造成高温废气窜入扫气，使扫气温度升高；造成单缸扫气不足，缸内燃烧不良，引起增压器背压升高、空气流量减少而引发主机透平喘振。

(2) 管理方面

①缺乏对设备技术状态的判断经验。

②船舶维修保养计划制订缺陷。

③计划的执行不力。

④上级对设备养护监督不够。

(3)情景意识方面

①设备长期未被使用,大管轮缺乏正确的感知,没有仔细地去查阅其停运的理由。

②设备出现运行参数偏离原始数据,缺乏注意力,并对可能发生问题没有意识。

③主机问题出现以后,注意力过于集中,缺乏全面的判断力。

④在几次检修后故障问题仍然存在时,缺乏应对这种局面的替代计划,只是盲目地进行主机吊缸。

机械故障出现以后,船舶管理人员包括公司在内的指导都是局限在 No.6 气缸的排气阀上。未能把一线的情况作充分了解,指导上也出现了一定的盲区。

(4)通信方面

未能采用信息技术来获取一线的资料和原始档案。即使主机换用凸轮轴增压泵后,公司也没有和船舶人员进行联系沟通,在船人员也没有认真查找公司提出的可疑点。

(5)工作压力和心理方面

①航行中出现故障,班期压力让船舶管理人员在处理上临时性地丧失扩大思维的判断能力。

②连续几天的检修工作,身体疲劳等因素,导致完成任务过程中,未能按照先难后易的次序。

③由于工作压力和心理压力大,轮机长与公司的交流中出现不耐烦的现象,未能很好地沟通,公司的质疑也没有产生效果。